Sven Barnow, Harald J. Freyberger,
Wolfgang Fischer und Michael Linden
(Herausgeber)

Von Angst bis Zwang
Ein ABC der psychischen Störungen: Formen, Ursachen und Behandlung

Sven Barnow, Harald J. Freyberger,
Wolfgang Fischer und Michael Linden
(Herausgeber)

Von Angst bis Zwang

Ein ABC der psychischen Störungen:
Formen, Ursachen und Behandlung

2., korrigierte und erweiterte Auflage

Verlag Hans Huber
Bern · Göttingen · Toronto · Seattle

Das Umschlagbild ist ein Ausschnitt aus einem Bild, das eine Patientin gemalt hat.

Kontaktadresse:
Dr. phil. Dipl.-Psych. S. Barnow
Fachbereich Psychiatrie und Psychotherapie
EMA-Universität Greifswald
Elernholzstraße 1-2
D-17487 Greifswald

Lektorat: Dr. Peter Stehlin
Herstellung: Daniel Berger
Druckvorstufe: Sbicca & Raach sagl, Lugano
Umschlag: Atelier Mühlberg, Basel
Druck und buchbinderische Verarbeitung: Druckhaus Beltz, Hemsbach
Printed in Germany

Bibliografische Information der Deutschen Bibliothek
Die Deutsche Bibliothek verzeichnet diese Publikation in der Deutschen
Nationalbibliografie; detaillierte bibliografische Daten sind im Internet
über http://dnb.ddb.de abrufbar.

Dieses Werk, einschließlich aller seiner Teile, ist urheberrechtlich geschützt. Jede
Verwertung außerhalb der engen Grenzen des Urheberrechtes ist ohne Zustimmung
des Verlages unzulässig und strafbar. Das gilt insbesondere für Vervielfältigungen,
Übersetzungen, Mikroverfilmungen sowie die Einspeicherung und Verarbeitung
in elektronischen Systemen.

Anregungen und Zuschriften bitte an:
Verlag Hans Huber
Länggass-Strasse 76
CH-3000 Bern 9
Tel: 0041 (0)31 300 45 00
Fax: 0041 (0)31 300 45 93
E-Mail: verlag@hanshuber.com
Internet: http://verlag.hanshuber.com

2., korrigierte und erweiterte Auflage 2003
© 2000 / 2003 by Verlag Hans Huber, Bern
ISBN 3-456-83985-5

Psychische Störungen und Therapie – von A bis Z

A
Adipositas 214 ff
Agoraphobie 123 ff, 136 ff
Alkoholabhängigkeit 159 ff
Alkoholismustherapie 174 ff
Angststörungen 115 ff
Anorexie 203 ff
Anpassungsstörungen, depressiv 78 ff
Antidepressiva 42 ff, 67, 89 ff, 198, 227 f, 230

B
Benzodiazepine 47 ff
Bulimie 204 ff

D
Delir 173
Depressionen 75 ff, 259 ff
Depression, psychologische Theorien 85 ff
Dysthymia 78, 80 ff

E
Entspannungsverfahren 27, 88, 96
Essstörungen 201 ff

F
Familientherapie 26 ff, 88, 96, 156
Frigidität 244

G
Generalisierte Angststörung 127 ff
Gesprächspsychotherapie 25 ff

H
Halluzinationen 79, 255
Herzrasen, psychisch 116, 121, 131, 187
Hypochondrie 188

I
Impotenz 244

K
Konfrontationstherapie 136 ff
Krisenintervention 157

L
Lebensmüdigkeit 143 ff
Lichttherapie 98

M
Manie 259 ff
Manisch-depressive Störung 77 ff, 260

N
Neuroleptika 35 ff, 231, 270 ff

P
Panik 119, 121 ff, 130 f, 133 ff
Persönlichkeitsstörungen 219 ff
Phobien 125 ff
Posttraumatische Belastungsstörungen 103 ff
Pseudodementielles Syndrom 81
Psychoanalyse 21 ff, 86 ff,
Psychopharmaka 31 ff
Psychopharmakotherapie 31 ff, 89 ff, 227 ff, 269 ff
Psychopharmaka, Nebenwirkungen 38 f, 44, 48, 90 f
Psychosen 251 ff
Psychose, affektiv 254 ff, 258 ff, 267 ff
Psychose, exogen 261 ff
Psychose, psychogen 264 ff
Psychosyndrom, hirnorganisch 253
Psychotherapie 17 ff, 92 ff

S
Schizophrenie 255 ff, 266–271
Schmerzstörung 188
Sexualstörungen 237 ff
Somatoforme Störungen 186 ff
Soziale Phobie 126 ff
Soziale Unterstützung 98 f
Suizidalität 79, 143 ff
Schwindel, psychisch 122, 131, 187

T
Tiefenpsychologie 21 ff, 88, 94 ff, 156, 168 f
Trauerprozess 86 ff
Traumatisierung 103 ff

V
Verhaltenstherapie 23 ff, 68, 88, 92 ff, 132 ff, 155 ff, 169, 196 ff

W
Wachtherapie 98

Z
Zwangsstörung 57 ff
Zwangsgedanken 61
Zwangshandlungen 60 f
Zyklothymia 78

Inhaltsverzeichnis

Die Herausgeber 11

Vorwort 12

Wolfgang Fischer
Ich bin doch nicht verrückt!
Was ist eigentlich Psychotherapie und wer braucht sie? 17
1. Da muß ich allein durch – wer braucht Psychotherapie
   und was versteht man darunter? 17
2. Psychotherapieverfahren 20
3. Ausblick 28

Kerstin Birke
Keine Angst vor Psychopharmaka
Psychopharmakotherapie: Möglichkeiten und Grenzen 31
1. Psychopharmaka: Rückblick und aktuelle Situation 31
2. Informationsübermittlung im zentralen Nervensystem
   und Angriffspunkt der Psychopharmaka 34
3. Beschreibung der Stoffgruppen 35

Kathrin Hofmann und Sven Barnow
Wenn der Zwang zur Sucht wird
Zwangsstörungen: Formen, Ursachen und Behandlungsmöglichkeiten 57
1. Zwänge: Von Alltagserfahrungen und Krankheitssymptomen 57
2. Woran ist eine Zwangsstörung zu erkennen? 60
3. Häufigkeit, Beginn und Verlauf von Zwangsstörungen 63
4. Auf der Suche nach Ursachen und Erklärungen 63
5. Behandlungsverfahren von Zwangsstörungen 66
6. Ausblick 72

8 Von Angst bis Zwang

Sven Barnow, Birgit Oleszak und H. J. Freyberger
Alles durch die schwarze Brille
Erscheinungsbild, Ursachen und Behandlungsmöglichkeiten
von Depressionen 75
1. Alltagserfahrungen 75
2. Woran erkennt man Depressionen? 77
3. Häufigkeit und Verlauf 82
4. Auf der Suche nach Erklärungen 83
5. Behandlung von Depressionen 88
6. Prognose und Ausblick 99

Harald J. Freyberger, Carsten Spitzer und Sven Barnow
Wenn der Alptraum zur Wirklichkeit wird
Zur Bedeutung der Traumatisierung und der posttraumatischen
Belastungsstörung 103
1. Einleitung 103
2. Was ist eigentlich ein Trauma? 104
3. Häufigkeit, Beginn und Verlauf von posttraumatischen
   Belastungsstörungen 107
4. Behandlungsmöglichkeiten 111

Frank Jacobi und Silvia Schneider
Die Angst vor der Angst
Angststörungen: Ursachen und Behandlungsmöglichkeiten 115
1. Alltägliche Angst und Angstkrankheiten 115
2. Klassifikation und Häufigkeit von Angststörungen 120
3. Ursachen und Erklärungen 130
4. Behandlungsverfahren 132
5. Effektivität und Ausblick 140
6. Adressen für Betroffene 141

Sven Barnow
Lebensmüde
Suizidalität als Zeichen einer psychischen Störung? 143
1. Alltägliche Erfahrungen 143
2. Einführung 144
3. Wie kann Suizidalität erfaßt werden? 146
4. Häufigkeit und Verlauf von Suizid und Suizidalität 149
5. Auf der Suche nach Ursachen und Erklärungen 150
6. Behandlung und Ausblick 155

Michael Lucht und Harald-J. Freyberger
Alkoholabhängigkeit
Definition, Ursachen und Behandlungsansätze 159
1. Alltagserfahrungen mit Alkohol 159
2. Woran erkennt man eine Alkoholabhängigkeit? 161
3. Häufigkeit und Verlauf 165
4. Ursachen der Alkoholabhängigkeit 167
5. Therapie: Selbstverantwortung, individuelle, nachvollziehbare Ziele und die richtige Planung führen zum Erfolg 174

Katrin Wambach und Winfried Rief
Ich bilde mir das doch nicht bloß ein!
Körperliche Beschwerden mit psychischer Ursache 185
1. Alltägliche Erfahrungen 185
2. Woran erkennt man somatoforme Störungen? 186
3. Häufigkeit und Verlauf 190
4. Auf der Suche nach Erklärungen 192
5. Behandlung 196
6. Zusammenfassung und Ausblick 198

Sven Barnow
Zu dünn, zu dick oder gerade richtig?
Eßstörungen: Häufigkeit, Formen und Behandlung 201
1. Alltagserfahrungen 201
2. Definition, Häufigkeit und Verlauf von Eßstörungen 203
3. Ursachen und Risikofaktoren von Eßstörungen 206
4. Psychotherapie von Eßstörungen 210
5. Adipositas 214
6. Ausblick 217

Michael Linden
Anders denken, fühlen und handeln?
Diagnostik, Verständnis und Therapie von Persönlichkeitsstörungen 219
1. Einführung 219
2. Was ist eine Persönlichkeitsstörung?
   Diagnostik und Abgrenzung 220
3. Erklärungsansätze: das Affektmodell 223
4. Therapie 227

Michael Gänsicke
Wenn Sexualität zur Last wird
Psychisch bedingte Sexualstörungen: Formen, Ursachen und
Behandlung 237
1. Einführung 237
2. Definition und Abgrenzung 238
3. Diagnostik und Klassifikation 242
4. Häufigkeit und Verbreitung sexueller Funktionsstörungen 246
5. Entstehungsbedingungen und Behandlungsmöglichkeiten 248

Antje Haufe und Detlef E. Krause
Der Weg in eine andere Welt
Ursachen, Formen und Behandlung von Psychosen 251
1. Eine Einführung – Was ist eine Psychose? 251
2. Einteilung von Psychosen 252
3. Psychosen: Häufigkeit, Symptome und Verlauf 254
4. Auf der Suche nach Erklärungen – Ursachen von Psychosen 265
5. Behandlung und Ausblick – Therapiemöglichkeiten 269
6. Ausblick 272

Hilfreiche Adressen 274

Literaturverzeichnis 278

Autorenverzeichnis 303

Die Herausgeber

Dr. Sven Barnow
Leitender Klinischer Psychologe und Verhaltenstherapeut, außerdem Supervisor. Therapeutischer Leiter der Station für Persönlichkeitsstörungen an der Klinik für Psychiatrie und Psychotherapie der Ernst-Moritz-Arndt Universität Greifswald. Dr. Barnow hat eine Vielzahl von Publikationen zum Thema Suizidalität, Depression und Alkohol verfasst. Behandlungsschwerpunkte: Angst- und Borderline Störungen.

Prof. Dr. Harald J. Freyberger
Direktor der Poliklinik und Klinik für Psychiatrie und Psychotherapie der Ernst-Moritz-Arndt Universität Greifswald. Prof. Freyberger ist in Verhaltenstherapie und psychodynamischer Psychotherapie ausgebildet und in der psychotherapeutischen Aus-, Fort- und Weiterbildung tätig. Seine Forschungsschwerpunkte liegen in den Bereichen Diagnostik und Klassifikation, Epidemiologie sowie Dissoziation und Traumatisierung.

Prof. Dr. Wolfgang Fischer (emeritiert)
Ehemaliger Direktor der Klinik für Psychiatrie in Greifswald. Psychotherapeut (Tiefenpsychologie). Er hat sich im Besonderen mit der Durchführung von Balint Gruppen beschäftigt. Forschungsschwerpunkte: Epilepsie und psychotherapeutische Gesprächsführung.

Prof. Dr. Michael Linden, Dipl.-Psychologe
Arzt und Psychologe, Verhaltenstherapeut und Supervisor. Ärztlicher Leiter der Abteilung Verhaltenstherapie und Psychosomatik an der BfA Klinik Seehof. Er ist Mitherausgeber des Standardwerks für Verhaltenstherapie und hat eine Vielzahl von Publikationen zu verschiedenen Bereichen psychischer Störungen und Versorgung verfasst.

Vorwort zur zweiten Auflage

Das vorliegende Buch «Von Angst bis Zwang» ist ein Versuch, den an der Universität Greifswald geförderten Ansatz einer patientenbezogenen Medizin (Community Medicine), auch in Form eines Buches über psychische Störungen umzusetzen. Dabei geht es um die Vermittlung von Wissen, die einerseits den neuesten wissenschaftlichen Erkenntnissen gerecht werden, andererseits aber auch lesbar und verständlich bleiben sollte. Somit ist dieses Buch sowohl für den Fachmann, Allgemeinarzt, Studenten der Medizin oder Psychologie bzw. anderer Heilberufe geeignet, als auch als Nachschlagewerk und Ratgeber für Betroffene und deren Angehörigen hilfreich. Außerdem soll es dazu beitragen, Vorurteile und oberflächliches «Pseudowissen» über psychische Störungen abzubauen. So ist z. B. allgemein nachgewiesen, daß etwa 25 % der Bevölkerung irgendwann einmal in ihrem Leben an einer psychischen Störung leiden. Gefühle wie Trauer, Angst und Selbstzweifel sind generell weit verbreitet. Häufig stellen sie aber nur vorübergehende Symptome einer «kritischen Lebensphase» dar, deren Überwindung oftmals mit einer Reifung und Stabilisierung der Persönlichkeit einhergeht. Wenn jedoch dahinter liegende Probleme nicht bewältigt werden können, kann es zur Chronifizierung oder Ausbildung einer psychischen Störung kommen. Oft kommen dann Schlaflosigkeit, übermäßige Angst und manchmal auch Todeswünsche hinzu, da das Leben als Qual gesehen wird. Die häufig geäußerte Ansicht, nachdem psychische Störungen nur «Schwächlinge» oder «schwierige Menschen» treffen können, ist schlichtweg falsch. Die meisten psychischen Störungen lassen sich aus einer Wechselwirkung von genetisch weitergegebenen Risikofaktoren und psychosozialen Bedingungen erklären. Professionelle Hilfe wird immer dann notwendig, wenn der Einzelne überfordert ist und seine psychischen Probleme die Lebensqualität permanent einschränken. Wie sich jedoch häufig zeigt, kommt ein psychisch Erkrankter durchschnittlich erst nach sieben Jahren in die «richtige» (psychotherapeutische/psychopharmakologische) Behandlung bei einem Facharzt für Psychiatrie oder Psychologischen Psychotherapeuten. Das mag einerseits daran liegen, daß trotz einer Vielzahl von Broschüren zu einzelnen psychischen Störungen (die meist in Psychiatriepraxen ausliegen und somit nur für den sowieso schon in Behandlung befindlichen Patienten erreichbar sind), oder

Vorwort zur zweiten Auflage

Lehrbüchern (die meist für Studenten geschrieben sind), es kaum Übersichtsbücher gibt, die auf verständliche Art und Weise Symptome, Ursachen und Behandlung von psychischen Störungen beschreiben. Das folgende Buch versucht diese Lücke zu füllen. Für alle Darstellungen gilt, daß die Kapitel einheitlich in die Abschnitte: Alltägliche Erfahrung/ Einführung, Fallbeispiele, Diagnostik, Formen und Klassifikation, Ursachen und Behandlung gegliedert sind. Außerdem findet sich nach jedem Kapitel eine Übersicht zu weiterführender Literatur. Am Ende des Buches sind einzelne Anlaufstellen mit Adressen und Telefonnummern angegeben, diese sollen vor allem Betroffenen und deren Angehörigen die Möglichkeit einer weiterführenden Information geben.

Die nun vorliegende zweite, erweiterte Auflage ist bezüglich Lesbarkeit und neuer wissenschaftlicher Ergebnisse überarbeitet. Außerdem wurde zusätzlich ein Kapitel zu posttraumatischen Belastungsstörungen (Prof. Freyberger) aufgenommen, da sich gezeigt hat, daß solche Lebensereignisse häufig mit psychischen Störungen einhergehen. Der Beitrag von Dr. Jacobi (Angststörungen) wurde grundlegend überarbeitet, und enthält jetzt u. a. mehr Informationen zur Therapie. Letztendlich wurde der Kapitel zu Essstörungen dahingehend erweitert, daß mehr Informationen zur Effektivität und Möglichkeiten therapeutischer Maßnahmen beschrieben werden. Die Hoffnung der Herausgeber ist es, daß auch die zweite Auflage auf ähnlich hohe Resonanz stößt, wie die erste. Wir hoffen, daß es uns gelungen ist, professionellen Helfern, als auch Betroffenen und deren Angehörigen ein Leitfaden und hilfreiche Lektüre zur Verfügung zu stellen.

Sven Barnow, 27.12. 2002

Vorwort zur ersten Auflage

Die Idee zu diesem Buch entstand in einer Arbeitsbesprechung, in welcher einer der Herausgeber (S. B.) die Geschichte einer Patientin berichtete, die trotz deutlicher Hinweise auf eine psychische Störung eine Vielzahl von (auch schmerzhaften) Untersuchungen und Operationen (4 OPs) durchlitt, bevor sie durch einen aufmerksamen Chirurgen zu einem Psychiater überwiesen worden war (siehe auch Kapitel zu somatoformen Störungen). An diesem Beispiel – wie an vielen anderen – wird deutlich, daß es nicht nur in der Normalbevölkerung, sondern auch bei Ärzten und professionellen Helfern erhebliche Wissenslücken zu Symptomen und Wesen psychischer Störungen gibt. So kommt ein psychisch Erkrankter beispielsweise durchschnittlich erst nach sieben Jahren in die «richtige» (psychotherapeutische bzw. psychopharmakologische) Behandlung bei einem Facharzt für Psychiatrie oder Psychotherapeuten. Das mag einerseits daran liegen, daß trotz einer Vielzahl von Broschüren zu einzelnen psychischen Störungen (die meist in Psychiatriepraxen ausliegen und somit nur für den sowieso schon in Behandlung befindlichen Patienten erreichbar sind) oder Lehrbüchern (die meist für Studenten geschrieben sind) es kaum Übersichtsbücher gibt, die auf verständliche Art und Weise Symptome, Ursachen und Behandlung von psychischen Störungen beschreiben. Das folgende Buch versucht diese Lücke zu füllen, indem sich die Autoren bemühten, psychische Störungen verständlich und trotzdem auf hohem wissenschaftlichen Niveau, sowohl für den Arzt als auch für Patienten lesbar, zu vermitteln. Wie die Herausgeber finden, ist dieser Anspruch gut gelungen, auch wenn die einzelnen Kapitel sich in ihrer Verständlichkeit unterscheiden. So sind beispielsweise die Kapitel zu Persönlichkeitsstörungen und Suizidalität eher im Sinne von Übersichtsartikeln geschrieben, während die Kapitel zu Eßstörungen, Zwang und sexuellen Funktionsstörungen sehr plastisch und anschaulich die jeweils behandelten Störungen vermitteln. Für alle Darstellungen gilt aber, daß die Kapitel einheitlich in die Abschnitte Alltägliche Erfahrung/Einführung, Fallbeispiele, Diagnostik, Formen und Klassifikation, Ursachen und Behandlung gegliedert sind. Außerdem findet sich nach jedem Kapitel eine Übersicht zu weiterführender Literatur. Am Ende des Buches sind einzelne Anlaufstellen mit Adressen und Telefonnummern angegeben, diese sollen vor allem Betroffenen und deren Angehörigen die Möglichkeit einer weiterführenden Information geben.

Das vorliegende Buch möchte einen Beitrag dazu leisten, ein größeres Verständnis, aber auch Handlungskompetenz bei psychischen Störungen zu vermitteln. Es ist aus diesem Grunde für Betroffene ebenso geeignet wie für Ärzte, Studenten der Medizin, Psychologie oder andere psychotherapeutisch Tätige.

Die Herausgeber möchten sich bei allen Autoren bedanken, die durch ihre Beiträge dieses Buch überhaupt ermöglicht haben, des weiteren gilt der Dank des hauptverantwortlichen Herausgebers (S. B.), seiner Patientin Frau H., die alle Skripte studierte und durch ihre kritischen Anmerkungen, besonders aus der Sicht der Relevanz und Verständlichkeit der einzelnen Kapitel für Betroffene, einen großen Beitrag zum Gelingen des Buches geleistet hat. Das folgende kurze Vorwort aus der Sicht einer Betroffenen gebührt aus diesem Grunde ihr:

«‹Von Angst bis Zwang› ist für mich ein Buch, welches mir den Kauf vieler anderer erspart hätte (für mich nicht mehr zu ändern und deshalb als Tip für Betroffene gedacht). Fast eine Enzyklopädie der ‹Eigenarten›, welche die menschliche Psyche mit sich bringen kann. Besonders deutlich und für mich am Wichtigsten war und ist die enorme Entwicklung des Fortschritts der Behandlungsformen psychischer Störungen, welche in den einzelnen Kapiteln sehr verständlich dargestellt ist. Hervorzuheben ist auch das lesbare Einfühlungsvermögen der Autoren und die Ernsthaftigkeit, mit der die einzelnen Krankheitsbilder beschrieben werden. Ein Buch, das meiner Meinung nach nicht nur Betroffene interessieren dürfte, sondern ebenso dazu geeignet ist, vorzubeugen und sich darüber zu informieren, wie wichtig es sein kann, ‹Signale der Psyche› ernst zu nehmen. Bei mir mußten acht Jahre vergehen, bis meine Störung erkannt und die optimale Behandlungsform gefunden wurde. Meiner Meinung nach ist das Buch ‹Psychische Störungen› ein Muß für denjenigen, der mit psychischen Störungen konfrontiert ist bzw. selbst unter ihnen leidet. Es ist aber auch sicher eine Bereicherung für Interessierte und diejenigen, die bemüht sind, mit ‹offenen Augen› durchs Leben zu gehen.»

Ich bin doch nicht verrückt!

Was ist eigentlich Psychotherapie und wer braucht sie?

Wolfgang Fischer

1. Da muß ich allein durch – wer braucht Psychotherapie und was versteht man darunter?

Unter Psychotherapie verstehen wir eine Krankenbehandlung mit wissenschaftlich begründeten und empirisch geprüften psychischen Verfahren und Methoden, die von ausgebildeten ärztlichen und psychologischen Psychotherapeuten mit dem Ziel durchgeführt wird, seelisch (mit)bedingte Störungen zu lindern oder zu beseitigen. Wirksam ist vor allem eine intensive, emotional besetzte vertrauensvolle Beziehung zwischen einem Hilfesuchenden und einem Helfer. Das emotionale Erleben wird gefördert, Möglichkeiten der Krankheitsbewältigung werden erarbeitet, Hoffnung und Erfolgserlebnisse werden vermittelt. Durch dieses dialogische Prinzip, eine Mitarbeit beider Seiten, unterscheidet sich Psychotherapie grundsätzlich von Information, Belehrung, Ratschlag und Hinweis.

Gegenüber Psychopharmaka ist von Vorteil der als Eigenleistung erlebte Anteil der Person bei der Bewältigung der Störung, die Wirksamkeit ohne Nebenwirkungen und der lange Bestand des Therapieerfolges.

Bei psychischen Störungen muß zunächst geklärt werden, ob eine Psychotherapie überhaupt indiziert ist, ob nicht eine Beratung (z. B. bei Berufs-, Erziehungs- und Sexualproblemen), eine medikamentöse Therapie oder eine psychosomatische Kur angebracht sind.

Hat sich der Therapeut für eine Psychotherapie entschieden, so muß er zunächst prüfen, ob seine Methode, die er anbieten kann, erfolgversprechend sein wird oder ob eine andere Methode rascher wirksam und damit hilfreicher ist. Ein guter Therapeut kann einschätzen, ob seine Methode indiziert ist, er hat auch ein ausreichendes Wissen über andere Verfahren, um auf sie zu verweisen, und er kann Elemente anderer Methoden in seine Therapie übernehmen.

Psychotherapie ist bei allen seelischen Störungen in unterschiedlicher Wertigkeit und Methodik indiziert, sofern der Patient eine seelische Ursache akzeptiert und er für eine Behandlung motiviert ist. Die Therapie erfolgt vor allem bei konfliktbedingten Störungen, Einengungen der Persönlichkeit mit starren Verhaltensmustern, Körperstörungen (Mißempfindungen, Verspannungen, Schmerzen, Organbeschwerden), bei schweren Kränkungen und Trauererlebnissen, bei depressiven Störungen u. a. Angst ist ein häufiges Symptom, welches zur Psychotherapie führt: Angst vor bestimmten Situationen, Angst vor der Auflösung des eigenen Selbst (ich werde verrückt), vor dem Verlust von Liebe und Wertschätzung durch andere Personen, vor körperlicher Beschädigung, vor dem Überschwemmtwerden mit aggressiven Impulsen («ausrasten»), vor dem Sturz in eine qualvolle Leere mit lebensvermeidenden Impulsen, vor Bestrafung durch das eigene Gewissen (Scham- und Schuldangst), vor Selbstaufgabe bei zu großer Nähe. Regression ist die einfachste und urtümlichste Form, um solch drohenden Erschütterungen des Selbstgefühles durch Ängste, Konflikte, Überforderung oder Krankheit zu entgehen. Bedürfnisse nach Versorgung, Abhängigkeit, Passivität und Selbstaufgabe (sich gehen lassen) gewinnen die Oberhand. So kann sich aus der Flucht vor der Verantwortung ein unselbständiges, hilflos anklammerndes Verhalten mit Sehnsucht nach Ruhe, Wärme und Geborgenheit entwickeln, um der krankmachenden Realität zu entkommen.

Es gibt zahlreiche Psychotherapie-Methoden. Zu nennen sind vor allem die beiden Hauptmethoden: die von der Psychoanalyse abgeleitete tiefenpsychologisch orientierte Psychotherapie und die Verhaltenstherapie. Es wird heute von Psychotherapeuten erwartet, daß sie einschätzen können, welche aussichtsreichste Behandlungsmethode einem Patienten mit einer bestimmten Störung zur Verfügung gestellt werden kann. Es geht darum, die richtige Methode zur richtigen Zeit am richtigen Patienten kompetent durchzuführen. Das Behandlungsmodell, die theoretische Orientierung des Therapeuten bestimmen die Ursachenannahme der Störung, Inhalt, Gestaltung und Ziele des therapeutischen Prozesses. Der Patient soll entscheiden, ob er das Konzept annehmen kann, damit es zur sogenannten Passung zwischen Behandlungsmodell, Therapeuten und Patienten kommt. Im Erstgespräch wird thematisiert, warum der Patient eine Psychotherapie gerade jetzt wünscht, was er geändert haben möchte, welche Probleme die wichtigsten sind, welche Beschwerden am meisten stören, welche Erwartung er an die Therapie hat. Aus der Beantwortung der Fragen resultiert ein Arbeitsbündnis zwischen dem Patienten und dem Therapeuten, in dem die Methode und der zeitliche Rahmen vereinbart werden.

Aus dem Arbeitsbündnis ergibt sich eine professionelle Arbeitsbeziehung (was wollen wir erreichen, wie werden wir es erreichen), die alsbald in ein zu bearbeitendes Spannungsfeld einer unmittelbaren menschlichen Begegnung gerät. Die Güte der therapeutischen Beziehung ist der empirisch bestgesicherte Wirkfaktor einer Psychotherapie. Hierzu gehören Offenheit, empathische Mitarbeit des Patienten und die gemeinsame Suche nach konstruktiven Problemlösungen. Damit hängt die Psychotherapie weniger von der Behandlungstechnik als von der Persönlichkeit und den Erfahrungen des Therapeuten ab. Die verbale und nonverbale Interaktion steht im Mittelpunkt, Reden und Zuhören, das Gefühl von Angenommen- und Verstandenwerden.

Die Diagnostik erlebnisbedingter und erlernter psychischer Störungen umfaßt mehrere Aspekte: die Symptome, die auslösende Situation für die Symptomatik, die aktuellen Konflikte, den Grundkonflikt, die Biographie mit ihren Problemzeiten und Lebenskrisen, einengende Erlebens- und Verhaltensweisen, die Beziehungsanalyse. Hauptsächliche Symptome sind Angst, Befürchtungen, Zwänge, Depressivität, Schmerzen, Körperbeschwerden. Wie behindern mich diese Symptome, was vermeide ich aus Angst, wie reagieren meine Bezugspersonen auf die Beschwerden, wovon entlastet mich das Symptom? Wenn wir die Entwicklung der Symptomatik rückwärts verfolgen, so gelangen wir nicht selten an einen Zeitpunkt, zu dem das Symptom und ein Krankheitsgefühl erstmals vorhanden waren. Warum trat das Symptom in einer bestimmten Situation auf? Was versetzte mich in dieser Lebenssituation in Angst und Spannung? Welche Wünsche, Hoffnungen, Pläne, Ziele, Kränkungen oder Enttäuschungen gab es zu dieser Zeit? Auslösesituationen haben in sogenannten Schwellensituationen des Lebens (z. B. Schulbeginn, Berufswahl, erste sexuelle Erfahrung, Ablösung von den Eltern, Partnerschaft, Weggang der Kinder, Ruhestand) ein besonderes Gewicht. Die Biographie von Neurosekranken zeigt oft, daß diese in der Kindheit und Jugend bestimmte Belastungsfaktoren häufiger erlebt haben als psychisch gesunde Personen. Die Selbstbefragung während des Einstiegs in die Therapie unterstützt den therapeutischen Prozeß: Realisiere ich eigene Wünsche und Pläne oder stehen Ansprüche und Forderungen der Umgebung im Vordergrund? Bin ich rasch enttäuscht, gekränkt? Bin ich zu abhängig und kann mich selbst nur unzulänglich entfalten? Bin ich zu sehr planend, kontrollierend, regelnd? Habe ich Schwierigkeiten bei Gefühlsäußerungen oder bin ich zu stark gefühlsbetont, zu impulsiv? Fühle ich mich innerlich leer? Wie sehe ich mein Selbst, wie kann ich mich steuern, wie ist meine Kommunikationsfähigkeit? Dem Patienten fällt es meist nicht schwer, einen aktuellen Konflikt z. B. im Berufsleben, durch die Arbeitslosigkeit oder in der Partnerschaft zu benennen. Erst im therapeutischen Prozeß, mit zunehmender Introspektion und Sensibilisierung für zwischenmenschliches Verhalten werden Grundkonflikte in den Bereichen Leistung, Zuwendung, Anerkennung und Selbstkonzept deutlich. Es tun sich Konflikte im Spannungsfeld zwischen Abhängigkeit und Unabhängigkeit, Unterwerfung und Auflehnung, bei Selbstwert- und Identitätsproblemen, in der Gefühlswahrnehmung auf.

Neben der Milderung oder der Beseitigung von Symptomen strebt eine Psychotherapie bestimmte Ziele an: Entwicklung eines Selbstwert- und Identitätsgefühls, differenziertes Erleben eigener Gefühle, Mut, sich auf neue und ihrer vermiedene Situationen einzulassen. Psychotherapie wird zum Lernen über sich selbst, sie dient der Kenntlichmachung der eigenen Person und ihrer Beziehungen. Von besonderer Bedeutung ist das Erkennen und die Förderung der eigenen Ressourcen, um der Verantwortung für mein Leben gerecht zu werden. Ich werde also einerseits selbständiger, selbstbewußter, habe aber andererseits eine neue Sicht auf meine Beziehungen. Ich lerne, Beziehungen aufzubauen und aufrechtzuerhalten.

2. Psychotherapieverfahren

2.1 Psychosomatische Grundversorgung

Psychosomatische Grundversorgung ist die Anwendung psychotherapeutischer Prinzipien im Gesamtbereich ärztlichen Handelns. Viele Patienten in der Sprechstunde haben eigenständige oder im Zusammenhang mit ihrer Organkrankheit stehende psychosoziale Störungen. Die Lebensqualität z. B. chronisch Kranker hängt in starkem Maße von der Verarbeitung und Bewältigung der Krankheit ab. Der Hausarzt hat die Möglichkeit, im therapeutischen Gespräch zu erreichen, daß der Patient das Beste aus der Krankheit macht, sein Leben bewußt ändert, aus einer unglücklichen Lebenssituation ausbricht und sich wieder Aktivitäten zutraut, wozu ihm bisher der Mut fehlte. Im Gespräch wird der psychosomatisch orientierte Arzt es bei einem Problempatienten nicht beim «ohne Befund» belassen, sondern nach seelischen Ursachen fragen. Das kann vom Patienten als Kränkung empfunden werden (auf die «Psychoschiene» bringen). Durch gesprächstherapeutische Verhaltensweisen wie Empathie und Wertschätzung wird für das Zusammenwirken zwischen Symptomen, Lebensproblemen, auslösender Situation und Persönlichkeitseigenschaften Verständnis erzeugt. Dadurch wird der Patient zur Mitarbeit im therapeutischen Prozeß angeregt. So kann der behandelnde Arzt an einer Umorientierung mitwirken, die Voraussetzung für eine eventuell notwendige Psychotherapie ist. Er wird die Einsichtsfähigkeit für psychosomatische Zusammenhänge aufbauen.

2.2 Analytisch und tiefenpsychologisch orientierte Therapien

Die Psychoanalyse wurde vor 100 Jahren von Sigmund Freud (1856–1939) begründet. Er hat während seines Lebens die Psychotherapie zu einer anerkannten lehr- und lernbaren Methode entwickelt. Freud entwarf eine Theorie, wonach die Entstehung bestimmter seelischer Störungen (Neurosen) aus nichtbewältigten, unbewußt wirkenden Kindheitskonflikten (Vertrauen – Mißtrauen, Nähe – Trennung, Selbstwert – Selbstunwert, Initiative – Schuld, Aggression – Aggressionshemmung u. a.) herrühre. Freud entdeckte die Übertragung als wichtiges zwischenmenschliches Phänomen. Der Patient überträgt frühere Beziehungserfahrungen auf den Therapeuten und erwartet vom Therapeuten ein ähnliches Beziehungsverhalten (z. B. bei einer Vater- oder Mutter-Übertragung). Der Patient erzählt nicht vom Trotzverhalten gegen seine Eltern, sondern benimmt sich so. Es werden also dem Therapeuten gegenüber Gefühle erlebt, die sich in Wirklichkeit auf eine andere Person beziehen, es ist also ein Irrtum in der Zeit und in der Beziehung. Es werden eine alte Beziehung und die damit zusammenhängenden Konflikte wiederholt. Dieses Geschehen, das dem Patienten nicht bewußt ist, wird vom Therapeuten bearbeitet mit dem Aspekt der Bedeutung vergangener Erfahrungen, wie das Hier und Jetzt vom Damals beeinflußt wird und sich somit bestimmte Beziehungsphasen wiederholen. Frühe Beziehungsmuster werden im therapeutischen Rahmen angeboten, so daß mit den hierbei entstehenden Gefühlen «gearbeitet» werden kann. Deshalb hat die therapeutische Beziehung in der Psychoanalyse grundlegenden Charakter. Hier ist auch die Gegenübertragung zu nennen. Es handelt sich dabei um die Gefühle des Therapeuten dem Patienten gegenüber, die der Therapeut bei sich prüft und nachfragt. Der Patient erlebt in der Therapie, daß er seine Beziehung gestalten kann und nicht blindes Opfer einer früheren Lebenssituation ist. Die moderne Psychoanalyse hat sich von einer früher ausschließlich intrapsychischen zu einer interpersonellen Betrachtung gewandelt. Heute stehen Konflikte bezüglich der eigenen Identität, der Autonomie und der Selbstachtung im Mittelpunkt der Behandlung, das Hauptaugenmerk liegt auf der Entwicklung zwischenmenschlicher Beziehungen und der Regulierung des Selbstwertgefühls. Die analytische Orientierung folgt einer Klärungsperspektive: Hilfe zur Selbsthilfe, um sich über die Motive und Bedeutung des Erlebens und Verhaltens im Hinblick auf bewußte und unbewußte Ziele klarzuwerden. Die analytische Psychotherapie beherzigt folgende Grundregel: Teilen Sie alles mit, was an Gefühlen, Vorstellungen und Gedanken auftaucht. Sagen Sie alles, was Ihnen durch den Sinn geht, Unwichtiges, Unsinniges, auch wogegen Sie Abneigung haben; bemühen Sie sich um volle Aufrichtigkeit. Wenn Sie bemerken, daß Sie gewisse Dinge zurückhalten, fragen Sie sich, woran denke ich dabei.

Neben der Übertragung haben bei den analytisch und tiefenpsychologisch orientierten Methoden auch die Abwehrmechanismen des Patienten eine große Bedeutung. Es sind unbewußte Erlebens- und Verhaltensweisen, die uns vor unliebsamen Gedanken und Situationen schützen, indem wir etwas Unangenehmes verdrängen, eine uns unliebsame Eigenschaft bei anderen sehen (projizieren) oder ein Fehlverhalten rational begründen. Abwehrmechanismen haben meist einen nützlichen Charakter, es werden störende Gedanken und Phantasien unterdrückt, unliebsame Wahrnehmungen verleugnet, damit werden Unlust und Unsicherheit vermieden, es wird ein gutes Selbstwertgefühl aufrechterhalten. Wenn Abwehrmechanismen übermäßig stark und chronisch («Panzerung») auftreten, können sie neurotische Symptome bewirken. Sie engen das Verhalten ein, beeinträchtigen die Flexibilität. Eine übermäßige Projektion schränkt dann die Realitätsprüfung ein, unlustbetonte Vorstellungen werden in die Umwelt verlagert, es kommt zu Feindbildern, und zwischenmenschliche Konflikte treten auf. Depressive Menschen neigen dazu, aggressive Handlungen anderer Personen zu verdrängen, Schuld sich selber zuzuschreiben. In der Psychotherapie zeigt sich Abwehr als Widerstand: z. B. Schuld auf andere schieben, Ausklammern von Gefühlsäußerungen, bestimmte Themen vermeiden, wichtige Konflikte und Probleme «vergessen». Der Patient sucht zwar eine Besserung seines Leidens, möchte aber die der Störung zugrundeliegenden Konflikte möglichst ruhen lassen (Ich habe keine Probleme).

Die *tiefenpsychologisch orientierten Methoden* bauen auf der Psychoanalyse auf und folgen damit dem von Sigmund Freud erarbeiteten Konzept, unbewußt das Verhalten und die Beziehungen beeinflussende und krankmachende Konflikte aufzudecken und zu bearbeiten. Es ist ein Erlebnis- und Erkenntnisprozeß in einer therapeutischen Beziehung, wodurch das Selbstgefühl stabilisiert wird, Emotionen differenzierter erlebt und einengende Verhaltensweisen abgebaut werden. Der Patient erkennt seine Kompetenz und seine Ressourcen für die Lösung von Lebensaufgaben, insbesondere für den Aufbau und die Aufrechterhaltung von Beziehungen. Die tiefenpsychologische Methode ist eine Abkürzung der oft sehr langen Wege der Psychoanalyse.

Wann ist eine tiefenpsychologische orientierte Therapie indiziert? Die Störung ist seelisch (mit)bedingt und es kann ein aktueller Konflikt festgestellt werden, über den der Patient sprechen kann und den er als Teil seiner Lebensgeschichte erkennt. Er ist durch seinen Leidensdruck zur Therapie motiviert. Der Therapeut schätzt ein, daß gerade diese Therapieform hilfreich ist, und beide, Therapeut und Patient, passen in dieser therapeutischen Beziehung zueinander.

Folgende Störungen können Ausgangspunkt der Therapie sein: Ängste, Depressivität, Vereinsamung, Unruhezustände, Selbsthaß, Aggressivität, Schmerzen, Krankheitsfurcht, Eßstörungen, Störung der sexuellen Erlebnisfähigkeit u. a. Oft sind bei diesen Störungen Auslöser erkennbar: Trennungs- und Verlusterlebnisse, Beziehungsbedrohung, Bedrohung der sozialen Existenz, Gewalt- und Mißbrauchserfahrung, Versagenssituationen, Kränkungserlebnisse, Schuld- und Schamerlebnisse.

In der Therapie wird der aktuell wirkende Konflikt zum Thema. Dieser Konflikt kann in der symptomauslösenden Situation deutlich werden (wann und unter welchen Bedingungen erlebte ich meinen ersten Herzangstanfall), kann sich in gestörten Beziehungen zeigen (ich kann mit meiner Angst nicht allein sein, ich halte dich; ohnmächtige Depressivität und gehemmte Aggressivität in einem Dreieckskonflikt, Anklammerung bei eigener Selbstentwertung), kann in der therapeutischen Beziehung und in lebensgeschichtlichen Beziehungskonstellationen deutlich werden. In der Therapie werden die bisherigen guten Erfahrungen des Patienten genutzt: eine Lebenssituation, in der er sich als kompetent erwies, wo er eigene günstige Umstände schaffen konnte, wo er Krisen beschwerdefrei bewältigte. Im Hier und Jetzt ist dann zu fragen, vor welcher Lebensaufgabe er zurückschreckt und auf welche unreife Lösung er zurückgeht (z. B. das Symptom als Entlastung, um zu funktionieren). Dem Patienten wird geholfen, innere Barrieren zu überwinden, anstehende Entwicklungsschritte zu tun, seine Ressourcen zu nutzen.

2.3 Verhaltenstherapie

Das Konzept der *Verhaltenstherapie* beruht auf dem Umlernen und Umdenken (Verhalte dich sinnvoller im Hinblick auf dein persönliches Wohlbefinden. Du kannst dir selbst helfen.). Es geht nicht um das Erfassen hinter den Lebensproblemen versteckter unbewußter Konflikte, sondern um die Veränderung im Denken und Handeln. Hierbei nimmt der Therapeut eine deutlich aktivere und direktere Haltung ein. Während analytisch-tiefenpsychologische Methoden eine Motiverhellung (Klärungsperspektive) anstreben, orientiert die Verhaltenstherapie auf eine Bewältigungsperspektive, d.h. mit bestimmten Problemen besser fertig zu werden.

Von den Methoden der Verhaltenstherapie seien die Reizüberflutung, die Desensibilisierung und die kognitiv orientierte Therapie erwähnt. Bei der Reizüberflutung suchen die Patienten mit therapeutischer Hilfe die Situationen auf, in denen ihre Schwierigkeiten auftreten. So werden Patienten mit Angststörungen angeleitet, in Kaufhallen, auf freie oder volle Plätze oder in enge Räume zu gehen. Bei Störungen infolge erlebter Belastungen leiten die Therapeuten die Patienten an, in Gedanken das erlebte Leiden und die erfahrenen psychischen Verletzungen zu wiederholen. Bulimiepatienten setzen sich mit ihrem Körper auseinander, Patienten mit Zwängen führen die befürchteten Handlungen durch und setzen sich den Vorstellungen aus. Entscheidend für den Erfolg der Therapie ist, daß die Patienten so lange in den für sie schwierigen Situationen bleiben, bis das Problemverhalten (z. B. Angst, Anspannung) deutlich abgenommen hat. Die Angst geht zurück, die Gefahren werden realistischer eingeschätzt, das eigene Bewältigungsverhalten wird trainiert, und es werden neue Verhaltensweisen aufgebaut. Statt vor den Problemsituationen zu fliehen, stellt sich der Patient ihnen aktiv.

Das Anliegen der kognitiven Therapie besteht darin, fehlerhafte gedankliche Abläufe zu modifizieren; es ist eine Einsichtstherapie. Der Therapeut geht von der Annahme aus, daß nicht nur die Tatsachen, sondern auch die Interpretation der Tatsachen das Verhalten und die Kommunikation beeinflussen. Inwieweit mich Schmerzen hilflos machen, Ängste und Zwänge mich einengen, Depressivität mich stumm macht, hängt auch von meiner Einstellung zum Symptom und zu meinen Bezugspersonen ab. Es sind vor allem negative innere Monologe (der Schmerz richtet mich zugrunde, die Angst läßt mich nicht das Haus verlassen), die zu sich selbst erfüllenden Prophezeiungen führen. Oder die Meinung, daß ich von allen geachtet und anerkannt sein muß, führt zu einem Verhalten, zuviel für andere und zu wenig für sich zu tun, sich Wünsche zu versagen, bei Ablehnung enttäuscht zu sein. Die Gedanken bei einer emotionalen Erregung beeinflussen das nachfolgende Verhalten. Es ist ein Unterschied, ob ich eine schlechte Leistung der Umwelt anlaste oder meinem eigenen Verhalten zuschreibe. Es ist ein Unterschied, ob ich an eine Problemlösung ängstlich-unsicher (das schaffe ich sowieso nicht) oder selbstsicher (das werde ich schon packen) herangehe. Der kognitiv geschulte Patient ist ein nachdenklicher Mensch geworden (was denke ich dabei... was bedeutet dies... was geht mir dabei durch den Kopf).

Die Kompensation von Problemsituationen ist in der Realität oder in der Vorstellung möglich. Bei der systematischen Desensibilisierung werden Vorstellungen der Problemsituation mit Entspannungstechniken kombiniert.

Das am Verhalten und an den Denkweisen des Patienten orientierte Gespräch muß Bestandteil einer Beziehung sein, in der Ratschläge, Ziele und

Denkanstöße nicht autoritär vermittelt werden. Dem Patienten wird sein Fehlverhalten transparent gemacht, und er gewinnt durch die eigene Mitarbeit Erkenntnisse und übt diese im praktischen Handeln. Die kognitive Umstrukturierung umfaßt unterschiedliche Inhalte: Analyse des inneren Dialogs (mein Selbstkommentar), Erlernen der Bewertung des eigenen Verhaltens (mich ärgert, daß…), Aufdeckung positiver und negativer Selbstinstruktionen, Aufdeckung irrationaler Ideen (ich bin nur wertvoll, wenn ich immer kompetent, tüchtig und leistungsfähig bin), Förderung der Selbstaktivierung (vom «ich möchte» zum «ich will»), Aufdeckung und Überwindung von Denkfehlern (ständiges inneres Befragen, was andere über mich denken, Verallgemeinern von Versagenssituationen «mir gelingt nie etwas», Sollte- und Müßte-Tyrannei mit zahlreichen nicht erfüllbaren Forderungen an sich), Abbau der Selbstoffenbarungsangst (Offenbarung der Gefühle unter Beachtung der Interessen des Partners), Abbau meiner Selbstverleugnung (Man-Sätze, Du-Botschaften).

2.4 Gesprächspsychotherapie

Im Mittelpunkt der *Gesprächspsychotherapie* steht die besondere Qualität einer therapeutischen Beziehung. Es erfolgt eine differenzierte Selbst- und Umweltwahrnehmung mit einer Neuorientierung im Erleben und Verhalten. C. R. Rogers begründete die Therapie auf einem optimistisch-positiven Menschenbild mit Hervorhebung der Entwicklungsfähigkeit des Menschen unter günstigen therapeutischen Bedingungen. Die therapeutische Atmosphäre soll ein Freisein von der Bedrohung durch den Widerspruch zwischen Bedürfnissen und der realen Situation erlauben. Dies wird durch Empathie, unbedingte Wertschätzung und Echtheit erreicht. Empathie ist ein einfühlendes Verstehen, ein Sich-Hineinversetzen in den inneren Bezugsrahmen des Patienten. Es ist ein aktives Geschehen und kein sentimentaler Betroffenheitsreflex. Der Therapeut bemüht sich, das Erlebte mitzuteilen. Der Patient reflektiert, wie genau und zutreffend das Verstehen ist, es kommt zum Dialog. Der Patient erlebt, daß der Therapeut ihn versteht, und öffnet sich. Die Echtheit drückt aus, daß der Therapeut keine Rolle spielt, also z. B. keine Empathie auszudrücken versucht, wenn er diese nicht empfindet. Wir wollen uns so verhalten, wie wir sind, uns nichts vormachen; wir wollen versuchen, offen und vertrauensvoll miteinander zu sprechen und zu handeln. Wir wollen gemeinsam überlegen, ob der Umgang in unserer Beziehung etwas damit zu tun hat, wie wir auch mit anderen Menschen umgehen. Wertschätzung heißt, daß der Therapeut eine warme, positive, akzeptierende Haltung gegenüber dem Patienten einnimmt. Er schätzt ihn als Person, unabhängig davon, wie er sich gerade verhält, und ohne ein Urteil über ihn zu fällen. Ein Grundprinzip des therapeutischen Handelns ist die Nichtdirektivität, d. h. es wird eine seelische Entwicklung ermöglicht ohne eine therapeutische Vorgabe wie bei anderen Therapien. Der Therapeut stellt ein Beziehungsmodell dar, mit dem sich der Patient identifizieren kann, das sein Bedürfnis nach Nähe, Sicherheit und Vertrauen befriedigt.

Ziele der Gesprächstherapie sind verbesserte Selbstbewertung, Selbstachtung und Selbstakzeptierung, Verringerung von Angst, Unruhe und Furcht, differenzierte Wahrnehmung und Beurteilung des eigenen Erlebens und Verhaltens, realistische Zielsetzung, bessere Bewältigung emotional belastender Situationen, Abbau von Mißtrauen.

2.5 Systemische Ansätze – Familientherapie

Die *Familientherapie* wird methodisch seit ungefähr 40 Jahren angewendet. Eine systemische Sicht (d. h. am System Familie orientiert) geht davon aus, daß die Heilung eines kranken Familienmitgliedes nur geschehen kann, wenn sich das System Familie verändert. Die Therapie orientiert sich an den konkreten Beziehungen zwischen mehreren Personen. Im Erleben der Familie ist ein Familienmitglied krank, störend, auffällig. In der Therapie wird versucht, die Familienbeziehungen zu analysieren und so verständlich zu machen, daß das Problem des Patienten (z. B. alkoholkrank, depressiv, ängstlich, aggressiv) als gemeinsames Problem der Familie erfaßt wird. Es geht um den Abbau von Eskalationsspiralen (ich bin abgespannt – du bist nervös und fordernd – ich werde gereizt; jeder mischt sich ein – ich verliere an Eigenständigkeit – ich werde aggressiv), um das Wie, um die Art und Weise im Umgang miteinander. Wie bringe ich meine Forderungen beim Kind an? Wie zeige ich meinen Unmut dem Partner? Wie ist unser Gefühlsaustausch; vielleicht reden wir nicht über Gefühle, sind sprachlos. Es geht um das Verständnis und die Aufarbeitung von Konfliktanteilen (bei jedem Partnerkonflikt hat jeder seinen Anteil, d. h. jeder verursacht einen Teil des Konfliktes). Wichtig ist das Erfassen der Hilfsmittel, der Ressourcen einer Familie. Es kann auch um die Rückgabe sozialer Verantwortung gehen, z. B. bei der Rückkehr des therapierten Alkoholkranken in die Familie. Ein Beibehalten der familiären Entpflichtung (er ist unzuverlässig) und die Prophezeiung der neuen Krise (er wird sowieso wieder trinken) können einen Rückfall geradezu provozieren.

In der Familien- und Paartherapie werden bestimmte Techniken verwendet. Wichtig ist die Allparteilichkeit und Offenheit, der Therapeut muß abstinent sein gegen Manipulation durch und Parteinahme für ein Familienmitglied. Es geht um das Erfassen wesentlicher Beziehungsstrukturen, z. B. Abkapselung, Verklammerung, Gleichgewicht und Ungleichgewicht in den aktuellen Interaktionen, um die Effizienz von Mitteln der Familie zur Krisenbewältigung. Das Erfassen der Beziehungsstruktur geschieht dadurch, daß jedes Familienmitglied über die Beziehungen zwischen den anderen Mitgliedern befragt wird (z. B. wie ist die Beziehung seines Vaters zu deiner Schwester). Manchmal gelingt es auch durch die sogenannte Symptomverschreibung (du wirst diese Woche ganz stark die Rolle des Störers spielen) eine neue Sicht zu erreichen. Bei der Familientherapie werden in großen Abständen etwa 5 bis 10 Sitzungen durchgeführt, dazwischen werden Hausaufgaben erledigt. Es müssen auch nicht immer alle Familienmitglieder anwesend sein. Im Laufe der Therapie erkennen die Familienmitglieder das Spannungsfeld zwischen Bindung und Lösung, zwischen Übereinstimmung und Abgrenzung. Jeder erfährt, wer er selbst ist und wie die anderen sind. Machtansprüche werden aufgegeben, die Beziehungen werden wieder lebendig.

2.6 Unspezifische Verfahren

Entspannungsverfahren, wie z. B. das Autogene Training, die progressive Muskelrelaxation, sind weit verbreitet. Sie sind leicht erlernbar und haben einen festen Stellenwert in der Psychotherapie, vor allem bei einer andauernden Erhöhung des allgemeinen Erregungsniveaus mit funktionellen Körperstörungen, Spannungskopfschmerz, Muskelverspannungen und Schlafstörungen. Bei allen Verfahren wird zu Beginn eine entspannungsfördernde Körperhaltung eingenommen, und die Entspannung beginnt mit einer willentlichen Aufmerksamkeitsfokussierung des Übenden. Der Patient vermag z. B. beim Autogenen Training aktiv auf seine Körperfunktionen Einfluß zu nehmen, er erfährt gleichzeitig eine seelische Beruhigung und Gelöstheit. Bei der *Hypnose* kommt es zu einem durch Suggestion herbeigeführten Trancezustand mit Einengung des Bewußtseins und starker Beeinflußbarkeit. Sie wird u. a. angewendet zur allgemeinen Ruhigstellung und affektiven Resonanzdämpfung bei Ängsten, Schmerzen und funktionellen Körperstörungen. Bei Katathym-imaginativer Psychotherapie werden Motive vorgegeben, die wie ein Tagtraum zu inneren Bildern führen und den zentralen Konflikt des Patienten darstellen.

Bei der *Methodenkombination* werden andere Behandlungstechniken in die eigene Grundorientierung integriert. So können mit den Hauptverfahren Tiefenpsychologisch orientierte Therapie und Verhaltenstherapie andere

Verfahren kombiniert werden: Gesprächstherapie, Familientherapie, Katathym-imaginative Psychotherapie, Entspannungsverfahren, Körpertherapien, Gestalttherapie, Psychodrama u. a. Methodenkombinationen haben vor allem in der stationären Psychotherapie ihre Bedeutung. Auf den Psychotherapiestationen ist der Patient seinen alltäglichen Verpflichtungen enthoben, er findet ein soziales Milieu, das ihm neue Wege der Konfliktlösung und Konfliktbewältigung eröffnet. Innerhalb der meist 4 bis 8 Wochen umfassenden stationären Psychotherapie haben Gruppentherapien eine besondere Bedeutung. Sie werden leider ambulant aus unterschiedlichen Gründen zu wenig verwendet. In der Gruppe wird der Patient aus der Innenschau und Selbstbeobachtung herausgeholt und in die Wechselwirkung der Gruppenmitglieder einbezogen. Der einzelne erkennt sich in den Reaktionen der anderen (Spiegelwirkung). Das Gruppenmitglied gewinnt Einsicht in sein Verhalten. Warum verhalte ich mich verschieden bei den einzelnen Gruppenmitgliedern? Wie wirke ich auf andere? Wie sehen mich die anderen? Was will ich von anderen, was biete ich anderen an? Verhaltensweisen der Ausnutzung, Ablehnung, Verführung und Schuldzuweisung werden transparent. Das Gruppenmitglied gewinnt Vertrauen, wagt etwas, geht ein Risiko ein, erlebt Offenheit. Der Rahmen der therapeutischen Gruppe gestattet es den Mitgliedern, sich ihres Verhaltens bewußt zu werden – die Gruppe ermöglicht soziales Lernen. Die Gruppe vermittelt auch einen Rahmen, in dem das frühere Erleben in der ursprünglichen Gruppensituation der Familie wieder belebt wird.

Im Unterschied zur stationären ist die ambulante Psychotherapie an einer Methode orientiert, sie findet im gewohnten Lebensraum statt und erstreckt sich über einen längeren Zeitraum (z.b. wöchentlich eine Therapiestunde für ein halbes Jahr, oft aber länger).

3. Ausblick

Das psychotherapeutische Handeln entwickelt sich dahin, daß zum einen Klarheit über die Motive und die Bedeutung des Erlebens und Verhaltens (Klärungsperspektive) gewonnen wird und zum anderen gelernt werden soll, Problemsituationen effektiver zu bewältigen und die Qualität sozialer Beziehungen verbessern zu können (Bewältigungsperspektive). Beide Aspekte sind von großer Bedeutung und sollten deshalb zukünftig zu vermehrten Überlegungen führen, inwieweit verschiedene therapeutische Verfahren integrierbar sind, ohne dabei eine Vereinheitlichung anstreben zu wollen oder gar einen «Königsweg» zu proklamieren. Dies macht einen intensiveren

Austausch zwischen den einzelnen Therapieschulen notwendig, besonders auch unter dem Aspekt der größeren Akzeptanz unter den Anhängern der verschiedenen theoretischen Richtungen. Psychotherapie hat in den letzten Jahren deutlich an Qualität und Akzeptanz gewonnen. Jeder von uns kann in eine Situation geraten, in der er psychotherapeutische Hilfe benötigt, um mit einer schwierigen Lebenssituation oder einer psychischen Erkrankung (oder beides) besser fertig zu werden. In diesem Sinne ist Psychotherapie stets Hilfe zur Selbsthilfe und hat nichts mit dem mancherorts anzutreffenden Vorurteil der Behandlung von «Verrückten» zu tun.

Weiterführende Literatur

Ahrens, S. (1997). Lehrbuch der psychotherapeutischen Medizin. Stuttgart, New York: Schattauer.
Markgraf, J. (Hrsg.) (1996). Lehrbuch der Verhaltenstherapie. Berlin: Springer.
Tress, W. (1997). Psychosomatische Grundversorgung. Stuttgart, New York: Schattauer.
Grawe, K., Donati, R., Bernauer, F. (1994). Psychotherapie im Wandel. Von der Konfession zur Profession. Göttingen: Hogrefe.
Finke, J. (1994). Empathie und Interaktion. Methodik und Praxis der Gesprächspsychotherapie. New York: Thieme.

Keine Angst vor Psychopharmaka

Psychopharmakotherapie: Möglichkeiten und Grenzen

Kerstin Birke

1. Psychopharmaka: Rückblick und aktuelle Situation

Gehirn und Psyche wurden lange Zeit als unabhängig voneinander angesehen. Hieraus resultierte auch die Schlussfolgerung, dass bei Gehirnerkrankungen Medikamente einzusetzen und Erkrankungen der Psyche mit Psychotherapie zu behandeln seien. Nach neueren Erkenntnissen der Neurowissenschaften und Molekularbiologie ist die Trennung von Gehirn und Psyche willkürlich. Genauso wie Psychotherapie Veränderungen im Gehirn bewirkt, indem neue Spuren im plastischen Gehirn gebahnt und frühere dysfunktionale Verbindungen, die z. B. Symptome wie Angst, Depression und Zwang verursachen, durch neue ersetzt werden, können Medikamente Veränderungen im Gehirn hervorrufen, damit die Psyche beeinflussen und Symptome reduzieren. Daher stellt sich heute für Ärzte, die psychisch Kranke behandeln, die Frage Medikamentengabe *oder* psychotherapeutische Behandlung meist nicht mehr.

Auch der hauptsächlich psychotherapeutisch tätige Arzt setzt Medikamente ein, um Patienten in Krisensituationen rasch helfen zu können, und eine psychotherapeutische Grundhaltung sollte bei der Behandlung von Patienten mit klassischen psychiatrischen Erkrankungen wie Schizophrenie, schizoaffektiven Psychosen und manisch-depressiven Erkrankungen ebenfalls selbstverständlich sein. Je nach Art der Erkrankung liegt also der Schwerpunkt entweder mehr auf der medikamentösen oder aber auf der psychotherapeutischen Behandlung. Wer die Verwendung von Psychopharmaka pauschal ablehnt, sollte sich an die Ära vor Einführung dieser Medikamente erinnern. Neben Zwangsmaßnahmen bei unruhigen und erregten Patienten (Isolierung, Fixierungen) wurden unterschiedliche Mittel verwendet. Die Hydrotherapie (Kalt- und Warmwasserkuren, Wassergüsse, Überraschungsbäder) über mehrere Tage wurde von namhaften Psychiatern wie E. Kraepelin Ende vorigen Jahrhunderts empfohlen. Bei Depressionen erlangte die Opiumkur mit auf- und absteigender Tropfenzahl Bedeutung: Atropin, Morphium, Scopolamin, homöopathische Mittel, Metallsalze, Chloralhydrat, Paraldehyd, Bromsalze u. a. wurden verwendet. Julius Zador, Arzt an der Psychiatrischen und Nervenklinik der Universität Greifswald, machte 1928 den Gebrauch von Lachgas in der Psychiatrie populär. Bedeutung hatten Schlafkuren mit Barbituraten (Klaesi), Fiebertherapien. In den dreißiger Jahren wurden die Insulin-Koma-Therapie, die Cardiazolschock- und Elektroschocktherapie entwickelt.

Mit der Entdeckung der antipsychotischen Wirksamkeit des Chlorpromazins 1952 durch Delay und Deniker begann das Zeitalter der modernen Psychopharmaka. Innerhalb weniger Jahre wurde mit Imipramin (1957, R. Kuhn) das erste Antidepressivum, mit Haldol das erste Neuroleptikum und mit Chlordiazepoxid das erste Benzodiazepinderivat entdeckt. Durch die neuen Medikamente konnte erstmals Patienten wirksam geholfen werden. Nach den eindrucksvollen Verbesserungen der Lage psychisch Kranker seit Einführung der Psychopharmakotherapie (offene Stationen, Gruppentherapien, Rehabilitation) wurden zunehmend auch ihre negativen Aspekte deutlich. Durch unkritische, unkontrollierte Verwendung (besonders im Sinne medikamentöser Konfliktlösung anstelle von Psycho- und Soziotherapie) kam es beispielsweise nach Einsatz von Benzodiazepinen bei einem nicht unerheblichen Teil von Patienten zur Entwicklung einer Medikamentenabhängigkeit.

Wenn ein Arzt heute einen Patienten mit Psychopharmaka behandeln möchte, trifft er häufig auf starke Widerstände, die sich nicht allein aus der Angst vor Abhängigkeit von Psychopharmaka erklären lassen. Um herauszufinden, worauf die Ablehnung in der Bevölkerung gründet, führten Benkert et al. (1995) eine repräsentative Bevölkerungsumfrage und eine Analyse von Berichten über Psychopharmaka in den Medien durch. Die Ergebnisse dieser Studie machten deutlich, daß es erhebliche Informationsdefizite über Art und Schweregrad psychischer Erkrankungen in der Bevölkerung gibt. Depressionen werden z. B. häufig nicht als Krankheit, sondern eher als Befindlichkeitsstörungen verstanden, und nur wenige halten eine diesbezügliche medikamentöse Behandlung für erforderlich. Schwerwiegende Symptome einer Depression wie Wahn, Denk- und Antriebshemmung sowie die hohe Suizidgefährdung sind kaum bekannt. Auch die Kenntnis über

Wirkungsweisen und Verwendungszweck von Psychopharmaka ist unzureichend. Interessant ist der Aspekt, daß Personen, die noch nie mit Psychopharmaka zu tun hatten, ihnen mehr negative als positive Wirkungen zuschreiben, während Personen mit diesbezüglichen Erfahrungen die negativen Eigenschaften der Medikamente zwar ebenfalls benennen, jedoch deutlich häufiger auch über deren positive Wirkungen berichten. Mehr als zwei Drittel der Befragten der Studie meinten, dass Psychopharmaka süchtig machen. Hier wurde offenbar das Suchtpotential der Tranquilizer auf alle Psychopharmakagruppen übertragen. Dies könnte eng mit der einseitigen und negativen Berichterstattung in den Medien zusammenhängen, die häufig nahelegt, dass es sich bei Psychopharmaka grundsätzlich um schädliche, süchtig machende, zumindest aber unnötige Medikamente handelt. Keine Erwähnung findet hingegen das fehlende Suchtpotential der Neuroleptika und Antidepressiva und deren Einsatzmöglichkeit in der Entzugsbehandlung Suchtkranker.

Etwa 50 Prozent der Befragten äußerte auch Angst vor einem Kontroll- und Identitätsverlust, obwohl viele der Medikamente gerade dazu dienen, die bei einigen psychischen Erkrankungen verlorengegangene Kontrolle wiederzugewinnen.

Problematisch ist offenbar die Tatsache, daß es für psychische Erkrankungen noch keine ausreichenden molekularbiologischen Erklärungen gibt und daß lediglich Modellvorstellungen für die Wirkungsweise der Psychopharmaka existieren. Die Therapie mit Psychopharmaka muß also als symptomatisch bezeichnet werden. Während diese Tatsache jedoch bei anderen Medikamenten, die auch «nur symptomatisch» wirken, unproblematisch zu sein scheint – denken wir nur an die Insulingabe bei Diabetikern und die Verabreichung von Blutdruckmitteln bei Hypertoniepatienten –, wird dies den Psychopharmaka in starkem Maße angelastet.

Es scheint für Betroffene viel problematischer, im Bereich des Gehirns als Zentrum des Denkens und Fühlens Veränderungen, die für ihn nicht steuerbar und nicht nachvollziehbar sind, zu akzeptieren als in anderen Bereichen des Körpers. Um so notwendiger ist es für die biologisch-psychiatrische Forschung, zur Erhöhung der Akzeptanz von Psychopharmaka plausible Erklärungen über ihre Wirkmechanismen zu liefern und diese in geeigneter Form darzustellen.

2. Informationsübermittlung im zentralen Nervensystem und Angriffspunkt der Psychopharmaka

Nach derzeitigen Vorstellungen erfolgt die Weiterleitung von Informationen innerhalb einer Zelle mit ihren Fortsätzen durch Spannungsänderung an der Zellmembran mit Hilfe des Austausches von Natrium-, Kalium- und Chloridionen unter Verbrauch von Energie. Da das dabei entstehende Aktionspotential nicht die Verbindungsstelle zwischen zwei Zellen – die Synapse – überspringen kann, sorgt es für die Ausschüttung von chemischen Botenstoffen, den sogenannten Transmittern, die am Ende des Nervenzellfortsatzes gespeichert werden. Diese Transmitter diffundieren zu den aus Proteinketten bestehenden Rezeptoren in der Membran der nächsten Zelle und lösen dort ein erneutes Aktionspotential aus. Die Transmitterwirkung ist abhängig von der Art des Rezeptors. Es gibt Rezeptoren, deren Untereinheiten durch den Transmitter geändert werden und dadurch auch die Durchlässigkeit des Ionenkanals. Folge ist eine Spannungsänderung an der Nervenzellmembran. Je nachdem, ob das Spannungsgefälle erhöht oder erniedrigt wird, resultiert eine Hemmung oder Erregung der Zielzelle. Bei anderen Rezeptortypen erfolgt die Wirkung über die Freisetzung weiterer Botenstoffe (second messenger) nach Kopplung des Transmitters an den Rezeptor. Diese «second messenger», z. B. CAMP (Cycloadenosinmonophosphat, welches aus Adenosintriphosphat gebildet wird), können durch die Beeinflussung des Zellstoffwechsels auch langfristige Wirkungen hervorrufen. Nach der Übertragung des Signals wird der Transmitter entweder wieder in die präsynaptische Nervenzelle aufgenommen oder mit Hilfe von Enzymen abgebaut.

Heute ist bekannt, dass im Gehirn zusammenhängende Nervenzellverbände existieren, die durch das Vorhandensein bestimmter Transmitter charakterisiert sind. Neben den für die Wirkung von Psychopharmaka wichtigen Transmittern Dopamin, Serotonin, Noradrenalin und Gammaaminobuttersäure (GABA) gibt es weitere Stoffe (z. B. Peptide und Hormone), die Übertragerfunktionen besitzen, auf die hier jedoch nicht eingegangen werden soll und deren Wirkungen teilweise auch noch unzureichend erforscht sind.

Verschiedene Untersuchungen fanden Störungen des Transmitterhaushaltes bei psychiatrischen Erkrankungen. Über die Verursachung gibt es noch keine gesicherten Erkenntnisse. Es werden genetische und lebensgeschichtliche Einflüsse sowie die Auslösung durch bestimmte Viren vermutet. Die meisten neueren Vorstellungen gehen von einer multifaktoriellen

Genese aus (Nüchterlein 1987, Propping 1989). Mit Psychopharmaka soll versucht werden, die bei psychiatrischen Erkrankungen auftretenden Störungen im Transmitterhaushalt zu beseitigen oder zu mindern. Bei einem Transmitterüberschuss – von dem z. B. bei schizophrenen Erkrankungen ausgegangen wird – wirken Neuroleptika, indem sie Rezeptoren blockieren. Durch ihre Ähnlichkeit mit dem Transmitter passen sie zwar zum Rezeptor, weil sie jedoch nicht ganz genauso beschaffen sind wie der Transmitter, lösen sie nicht die gleiche Wirkung aus, sondern eine Rezeptorblockade, durch welche die Signalübertragung verhindert wird.

Antidepressiva sorgen hingegen dafür, dass ein bei Depressionen vorliegender Transmittermangel z. B. Serotonin im synaptischen Spalt durch Hemmung der Wiederaufnahme (Reuptake) des Transmitters in die präsynaptische Nervenfaser oder durch Hemmung der transmitterabbauenden Enzyme behoben wird. Außerdem spielt die Reduzierung postsynaptischer Rezeptoren (die für die Aufnahme des Transmitters verantwortlich sind) durch Antidepressiva eine bedeutende Rolle.

Einzelheiten zur Wirkungsweise verschiedener Psychopharmaka finden sich in den folgenden Abschnitten.

3. Beschreibung der Stoffgruppen

3.1 Neuroleptika

Neuroleptika sind Psychopharmaka, die solche Phänomene psychotischer Erkrankungen wie Wahn, Halluzinationen, schizophrene Ich-Störungen, affektive Spannung und psychomotorische Erregung gezielt beeinflussen.

3.1.1 Einteilung der Neuroleptika

Eine Einteilung der Neuroleptika ist nach verschiedenen Gesichtspunkten möglich, so z. B. nach der chemischen Struktur, der neuroleptischen Potenz oder nach der Rezeptoraffinität. Traditionell werden die Neuroleptika nach der chemischen Struktur eingeteilt. **Tabelle 1** auf S. 36 gibt einen Überblick über die verschiedenen chemischen Stoffklassen, die wichtigsten dazugehörigen Substanzen und Handelsnamen.

Nach ihrer klinischen Wirksamkeit, d. h. ihrem Potential, gezielt produktiv psychotische Symptome wie Wahn und Halluzinationen zu beeinflussen, werden die Neuroleptika in hochpotente, mittelpotente und niedrigpotente eingeteilt. In **Tabelle 2** auf S. 36 finden sich Beispiele für einige Präparate und ihre neuroleptische Potenz.

36 Von Angst bis Zwang

Tabelle 1: Einteilung der Neuroleptika nach chemischen Stoffklassen

Chemische Stoffklasse	Substanzen	Handelsnamen
Phenothiazine (mit verschiedenen Seitenketten)	Levomepromazin Promethazin Thioridazin Fluphenazin Perazin	Neurocil® Atosil® Melleril® Lyogen® Taxilan®
Thioxanthene	Chlorprothixen Clopenthixol Zuclopenthixol Flupentixol	Truxal® Ciatyl® Ciatyl-Z® Fluanxol®
Butyrophenone	Benperidol Haloperidol Melperon Pipamperon	Gliamimon® Haldol®-Janssen Eunerpan® Dipiperon®
Diphenylbutylpiperidine	Fluspirilen Pimozid	Imap® Orap®
Atypische Neuroleptika (verschiedene Stoffklassen)	Clozapin Zotepin Sulpirid Risperidon Olanzapin Quetiapin Amisulprid	Leponex® Nipolept® Dogmatil®, Meresa® Risperdal® Zyprexa® Seroquel® Solian®

Tabelle 2: Neuroleptische Potenz einiger Präparate

Neuroleptische Potenz	Präparat (Handelsname)
niedrig	Truxal® Neurocil® Atosil®, Prothazin® Eunerpan® Dipiperon®
mittel	Taxilan® Nipolept® Ciatyl®
hoch	Glianimon® Lyogen®, Dapotum® Haldol®-Janssen Orap® Fluanxol®

Dabei gilt, daß hochpotente Neuroleptika eine starke antipsychotische Wirkung haben, aber häufig sogenannte extrapyramidalmotorische Nebenwirkungen (d. h. Nebenwirkungen, die das extrapyramidalmotorische – also außerhalb des Pyramidensystems gelegene – System im ZNS betreffen, das für die Modifizierung der Bewegungsmuster der Großhirnrinde, insbesondere für die langsamen motorischen Halte- und Bewegungsfunktionen verantwortlich ist) hervorrufen. Neuroleptika mit niedriger Potenz zeigen hingegen eine geringere antipsychotische Wirksamkeit, dafür aber weniger extrapyramidalmotorische Wirkungen. Lange Zeit wurde die Fähigkeit einer Substanz, extrapyramidalmotorische (und damit unerwünschte) Symptome auszulösen, als unabdingbare Voraussetzung für ihre antipsychotische Wirksamkeit angesehen. Seit Einführung solcher Substanzen wie Clozapin, Sulpirid, Risperidon und Olanzapin gilt dies jedoch nicht mehr. Diese als atypische Neuroleptika bezeichneten Medikamente zeigen eine gute bis sehr gute antipsychotische Wirksamkeit bei geringem Risiko für die Auslösung extrapyramidalmotorischer Begleiterscheinungen (Sedvall 1989, Zimbroff et al. 1997).

Das seltene Auftreten extrapyramidalmotorischer Nebenwirkungen ist jedoch nicht der einzige Vorteil der atypischen Neuroleptika. Während die sogenannten Plussymptome schizophrener Erkrankungen wie Wahn und Halluzinationen durch die klassischen Neuroleptika relativ gut behandelbar sind, trifft dies für die Negativsymptomatik mit Affektverflachung, Antriebsstörung und sozialem Rückzug nicht zu. Bei der Behandlung dieser Negativsymptomatik sind die atypischen Neuroleptika den klassischen ebenfalls überlegen (Klages et al. 1993, Kurtz et al. 1996).

Neben den Einteilungsmöglichkeiten nach der chemischen Struktur und der neuroleptischen Potenz können die Neuroleptika bezüglich ihrer Affinität zu bestimmten Rezeptoren im ZNS klassifiziert werden. Hierauf soll im nächsten Abschnitt im Zusammenhang mit der Wirkungsweise der Neuroleptika näher eingegangen werden.

3.1.2 Wirkungsweise der Neuroleptika

Nach der sogenannten «Dopaminhypothese» ist das Auftreten von Schizophrenien mit einem Überschuß des Transmitters Dopamin in den zentralen Synapsen und der Überstimulation postsynaptischer Dopaminrezeptoren korreliert (Carlson und Lindquist 1963). Um die Aktivierung dieser Rezeptoren durch den Transmitter zu verhindern, werden zur Therapie psychotischer Erkrankungen Medikamente eingesetzt, die die Dopaminrezeptoren blockieren. Im zentralen Nervensystem existieren im wesentlichen drei dopaminerge Projektionsbahnen. Der Hauptangriffspunkt für die antipsychotische Wirkung der Neuroleptika befindet sich im mesolimbisch-mesokortikalen System. Hier sollen affektive, Gedächtnis- und Lernfunktionen reguliert werden. Die Dopaminrezeptoren im nigrostriatalen System, welches für die Kontrolle der Bewegungsabläufe zuständig ist, und im tuberoinfundibulären System, das die Hormonausscheidung der Hirnanhangdrüse reguliert, scheinen dagegen für die Auslösung von Nebenwirkungen verantwortlich zu sein. Mit molekularbiologischen Methoden ist es in den letzten Jahren gelungen, verschiedene Typen von Dopaminrezeptoren zu identifizieren. Insgesamt geht man von 5 verschiedenen Dopaminrezeptoren aus, die aufgrund struktureller und pharmakologischer Ähnlichkeiten in zwei Gruppen (D_1- und D_2-ähnliche Typen) eingeteilt werden (Sibley 1992). Je höher die Affinität eines Neuroleptikums zum D_2-Rezeptor, desto höher ist seine antipsychotische Wirksamkeit bezüglich der sogenannten Plussymptomatik. Insbesondere die Butyrophenone (z. B. Haloperidol) haben eine hohe Affinität zu D_2-Rezeptoren, während solche Stoffgruppen wie Phenothazine und Thioxanthene zwar ebenfalls an D_2-Rezeptoren wirken, in stärkerem Ausmaß jedoch auch an D_1-Rezeptoren.

Atypische Neuroleptika rufen hingegen eine kombinierte Blockade von zentralen Serotonin-$5HT_2$ und Dopamin-D_2-Rezeptoren hervor, wobei die Affinität zu den Serotonin-$5HT_2$-Rezeptoren zumeist deutlich größer als zu den Dopamin-D_2-Rezeptoren ist. Entscheidend für die atypischen Eigenschaften eines Neuroleptikums ist das Verhältnis von $5HT_2$- zu D_2-Rezeptoraffinität (Richelson 1996). Durch die gute bis sehr gute antipsychotische Wirksamkeit der atypischen Neuroleptika trotz geringerer D_2-Rezeptorblockade ist die Dopaminhypothese der Schizophrenien etwas in den Hintergrund getreten. Es wird jetzt vielmehr angenommen, daß bei schizophrenen Erkrankungen ein Ungleichgewicht hinsichtlich der Transmitteraktivitäten in den verschiedenen betroffenen Hirnarealen besteht. Atypische Neuroleptika blockieren in gewissem Umfang auch Alphaadreno-, Histamin- und Acetylcholinrezeptoren, woraus sich einige ihrer Nebenwirkungen erklären lassen.

3.1.3 Nebenwirkungen der Neuroleptika

Die bedeutendsten Nebenwirkungen der klassischen Neuroleptika sind die extrapyramidalmotorischen. Insbesondere hochpotente Substanzen (wie z. B. Benperidol oder Haloperidol), bei denen die D_2-Rezeptorblockade im Vordergrund steht, zeigen diese Effekte, von denen es verschiedene Formen gibt. Nach Beginn einer Neuroleptikatherapie können sehr rasch *Frühdyski-*

nesien auftreten, die sich in subjektiv sehr unangenehmen Blickkrämpfen, Zungenschlundkrämpfen, Torticollis (Schiefhals) und Opisthotonus (Körperbeugung nach hinten) äußern. Etwas später kann es zu einem neuroleptikabedingten *Parkinsonsyndrom* mit Rigor, Tremor und Akinese (Verlangsamung) kommen. Weitere Formen extrapyramidalmotorischer Nebenwirkungen sind die *Akathisie*, welche als quälende Bewegungsunruhe beschrieben wird, und *Spätdyskinesien*, die während und nach einer Neuroleptikatherapie auftreten können und bei denen es sich um unwillkürliche, dyskinetische Bewegungen der Gesichts-, Zungen-, Extremitäten- und/oder Rumpfmuskulatur handelt, die vom Patienten meist nicht wahrgenommen werden. Beim Auftreten extrapyramidalmotorischer Nebenwirkungen sollte die Neuroleptikadosis reduziert bzw. auf ein atypisches Neuroleptikum umgestellt werden.

Es gibt jedoch auch Medikamente, mit denen diese Nebenwirkungen behandelt werden können. Insbesondere Frühdyskinesien lassen sich rasch durch Gabe von Biperiden beseitigen. Akathisie und Spätdyskinesien sind hingegen nur schwer medikamentös beeinflußbar. Oft bessern sich Spätdyskinesien spontan noch bis zu einem halben Jahr nach Absetzen der Neuroleptika. Häufig sind sie jedoch irreversibel. Das Auftreten von Spätdyskinesien soll ebenfalls eng mit dem Ausmaß der D_2-Rezeptorblockade zusammenhängen. Als besonders schwerwiegende Nebenwirkung der Neuroleptika gilt das Auftreten eines sogenannten malignen neuroleptischen Syndroms, welches durch extrapyramidalmotorische Störungen, Fieber, Bewußtseinsveränderung und Anstieg der Kreatinkinase im Blut gekennzeichnet ist. Das maligne neuroleptische Syndrom ist selten, es entwickelt sich zumeist innerhalb von zwei Wochen nach Beginn einer Neuroleptikabehandlung oder nach Dosissteigerung. Obwohl es medikamentöse Behandlungsmöglichkeiten gibt, kann es jedoch in bis zu 20 % der Fälle tödlich ausgehen (Benkert und Hippius 1996).

Durch die Blockade der D_2-Rezeptoren im tuberoinfundibulären System kann es über hormonelle Veränderungen zu Galaktorrhoe (Milchfluß), Gynäkomastie (Anschwellung der Brustdrüse), Menstruationsstörungen sowie sexuellen Funktionsstörungen kommen. Andere Nebenwirkungen von Neuroleptika werden mit ihrer Blockade weiterer Rezeptorsysteme in Zusammenhang gebracht. So zeigen Neuroleptika außer ihrer Dopaminrezeptorblockade noch eine Blockierung alphaadrenerger, Acetylcholin-, Serotonin- und Histaminrezeptoren, woraus sich ihre blutdrucksenkenden, sedierenden und vegetativ-anticholinergen (z. B. EKG-Veränderungen, Akkommodationsstörungen, Obstipation, Harnverhalt und Delirien) Nebenwirkungen erklären. Diese Nebenwirkungen stehen insbesondere bei Neuroleptika mit trizyklischer Struktur wie Phenothiazinen und Thioxanthenen im Vordergrund.

Begleiterscheinungen wie Leukopenie, Agranulozytose, hämolytische Anämie und Leberenzymveränderungen sind toxisch bedingt. Die Gefahr des Auftretens einer Agranulozytose (d. h. einer gefährlichen Verminderung der weißen Blutkörperchen) ist bei dem atypischsten aller Neuroleptika, dem Clozapin, am größten, während extrapyramidalmotorische Effekte hier nicht beobachtet wurden. An weiteren unerwünschten Begleiterscheinungen der Neuroleptika sind die Auslösung von Allergien, verminderter Glukosetoleranz sowie Senkung der Krampfschwelle bekannt. Zusammenfassend ist festzustellen, daß schwerwiegende Nebenwirkungen wie malignes neuroleptisches Syndrom, anticholinerges Delir oder Agranulozytose sehr selten auftreten, während es zu extrapyramidalmotorischen Störungen wie Frühdyskinesien oder Parkinsonoid in bis zu 20 % der Fälle kommen kann (Rüther et al. 1980). Die Häufigkeit des Auftretens von Spätdyskinesien wird auf 15 % geschätzt (Gerlach und Casey 1988).

3.1.4 Indikation

Neuroleptika kommen hauptsächlich in der Akutbehandlung sowie in der Rezidivprophylaxe schizophrener Erkrankungen zum Einsatz. Weitere Anwendungsgebiete sind schizoaffektive Psychosen, organische Psychosen, wahnhafte Depressionen, Entzugssymptomatik sowie in bestimmten Fällen auch neurotische und Persönlichkeitsstörungen (siehe entsprechende Kapitel in diesem Buch).

Bei nichtpsychiatrischen Erkrankungen, z. B. Schmerzsyndromen, bestimmten neurologischen Krankheiten wie Chorea- und Ticstörungen und in der Anästhesiologie werden ebenfalls Neuroleptika verwendet.

3.1.5 Praktische Anwendung

Die Auswahl des Neuroleptikums sollte so erfolgen, daß es möglichst optimal auf die Zielsymptome der zu therapierenden Erkrankung abgestimmt ist. Die Dosierung muß wegen der unterschiedlichen individuellen Sensibilität für jeden Patienten einzeln festgelegt werden. Dabei gilt, daß soviel Neuroleptika wie nötig, aber auch so wenig wie möglich verabreicht werden sollten. Akute Psychosen, bei denen Wahn und Halluzinationen im Vordergrund stehen, werden mit hochpotenten Neuroleptika behandelt. Niedrigpotente Neuroleptika mit ihrer vorwiegend dämpfenden und schlafanstoßenden Wirkung können bei psychomotorischen Erregungszuständen jeglicher Genese eingesetzt werden. Bei hochgradig erregten, akut psychotischen Patienten macht sich häufig auch die Kombination hoch- und niedrigpotenter Neuroleptika erforderlich. Patienten mit im Vordergrund stehender Negativsymptomatik bzw. Neigung zu extrapyramidalmotorischen Nebenwirkungen sollten bevorzugt mit atypischen Neuroleptika behandelt werden. Da auch das Auftreten von Spätdyskinesien mit klassischen hochpotenten Neuroleptika in Zusammenhang gebracht wird, wächst der Stellenwert der atypischen Neuroleptika. Angesichts der derzeit besonders knappen Budgets im Gesundheitswesen ist es der relativ hohe Preis dieser Medikamente, der ihre breitere Anwendung verhindert. Hierbei ist jedoch zu bedenken, dass es unter Behandlung mit atypischen Neuroleptika nicht nur vielen Patienten subjektiv besser geht, sondern dass auch die Gesamttherapiekosten sinken, da beispielsweise die Anzahl teurer Krankenhausaufenthalte reduziert werden kann (Buckley 1996). Für die Neuroleptikaauswahl kann auch die geplante Applikationsart mitbestimmend sein. Ist beispielsweise zur Rezidivprophylaxe (Rückfallschutz) eine Depotinjektion vorgesehen, weil der Patient keine Compliance (Zuverlässigkeit bezüglich der Medikamenteneinnahme) zeigt, kann nur für Neuroleptika zurückgegriffen werden, die es auch in dieser Applikationsform gibt. Dies waren bis vor kurzem lediglich einige der klassischen Neuroleptika. Als erstes atypisches Neuroleptikum steht jetzt das Risperdal® in Depotform zur Verfügung. Bei akuten organischen Psychosen, z. B. Verwirrtheitszuständen älterer insbesondere dementer Menschen, sollten stark anticholinerg wirkende Neuroleptika – wie z. B. Phenothiazine wegen ihrer ausgeprägt delirogenen Wirkung nicht eingesetzt werden. Günstiger sind in dieser Indikation z. B. Butyrophenone wie Haloperidol, Melperon oder Pipamperon aber auch Risperidon (Risperdal®). Patienten mit Neurosen und Persönlichkeitsstörungen können ebenfalls mit Neuroleptika therapiert werden. Dies trifft besonders für Akutsituationen zu, die mit starker Angst und Spannung einhergehen. Wegen der möglichen Spätwirkungen (insbesondere der Gefahr der Entwicklung von Spätdyskinesien) ist jedoch bei längeren Behandlungen Zurückhaltung angeraten. Atypische Neuroleptika sind für diese Indikationen nicht zugelassen. Wichtig bei jeder Neuroleptikabehandlung ist die ausführliche Aufklärung des Patienten. Es wird empfohlen, vor Beginn der Behandlung EKG- und EEG-Untersuchungen durchzuführen sowie Blutdruck, Puls, Blutbild, Leberwerte, Harnstoff und Kreatinin zu kontrollieren und diese Parameter auch im Verlauf der Behandlung zu überwachen. Die empfohlene Häufigkeit der Untersuchungen variiert bei den einzelnen Neuroleptika. Insbesondere wegen des erhöhten Agranulozytoserisikos, z. B. bei Clozapin sind wöchentliche Blutbildkontrollen für die ersten Monate vorgeschrieben.

3.2 Antidepressiva

Antidepressiva sind Medikamente, die hauptsächlich bei der Behandlung depressiver Störungen zum Einsatz kommen. Sie wirken stimmungsaufhellend und antriebsnormalisierend. Antidepressiva werden jedoch auch bei der Behandlung nichtaffektiver Störungen wie Panik-, Angst-, Zwangs- und Eßstörungen eingesetzt. Schmerzstörungen sowie Entzugssyndrome lassen sich mit Antidepressiva ebenfalls wirksam behandeln.

3.2.1 Einteilung

Die Einteilung der Antidepressiva erfolgt zumeist gemischt nach ihrer chemischen Struktur und nach der Funktion. **Tabelle 3** gibt einen Überblick über die Substanzklassen, die gebräuchlichsten Wirkstoffe sowie Handelsnamen. Eine Einteilung kann auch nach dem klinischen Wirkprofil erfolgen. Einen diesbezüglichen Überblick gibt **Tabelle 4**.

Tabelle 3: Einteilung der Antidepressiva

Substanzklassen	Wirkstoff	Handelsnamen
Trizyklische Antidepressiva	Imipramin Amitriptylin Desipramin Clomipramin Trimipramin Doxepin	Tofranil®, Pryleugan® Saroten®, Amineurin® Pertofran®, Petylyl® Anafranil®, Hydiphen® Herphonal®, Stangyl® Aponal®
Tetrazyklische Antidepressiva	Maprotilin Mianserin	Ludiomil®, Kanopan® Tolvin®, Prisma®
Selektive Serotoninwiederaufnahmehemmer (SSRI) und Dual serotonerge Antidepressiva	Fluoxetin Fluvoxamin Paroxetin Citalopram Sertralin Nefazodon	Fluctin® Fevarin® Tagonis®, Seroxat® Cipramil®, Sepram® Zoloft®, Gladem® Nefadar®
Selektive Serotonin- und Noradrenalinwiederaufnahmehemmer	Venlafaxin Mirtazapin	Trevilor® Remergil®
Selektiver Noradrenalinwiederaufnahmehemmer	Reboxetin	Endronax®

Substanzklassen	Wirkstoff	Handelsnamen
Monaminoxidasehemmer (MAO-Hemmer)	Tranylcypromin (irreversible Hemmung von MAO-A und MAO-B)	JatrosomN® Parnate®
	Moclobemid (reversible Hemmung von MAO-A)	Aurorix®
Atypische Antidepressiva	Sulpirid	Dogmatil®, Meresa®
Pflanzliche Antidepressiva	Johanniskraut	Jarsin®, Kira® Psychotonin® Esbericum®

Tabelle 4: Einteilung einiger Antidepressiva nach dem klinischen Wirkprofil

Klinisches Wirkprofil	dazugehörige Wirkstoffe
sedierend, angstlösend und psychomotorisch dämpfend	Amitriptylin Trimipramin Doxepin
antriebsneutral	Imipramin Clomipramin Maprotilin Mianserin SSRI
antriebssteigernd	Desipramin Moclobemid

Allen Antidepressiva gemeinsam ist die depressionslösende und stimmungsaufhellende Wirkung. Da Depressionen sich klinisch darüber hinaus unterschiedlich äußern – es können beispielsweise ängstliche Erregtheit, psychomotorische Hemmung oder vital-depressive Verstimmung im Vordergrund stehen – ist eine erste Orientierung nach dem klinischen Wirkprofil sinnvoll.

Neben den genannten Einteilungsmöglichkeiten lassen sich die Antidepressiva auch ausschließlich hinsichtlich ihrer Wirksamkeit auf die verschiedenen Transmittersysteme einteilen, d. h. nach ihrer Wirkung entweder im noradrenergen, serotonergen, gemischt serotenerg-noradrenergen oder dopaminergen System (siehe auch Kapitel Depressionen).

3.2.2 Wirkungsweise der Antidepressiva

Nach heutigen Vorstellungen liegt bei depressiv Erkrankten unabhängig von der vermuteten Ätiologie der Störung eine Erniedrigung bzw. Dysbalance insbesondere der Neurotransmitter Noradrenalin oder Serotonin vor. Die Wirkung der Antidepressiva beruht bei akuter Gabe auf einer Erhöhung der Konzentration von Serotonin bzw. Noradrenalin im synaptischen Spalt durch Hemmung der Transmitterwiederaufnahme in die präsynaptische Nervenfaser. Nach längerfristiger Gabe kommt es außerdem zur Verringerung postsynaptischer Rezeptoren.

Einige Antidepressiva steigern auch die Dopaminaktivität, andere wiederum bewirken eine Erhöhung der Transmittersubstanzen über die Hemmung der entsprechenden abbauenden Enzyme (Monaminoxidasehemmer). Entscheidend für die antidepressive Wirkung, die erst mit einer Latenzzeit von etwa 2 Wochen eintritt, scheint jedoch die Dichteminderung der postsynaptischen Rezeptoren zu sein. Die meisten Antidepressiva wirken nicht ausschließlich auf die genannten Rezeptoren, sondern auch auf andere Rezeptorsysteme (z. B. Acetylcholin- und Histaminrezeptoren). Nach heutiger Auffassung werden hierdurch jedoch eher Nebenwirkungen hervorgerufen. Die neuen selektiv wirkenden Antidepressiva haben vergleichsweise weniger Nebenwirkungen bei gleicher Wirksamkeit wie trizyklische Antidepressiva (Lane et al. 1995).

3.2.3 Nebenwirkungen

Ein Großteil der Nebenwirkungen von Antidepressiva lässt sich durch ihre Interaktion mit den verschiedenartigen Rezeptoren erklären. Bei trizyklischen Antidepressiva stehen vegetativ-anticholinerge und antihistaminerge Nebenwirkungen wie Akkommodationsstörungen, Mundtrockenheit, Harnverhalt, Obstipation, Schwitzen, Pulsanstieg, Herzrhythmusstörungen, Blutdrucksenkung sowie Müdigkeit im Vordergrund. Auch kann es zu Tremor (Zittern), zerebralen Krampfanfällen, Libidominderung, Erektionsstörungen, Erhöhung der Leberwerte, allergischen Reaktionen, toxischer Agranulozytose und zum Auftreten eines anticholinergen Delirs kommen. Selektive Wiederaufnahmehemmer verursachen häufig Übelkeit, Brechreiz, Durchfall, innere Unruhe, Schwindel, Schlafstörungen sexuelle Störungen sowie Kopfschmerzen. Insgesamt sind sie jedoch besser verträglich als die trizyklischen Antidepressiva. Die genannten Nebenwirkungen sind subjektiv belastend, aber zumeist harmlos und im Laufe der Therapie oft reversibel. Durch einschleichende Dosierung können sie teilweise ganz vermieden werden. Bei stärkerer Beeinträchtigung gibt es auch Möglichkeiten zur Behandlung der Nebenwirkungen. Sollte dies nicht ausreichen, kann die Umstellung auf ein Antidepressivum einer anderen Substanzklasse angezeigt sein.

3.2.4 Indikation

Hauptindikationsgebiet für Antidepressiva sind depressive Störungen unabhängig von ihrer Genese. Die Entscheidung für ein bestimmtes Antidepressivum sollte sich am Zielsyndrom orientieren. Die Ätiologie depressiver Störungen ist unterschiedlich und von der Schwere und Ausprägung des depressiven Bildes kann nicht auf die Ursache geschlossen werden. Unabhängig von der Ätiologie sollten Depressionen mit ausgeprägter Symptomatik immer auch pharmakologisch behandelt werden, auch wenn häufig gleichzeitig (oder später) eine psychotherapeutische Behandlung angezeigt ist. Oft läßt sich die Motivation für eine Psychotherapie auch schneller herstellen, wenn der Patient in einer für ihn aussichtslos scheinenden Situation rasch Hilfe erfährt hat. Außerdem ist zu bedenken, daß es Patienten gibt, bei denen eine hauptsächliche Psychogenese der Depression anzunehmen ist, die jedoch aus verschiedenen Gründen mit psychotherapeutischen Angeboten nicht erreicht werden können. Hier stehen Antidepressiva im Vordergrund der Behandlung, ebenso wie bei Patienten, bei denen psychogene Ursachen offenbar eine geringere Rolle spielen.

Weiterhin werden Antidepressiva auch bei Angst- und Panikstörungen, Phobien, Zwangs- und Essstörungen eingesetzt. Insbesondere bei diesen Indikationen ist nicht zu erwarten, dass das Medikament allein zum Erfolg führt. In Kombination mit psychotherapeutischen Maßnahmen kann eine Pharmakotherapie jedoch sehr hilfreich und besonders am Beginn einer Behandlung entlastend für den Patienten sein. Antidepressiva sind auch zur Behandlung chronischer Schmerzzustände – unabhängig von ihrer Ursache – geeignet. Ihr Vorteil liegt insbesondere darin, dass sie nicht zu einer Abhängigkeit führen.

3.2.5 Praktische Anwendung

Vor Beginn einer Antidepressivabehandlung ist ein Gesamtbehandlungsplan aufzustellen, der mit dem Patienten besprochen werden muß. Besonders wichtig ist die Information über die Wirklatenz der Antidepressiva und die zu erwartenden Nebenwirkungen, damit die Behandlung vom Patienten nicht vorzeitig abgebrochen wird. Insbesondere bei suizidalen Patienten sollten antriebssteigernde Antidepressiva vermieden werden, da sonst Suizidgedanken möglicherweise leichter in die Tat umgesetzt werden könnten. Zu erwähnen ist in diesem Zusammenhang noch die größere Sicherheit der Serotoninwiederaufnahmehemmer. Überdosierungen können hier zwar ebenfalls tödlich enden, die diesbezügliche Gefahr ist z. B. bei den trizyklischen Antidepressiva größer. Antriebssteigernde und aktivierende Antidepressiva sollten nicht nach 16 Uhr verabreicht werden, da sie Schlafstörungen verursachen können. Bei psychomotorisch dämpfenden Antidepressiva hingegen sollte die Hauptdosis am Abend gegeben werden, einmal um die schlafinduzierende Wirkung auszunutzen, aber auch um den Hauptteil der Nebenwirkungen in die Nacht zu verlagern, wo sie vom Patienten sozusagen verschlafen werden.

Bei schwer depressiven Patienten, die zumeist in Kliniken behandelt werden müssen, erfolgt zunächst häufig die Gabe trizyklischer Antidepressiva. Anfangs werden insbesondere deren dämpfende, angstlösende Wirkungen ausgenutzt, woraus häufig schon eine rasche Besserung resultiert. Es ist heute aber zunehmend üblich, gleich mit einem selektiven Wiederaufnahmehemmer zu behandeln. Hier empfiehlt sich allerdings in vielen Fällen die Kombination mit einem Benzodiazepin, um eine zusätzliche Sedierung zu erreichen. Selektive Wiederaufnahmehemmer bzw. Monaminoxidasehemmer spielen aufgrund ihres günstigeren Nebenwirkungsprofils eine immer größere Rolle. Von Vorteil sind hier insbesondere geringere oder fehlende Einschränkungen der Fahrtauglichkeit. Vor Behandlungsbeginn müssen EKG, EEG, Puls, Blutdruck und bestimmte Blutwerte (Blutbild, Leberwerte, Kreatinin und Harnstoff) kontrolliert und auch im Verlauf überwacht werden. Die empfohlene Häufigkeit ist abhängig von der Art des Antidepressivums und seinem Nebenwirkungsprofil. Bei Therapieresistenz kann nach Erhöhung der Dosis gegebenenfalls eine antidepressive Infusionstherapie versucht werden oder auf ein Antidepressivum mit einem anderen biochemischen Wirkungsschwerpunkt umgestellt werden. Da nach heutigen Vorstellungen depressive Phasen auch nach Remission unter Gabe von Antidepressiva latent weiterbestehen, sollte das Antidepressivum bis zum vollständigen Abklingen der depressiven Phase und noch einige Zeit darüber hinaus – im allgemeinen ca. 4 bis 6 Monate – verabreicht werden. Das Absetzen antidepressiver Psychopharmaka muss unter ärztlicher Kontrolle langsam und «ausschleichend» erfolgen.

3.3 Benzodiazepine

Bei den Benzodiazepinen handelt es sich um Psychopharmaka mit angstlösender, sedierender, schlafanstoßender, muskelrelaxierender und antiepileptischer Wirkung.

3.3.1 Einteilung der Benzodiazepine

Eine Einteilung ist nach Ausprägung der obengenannten Eigenschaften bei den einzelnen Benzodiazepinen und den hieraus resultierenden unterschiedlichen Verwendungszwecken möglich. Außerdem ist eine Einteilung nach ihrer Wirkdauer in kurz-, mittellang- und langwirksam sinnvoll. Die **Tabelle 5** gibt eine Übersicht über die verschiedenen Benzodiazepine, ihre Hauptindikation und einige dazugehörige Handelsnamen.

Tabelle 5: Einteilung der Benzodiazepine

Substanz	einige Handelsnamen
Benzodiazepin-Tranquilizer	
Alprazolam	Tafil®, Cassadan®
Bromazepam	Lexotanil®, Normoc®, Gityl®
Chlordiazepoxid	Librium®, Multum®, Radepur®
Clobazam	Frisium®
Clotiazepam	Trecalmo®
Diazepam	Valium®, Faustan®, Transquase®, Lamra®
Dikaliumchlorazepat	Tranxilium®
Lorazepam	Tavor®, Laubeel®
Metaclazepam	Talis®
Nordazepam	Tranxilium N®
Oxazepam	Adumbran®, Sigacalm®, Noctazepam®
Prazepam	Demetrin®
Benzodiazepin-Antiepileptika	
Clonazepam	Rivotril®, Antelepsin®
Diazepam	Valium®, Faustan® u. a.
Nitrazepam	Mogadan®
Benzodiazepin-Muskelrelaxantien	
Diazepam	Valium®, Faustan® u. a.
Tetrazepam	Musaril®

Substanz	einige Handelsnamen
Benzodiazepin-Hypnotika	
Brotizolam	Lendormin®
Flunitrazepam	Rohypnol®, Fluninoc®
Flurazepam	Dalmadorm®, Staurodorm®
Loprazolam	Sonin®
Lormetazepam	Noctamid®, Loretam®
Nitrazepam	Mogadan®, Radedorm®
Temazepam	Planum®, Remestan®
Triazolam	Halcion®
Benzodiazepin-Narkotikum	
Midazolam	Dormicum®

3.3.2 Wirkungsweise der Benzodiazepine

Benzodiazepine entfalten ihre Wirksamkeit im Gammaaminobuttersäure-(GABA-)System, welches das wichtigste hemmende Transmittersystem im ZNS ist. Sie binden dort an spezifische Benzodiazepinrezeptoren, die an den GABA-Rezeptor gekoppelt sind. Hierdurch wird das Bindungsvermögen der GABA an die GABA-Rezeptoren und damit die Leitfähigkeit des Chloridionenkanals gesteigert. Über den Einstrom von Chloridionen kommt es zur Hyperpolarisation mit daraus resultierender Mindererregbarkeit der Zelle. Da noradrenerge, dopaminerge und serotonerge Neuronensysteme ebenfalls unter hemmendem Einfluß des GABA-Systems stehen, werden auch sie durch Benzodiazepine gehemmt (Benkert und Hippius 1996).

3.3.3 Nebenwirkungen

Folgende Nebenwirkungen der Benzodiazepine stehen im Vordergrund:

- Müdigkeit, Benommenheit und Konzentrationsstörungen
- verwaschene Sprache
- Ataxie (Störung der Bewegungsabläufe)
- Muskelschwäche
- anterograde Amnesie (Gedächtnisverlust, der mit der Medikamenteneinnahme einsetzt)
- Atemdepression und Blutdruckabfall (vor allem bei schneller intravenöser Gabe)
- Abhängigkeit.

Das Abhängigkeitsrisiko muss als das Hauptproblem bei der Benzodiazepinverordnung angesehen werden. Insbesondere nach längerer Einnahme höherer Dosen kommt es beim Absetzen zu Entzugserscheinungen. Ein Teil der Patienten entwickelt leichte Entzugssymptome mit Angst, Unruhe und Schlafstörungen. Außerdem kann es zu Übelkeit, Erbrechen, Schwitzen, Zittern und Kopfschmerzen kommen. In schweren Fällen entwickeln sich Krampfanfälle, voll ausgeprägte Entzugsdelirien oder psychoseähnliche Zustände.

3.3.4 Indikation

Benzodiazepine werden entsprechend ihrer pharmakologischen Wirkung bei Angstzuständen, Schlafstörungen, Epilepsie, zur Muskelentspannung (z. B. bei Bandscheibenerkrankungen, spastischer Lähmung), beim Alkoholentzug sowie in der Anästhesiologie zur Prämedikation vor Operationen und als Kurznarkotikum eingesetzt. Außerdem haben sie eine Bedeutung als adjuvante (unterstützende) Therapie bei akuten Psychosen – insbesondere wenn diese mit starker Angst und Erregung bzw. katatonen oder stuporösen Zuständen einhergehen.

3.3.5 Praktische Anwendung

Bei der Verordnung von Benzodiazepinen ist es besonders wichtig, vor Behandlungsbeginn den Zeitplan einer Intervention gemeinsam mit dem Patienten festzulegen. Wegen der beschriebenen Gefahr einer Abhängigkeitsentwicklung sollte nicht länger als 4 bis 8 Wochen mit Benzodiazepinen behandelt werden. Die Therapie ist wegen der Gefahr eines Benzodiazepinentzugsdelirs «ausschleichend» zu beenden. Dies gilt insbesondere für Patienten, denen längere Zeit Benzodiazepine verabreicht wurden. Vorsicht ist bei älteren Patienten wegen der Möglichkeit paradoxer Effekte mit erhöhter Erregung und Unruhe sowie wegen der Gefahr von Stürzen durch die Muskelrelaxation geboten. Auch sollten alle Patienten mit Abhängigkeitsanamnese von der Behandlung mit Benzodiazepinen ausgeschlossen werden. Bei der Verordnung von Benzodiazepinen an Patienten mit neurotischen und Persönlichkeitsstörungen sollte der Behandler sich immer der Gefahr bewusst sein, dass es durch die Erfahrung der raschen Behebung quälender Ängste und anderer Symptome dazu kommen kann, dass der Patient sich der Auseinandersetzung mit seinen Konflikten im Rahmen einer Psychotherapie nicht mehr stellen mag und den – vermeintlich einfacheren – Griff zur

Tablette vorzieht. Daher ist es hier oft günstiger, Antidepressiva oder auch niedrig dosierten Neuroleptika den Vorzug zu geben. Auch mit diesen Medikamenten erfährt der Patient relativ rasch Entspannung und Erleichterung, die Wirkungen werden jedoch nicht als so angenehm erlebt wie die der Benzodiazepine. Ein Vorteil der Benzodiazepine ist ihre große therapeutische Breite, d. h. auch bei Einnahme größerer Dosen im Rahmen von Suizidversuchen kommt es selten zu Todesfällen. Eine durch Benzodiazepine hervorgerufene Atemdepression kann im Notfall durch Flumazenil (Anexate®) behoben werden. Routinemäßige Labor-, EKG- und EEG-Untersuchungen sind bei Gabe von Benzodiazepinen nicht unbedingt erforderlich.

3.4 Nootropika

Mit dem Begriff «Nootropika» werden Psychopharmaka bezeichnet, die eine fördernde Wirkung auf höhere integrative Hirnfunktionen wie Gedächtnis, Denken, Konzentrations-, Auffassungs- und Lernfähigkeit haben. Ziel ist es, mit diesen Medikamenten insbesondere auch lebenspraktische Fertigkeiten dementer Patienten zu erhalten bzw. zu verbessern. Die Substanzen dieser Stoffgruppe sollen einerseits dazu beitragen, noch funktionsfähige Nerven-

Tabelle 6: Nootropica

Substanz	Handelsname	Wirkmechanismen
Piracetam	Nootrop® Normabrain®	soll den GABA-Gehalt des Gehirns steigern
Dihydroergotoxin	Hydergin®	Steigerung der Impulsfrequenz noradrenerger Neurone
Nimodiphin	Nimotop®	Verbesserung der Kalziumhomöostase Gefäßerweiterung
Pyritinol	Encephabol®	Steigerung der Impulsfrequenz noradrenerger Neurone
Nicergonil	Sermion®	Gefäßerweiterung
Ginkgo biloba	Rökan® Tebonin®	wirksam gegen blutplättchenaktivierenden Faktor
Memantine	Ebixa®	Glutamatmodulation
Donepezil	Aricept®	Acetylcholinesterasehemmung
Rivastigmin	Exelon®	Acetylcholinesterasehemmung

zellen zu optimaler Leistung anzuregen, andererseits die weitere Schädigung von Nervenzellen verhindern. Die Bedeutung der Nootropika wird angesichts steigender Lebenserwartung und damit korrelierender Zunahme dementieller Erkrankungen vermutlich noch wachsen. Nur wenige Substanzen dieser Stoffklasse konnten ihre Wirksamkeit wissenschaftlich nachweisen. **Tabelle 6** gibt einen Überblick über die Substanzen, einige Medikamentenbeispiele und die vermuteten Wirkmechanismen.

Fast alle der genannten Substanzen sollen außerdem die Glukoseverwertung verbessern und energiereiche Nukleotidphosphate stabilisieren (Benkert und Hippius 1996). Unerwünschte Wirkungen bei einigen dieser Medikamente sind Blutdruckabfall und Schwindel. Da insbesondere bei der Alzheimerdemenz von einer Reduzierung cholinerger Funktionen ausgegangen wird, sind in den letzten Jahren Acetylcholinesterasehemmer wie Donepezil und Rivastigmin entwickelt worden. Bezüglich ihres positiven Effektes auf die höheren Hirnfunktionen sind sie die derzeit wirksamsten Medikamente, jedoch können auch sie die Erkrankung nicht heilen, sondern nur hinauszögern.

3.5 Sonstige Psychopharmaka

An dieser Stelle sollen Psychopharmaka besprochen werden, die für die Behandlung psychischer Störungen klinische Bedeutung besitzen, aber keiner der vorher genannten Gruppen zuzuordnen sind.

3.5.1 Lithium

Lithium ist ein Alkalimetall. Seine Salze werden zur Rezidivprophylaxe der bipolaren affektiven Störung (manisch-depressive Erkrankung) und der rezidivierenden depressiven Störung eingesetzt. Auch bei schizoaffektiv Erkrankten ist Lithium zur Rezidivprophylaxe geeignet, insbesondere wenn affektive Symptome im Vordergrund stehen. Bei therapieresistenten Depressionen kann eine Zusatzbehandlung mit Lithium hilfreich sein.

Kriterium für die Einleitung einer prophylaktischen Behandlung ist das Rückfallrisiko, das unter Beachtung der diagnostischen Untergruppe und des bisherigen Krankheitsverlaufes abgeschätzt werden muß. Es sind weiterhin immer die persönliche Situation des Patienten und die sozialen Konsequenzen, die die Erkrankung mit sich bringt, zu berücksichtigen. Der Vorteil der Verhinderung von Krankheitsphasen ist gemeinsam mit dem Patienten gegen die Nachteile einer Langzeitmedikation mit allen unerwünschten

Begleitwirkungen abzuwägen. Da Lithium bei bestimmten internistischen, neurologischen und dermatologischen Vorerkrankungen sowie aufgrund seiner teratogenen Wirkung auch im ersten Trimenon der Schwangerschaft kontraindiziert ist, müssen umfangreiche Voruntersuchungen erfolgen und entsprechende Kontrollen auch im Verlauf der Behandlung durchgeführt werden. Durch die geringe therapeutische Breite des Lithium kann es rasch zu Intoxikationserscheinungen mit Händezittern, Koordinationsstörungen, verwaschener Sprache, Übelkeit und Erbrechen kommen, so dass es erforderlich ist, auch den Lithiumblutspiegel regelmäßig zu kontrollieren.

3.5.2 Carbamazepin

Carbamazepin ist eine trizyklische Substanz und besitzt Ähnlichkeit mit dem Antidepressivum Imipramin. Es wird hauptsächlich in der Neurologie als Antiepileptikum sowie bei der Behandlung der Trigeminusneuralgie und anderer Schmerzsyndrome eingesetzt. Aufgrund seiner psychotropen Wirkungen ist es auch bei einigen psychiatrischen Indikationen nützlich. Wie Lithium kann es zur Rezidivprophylaxe affektiver und schizoaffektiver Störungen eingesetzt werden, insbesondere bei Patienten, die Lithium nicht vertragen oder bei denen es nicht wirkt. Mit Carbamazepin können außerdem leichte bis mittelschwere Alkoholentzugssymptome behandelt werden. An Nebenwirkungen stehen Blutbildveränderungen, Bradykardie und allergische Reaktionen im Vordergrund. Besonders bei Therapiebeginn können Kopfschmerzen, Schwindel, Müdigkeit, Sehstörungen und Ataxie auftreten, weshalb die Behandlung «einschleichend» erfolgen muss.

3.5.3 Clomethiazol

Beim Clomethiazol (Distraneurin®) handelt es sich um den Thiazolanteil des Thiamins (Vitamin B). Es besitzt jedoch keine Vitamineigenschaften. Die Wirkung erfolgt wahrscheinlich über das GABA-System. Der genaue Wirkmechanismus ist aber noch nicht bekannt. Clomethiazol hat antikonvulsive, sedierende und hypnotische Wirkungen und wird hauptsächlich in der Behandlung des Alkoholentzugdelirs eingesetzt, wo es sehr gute Wirksamkeit zeigt. Problematisch bei der Anwendung von Clomethiazol sind die Gefahren von Atemstillstand (bei intravenöser Gabe), weshalb eine Intensivüberwachung erforderlich ist, sowie die rasche Abhängigkeitsentwicklung. Alkoholabhängige, die bei vorangegangenen Entgiftungs- bzw. Delirbehandlungen «gute Erfahrungen» mit dieser Substanz gemacht haben, gebrauchen es nicht selten als Ersatzdroge, weshalb die ambulante Verschreibung kontraindiziert ist. Dies wird jedoch nicht von allen Ärzten beachtet. Einfache Alkoholentzugssyndrome können auch mit Benzodiazepinen bzw. Kombinationen aus Neuroleptika und Benzodiazepinen, Carbamazepin sowie bestimmten Antidepressiva behandelt werden und auch die Behandlung des Delirium tremens kann mit Benzodiazepinen oder Kombinationen aus Neuroleptika und Benzodiazepinen erfolgen. Weitere Einsatzgebiete des Clomethialzols sind Schlafstörungen bei psychomotorisch unruhigen bzw. verwirrten Patienten im höheren Lebensalter und der anders nicht beherrschbare Status epileptischer Anfälle.

3.5.4 Beta-Rezeptorenblocker

Das Hauptindikationsgebiet von Beta-Rezeptorblockern sind tachykarde Herzrhythmusstörungen, Hypertonie und die koronare Herzkrankheit. Untersuchungen haben gezeigt, daß Beta-Rezeptorenblocker auch bei Angstsyndromen (insbesondere mit kardiovaskulärer Symptomatik) wirksam sind. Da durch Beta-Rezeptorenblocker keine kognitiven Beeinträchtigungen hervorgerufen werden, setzt man sie auch zur Behandlung von Prüfungsangst ein. Gebräuchliche Substanzen sind Oxprenolol (Trasicor®) und Propanolol (Obsidan®, Dociton®). Eine Abhängigkeitsentwicklung ist nicht zu befürchten. An Nebenwirkungen können u. a. bradykarde Herzrhythmusstörungen, Verschlimmerung einer Bronchospastik, Schwindel, Kopfschmerzen, Benommenheit, Schlaflosigkeit, Alpträume, Impotenz und gastrointestinale Störungen auftreten.

3.5.5 Buspiron

Buspiron (Bespar®) ist ein neues Anxiolytikum, welches nicht über den Benzodiazepin- oder GABA-Rezeptor wirkt, sondern über den Serotonin 1a-Rezeptor. Der Vorteil liegt in der Erzeugung einer Angstlösung ohne gleichzeitige Sedierung und Muskelrelaxation. Da die Wirkung erst nach ein bis zwei Wochen eintritt, ist es zur Akutbehandlung allerdings nicht geeignet. Im Vergleich mit Benzodiazepinen soll die angstlösende Wirkung geringer sein. Außerdem zeigt Buspiron kaum Wirkung bei Patienten, die zuvor Benzodiazepine eingenommen haben bzw. abhängig davon sind (Goa und Ward 1986). Benzodiazepinentzugssymptome lassen sich mit Buspiron ebenfalls nicht unterdrücken. Bei der Therapie mit Buspiron können als Nebenwirkungen Schwindel, Übelkeit, Durchfall, Kopfschmerzen, Erregung und Schlaflosigkeit auftreten.

3.5.6 Neue Nichtbenzodiazepinhypnotika

In diese Medikamentengruppe gehören die Zyklopyrrolone wie Zopiclon (Ximovan®) und Imidazopyridine wie Zolpidem (Stilnox®). Obwohl sie chemisch nicht mit den Benzodiazepinen verwandt sind, wirken sie am Benzodiazepinrezeptor. Vorteilhaft ist der weitgehende Erhalt der natürlichen Schlafstruktur. Vereinzelt sind auch nach Anwendung von Zopiclon und Zolpidem Reboundphänomene (verstärkte Einschlafstörungen nach dem Absetzen) und Entzugssymptomatik beobachtet worden. Das Suchtpotential scheint jedoch definitiv geringer zu sein als bei äquivalenten Benzodiazepinen (Lader 1997)

3.5.7 Sonstige Sedativa und Hypnotika

Eine gewisse Bedeutung als Schlaf- und Beruhigungsmittel haben die Antihistaminika, zumal sie teilweise frei verkäuflich sind (Atarax®, Gittalun®, Hoggar®). Wegen ihrer hohen Toxizität und der schnellen Abhängigkeitsentwicklung sollten sie nur in Ausnahmefällen verordnet werden. Dies trifft auch für das Aldehydderivat Chloralhydrat (Chloraldurat®) zu. Barbiturate werden heute aufgrund ihrer geringen therapeutischen Breite und des sehr hohen Abhängigkeitspotentials nicht mehr als Schlafmittel eingesetzt. Die Verordnung pflanzlicher Sedativa und Hypnotika erfolgte in den letzten Jahren zunehmend häufiger, was nicht zuletzt mit der breiten Ablehnung synthetischer Psychopharmaka zusammenhängt. Beispiele für wirksame Inhaltsstoffe pflanzlicher Therapeutika sind Hopfen, Melissenblätter, Passionsblumenkraut, Baldrianwurzel sowie das bei den Antidepressiva schon erwähnte Johanniskraut. Bei leichteren seelischen Störungen (insbesondere auch Schlafstörungen) gibt es eine Indikation für ihren Einsatz.

Nachteile der Phytotherapeutika sind die häufig fehlende Standardisierung ihrer Inhaltsstoffe sowie die Unterdosierung der einzelnen Wirkstoffe in vielen Fertigarzneimitteln. Problematisch ist auch der Alkoholgehalt der meisten pflanzlichen flüssigen Arzneimittel. Es ist zu vermuten, dass einige pflanzliche Therapeutika nur über den Plazeboeffekt wirken, jedoch haben Studien auch gezeigt, dass einige wirksamer sind als Plazebo. Vorteil der pflanzlichen Sedativa und Hypnotika ist das geringe Nebenwirkungsrisiko. Nebenwirkungen treten bei kurzfristiger Einnahme praktisch nicht auf. Wegen fehlender Prüfungen auf chronische Toxizität ist eine bedenkenlose Langzeiteinnahme jedoch nicht unbedingt zu empfehlen. Aufgrund ihrer guten Verträglichkeit sind Phytopharmaka bei leichteren Störungen eine gute Alternative, es wäre aber ein Fehler, schwerere psychische Erkrankungen mit Phytopharmaka behandeln zu wollen. Da hier die Wirksamkeit nicht ausreicht, könnten unnötig langes Leiden bzw. gar eine Gefährdung der Patienten, z. B. durch Suizidalität, resultieren.

Weiterführende Literatur

Benkert, O. (2001). Psychopharmaka. Medikamente-Wirkung-Risiken. 4. Auflage, München: Beck.
Benkert, O., Hippius, H. (1996). Psychiatrische Pharmakotherapie. 6. Auflage, Berlin, Heidelberg: Springer.
Laux, G., Dietmeier, O., König, W. (2001). Pharmakopsychiatrie. 4. Auflage, München, Jena: Urban und Fischer.
Laux, G., Dietmeier, O., König, W. (2002). Psychopharmaka. Ein Leitfaden. 7. Auflage, Stuttgart, New York: Fischer.

Wenn der Zwang zur Sucht wird

Zwangsstörungen: Formen, Ursachen und Behandlungsmöglichkeiten

Kathrin Hoffmann und Sven Barnow

1. Zwänge: Von Alltagserfahrungen und Krankheitssymptomen

Harmlose Formen zwanghaften Verhaltens begegnen uns ständig in unserem Alltag. Die meisten Menschen kennen die Erfahrung, daß sie zweimal nachsehen, ob sie den Herd oder das Bügeleisen auch wirklich ausgeschaltet haben. Ebenso kontrollieren viele beim Verlassen des Hauses, ob die Schlüssel und die Geldbörse eingesteckt sind. Auch waschen sich viele nach einem Stadtbummel oder einem Besuch im Krankenhaus besonders gründlich die Hände.

Nahezu jeder findet in seinem Bekanntenkreis Menschen mit ausgeprägtem «Putzfimmel» oder einem besonderen Hang zur Ordnung. Außerdem gibt es die Leute, die niemals ohne ihren Talisman oder Glücksbringer zu einem wichtigen Termin gehen würden. Andere hüten sich vor Unglückszahlen und vermeiden die Belegung eines Hotelzimmers mit der Nummer 13.

Wer sich aufmerksam beobachtet, entdeckt auch an sich das eine oder andere Ritual, z. B. beim Schlafengehen, bei der Körperpflege oder in der Art, wie man gewöhnlich die Gegenstände auf dem Schreibtisch arrangiert. Solche Handlungen können harmlose, manchmal amüsante Angewohnheiten sein oder als seltsame Marotten erscheinen.

Häufig sind Rituale und stereotype Denk- und Verhaltensweisen sinnvolle Mechanismen, um überhaupt mit der Informationsflut in unserer komplexen Gesellschaft umgehen zu können. Sie bewahren uns davor, andauernd die nächsten Handlungsschritte überdenken und Entscheidungen treffen zu müssen. Durch derartig automatisierte Abläufe erhält man sich Kapazitäten, um über wesentlichere Dinge nachzudenken als z. b. darüber, ob man sich unter der Dusche zuerst die Haare shampooniert und dann den Körper einseift oder umgekehrt. Dabei sollte jedoch die Flexibilität bewahrt werden, sich bewußt gegen ein Ritual entscheiden zu können. Geht diese Flexibilität verloren und nehmen die ritualisierten Verhaltensweisen ein derartiges Ausmaß an, daß sie den Alltag und das Denken einer Person massiv beherrschen, so ist die «Zwanghaftigkeit» zur Krankheit geworden und verursacht großen Leidensdruck und oft auch körperliche Beschwerden.

Erst seit kurzer Zeit erfährt diese Krankheit auch in breiter Öffentlichkeit mehr Aufmerksamkeit. So erhielt Jack Nicholson für die Darstellung eines Zwangskranken in dem Film «Besser geht's nicht» einen Oscar. (Zu gelungenen und problematischen Aspekten des Films aus der Sicht von Betroffenen und Experten vgl. die Filmbesprechungen von Wölk & Ciupka 1998). Im ZEIT-Magazin erschien im April 1998 als Titelstory die Lebens- und Krankheitsgeschichte eines Bankers, der nach einem Zusammenbruch eine Therapie begann und endlich erfuhr, «daß die übertriebene Ordnung und Genauigkeit, die seit knapp dreißig Jahren sein Leben bestimmten, Symptome einer Krankheit sind. Nicht leicht zu erkennen, da sie den deutschen Tugenden wie Gründlichkeit, Ordnung und Sauberkeit zum Verwechseln ähnlich sind» (Jardine & Spohler 1998).

Wie diesem Mann ergeht es vielen Betroffenen: Aufgrund mangelnder Informationen wissen sie oft über Jahre hinweg nicht, daß es sich um eine Krankheit handelt, daß ihr Leiden einen Namen hat: Zwangsstörung. Sinngemäß äußern sich die meisten Patienten zu Beginn einer Therapie folgendermaßen: «Ich leide jetzt jahrelang unter meinen Zwängen, mit unermeßlichem Leid, mit Qualen und Problemen...; ich habe ganz einfach nicht gewußt, daß es andere Menschen mit ähnlichen Problemen gibt, daß es zielführende Hilfe geben kann und daß eine Chance besteht, aus dem Problem herauszukommen!» (Reinecker 1996).

Ein Fallbeispiel

Eine 43jährige Frau berichtet über ihre Erkrankung:

«Ich hatte sehr strenge Eltern und bin oft von ihnen geschlagen worden. Um von Zuhause weg zu kommen, habe ich sehr früh geheiratet. In meiner eigenen Familie wollte ich alles besser machen. Ich wollte, daß mein Mann und die Kinder sich wohl fühlen. Als wir vor über 20 Jahren ein eigenes Haus bezogen haben, habe ich noch ganztags gearbeitet. Ich bin dann immer in der Mittagspause zum Putzen nach Hause gegangen. Ich wollte für meine Familie ein schönes, sauberes, ordentliches Zuhause schaffen. Am Wochenende konnte ich auch nicht spazierengehen oder mich mal gemütlich in den Garten setzen, weil ich es ja sonst gar nicht geschafft hätte, das Haus richtig sauber zu halten. Ich habe mir so gewünscht, auch mal Zeit für mich zu haben, aber das ging ja nicht. Seitdem ich nicht mehr arbeite, besteht mein Leben nur noch aus Saubermachen. Was ich da tue, das ist ja auch kein normales Putzen, sondern viel intensiver. Alleine für den Herd brauche ich eine Stunde. Ich muß jeden Tag Staub wischen; Küche, Bad, Flur, Veranda und Keller müssen täglich feucht gewischt werden. Das muß alles sehr gründlich sein und immer in einer bestimmten Reihenfolge, z. B. muß ich die Fensterbretter dreimal vorwischen und fünfmal hinterher wischen. Ich bin auch seit drei Jahren nicht mehr einkaufen gegangen. Obwohl ich immer spätestens um sechs Uhr morgens aufstehe, bleibt dafür einfach keine Zeit mehr. Oder wenn ich mal zum Arzt muß, dann stehe ich halt noch früher auf, damit ich überhaupt alles schaffe.

Für jeden Wohnbereich habe ich andere Kleidung, die muß ich dann immer wechseln. Auch wenn ich mal eben über den Hof gegangen bin, kann ich mit der Kleidung nur bis in den Keller gehen. Nach jedem Bereich muß ich mir 20mal die Hände waschen und darf zwischendurch nichts anfassen. Von dem ganzen Waschen und dem Putzen mit den scharfen Reinigungsmitteln habe ich schon seit Jahren Ekzeme an den Händen.

Das Wohnzimmer und die Schlafzimmer betrete ich sowieso nur morgens und abends und putze dort im Pyjama. Wenn mein Mann oder die Kinder da rein wollen, müssen sie immer frische Socken anziehen. Ich wollte auch gar keine Leute mehr ins Haus lassen, man kann denen ja schlecht sagen, daß sie sich noch ein sauberes Paar Strümpfe mitbringen sollen. Manchmal habe ich nicht einmal meine Eltern oder meine beste Freundin reingelassen, weil ich solche Angst hatte, sie könnten Schmutz mit hereinbringen. Das gab dann natürlich viel Gerede in der Verwandtschaft und bei den Nachbarn. Es wußte ja keiner so richtig, was mit mir los war. Meine Mutter hatte überhaupt kein Verständnis für mein Verhalten. Erst jetzt, wo sie weiß, daß ich eine Krankheit habe, spricht sie wieder mit mir. Ich wußte ja selbst nicht, daß ich krank bin. Um mir irgendwie Erleichterung zu verschaffen, habe ich sogar schon angefangen zu trinken.

Ich habe einfach keine Ruhe mehr. Ich kann auch nachts nicht richtig schlafen. Ich muß immer aufstehen und in der Nacht lüften, weil nachts die Leute nicht heizen. Ich bleibe dann immer am Fenster sitzen und rieche, ob irgendwo Rauch aufsteigt. Ich könnte es nicht ertragen, wenn irgendwelche Ruß- und Kohlepartikelchen in unser Haus eindringen würden. Im Winter kann ich das Haus überhaupt nicht mehr verlassen, weil mir Qualm und Asche solche Angst machen. Lieber würde ich erfrieren, als selber mit Kohle zu heizen und diesen Schmutz zu ertragen.

Ich werde ganz aggressiv, wenn ich beim Putzen gestört werde. Meine Kinder hatten schon richtig Angst vor mir. Ich habe wirklich keine Ruhe, wenn nicht alles sauber ist. Ich bin dann ganz nervös und denke, ich zerspringe. Wenn ich es nicht schaffe, alles so zu putzen, wie ich es mir vorgenommen habe, dann habe ich ganz schlimme Schuldgefühle und habe das Bedürfnis, mich selber zu bestrafen.

Manchmal wünsche ich mir, die Augen zu schließen und nie wieder aufzuwachen. Ich weiß einfach nicht, wie ich sonst zur Ruhe kommen könnte.»

2. Woran ist eine Zwangsstörung zu erkennen?

Von einer Zwangsstörung wird gesprochen, wenn wiederholt Zwangsgedanken oder Zwangshandlungen auftreten. Bei etwa zwei Drittel der Patienten kommen diese Zwänge gleichzeitig vor (Klepsch et al. 1991). Nach dem Diagnostischen und Statistischen Manual psychischer Störungen DSM-IV sind die Zwänge zeitaufwendig, d. h. sie erfordern mehr als eine Stunde pro Tag, und sie verursachen ausgeprägtes Leiden oder deutliche Beeinträchtigungen im Tagesablauf oder bei beruflichen und sozialen Aktivitäten (American Psychiatric Association 1994; dt. 1996). In der Internationalen Klassifikation psychischer Störungen der Weltgesundheitsorganisation (ICD-10) ist ein anderes Zeitkriterium angegeben: Danach müssen die Zwangsgedanken und/oder Zwangshandlungen mindestens zwei Wochen lang bestehen (Dilling et al. 1993). Um eine Zwangsstörung zu diagnostizieren, müssen andere psychische und organisch bedingte Störungen ausgeschlossen werden. (Ein Überblick und Falldiskussionen zu Diagnose und Differentialdiagnose von Zwangsstörungen findet sich z. B. bei Zaudig & Niedermeier 1998).

2.1 Zwangshandlungen

Zwänge zeigen sich besonders auffällig in Form von Handlungen, die eine Person wieder und wieder nach einem bestimmten Schema vollziehen muß. Es besteht jedoch entweder keine realistische Beziehung zwischen der Handlung und dem, was sie bewirken soll, oder die Handlung ist eindeutig übertrieben. Dies ist den Betroffenen auch bewußt, trotzdem fühlen sie sich gedrängt, die Handlungen auszuführen.

Verbreitete Zwangshandlungen sind Waschen und Putzen, Kontrollieren, Zählen, das Wiederholen von Handlungen, das Ordnen oder Sammeln von Gegenständen und andauerndes Erbitten von Bestätigungen («Habe ich die Tür jetzt wirklich abgeschlossen? Hast du das auch genau gesehen?») von anderen Personen.

Häufig sind die Handlungen ritualisiert, d. h. sie folgen selbst definierten Regeln. Können diese Regeln aufgrund von Störungen oder Unterbrechungen nicht eingehalten werden, so wird die bis dahin durchgeführte Handlung als wertlos erachtet und muß erneut begonnen werden. Derartige Zwangshandlungen sind sehr zeitintensiv und können die normale Alltagsbewältigung stark beeinträchtigen. Sie können z. B. dazu führen, daß ein Zwangserkrankter morgens mehrere Stunden im Badezimmer verbringt und deshalb nicht mehr pünktlich zur Arbeit erscheinen kann.

2.2 Zwangsgedanken

Vor dem Ausführen der problematischen Verhaltensweisen treten meistens lästige und aufdringliche Gedanken auf, die dem Betroffenen als abstoßend und unannehmbar erscheinen, so daß er sie dringend loswerden will, aber nicht kann. So kommt es zu einer Stimmungsverschlechterung, die als Angst und Unruhe, manchmal aber auch als Ärger oder Scham beschrieben wird. Um diese negativen Gefühle abzubauen, werden die Zwangshandlungen ausgeführt oder Gegengedanken gedacht.

Die aufdringlichen Gedanken sind sich wiederholende, ungewollte und vermeintlich inakzeptable Vorstellungen oder Impulse, die schwierig zu kontrollieren bzw. abzubauen sind. Solche Zwangsgedanken beschäftigen sich häufig mit Schmutz und Krankheiten. Sie spiegeln allgemeine besorgniserregende Themen der Zeit wider. So geht es häufig um Kontamination durch Keime oder Strahlung oder in den letzten Jahren auch um das Risiko einer HIV-Infektion (Salkovskis & Kirk 1996).

Andere Zwangsgedanken kreisen um die persönliche Verantwortung oder Schuld, die man auf sich genommen hat oder auch nur auf sich nehmen könnte. So konnte zum Beispiel ein zwölfjähriger Zwangspatient nicht mehr im Garten spielen. Seine Gedanken kreisten nur noch darum, er könne sich schuldig machen, indem er aus Versehen ein Insekt zertritt. Andere Patienten denken permanent darüber nach, wie sie mögliche zukünftige Katastrophen und Unglücke (z. B. eine Gasexplosion) verhindern können.

Weitere Inhalte von Zwangsgedanken sind Aggressionen und sexuelle Vorstellungen. Zwangserkrankte befürchten, daß sie ihre Selbstbeherrschung verlieren und peinliche oder aggressive Verhaltensweisen zeigen könnten, z. B. im Bus Obszönitäten von sich zu geben oder den Nachbar mit einem Messer zu bedrohen. Besonders bedrückend ist sicherlich die Zwangsvorstellung, die eigenen Kinder zu töten. Es ist einsichtig, daß derartige Gedanken von zunehmender Angst begleitet sind und ein starkes Bedürfnis auslösen, diese Gedanken loszuwerden oder zu neutralisieren.

2.3 Teufelskreise

Zwischen Zwangsgedanken und Zwangshandlungen bestehen enge Beziehungen. Der Zwangsgedanke «Die Bakterien auf dem Gemüse werden meine Familie krank machen» kann z. B. die Zwangshandlung nach sich ziehen, das Gemüse siebenmal zu waschen. Manchmal ziehen die ursprünglichen Gedanken keine beobachtbaren Verhaltensweisen nach sich, sondern führen zum bewußten Denken von «Gegengedanken». Ein Zwangsgedanke löst somit einen weiteren Zwangsgedanken aus: «Ich habe das Gefühl, ich könnte mein Kind erwürgen. Um das wieder gut zu machen, denke ich jetzt besonders intensiv, was ich doch für ein gutes Kind habe.» Und auch an eine Zwangshandlung können sich Zwangsgedanken anschließen, z. B. kontrolliert ein Betroffener dauernd die Straße, ob es irgendwelche Anzeichen für einen von ihm verursachten Unfall gibt. Zu Hause setzen dann die Zwangsgedanken ein: «Habe ich die Strecke wirklich gut genug kontrolliert oder habe ich vielleicht etwas übersehen?» Dies kann zur Folge haben, daß sich die Person gleich wieder ins Auto setzt, um den Weg erneut abzufahren (Salkovskis & Kirk 1996).

Menschen, die an einer Zwangserkrankung leiden, haben im allgemeinen die Einsicht, daß ihre Handlungen und Gedanken sinnlos sind, und versuchen auch, Widerstand gegen die Gedanken oder das Ausführen der Handlungen zu leisten. Aber sie wissen, daß der Drang zu diesen Handlungen aus ihnen selbst kommt und ihnen nicht von außen aufgezwungen wird. Das Verhalten von Betroffenen wirkt häufig äußerst bizarr und ist für Außenstehende kaum nachvollziehbar. Es ist für die Angehörigen besonders schwer zu verstehen, warum Zwangserkrankte einerseits so sehr unter ihren Zwängen leiden, sie andererseits aber nicht in der Lage sind, sich gegen die Tyrannei des Zwangs zu wehren.

Da die Betroffenen in solchen Momenten aufgrund der befürchteten Katastrophen starke Anspannung empfinden, führen sie ihre beruhigenden Rituale durch oder denken ihre Gegengedanken, um die negativen Gefühle zu verringern und sich für einen kurzen Moment sicher zu fühlen. So wird das zwanghafte Verhalten als erfolgreich erlebt. Die Zwänge werden jedoch immer stärker, die ursprünglichen Befürchtungen werden verstärkt und gefestigt, und es wird zunehmend schwieriger, das gewünschte Gefühl von Sicherheit zu erreichen. Es wird ein Teufelskreis in Gang gebracht, so daß immer häufiger die Rituale zur Beruhigung eingesetzt werden, bis schließlich der gesamte Lebensalltag beeinträchtigt sein kann.

3. Häufigkeit, Beginn und Verlauf von Zwangsstörungen

Es ist davon auszugehen, daß etwa 1 bis 2 % der Bevölkerung an Zwangserkrankungen leiden (Rasmussen & Eisen 1992, Rasche-Räuchle et al. 1995). Vermutlich sind jedoch weitaus mehr Personen betroffen, da die Patientinnen und Patienten bemüht sind, ihre Probleme möglichst lange zu verheimlichen. Im Durchschnitt wird erst siebeneinhalb Jahre nach Erkrankungsbeginn eine entsprechende Behandlungseinrichtung aufgesucht (Reinecker 1991). Diese Verzögerung des Beginns einer effizienten Behandlung senkt die Besserungschancen und bedeutet für die Betroffenen und ihr persönliches Umfeld eine enorme Beeinträchtigung.

Zwangsstörungen treten bei Frauen und Männern in etwa gleich häufig auf (Winkelmann et al. 1994). Waschzwänge findet man allerdings häufiger bei Frauen, während Kontrollzwänge bei Männern stärker verbreitet sind.

Der Beginn der Störung liegt im allgemeinen im frühen Erwachsenenalter. Waschzwänge beginnen meist sehr abrupt, während Kontrollzwänge sich schleichend entwickeln (Rachman & Hodgson 1980). Der Verlauf der Krankheit ist im allgemeinen chronisch; nur etwa 5 % der Erkrankungen verlaufen episodisch (APA 1994), d. h. daß die Patienten und Patientinnen zwischen den Episoden wenige oder keine Symptome aufweisen. Studien haben gezeigt, daß es weitgehend sinnlos ist, bei Zwangsstörungen auf eine «spontane» Verbesserung des Zustandes zu hoffen. Ohne Behandlung sind kaum Besserungen zu erwarten (Reinecker 1996).

4. Auf der Suche nach Ursachen und Erklärungen

Die Entstehung der Zwangskrankheit ist noch nicht exakt geklärt. Es besteht jedoch Konsens darüber, daß verschiedene Einflußfaktoren zusammenwirken.

Zunächst einmal scheint es bei der Entstehung von Zwangsstörungen eine genetische Komponente zu geben. Die Auftretenshäufigkeit ist erhöht, wenn biologische Verwandte ersten Grades ebenfalls an einer Zwangsstörung, einer anderen Angststörung oder an Depressionen leiden (Reinecker 1990).

Die neurobiologische Forschung liefert Hinweise darauf, daß die Zwangserkrankung im Zusammenhang mit Veränderungen der Impulsübertragung an den Nervenbahnen im Gehirn steht. Dies wird daraus geschlossen, daß ein Teil der Erkrankten auf Medikamente, die in das Serotonin-System eingreifen, mit einer Verringerung der Zwangssymptomatik reagiert (Lesch 1991, Freeman et al. 1994, Zetin & Kramer 1992).

Andere Studien zeigten bei Zwangserkrankten eine Überfunktion von bestimmten Hirnregionen, die für die Lenkung der Aufmerksamkeit eine Rolle spielen. Dies könnte ein Erklärungsansatz dafür sein, warum Zwangspatientinnen und -patienten Schwierigkeiten haben, ihre Aufmerksamkeit von einmal begonnenen Denk- und Handlungsabläufen abzuwenden (Stuss & Benson 1986, Martinot et al. 1990; Volk 1996). Überblicksdarstellungen zu neurobiologischen Grundlagen der Zwangsstörung finden sich z. B. bei Hohagen (1992), Otto (1992) und Hegerl & Mavrogiorgou (1998).

Ein klassischer psychologischer Ansatz zur Erklärung der Entstehung und Aufrechterhaltung von Zwangsstörungen ist das *Zwei-Faktoren-Modell* von Mowrer (1947). Danach findet ein zweistufiger Lernprozeß statt: In der ersten Phase wird eine ursprünglich neutrale Situation (z. B. das Berühren von Geldscheinen) mit einer belastenden, unangenehmen Situation (z. B. ein heftiger Streit mit dem Partner über finanzielle Angelegenheiten) assoziiert und löst zukünftig eine unangenehme emotionale Reaktion (Anspannung, Angst) aus. In einem zweiten Schritt wird das Gelernte stabilisiert. Verhaltensweisen, die dazu führen, mit der unangenehmen Situation (nun bereits das Berühren von Geld) umgehen zu können (z. B. durch das Tragen von Handschuhen) oder zumindest die Anspannung zu reduzieren (z. B. durch anschließendes exzessives Händewaschen), werden als erfolgreich erlebt. Deshalb wird dieses Vermeidungs- und Neutralisierungsverhalten in Zukunft zunehmend häufiger gezeigt werden, und der Betroffene nimmt sich auf diese Weise selbst die Möglichkeit, korrigierende Erfahrungen zu machen.

Ein Vorteil dieses Modells ist seine Einfachheit und unmittelbare Einsichtigkeit; kritisieren kann man, daß die Lernerfahrungen der ersten Phase in der individuellen Patientengeschichte häufig nicht nachweisbar sind, und daß das Modell v. a. auf Handlungszwänge bezogen ist (Reinecker 1994, Niedermeier & Bossert-Zaudig 1998).

Hilfreicher zur Erklärung der Entstehung von Zwangsgedanken ist ein *Verkettungsmodell*. Im Rahmen der «normalen», oft automatisch ablaufenden Denkprozesse gehen Menschen zahlreiche Ideen und Gedanken durch den Kopf. Wichtige Gedanken werden aus diesem «Strom» herausgefiltert. Lehnt man einen solchen Gedanken jedoch ab und bewertet ihn extrem negativ («Oh je, so etwas darf ich gar nicht denken...»), so wird dieser Gedanke als um so aufdringlicher erlebt. Vor dem Hintergrund der persönlichen Einstellungs- und Glaubenssysteme beschäftigt man sich intensiver mit dem Gedanken. Dabei kommt es zu Gefühlen von Unsicherheit und

Unwohlsein. Um diese Unruhe zu bekämpfen, versucht man die aufdringlichen Gedanken durch Abwehr oder Neutralisierung zu kontrollieren. Da dies häufig nicht gelingt, fühlt man sich hilflos und niedergedrückt. Außerdem steigt die Bedeutung des Gedankens noch weiter an, da der Gedanke unerledigt ist. Daraufhin werden die emotionale Erregung und Anspannung noch größer, und es wird immer schwieriger, den aufdringlichen Gedanken zu beenden (Reinecker 1994).

Familiäre, gesellschaftliche oder religiöse Einflüsse können bei der Entwicklung einer Zwangserkrankung eine wichtige Rolle spielen, da sich in diesen Zusammenhängen das Einstellungs- und Wertesystem eines Menschen entwickelt. Durch eine übertriebene Erziehung zu Sauberkeit, Ordnung und Genauigkeit oder eine besonders intensive Auseinandersetzung mit Themen wie Schuld oder Versündigung oder ein übersteigertes Verantwortungsgefühl können aufdringliche Gedanken und unsichere Situationen als bedrohlich wahrgenommen werden. Bei diesen Überlegungen sollte man jedoch nicht übersehen, daß in den Zwangsstörungen gerade die zentralen Themen des menschlichen Lebens angesprochen werden, die uns alle angehen, wie Sicherheit, Krankheit, Tod, Verantwortung, Aggression, Sexualität (Reinecker 1995). Problematisch sind die extremen und rigorosen Einstellungen wie «Ich darf unter keinen Umständen einen Fehler machen, denn es könnte jemand anderer davon betroffen sein» oder «Wenn ich bei einem einzigen Fehler erwischt werde, werden mich alle verachten» oder «Man darf unter keinen Umständen ein Risiko eingehen» oder auch «Man darf sich das Leben nicht zu leicht machen, sonst wird man dafür bestraft» (Hoffmann 1994, S. 107).

Mögliche Eigenschaften und Denkmuster, welche die Entstehung der Krankheit begünstigen können, sind Perfektionismus, soziale Überanpassung, häufiges Zweifeln und Entscheidungsschwierigkeiten, ein hoher moralischer Anspruch, mangelnde Risikobereitschaft, Angst vor Veränderung und Unsicherheit hinsichtlich gesellschaftlicher Normen (Münchau et al. 1995, Hand 1992).

Im Vorfeld einer Zwangserkrankung finden sich häufig belastende Lebensereignisse und Krisen (z. B. Partnerschaftsprobleme, sexuelle Schwierigkeiten, Krankheit oder Tod von nahen Angehörigen) oder eine Häufung von Anforderungen und alltäglichen Widrigkeiten (Zetin & Kramer 1992), so daß Gefühle wie Überforderung und Frustration auftreten. Auch Veränderungen der Lebensumstände, wie sie z. B. durch die Geburt eines Kindes oder durch einen Umzug verursacht werden, können der Entstehung einer Zwangsstörung vorausgehen. In diesem Zusammenhang kann es sinnvoll sein, nach der Funktion oder dem «Sinn» der zwanghaften Verhaltensweisen zu schauen. Die Zwänge können eine Person z. B. so sehr in Anspruch nehmen und ablenken, daß sie keine Zeit mehr hat, sich mit den ursprünglichen

Konflikten und Problemen (wie Überforderung, Unsicherheit, Angst) auseinanderzusetzen. So kann der Zwang also eine Art Hilfsmittel sein, mit schwierigen Situationen umzugehen, für die man sonst keine Bewältigungsmöglichkeit sieht. Eine detaillierte Darstellung zur Funktionalität von Zwangsverhalten findet sich bei Hand (1993).

5. Behandlungsverfahren von Zwangsstörungen

Ein Behandlungsbedürfnis entsteht oft nicht direkt wegen der Zwänge, sondern aufgrund damit einhergehender Probleme in der Partnerschaft, im Beruf oder der Freizeitgestaltung. Mit zunehmender Ausweitung des Zwangssystems wird es immer schwieriger, die ursprünglichen Aufgaben zu bewältigen, und es wird nahezu unmöglich, Zeit für die angenehmen Dinge und schönen Seiten des Lebens aufzubringen. Es kommt zu Erschöpfungszuständen, Niedergeschlagenheit und zum Rückzug von anderen Menschen. So entwickelt sich häufig im Verlauf der Erkrankung eine Depression. Dies ist verständlich, da viele Betroffene zunächst einmal den Einschränkungen durch ihre Zwangserkrankung hilflos gegenüberstehen.

Früher galten Zwangserkrankungen als sehr schwer behandelbar. Lange dominierte ein tiefenpsychologisches Erklärungs- und Behandlungsmodell der Zwangsstörung (Quint 1974, 1993, Benedetti 1993). Dazu resümiert Volk (1998, S. 77): «Obwohl dieser Denkansatz einen großen Beitrag zum Verständnis der Zwangsstörung leistet, ist die psychoanalytische Behandlung mühsam, in ihrem Ergebnis oft enttäuschend und kommt in der Regel nur für einzelne Patienten in Frage.»

Mit zunehmendem Wissen über Entstehung und Aufrechterhaltung der Probleme konnten jedoch effektivere Behandlungsmethoden entwickelt werden. Heute gilt die Verhaltenstherapie als die effizienteste Methode zur Behandlung von Zwangserkrankungen. Die Psychotherapie wird oft durch eine medikamentöse Behandlung ergänzt. Dies ist vor allem dann sinnvoll, wenn zusätzlich eine starke depressive Symptomatik besteht und wenn Zwangsgedanken vorherrschend sind (Rasche-Räuchle & Hohagen 1996) oder die verhaltenstherapeutische Behandlung nur sehr zögerlich verläuft (Hand 1995). Volk (1998) empfiehlt generell eine Kombination der beiden Verfahren. Da die psychotherapeutische Versorgungsstruktur für Zwangspatienten bisher noch nicht zufriedenstellend ist, findet häufig auch eine rein pharmakologische Therapie statt.

5.1 Pharmakologische Behandlung

Zur psychopharmakologischen Behandlung der Zwangsstörung werden Medikamente eingesetzt, die ursprünglich als Antidepressiva entwickelt wurden. Dabei handelt es sich um sogenannte «Serotonin-Wiederaufnahme-Hemmer», d. h. sie greifen in den Stoffwechsel des Serotonins ein, das als Botenstoff an der Impulsübertragung im Gehirn beteiligt ist.

Über breite klinische Erfahrung verfügt man mit der Substanz Clomipramin, die bereits seit Ende der sechziger Jahre zur Behandlung von Zwängen eingesetzt wird. Als Alternative dazu stehen seit einiger Zeit «selektive Serotonin-Wiederaufnahme-Hemmer» (z. B. Fluoxetin, Fluvoxamin) zur Verfügung. Diese unterscheiden sich vom Clomipramin dadurch, daß sie außer dem Serotoninstoffwechsel keine weiteren Botenstoffsysteme beeinflussen. Dies hat den Vorteil, daß bei den neueren Wirkstoffen die Verträglichkeit insgesamt höher ist (Volk 1995). Mögliche Nebenwirkungen des Clomipramins sind Mundtrockenheit, Schwindelgefühle, leichtes Zittern, Müdigkeit, Verstopfung, Übelkeit, vermehrtes Schwitzen, Schlafstörungen, Akkommodationsstörungen, Nervosität und sexuelle Funktionsstörungen. Bei Einnahme der selektiven Serotonin-Wiederaufnahme-Hemmer kann es zu Übelkeit, Appetitverlust, Durchfall, Kopfschmerzen, Nervosität, Ermüdbarkeit, Schlafstörungen und Libidobeeinträchtigungen kommen. Die Nebenwirkungen können deutlich vermindert werden, indem die Dosierung des Medikaments nur langsam gesteigert wird. Meist treten die Nebenwirkungen aber nur zu Beginn der Behandlung oder gar nicht auf.

Mit einem Wirkungseintritt kann man etwa sechs bis zehn Wochen nach Behandlungsbeginn rechnen. Ein erster Hinweis auf eine sich einstellende Besserung ist das von Patienten berichtete Gefühl, innerlich ruhiger zu werden und sich weniger bedrängt zu fühlen, selbst wenn die Zwangsgedanken und -handlungen noch unverändert fortbestehen. In 50 bis 70 % der Fälle kommt es zu deutlichen Verbesserungen der Symptomatik (Goodmann 1992; Volk 1996). Die Behandlungsdauer beträgt in günstigen Fällen durchschnittlich zwei Jahre, oft aber auch erheblich länger. Aufgrund dieser langfristigen Behandlung und der oft notwendigen hohen Dosierungen (Nebenwirkungen nehmen dosisabhängig zu) ist eine umfassende Aufklärung über Wirkprinzipien und Nebenwirkungen dringend erforderlich.

Ein großes Problem bei der pharmakologischen Behandlung der Zwangserkrankung liegt darin, daß nach Absetzen der Medikamente die Rückfallquoten erschreckend hoch sind. Hand (1993) rechnet nach Absetzen der Medikation in mindestens 70 % der Fälle mit einem Wiederauftreten der ursprünglichen Symptomatik innerhalb weniger Monate. Um langfristig eine Besserung der Symptomatik zu erreichen, ist eine zusätzliche Psychotherapie häufig unerläßlich.

5.2 Verhaltenstherapie

Ein wesentlicher Bestandteil von Psychotherapie ist der Aufbau einer vertrauensvollen Beziehung zwischen Patient und Therapeut. Dies gilt für die Behandlung der Zwangsstörung ganz besonders, da oft schon im detaillierten Gespräch über die Symptomatik (z. B. Rituale bei der Toilettenbenutzung) und erst recht bei späteren praktischen Übungen Schamgefühle zu überwinden sind.

Zu Beginn der Therapie wird analysiert, welche Befürchtungen ein Patient hat und unter welchen Bedingungen welche Gedanken und Handlungen auftreten. Es wird gemeinsam erarbeitet, welche Faktoren zur Entstehung der Zwangserkrankung beigetragen haben und wie die Störung durch Vermeidungsverhalten und den Einsatz des neutralisierenden Verhaltens (im Gegensatz zu Angststörungen ist Vermeidungsverhalten bei Zwängen meistens aktiv, d. h. die Patienten versuchen durch aktives Handeln unangenehme Gefühle zu unterdrücken) aufrechterhalten wird. Auf diese Weise lernt der Patient zu verstehen, warum er im Teufelskreis seiner Krankheit gefangen ist und welche Möglichkeiten es gibt, den Teufelskreis zu durchbrechen: Dies kann nur gelingen, indem er sich ganz bewußt den angst- bzw. unsicherheitsauslösenden Situationen aussetzt und dabei auf Vermeidungsstrategien und Neutralisierungsversuche verzichtet.

In dieser Phase der Therapie überlegt sich der Patient gemeinsam mit dem Therapeuten, welche kurzfristigen und welche langfristigen Vor- und Nachteile es haben wird, wenn er an seiner Zwangsstörung festhält. Ebenso sollte er sich die kurz- und langfristigen Konsequenzen der Fortsetzung der Therapie vorstellen. Vor dem Hintergrund der bisherigen Informationen und Abwägungen kann der Patient dann die Entscheidung treffen, ob er die Therapie fortsetzen möchte und welche konkreten Ziele er damit anstrebt.

Dann beginnt die Phase des «Expositionstrainings mit Reaktionsverhinderung». Dabei wird dem Patienten in praktischen Übungen ermöglicht zu erleben, was wirklich passiert, wenn die Rituale oder Gegengedanken nicht eingesetzt werden. Bei der Patientin, deren Geschichte oben wiedergegeben ist, könnten die Expositionsübungen z. B. so aussehen: Sie darf ihre Straßenkleidung bei der Rückkehr ins Haus nicht wechseln und hält sich mit dieser Kleidung so lange im Schlafzimmer auf, bis die Anspannung deutlich nachgelassen hat. Oder die Patientin sitzt so lange vor einem offenen Kaminfeuer, bis ihre Angst vor der Kontamination durch Ruß und Asche wesentlich geringer geworden ist. Diese Übungen sind also kein Standardprogramm, sondern werden individuell auf die Probleme jedes einzelnen Patienten hin entwickelt.

Das allgemeine Prinzip dieser Übungen besteht darin, daß der Patient am eigenen Leib erfährt, daß die befürchtete Katastrophe (z. B. alles könnte verschmutzt sein, das Haus könnte abbrennen) nicht eintritt und daß die anfänglich enorme Angst und Unruhe allmählich nachlassen, auch wenn das Zwangsritual nicht eingesetzt wird. Diese Gewöhnung an die schwierige Situation nennt man «Habituation». Um die Fortschritte zu stabilisieren, sind allerdings häufige Wiederholungen notwendig. Auf diese Weise findet mit der Zeit ein Umlernen statt, bis der Patient wieder in der Lage ist, am normalen Lebensalltag mit all seinen Unwägbarkeiten teilzunehmen, ohne durch ständige Befürchtungen und Zwänge beeinträchtigt zu sein.

Dieses Vorgehen ist für den Betroffenen kurzfristig außerordentlich unangenehm. Es setzt eine hohe Motivation voraus, sich tatsächlich den gefürchteten Gedanken, Objekten und Situationen auszusetzen. Deshalb ist es besonders wichtig, daß der Patient das Prinzip der Expositionstherapie kennt und einsichtig findet. Der Erfolg der Therapie hängt sehr stark von seiner Mitarbeit ab. Wenn sich der Patient während der Exposition innerlich ablenkt oder doch wieder auf Gegengedanken zurückgreift, so ist es zweifelhaft, ob das Verfahren zum gewünschten Erfolg führen wird. Sobald wie möglich sollte der Patient lernen, die Exposition eigenverantwortlich durchzuführen und in den Alltag zu integrieren, d. h. die Übungen auch zu Hause oder am Arbeitsplatz zu machen. Anschließend sollte er die Erfolge und die eventuell auftretenden Probleme mit dem Therapeuten besprechen.

Auf diese Weise läßt sich für einen großen Teil der Betroffenen eine deutliche Besserung ihrer Probleme erreichen. Verschiedene Studien berichten von 60 bis 85 % der Patienten als gebessert bis deutlich gebessert (Übersichten bei Hand 1995, Reinecker 1996). In den meisten Fällen bleiben allerdings zwanghafte «Reste» bestehen. Ein weiteres Problem ist die mangelnde Stabilität der Therapieerfolge: Etwa 3 bis 5 Jahre nach Ende der Therapie weisen nur noch 50 % eine deutliche Besserung auf.

Speziell isolierte Zwangsgedanken (also solche, die nicht in direkter Verbindung mit Zwangshandlungen stehen) haben sich als sehr schwierig zu behandeln erwiesen. Die Probleme bei der Behandlung von Zwangsgedanken leuchten unmittelbar ein: Es ist wesentlich schwieriger, Gedanken bewußt herbeizuführen oder bewußt zu vermeiden, als Situationen oder offen beobachtbare Handlungen zu kontrollieren. Bei der Behandlung der Zwangsgedanken sind deshalb die Selbstkontrollfähigkeiten der Patientinnen und Patienten besonders gefragt. Auch bei den Gedanken kann man versuchen, eine Habituation zu erreichen, z. B. indem die angstauslösenden

Gedanken und Phantasien auf Tonband gesprochen und dem Patienten so lange vorgespielt werden, bis die Anspannung deutlich abgefallen ist. Diese Technik setzt man vor allem bei Zwangsgedanken mit Stimuluscharakter ein, d. h. bei Gedanken, welche die Angst oder Unruhe unmittelbar erhöhen. Bei Zwangsgedanken mit Reaktionscharakter, d. h. bei neutralisierenden Gedanken, die die Angst und Unruhe reduzieren, arbeitet man zur Reaktionsverhinderung mit Gedankenstop-Verfahren.

Um hier die Behandlungsmöglichkeiten weiter zu verbessern, wurden in den letzten Jahren spezielle kognitive Techniken entwickelt, die in Kombination mit den Konfrontationsübungen eingesetzt werden (Lakatos 1994). Dazu gehört die Aufarbeitung von irrationalen Gedankengängen. Typische irrationale Gedanken sind z. B. «Wenn ich etwas denke, dann ist das gleichbedeutend mit: Ich will, daß es passiert!» oder «Wenn ich nicht versuche, ein mögliches Unglück von vornherein abzuwenden, dann ist das genauso schlimm, als würde ich das Unglück willentlich herbeiführen!». Zunächst sollte geklärt werden, daß nicht die mögliche Bedrohung durch eine zukünftige Katastrophe das eigentliche Problem darstellt, sondern die Angst, die dieser Gedanke bei den Betroffenen hervorruft. Dazu ist es wichtig, die Bedeutung, die ein Patient diesem Gedanken beimißt, zu verringern. Dabei kann folgende Einstellung sehr hilfreich sein: «Der Gedanke, der aufgetaucht ist, ist ein Zwangsgedanke. Er ist lediglich ein Anzeichen dafür, daß ich noch an einer Zwangsstörung leide, er ist kein Indiz dafür, daß ich selbst in irgendeiner Weise gefährdet bin oder andere gefährden könnte. Es gibt also nichts, was ich dagegen unternehmen müßte» (Hoffmann 1994, S. 109 f). Durch die Identifikation und das Hinterfragen von irrationalen Überzeugungen werden die Patienten in die Lage versetzt, ihr Problem als ein rein gedankliches zu betrachten und nicht als wirkliche Gefahr, ein Unglück zu verursachen.

Weiterhin sollte im Laufe einer Therapie gelernt werden, mit Unsicherheit besser umzugehen und die Wahrscheinlichkeit von Gefahren realistischer einzuschätzen. Auch die Grundannahmen über persönliche Verantwortung und Schuld sollten bearbeitet werden. Zur Aufhebung von massiven Verunsicherungen kann es dadurch kommen, daß eine selbstverantwortliche Normenfindung, Lebensversagensängste und die eigene Lebens- und Berufsorientierung thematisiert werden. Letzteres gilt insbesondere für zwangserkrankte junge Erwachsene.

Im allgemeinen kann eine derartige Therapie ambulant durchgeführt werden. Dabei ist die Nähe zum Alltag des Patienten am größten». Eventuell wird auch eine stationäre Behandlung in Betracht gezogen. Dies kann zu Beginn eines Therapieprogramms sinnvoll sein, z. B. wenn Familienmitglieder massiv in die Ausführung von Zwangsritualen eingebunden sind. Eine stationäre Aufnahme kann auch aufgrund einer schweren sekundären Depression oder bestehender Suizidalität ratsam sein (Winkelmann & Hohagen 1995). Problematisch ist allerdings, daß viele Kliniken und Therapieeinrichtungen nicht über die organisatorischen und personellen Voraussetzungen verfügen, um eine Behandlung von Zwangsstörungen entsprechend dem heutigen Forschungsstand durchführen zu können. Die Aufnahme in eine Klinik darf auch nicht dazu führen, daß der Patient die Verantwortung für das eigene Verhalten abgibt und sich somit erleichtert fühlt. Diese Gefahr besteht häufig bei Kontrollzwängen. Um die Übertragung des Gelernten in den Alltag zu sichern, sollten von Anfang an begleitende Besuche zu Hause gemacht werden.

5.3 Begleitende therapeutische Maßnahmen

Ergänzend zum bisher geschilderten Vorgehen kann es sinnvoll sein, ein Familiengespräch mit dem Therapeuten zu vereinbaren. Dabei geht es zunächst darum, auch den Partner und die anderen Angehörigen umfassend über die Entstehung und Aufrechterhaltung der Zwangserkrankung zu informieren.

Häufig sind die Familienmitglieder in die Zwangshandlungen eingebunden, z. B. sie übernehmen Kontrollen, geben Rückversicherungen oder folgen den Hygienestandards, die der Patient definiert hat. Die Angehörigen sollten lernen, daß sie auf diese Weise nur den Zwang stabilisieren, aber nicht wirklich dem Betroffenen helfen. «Keine Unterstützung für die Zwänge ist die beste Unterstützung für die betroffene Person» (Münchau et al. 1995).

Außerdem ist es sinnvoll, auch mit der Familie das Vorgehen beim Expositionstraining zu besprechen, so daß sie den Patient dabei unterstützen kann, zu Hause selbständig Übungen durchzuführen. Wenn der Patient im Verlauf der Therapie seine Zwänge nach und nach aufgibt, kann es hilfreich sein, von den Angehörigen dabei ermuntert zu werden, wieder angenehmere und sinnvollere Aktivitäten zu entdecken. Sollte sich herausstellen, daß die Zwangserkrankung mit Familienkonflikten zusammenhängt, sollten familienbezogene Interventionen in Betracht gezogen werden (Hand 1993).

Da bei Zwangspatienten häufig massive soziale Unsicherheiten und Ängste bestehen, kann es sinnvoll sein, in diesem Bereich Fertigkeiten einzuüben, z. B. im Rahmen eines Selbstsicherheitstrainings. Dabei wird in Rollenspielen und praktischen Übungen gelernt, Kontakte zu knüpfen, mit Kritik umzugehen, Forderungen zu stellen und Auseinandersetzungen zu führen. Zwänge können die Funktion haben, vor einer direkten Auseinandersetzung zu schützen. Zum Beispiel fühlt sich ein Patient überfordert durch die Anforderungen, die sein Chef an ihn stellt. Anstatt sich dazu offen zu äußern, drückt er seine Aggressionen dem Chef gegenüber lediglich in seinen Gedankenzwängen aus. Lernt dieser Patient im Rahmen der Therapie, problematische Aspekte direkt anzusprechen, besteht die Chance, daß die Zwänge an Bedeutung verlieren und somit leichter reduziert werden können (Klepsch et al. 1991).

Speziell bei der stationären Behandlung gibt es häufig noch zusätzliche Therapieangebote wie Tanz- und Bewegungstherapie, Musik- oder Maltherapie. Die Teilnahme an derartigen Angeboten kann für Zwangspatienten von Bedeutung sein, da ihre Wahrnehmungs- und Ausdrucksfähigkeiten durch die intensive Konzentration auf mögliche Katastrophen häufig stark eingeschränkt sind. Durch entsprechende Aktivitäten können diese Fähigkeiten wieder gefördert und trainiert werden. Eine andere Möglichkeit zur Schulung dieser Fähigkeiten ist die Teilnahme an einem Genußtraining. Auf diese Weise erhalten Zwangserkrankte Anregungen, welche angenehmen Tätigkeiten an die Stelle der quälenden Zwangshandlungen und Zwangsgedanken treten können (Tillmanns & Tillmanns 1995).

Durch diese Wiederentdeckung der schönen Seiten des Lebens steigt eventuell auch die Bereitschaft, die belastende Expositionstherapie durchzuführen. Denn diese ist trotz aller flankierender Therapiemöglichkeiten in den meisten Fällen der wesentliche Bestandteil der Behandlung einer Zwangserkrankung (vgl. Hoffmann 1994).

6. Ausblick

In den letzten Jahren sind deutliche Fortschritte in der psychotherapeutischen Behandlung der Zwangserkrankung gemacht worden. Leider kann bisher nur ein relativ kleiner Teil der Betroffenen davon profitieren, da die Zahl entsprechender Therapieplätze viel zu gering ist. Es ist zu hoffen, daß diese Situation deutlich verbessert wird.

Wichtig ist ferner, daß Erkrankte und ihre Angehörigen mehr Informationen über die Zwangsstörung und ihre Behandlungsmöglichkeiten erhalten. Denn solange Zwangserkrankte das Gefühl haben, daß ihnen nicht zu helfen ist, sehen sie auch keinen Sinn darin, sich um professionelle Unterstützung zu bemühen. So wird es häufig versäumt, bereits in einem frühen Stadium therapeutische Hilfe zu suchen bzw. die Störung wird gar nicht erst erkannt. Die «heimliche Krankheit» Zwang beeinträchtigt viele Bereiche des Lebens, so daß es für die Betroffenen immer schwieriger wird, soziale Kontakte, Berufsleben und Freizeit aufrechtzuerhalten. Um dieser Ausweitung der Zwänge und der Verminderung von Lebensqualität entgegenzuwirken, sind effektive Behandlungsansätze und weitere Aufklärung von größter Bedeutung.

Weiterführende Literatur

Baer, L. (1994). Alles unter Kontrolle. Zwangsgedanken und Zwangshandlungen überwinden. Bern: Huber.
Foa, E., Wilson, R. (1994). Hör endlich auf damit. Wie Sie sich von zwanghaftem Verhalten und fixen Ideen befreien. München: Heyne.
Hoffmann, N. (1990). Wenn Zwänge das Leben einengen. Mannheim: pal.
Ulrike S., Crombach, G., Reinecker, H. (1996). Der Weg aus der Zwangserkrankung. Bericht einer Betroffenen für ihre Leidensgefährten. Zürich, Göttingen: Vandenhoeck & Ruprecht.
Reinecker, H. (1994). Zwänge: Diagnose, Theorien und Behandlung. 2. Auflage, Bern: Huber.
Zaudig, M., Hauke, W., Hegerl, U. (1998). Die Zwangsstörung: Diagnostik und Therapie. Stuttgart: Schattauer.

Alles durch die schwarze Brille

Erscheinungsbild, Ursachen und Behandlungsmöglichkeiten von Depressionen

Sven Barnow, Birgit Oleszak und Harald-J. Freyberger

1. Alltagserfahrungen

Der Begriff der Depression umfaßt eine Reihe von menschlichen, emotionalen und klinischen Zuständen. Dabei unterscheiden sich «normale» depressive Verstimmungen z. B. durch den Verlust einer geliebten Person (Trauerreaktion) von klinisch bedeutsamen Depressionen. Die Unterscheidung klinisch bedeutsamer Depressionen von normalen depressiven Verstimmungen benötigt klare Kriterien für Dauer und Anzahl der Symptome und stellt auch heute noch ein bedeutendes Problem dar. Deshalb ist es wichtig, die Natur und Funktion von nicht klinischen depressiven Zuständen zu verstehen und Gemeinsamkeiten mit dem pathologischen Erscheinungsbild zu finden. Depressive Verstimmungen im normalen Bereich haben Anpassungsfunktion. Menschen können dadurch auf sich aufmerksam machen und benötigte zusätzliche Unterstützung erhalten. Diese Anpassungsfunktion ermöglicht eine erhöhte Überlebenschance und zeigt die enge Verbindung der Erkrankung zu sozialen Umweltvariablen. Allerdings findet eine solche erhöhte Zuwendung nur kurzfristig statt. Kommt es nicht zur «Erholung» des Betroffenen, verliert die depressive Stimmungslage ihren Signalcharakter und richtet sich gegen eine Anpassung. Dadurch kommt es zur Vereinzelung, Verstärkung der Symptomatik, mangelnder sozialer Unterstützung etc., kurz es beginnt ein Teufelskreis, der die ursprünglichen Signale (Ich brauche Hilfe) in das Gegenteil verkehrt **Abbildung 1** auf S. 76. Wenn diese Gefühle der Hilflosigkeit ein Ausmaß annehmen, das es Betroffene nicht mehr ermöglicht, sich selbst aus diesem bedrückenden Zustand zu befreien, dann sprechen wir von Depressionen.

Trauer und negative Gedanken führen anfänglich zu Unterstützung und Zuwendung (Alarmfunktion), längerfristig aber zu Ablehnung und Isolation. Dies führt dazu, dass die Ausgangsbefürchtungen (ich komme nicht zurecht, ich kann das Problem nicht lösen, ich werde nicht geliebt) bestätigt werden, was mit einer Verstärkung der depressiven Symptomatik einhergeht, wenn der Kreislauf nicht durchbrochen werden kann.

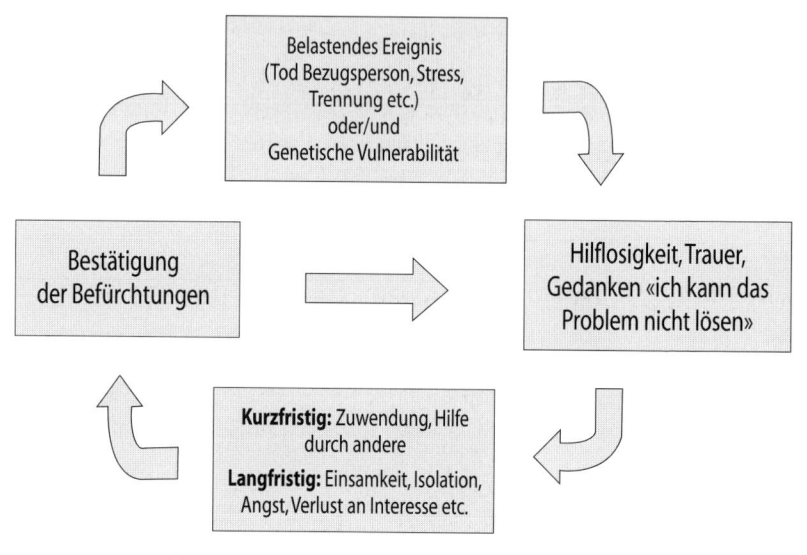

```
          Belastendes Ereignis
          (Tod Bezugsperson, Stress,
               Trennung etc.)
                oder/und
          Genetische Vulnerabilität

    Bestätigung              Hilflosigkeit, Trauer,
  der Befürchtungen          Gedanken «ich kann das
                             Problem nicht lösen»

          Kurzfristig: Zuwendung, Hilfe
                   durch andere
          Langfristig: Einsamkeit, Isolation,
          Angst, Verlust an Interesse etc.
```

Abbildung 1: Teufelskreis bei Depression

Ein Fallbeispiel

Eine Frau, 38 Jahre, seit 15 Jahren verheiratet, berichtet, bis auf die Zeit, in der ihre beiden Kinder geboren wurden, immer berufstätig gewesen zu sein. Nach einer abgeschlossenen Banklehre habe sie acht Jahre als Leiterin einer Fachabteilung in einer Stadtbibliothek gearbeitet. Sie berichtet, daß in der letzten Zeit in der Familie häufig Spannungen aufgetreten seien. Ihr ältester Sohn ziehe sich immer mehr in sich zurück, und ihre Tochter klage über Schulprobleme. Der Ehemann, beruflich sehr engagiert, könne für die Familie wenig Zeit aufbringen, so daß die Frau die Sorge um den Haushalt allein zu tragen hätte. Die Beziehung zu ihrem Mann bezeichnet sie als gespannt, da Gespräche mit ihm selten geworden seien und sie die Lust an Sexualität schon seit längerem verloren habe. Sie plage sich mit Selbstzweifeln herum und fühle sich oft traurig, manchmal nervös und gereizt. Zusätzlich berichtet sie, daß ihre Mutter vor kurzer Zeit gestorben sei. Dies habe Erinnerungen an ihr Elternhaus wachgerufen, das sie schon früh verlassen habe, um sich eine Familie nach ihren eigenen Vorstellungen aufzubauen. Ihre Mutter habe ihr nie das Gefühl gegeben, wichtig zu sein, und sie habe immer um ihre Zuneigung gerungen. Das versuche sie nun ihren Kindern zu ersparen und behüte sie daher ganz besonders. Darauf würden die Kinder aber immer öfter mit Ablehnung reagieren. Sie fühle sich dann um so schlechter, gerade weil sie alles versuche, um von ihren Kindern geliebt zu werden. Neuerdings verfalle sie immer öfter in ein Gefühl von Einsamkeit und Hoffnungslosigkeit. Sie liege nachts noch lange wach und denke über ihr bisheriges Leben nach und daran, daß es so vieles gäbe, was sie sich zwar gewünscht hätte, das jedoch nie eingetroffen sei. Sie tröste sich dann häufig mit Schokolade oder Kuchen und habe in den letzten Monaten mehr als fünf Kilo zugenommen. Auch fühle sie sich schnell müde und abgespannt, manchmal habe sie auch Kopfschmerzen. Besonders dann, wenn ihr alles so sinnlos vorkomme, denke sie darüber nach, wie es wäre, sich selbst zu töten. Da dieser Zustand nun schon mehrere Monate anhalte, habe sie beschlossen, sich um therapeutische Hilfe zu bemühen.

2. Woran erkennt man Depressionen?

Im Beispiel wurden bereits einige Symptome einer Depression deutlich. So berichtete die Patientin von Grübeleien, Schlafstörungen, Traurigkeit, Antriebslosigkeit und Müdigkeit, sie fühlte sich abgeschlagen, freudlos und klagte über Kopfschmerzen.

Depression bedeutet übersetzt soviel wie Niedergeschlagenheit, Traurigkeit oder bedrückte Stimmung. In der medizinischen und psychologischen Literatur werden verschiedene Formen von Depressionen beschrieben, die sich in den Bereichen des Erlebens und Verhaltens und den Symptomen, die mit der Erkrankung verbunden sind, unterscheiden.

Zur Vereinheitlichung und Objektivierung der Diagnostik wurden verschiedene Kriterien vorgeschlagen. Diese werden in den Kriterienkatalogen «diagnostisches und statistisches Manual psychischer Störungen der amerikanischen Psychiatrievereinigung» (DSM-IV; American Psychiatric Association [APA] 1994) und dem internationalen Katalog «10. Revision der internationalen Klassifikation psychischer Störungen der Weltgesundheitsorganisation» (ICD-10; WHO 1991) festgehalten. Trotz dieser Versuche einer Objektivierung und Vereinheitlichung treten noch immer erhebliche Probleme bei der Klassifikation von Depressionen auf. Nach ICD-10 können depressive Personen folgende Diagnosen erhalten:

- *Bipolare affektive Störung:* wechselnde Phasen depressiver und manischer (gehobene Stimmung) Zustände (siehe Kapitel zu Psychosen in diesem Band)
- *depressive Episode* (unipolar: keine manische Phase, leicht bis schwer): gedrückte Stimmung, verminderter Antrieb und Aktivität, verminderte

Fähigkeit zur Freude, Kommunikation und Konzentration, vermehrte oder verminderte Müdigkeit, Schlaf und Appetit sind gestört, Selbstwertgefühl und -vertrauen sind beeinträchtigt. Es können eine Vielzahl somatischer Symptome auftreten, außerdem sind bei der schweren Episode auch psychotische Inhalte wie beispielsweise Verarmungswahn, Krankheitswahn etc. möglich

- *anhaltend affektive Störung* (Zyklothymia, Dysthymia): anhaltende und meist fluktuierende Stimmungsstörungen, die nicht schwer genug sind, um als leichte depressive Episode zu gelten. Sie können jahrelang andauern und ziehen ein beträchtliches subjektives Leiden nach sich. Darunter werden die zyklothyme Störung und die dysthyme Störung klassifiziert. Die zyklothyme Störung ist durch andauernde Instabilität der Stimmung mit zahlreichen Perioden von Depressivität und leicht gehobener Stimmung (Hypomanie) gekennzeichnet. Bei der dysthymen Störung handelt es sich um eine chronische, wenigstens um Jahre andauernde depressive Verstimmung, die weder schwer noch anhaltend genug ist, um die Kriterien einer leichten, mittleren oder leichten rezidivierenden depressiven Störung zu erfüllen.
- *rezidivierende depressive Störung:* damit werden sich wiederholende depressive Episoden mit symptomfreien Intervallen klassifiziert, deren Dauer von wenigen Wochen bis zu mehreren Monaten variieren kann und die in jedem Alter auftreten können
- *Anpassungsstörungen:* hierbei handelt es sich um Zustände subjektiver Bedrängnis und emotionaler Beeinträchtigung, die Leistungsfähigkeit und die sozialen Beziehungen nach einer entscheidenden Lebensveränderung oder nach belastenden Lebensereignissen beeinträchtigen können. Anzeichen sind depressive Verstimmungen, Angst und Sorge, mit den täglichen Gegebenheiten nicht mehr fertig werden zu können (vgl. Internationale Klassifikation der Krankheiten; ICD-10 1991). Allerdings ist die Abgrenzung von Anpassungsstörungen und depressiven Erkrankungen schwierig (Barnow et al. 2002)

Im amerikanischen Klassifikationssystem DSM-IV gibt es hingegen nur noch zwei Hauptgruppen depressiver Störungen

- Depressive Störungen: a) Major Depression (Symptome intensiv, monopolarer Verlauf, mindestens 14 Tage akute Symptomatik) und b) Dysthymie (weniger intensiv, längere Dauer)
- Bipolare Störung: a) Bipolare Störung (akute Symptomatik, gemischt, mindestens eine manische Phase und eine Phase einer Major Depression) und b) Zyklothymie (schwächere, aber chronischere Form).

Aufgrund der verschiedenen Ätiologiemodelle geht der Trend dahin, Depressionen durch typische Syndrome zu beschreiben und zu unterscheiden. Relativ einig ist man sich in der Klassifikation Unipolare Depression vs. Bipolare Depression (Leonhard 1979). Im Gegensatz zur depressiven Phase ist das Antriebsniveau während der manischen Phase bei einer bipolaren Depression sehr hoch. Die Patienten sind überschwenglich, überaktiv und verhalten sich ihrer Umwelt gegenüber distanzlos, es kommt oft zu einem Bruch mit der Realität, der sich in Größenwahn, Halluzinationen und Wahngedanken äußert (Bourne & Ekstrand 1992) (ausführlich siehe Kapitel zu Psychosen in diesem Band).

Eine weitere Unterteilung, die in den neueren Klassifikationssystemen wegen der fraglichen Ätiologie nicht mehr verwendet wird, aber weiterhin von einiger klinischer Relevanz ist, ist die Unterscheidung in Endogene vs. Neurotische Depression. *Endogene Depressionen* (entspricht im ICD-10 der depressiven Episode) haben dabei zwei Bedeutungsaspekte: a) sie sollen von innen heraus kommen, meist ohne auslösende Konflikte und b) sie haben ein charakteristisches Cluster von Symptomen (Durchschlafstörungen, Gewichtsverlust, Stimmung morgens schlechter, qualitativ andere Stimmung, keine Stimmungsverbesserung bei angenehmer Situation, eventuell Wahn, Halluzinationen). Bei der endogenen Depression läßt sich häufig ein abrupter Beginn feststellen, ohne daß die Betroffenen wissen, worauf dieser zurückzuführen ist. Die Patienten berichten, überhaupt nichts mehr zu fühlen, weder berühren sie positive noch negative Ereignisse. Es wird das Gefühl geschildert, als Person grundlos verändert zu sein, die Krankheit wird als «auferlegt» erfahren und Auslöser können Betroffene meist nicht finden (Hell 1992). Die Patienten erleben eine «rasende Blockiertheit», die zu solchen Ängsten und Hoffnungslosigkeit führen kann, daß sich Todeswünsche oder Gedanken an Selbsttötung als Lösungsmöglichkeit aufdrängen. Neben der Gefühllosigkeit und der Antriebshemmung kann es auch zu gedanklichen Veränderungen kommen. Oft wachen Betroffene mehrere Stunden früher auf und fangen an zu grübeln. Dieselben Probleme werden immer wieder durchdacht, ohne zu einer Lösung zu finden. Dieses Grübeln wird auch als «Zirkuläres Denken» bezeichnet. Inhalte solcher zirkulären Gedanken können Schuldgefühle, Befürchtungen, Krankheitsängste oder auch Versündigungsgedanken sein. Die Vergangenheit kann in den Vordergrund rücken, und zurückliegende Fehler werden als große bedrohliche Ereignisse erlebt. Die Wahrnehmung ist verzerrt und meist auf negative Dinge gerichtet. Positive Situationen machen den Betroffenen nur um so mehr bewußt, wie schlecht sie sich fühlen, wodurch ihr Selbstwertgefühl noch tiefer sinkt. Das wiederum verstärkt die Abwertungstendenzen der eigenen Person. Die Grobmotorik von endogen depressiven Menschen ist spannungsleer, kraftlos und gebeugt. Das Körpergefühl verändert sich und wird als «bleierne Müdigkeit in Armen und Beinen» oder als «Zentnerlast auf den Schultern» beschrieben. Es kann auch zappelige Unruhe auftreten. Außerdem finden sich Schwankungen der Schwere der Symptome über den Tag verteilt, d. h. Patienten berichten über ein «Morgentief», wobei die erste Hälfte des Tages schwerer zu ertragen ist als die zweite. Ferner treten vegetative Begleiterscheinungen, wie z. B. Mundtrockenheit, Magenprobleme, Verstopfung, Ausbleiben der Regelblutung, Abnahme der sexuellen Bedürfnisse sowie Potenzstörungen auf.

Für *neurotische Depressionen* (im ICD-10: dysthyme Störungen und depressive Anpassungsstörungen) werden innere Konflikte bzw. Auslöser vermutet bzw. bei den Anpassungsstörungen gefordert, außerdem geht man von einem milderen, aber chronischeren Verlauf und von anderen Symptommustern (Selbstmitleid, Stimmung abhängig von Situation, Einschlafstörungen, Stimmung abends schlechter, Interesselosigkeit, Selbstunsicherheit, Selbstzweifel und abnehmendes Selbstwertgefühl) aus (Hoffmann & Hochapfel 1995). Oft werden von Betroffenen Gefühle wie Trauer, Verlassenheit, Gedanken an den Tod, Sorgen oder Distanz zum sozialen Umfeld berichtet. Ängste, z. B. vor drohender Krankheit, vor bestimmten Ereignissen oder einfach eine permanente Ängstlichkeit, die zu einem Gefühl der inneren Unruhe führen kann, treten ebenso auf wie körperliche Begleiterscheinungen. So finden sich häufig Schlafstörungen, d. h. erhöhtes oder vermindertes Schlafbedürfnis, nächtliches Erwachen, Müdigkeit, Abgeschlagenheit, Kopfdruck sowie Eßstörungen (erhöhter oder verminderter Appetit), Mundtrockenheit, Magenbeschwerden, Verstopfung, Gliederschmerzen, verschiedene Körperbeschwerden etc. (Hautzinger & de Jong-Meyer 1994). Häufig bestehen starke Abhängigkeiten von nahen Personen und der Wunsch nach Zuneigung und Liebesbeweisen aus der Umwelt.

Auslöser können belastende Lebensereignisse, Überforderung, Streß, Partnerprobleme, Einsamkeit, finanzielle Probleme, Kränkungen, Arbeitslosigkeit, Krankheit oder der Verlust einer geliebten Person sein. Die *Depression* folgt sozusagen als *eine Reaktion* auf Überforderungen oder Trauer. Allerdings spielen hierbei eigene Bewältigungsmöglichkeiten, Bewertungen, soziale Einbindung, Umgang mit Trauer, Vulnerabilität und Persönlichkeitsmerkmale eine wesentliche Rolle. Obwohl es sicher Situationen und Ereignisse gibt, die jeden Menschen in der Bewältigung und Anpassung überfordern (z. B. der Tod eines Kindes), reagiert jeder unterschiedlich auf Belastungen. Depressive Symptomatik kann aber auch als Folge oder im Zusammenhang mit anderen psychischen Störungen auftreten, wie z. B. Angststörungen, Zwangskrankheiten oder Persönlichkeitsstörungen, was die Notwendigkeit einer gründlichen Diagnostik einschließlich der Erfassung von psychiatrischer Komorbidität (Auftreten mehrerer psychischer Störungen) unterstreicht (Reinecker 1994).

Organisch bedingte Depressionen unterscheiden sich von endogenen Formen durch eine nachweisbare organische Ursache. Sie können beispielsweise durch Medikamente, Drogen, Verletzungen (Schädel-Hirn-Trauma) oder bestimmte körperliche Erkrankungen hervorgerufen werden.

Frauen berichten in der Zeit kurz vor und während der Wechseljahre häufiger depressive Verstimmungen, deren Ursache in einer hormonellen Veränderung liegen könnte, was aber sehr strittig ist. Hierbei ist zu klären, ob sich nicht eher psychische Faktoren oder für diese Altersgruppe typische Belastungen, wie Auszug der Kinder aus dem Haushalt, Einstellen auf eine andere Definition von Weiblichkeit etc. bzw. Probleme mit dem Partner finden lassen, die verantwortlich für das Entstehen einer Depression sein können.

Eine Begleiterscheinung von Depressionen ist das sogenannte Pseudodementielle Syndrom. Darunter werden Denkstörungen und Konzentrationsschwierigkeiten verstanden. Die Patienten haben Mühe, sich zu konzentrieren, sich Namen oder Ereignisse aus der jüngsten Vergangenheit zu merken. Ferner haben sie Probleme bei der Orientierung und können wenig Auskünfte über aktuelle Daten (Tag oder Jahreszeit) geben. In Abgrenzung zur Diagnose Demenz, bei der eine Störung der Informationsverarbeitung vom Kurzzeitgedächtnis zum Langzeitgedächtins vorliegt und deren Symptome schleichend eintreten und sich langsam verschlimmern, handelt es sich bei der depressiven Pseudodemenz um ein vorübergehendes Absinken der Denk- und Gedächtnisfunktion bei fehlender organischer Hirnerkrankung. Vor dem Eintreten sind keine Verschlechterungen der kognitiven Funktionen festzustellen. Eine weitere Unterscheidung besteht in der Wahrnehmung der Störung durch den Betroffenen. Depressiv Erkrankte erleben die Gedächtnisbeeinträchtigung als quälend, wohingegen dementielle Patienten in der Regel kaum Leidensdruck infolge der Symptome angeben. Als weitere Abgrenzung zur Demenz finden sich bei Depressiven eher Einbußen im Auffassungsvermögen und der Fähigkeit, auf Situationen schnell zu reagieren, sowie die Unfähigkeit, Entscheidungen zu fällen oder Probleme zu lösen, während demente Patienten eher Schwierigkeiten beim Informationsabruf äußern. Die Denkstörungen depressiver Patienten werden nicht gesondert behandelt, sondern bessern sich meist während der Behandlung. Manchmal klingen Konzentrationsschwäche und Aufmerksamkeitsstörungen etwas später ab als die depressive Symptomatik.

Altersdepressionen weisen insofern Besonderheiten auf, daß alte Menschen weniger dysphorische bzw. Gefühle der Traurigkeit äußern, wenn sie depressiv erkranken, aber mehr körperliche Symptome berichten (Kanowski

1994, Katona 1995, Mellick, Buckwalter & Stolley 1992, Reynolds 1995). Dadurch werden Altersdepressionen häufig unzureichend diagnostiziert (Barnow & Linden, 2000, 2002), was möglicherweise eine Erklärung für die sehr hohen Suizidraten alter Menschen, besonders bei den Männern darstellt (Linden & Barnow 1997). Zu depressiven Erkrankungen im Alter bietet das Buch «Altern und Depressivität» von Hirsch (1992) einen guten Überblick.

3. Häufigkeit und Verlauf

Es wird geschätzt, daß in Deutschland ungefähr 2,3 bis 3,2 % der Männer und 4,5 bis 9,3 % der Frauen an einer Form der Depression erkrankt sind. Die wichtigste epidemiologische Studie ist die amerikanische «Epidemiological Catchment Area Study» (ECA) des National Institute of Mental Health. Hierbei wurden 20291 Erwachsene in den achziger Jahren in der USA untersucht. Dabei fanden sich 3 % der Männer und 6 % der Frauen mit einer depressiven Episode. Eine Dysthymie wurde bei 2 % der Männer und 4 % der Frauen gesehen. Unter einer Depression im Verlauf einer bipolaren Störung litten sowohl 0,8 % der Männer als auch 0,8 % der Frauen. Da die Symptome sich bei den einzelnen Störungen überlappen können, ist es schwierig, die Auftretenshäufigkeiten der einzelnen Formen genau zu bestimmen. Es wird geschätzt, daß etwa 7 bis 12 % der Männer und 20 bis 25 % der Frauen irgendwann in ihrem Leben an einer Depression erkranken.

Depressionen treten dabei in allen Lebensaltern auf, mit einem Gipfel in der Dekade 30. bis 40. Lebensjahr. Höheres Lebensalter stellt weder ein besonderes Risiko noch einen Schutz gegen eine depressive Erkrankung dar. In der Dekade zwischen dem 40. und 50. Lebensjahr treten bei den Frauen jedoch vermehrt depressive Episoden auf (Hautzinger 1984).

Depressionen können verschiedene Verläufe haben. Etwa 15 000 der initial befragten Teilnehmer der ECA-Studie konnten nach einem Jahr nachuntersucht werden. Etwa 40 % der Patienten mit einer Depression hatten nach einem Jahr keine Symptome mehr (Vollremission), ebenso viele berichteten hingegen, daß sich ihr Zustand nicht gebessert habe. Etwa 17 % befanden sich in einem leicht gebesserten Zustand (Teilremission) und ca. 3 % hatten eine Dysthymie (Regier et al. 1993). Mehr als die Hälfte der Patienten erkranken mehr als einmal im Leben (rezidivierender Verlauf). Bei diesen Patienten besteht ein erhöhtes Risiko, an einer bipolaren Störung zu erkranken. Insgesamt kann man davon ausgehen, daß ca. 70 % der Personen mit Depressionen von einer Behandlung profitieren, während bei 30 % erste Behandlungsversuche scheitern (Bauer 1998). Weiterhin besteht ein bis zu

20fach erhöhtes Suizidrisiko bei schweren Depressionen. So sterben etwa 10 bis 15 % der Patienten mit schweren Depressionen durch einen Suizid (zu Suizidalität siehe Kapitel «Lebensmüde?» in diesem Buch).

4. Auf der Suche nach Erklärungen

In der Literatur werden verschiedene Ansätze für die Ursachen von Depressionen diskutiert. Risikoindikatoren können in psychosoziale, körperliche, biochemische und genetische Faktoren gruppiert werden. Angesichts der Heterogenität der Syndrome steht im Zentrum ungebrochener Forschungsaktivitäten die Frage, welche Faktoren unter welchen Randbedingungen bei welcher Form der Depression ursächlich wirken. Im folgenden sollen *Risikofaktoren* sowie die wichtigsten *psychosozialen* und *biologischen Erklärungsmodelle* kurz vorgestellt werden.

Hirschfeld & Cross (1982) zeigten in amerikanischen Untersuchungen eine positive Beziehung zwischen der Auftretenswahrscheinlichkeit von depressiven Symptomen und dem Familienstand. Demnach sind Menschen, die verheiratet oder mit einem Partner zusammenleben, weniger von depressiven Symptomen betroffen als Alleinlebende. Weitere *psychosoziale Risikofaktoren* sind negative Lebensereignisse wie Tod eines nahen Angehörigen, Trennung, drohende oder eingetroffene Arbeitslosigkeit oder Auszug der Kinder aus dem Haushalt. In einer Studie von Hautzinger (1984) konnte gezeigt werden, daß auch im Vorfeld von depressiven Episoden häufig belastende Lebensereignisse auftraten, wie z. B. Tod einer Bezugsperson, Pflege eines Angehörigen, Scheidung, Arbeitslosigkeit oder Schulden. Costello (1982) betont, daß negative Ereignisfolgen, in denen zwischenzeitlich keine Erholung von früheren Belastungen eintreten konnte (z. B. langfristig negative Lebensbedingungen oder aber zeitlich dicht folgende Schicksalsschläge etc.), ein besonderes Risiko darstellen. In einer Studie von Brown & Harries (1978) in Großbritannien konnte gezeigt werden, daß Depressionen durch Faktoren wie z. B. mangelnde Intimität der Beziehung, Verluste in der Kindheit, Arbeitslosigkeit und mehrere Kinder im Haushalt ausgelöst werden können. Solche Lebensbedingungen sollen dabei als vermittelnde Faktoren wirken, d. h. sie müssen im Zusammenhang mit den jeweiligen Bewältigungsmöglichkeiten gesehen werden. Die Zugehörigkeit zu einer bestimmten sozialen Schicht hat nach Meinung der Autoren wiederum Einfluß auf die Anzahl der Lebensereignisse und Vulnerabilitäten. So hat beispielsweise eine alleinstehende Frau der Unterschicht mit Kindern meist mehrere Lebensschwierigkeiten bzw. negative Lebensereignisse als eine verheiratete finanziell abgesicherte Frau zu bewältigen.

Möglich ist, daß Depressionen auch durch Faktoren ausgelöst werden, die nicht negativ erscheinen, die jedoch trotzdem eine Veränderung im individuellen Lebenslauf darstellen. Solche Ereignisse sind zum Beispiel Geburt eines Kindes, Heirat, Umzug in eine andere Stadt oder Wohnung, Arbeitsplatzwechsel oder die Pflege eines Angehörigen.

Als psychische Folge von *körperlichen Krankheiten* können depressive Zustände dann auftreten, wenn Schwierigkeiten bei der Verarbeitung der Erkrankung und der Anpassung an die veränderte Lebenssituation auftreten. So wäre es beispielsweise «dysfunktional», wenn ein von der Parkinson-Krankheit Betroffener erwarten würde, wieder vollständig gesund im Sinne von «beweglich» zu werden. Realistischer – und damit im Sinne einer adäquaten Bewältigung – wäre es hingegen abzuwägen, welche Möglichkeiten noch vorhanden sind und wie man diese effektiver als bisher nutzen kann.

Depressionen können auch durch *biochemische Veränderungen* im Hirnstoffwechsel ausgelöst werden, bzw. können solche als Folge von Depressionen auftreten. Wie diese Veränderungen stattfinden, ist noch nicht bis in alle Einzelheiten geklärt.

Eine Erklärung liegt im veränderten Stoffwechsel der Überträgersubstanzen (Neurotransmitter), beispielsweise Serotonin und Noradrenalin im Gehirn. Wenn der Stoffwechsel der Überträgersubstanzen (Botenstoffe) bei der Reizweiterleitung gestört wird, können depressive Symptome auftreten. Starke oder lang andauernde psychische Belastungen, aber auch bestimmte körperliche Erkrankungen können die Balance dieser Botenstoffe durcheinanderbringen. Es entsteht ein Ungleichgewicht bzw. Mangel an Botenstoffen, das zu Kommunikationsstörungen im Netzwerk des Nervensystems führt, die sich in Gestalt depressiver Symptome (körperliche und seelische) äußern können. Einen guten Überblick zu biochemischen Erklärungsansätzen bietet Bohus & Berger (1992).

Den *genetischen Überlegungen* liegt die Annahme zugrunde, daß sich affektive Störungen im Erbgang wiederfinden. Die Erklärungsmodelle beruhen auf Familienstudien, Zwillingsstudien und Adoptivstudien. Konkordanzraten (Übereinstimmungen) von Depressionen zwischen 30 und 80 % bei eineiigen Zwillingen stehen Raten von 0 bis 30 % bei zweieiigen Zwillingen gegenüber. Das Risiko, an einer depressiven Störung zu erkranken, ist für Angehörige depressiver Patienten höher (8 bis 60 % in Abhängigkeit vom Verwandtschaftsgrad bzw. der Art der depressiven Erkrankung).

Es besteht jedoch keine Einigkeit darüber, wie eine genetische Grundlage depressiver Störungen weitergegeben wird. Bei der Entstehung einer «psychobiologischen Disposition» zur Depression sind wahrscheinlich genetisch-somatische Faktoren gemeinsam mit biographischen Faktoren von Bedeutung. Zu letzteren zählen die frühe Kindheitsentwicklung, Persönlichkeitscharakteristika, die Art, mit Belastungen umzugehen sowie erworbene Einstellungen von Hilflosigkeit, Hoffnungslosigkeit und negativer Selbstabwertung (Wolfersdorf 1994).

Unter den *psychologischen Theorien* zur Erklärung der Depression haben in der Literatur vor allem die kognitive Theorie der Erlernten Hilflosigkeit (Seligman 1975), die Kognitive Theorie von Beck (1974) sowie die verhaltensorientierte Verstärker-Verlust-Theorie von Lewinsohn (1974) Beachtung gefunden und sind zahlreich empirisch untersucht worden.

Dem *Konzept der erlernten Hilflosigkeit* (Seligman 1975) liegen tierexperimentelle und Analogiestudien aus dem Humanbereich zugrunde, die gezeigt haben, daß nach wiederholten Mißerfolgserlebnissen depressive Stimmungszustände auftreten. Mißerfolg meint in diesem Zusammenhang die Unfähigkeit, aversive (unangenehme) Situationen zu beenden. Aufgrund dieser Erfahrung entwickelt sich die Einstellung, daß zwischen den eigenen Handlungen und aversiven Umweltereignissen kein Zusammenhang besteht, das heißt, der Betroffene lernt, daß er diesen Ereignissen hilflos gegenübersteht und Bewältigung nicht möglich ist. Dadurch soll sich eine generalisierte Erwartung von der Unkontrollierbarkeit negativer Lebensereignisse entwickeln, welche die Basis der motivationalen, emotionalen und behavioralen Depressionssymptome bildet.

Aaron T. Beck ist der Begründer der *kognitiven Störungstheorie* der Depression. Er schließt jedoch in seinem Modell die endogenen Depressionen aus. Nach seiner Theorie entstehen Depressionen durch die Aktivierung kognitiver Muster. Beispielsweise werden in einer unangenehmen Situation kognitive Schemata (gedankliche Muster) wie etwa ein negatives Selbstbild, welche wiederum negative Emotionen wie Traurigkeit oder Isolationsgefühle bedingen, aktiviert. Diese negativen Affekte verstärken ihrerseits die negativen kognitiven Schemata (ich kann nichts, ich bin ein Versager, alles wird nur schlimmer etc.), so daß ein Teufelskreis von negativen Emotionen und Kognitionen entsteht (vgl. Jaeggi, Rohner & Wiedenmann 1990).

In dem *verhaltensorientierten Modell* von Lewinsohn (1974) steht die Verhaltensreduktion, die durch Symptome wie Passivität, Interessenverlust und Antriebslosigkeit beschrieben wird, im Fokus der Aufmerksamkeit. Diese Verhaltensreduktion wird hypothetisch mit dem Wegfall oder der Verringerung reaktionskontingenter positiver Rückmeldungen von seiten der sozialen Umwelt in Zusammenhang gebracht. Es wird angenommen, daß der Verlust von sozialen positiven Verstärkern wie Arbeit, soziale Kontakte, Erfolgserlebnisse etc. zu depressiven Symptomen führt. Diese ziehen dann wiederum eine Kontaktreduzierung nach sich, wodurch positive Verstärker weiter abgebaut werden, was schließlich zur Verstärkung der depressiven Symptomatik führt. In den letzten Jahren sind diese ätiologischen

Modellvorstellungen mehr und mehr in Richtung eines *integrativ-behavioral-kognitiven Modells* erweitert worden. Der Verringerung oder dem Wegfall positiv verstärkender Umweltrückmeldungen wird dabei nach wie vor eine wichtige Rolle in der Entstehung depressiven Verhaltens zugeschrieben. Zugleich wird jedoch auch den kognitiven Faktoren und dem Einfluß aversiver Umweltbedingungen zunehmende Bedeutung eingeräumt.

Ein weiteres multikausales Modell ist das «Integrative Modell zur Entstehung von Depressionen» (de Jong 1987), das davon ausgeht, daß die verschiedenen Theorien der Depression sich untereinander nicht ausschließen, sondern integrierbar sind. Dabei sollen Stressoren, welche die physiologische Regulation beeinflussen (Lebensveränderungen jeglicher Art, Lebensereignisse etc.) im Zusammenhang mit genetischer Disposition (z. B. niedrige Streßschwelle) zu psychosozialem Streßerleben führen, was schließlich in einer Depression münden kann. Beeinflussende Faktoren wären dabei die Entwicklungsgeschichte (z. B. Lernerfahrungen), soziologische Prädispositionen (z. B. Geschlecht) und intrapersonale Dispositionen (z. B. Denkschemata, soziale Kompetenz, Einstellungen etc.).

Die neben der Verhaltenstherapie zweite wichtige Psychotherapierichtung, die psychoanalytisch orientierte Psychotherapie, hat ebenfalls eine Reihe von Erklärungsmodellen für die Entstehung und Aufrechterhaltung depressiver Störungen entwickelt. In diesen Modellen spielen die beiden Stichworte «Objektverlust» und «Trauerprozeß» eine entscheidende Rolle.

Unter «Objektverlust» wird dabei der teilweise oder vollständige Verlust eines für den Betroffenen emotional wichtigen Gegenstands oder einer Person verstanden. Der Verlust eines Objekts kann sich dabei auf sehr unterschiedliche Aspekte beziehen, wie etwa auf den plötzlichen Tod eines Partners, auf den Verlust der eigenen körperlichen Unversehrtheit, etwa in Folge eines Unfalls, auf das Sterben eines Haustieres o. ä. Für den Betroffenen (in der Psychoanalyse das Subjekt) heißt dies nichts anderes, als daß etwas subjektiv besonders Wertvolles verlorengeht. Dieser Verlust wird als lebensgeschichtlich entscheidender Auslöser für eine Depression verstanden, die in der Psychoanalyse im Sinne eines Trauerprozesses verstanden wird. Nach psychoanalytischer Auffassung gelingt in der Mehrzahl der Fälle ein solcher innerer Ablösungsprozeß von einem verlorengegangenen Objekt, wenngleich dieser auch über den Zeitraum von etwa einem Jahr (im Volksmund das sog. Trauerjahr) mit depressiven Symptomen einhergehen kann. Das Auftreten klinisch bedeutsamer und damit behandlungsbedürftiger Depressionen wird dagegen mit einem teilweisen oder vollständigen Scheitern des Ablösungs- und Trauerprozesses in Verbindung gebracht. Nach psychoanalytischer Auffassung kann dies z. B. dann der Fall sein, wenn ein Betroffener bereits in der Vergangenheit bedeutsame Objektverluste erlebt hat, die er nicht ausreichend psychisch verarbeiten konnte. Der aktuelle Objektverlust wird dann in seiner subjektiven Bedeutsamkeit dadurch gesteigert, daß der Betroffene Aspekte des in seiner Biographie zurückliegenden Objektverlusts wieder erlebt, so daß nicht nur ein, sondern manchmal mehrere Trauerfälle auf einmal zu bewältigen sind.

Eine Störung des Ablösungs- und Trauerprozesses kann aber auch dann auftreten, wenn der Betroffene in vergleichsweise kurzen Zeitabständen durch mehrere Objektverluste getroffen wurde, etwa den Tod verschiedener Angehöriger. Die zu leistende Trauerarbeit kann in diesem Fall so umfassend sein, daß sie vom Betroffenen nicht geleistet werden kann und er für die Aufrechterhaltung normaler Lebensbezüge gezwungen ist, einen Teil der Trauer zu verdrängen. So berichten Betroffene manchmal, daß sie in der ersten Zeit nach einem Objektverlust gar keine Trauer empfunden und sich statt dessen um lebenspraktische Dinge gekümmert haben (z. B. Organisation einer Beerdigung) und die Trauer und Depressivität erst mit einer zum Teil erheblichen zeitlichen Verzögerung auftrat.

Ein weiterer Aspekt, der aus psychoanalytischer Sicht den Ablösungs- und Trauerprozeß behindern kann, betrifft den Fall, daß der nahe Angehörige, der verstorben ist, in seinen Persönlichkeitseigenschaften und seinem zwischenmenschlichen Verhalten bewußt oder unbewußt als sehr zwiespältig erlebt wurde, also stark negative und stark positive Eigenschaften vereinte.

Eine bedeutsame Rolle in den psychoanalytischen Erklärungsmodellen spielt die Unterscheidung zwischen bewußtem und unbewußtem Erleben. Danach kann es bei den Betroffenen Aspekte der Trauer geben, die seinem bewußten Erleben gut zugänglich sind, andererseits können aber auch Inhalte eine Rolle spielen, die im Unbewußten angesiedelt sind. So wissen wir z. B. aus der Forschung, daß die Mehrzahl bestimmter Erlebnisse in den ersten 5 Lebensjahren im späteren Entwicklungsprozeß «vergessen» werden und dem bewußten Erleben und Erinnern nicht mehr zugänglich sind. Dies kann selbstverständlich auch Ereignisse in der frühen Kindheit betreffen, von denen wir wissen, daß sie das spätere Auftreten depressiver Symptome begünstigen, wie etwa der frühe Verlust eines Elternteils, Scheidung der Eltern oder zeitweises Aufwachsen in einem Kinderheim. Andere, vor allem traumatische Erfahrungen, wie Verunfallung oder Mißbrauchserlebnisse werden von den betroffenen Personen auch häufig deshalb «verdrängt», weil die ständige Erinnerung an belastende Ereignisse einen außerordentlich quälenden Charakter haben kann.

5. Behandlung von Depressionen

Für die Behandlung von depressiven Erkrankungen werden heute sogenannte Gesamtbehandlungskonzepte, integrative Therapieansätze gefordert, welche neben einer Symptombehandlung auch auf das depressive Verhalten, die depressiven Persönlichkeitsstrukturen und die psychodynamisch auslösenden konflikthaften Situationen abzielen. Einzubeziehen sind dabei die Lebensgeschichte, aktuelle Umweltbedingungen im häuslich-familiären und im Arbeitsbereich sowie gesundheits- und gesellschaftspolitische Aspekte. *Depressionstherapie* ist heute in erster Linie *personen-, situations- und konfliktzentriert*, in zweiter Linie erst symptom- bzw. nosologiebezogen. Therapieziele sind schlagwortartig zusammenzufassen als Symptombesserung, Arbeitsfähigkeit sowie Reintegration in die soziale Situation (Wolfersdorf & Witznick 1985).

Eine umfassende Behandlung von Depressionen kann in vier Hauptsäulen der therapeutischen Handlungsmöglichkeiten unterschieden werden. In der folgenden Übersicht (Tab. 1) finden sich die vier Hauptsäulen und die dazugehörenden Verfahren (zusammengestellt nach Tölle 1994).

Im folgenden sollen die einzelnen Therapiemöglichkeiten kurz beschrieben werden, dabei ist zu beachten, die Patienten auf mehreren Ebenen ihres Erlebens und Verhaltens (Sehen, Hören, Fühlen, Sprechen, Gestalten, Bewe-

Tabelle 1: Übersicht Depressionstherapie

Pharmakologische Behandlung	Psychotherapie	Unterstützende Therapien	Soziale Unterstützung
Therapie mit Antidepressiva	Kognitiv-verhaltenstherapeutische Behandlung	Entspannungsverfahren	Beratung und Unterstützung von Angehörigen
	Tiefenpsychologische Therapieformen	Bewegungstherapie	Sozialarbeiterische Maßnahmen
		Sporttherapie	
		Physiotherapie	
	Familientherapie Paartherapie	Maltherapie	
		Musiktherapie	
		Kunsttherapie	

gen, Entspannen) anzusprechen. Die unterschiedlichen Therapien werden allerdings bei der Behandlung von Depressionen nicht wahllos zusammengestellt, sondern nach gründlicher Diagnostik und Art der depressiven Symptomatik wird ein individueller Therapieplan erarbeitet. So können bei schweren Depressionen beispielsweise zunächst antidepressive Medikamente zur Verminderung der Symptomatik eingesetzt werden, während bei einer durch einen Konflikt ausgelösten Depression primär die Lösung des Konfliktes angestrebt wird.

Während es in der psychotherapeutischen Einzeltherapie um die Herausarbeitung und Behandlung der individuellen Schwierigkeiten eines Patienten geht, sind Ziele der gruppentherapeutischen Verfahren z. B. der soziale Austausch in der Gemeinschaft, die Stärkung der sozialen Kompetenz sowie die Förderung von Kreativität und handwerklichen Fähigkeiten. Die Basis jeder Depressionsbehandlung ist eine feste Patient-Therapeut-Beziehung. Nur wenn eine vertrauensvolle Beziehung in Form eines Arbeitsbündnisses besteht, wird es dem Patienten möglich, über seine Schwierigkeiten, Gedanken, Gefühle und Verhaltensmuster zu reflektieren und neue Einsichten zu erwerben.

5.1 Pharmakologische Behandlung von Depressionen

Bei der pharmakologischen Behandlung der Depression werden zur Therapie Antidepressiva eingesetzt, welche die Symptome der Depression mildern und es dem Patienten ermöglichen sollen, sich wieder am gesellschaftlichen Leben zu beteiligen.

Es gibt verschiedene Medikamente für eine Depressionsbehandlung, welche sich primär in ihrer Wirkungsweise unterscheiden. Die Hauptwirkungen sind je nach Substanz in unterschiedlicher Ausprägung gekennzeichnet durch: a) eine körperliche und psychische Aktivierung, b) Stimmungsaufhellung und Depressionslösung und c) psychomotorischer Dämpfung. Je nach Symptomlage des Patienten muß der Arzt sorgfältig auswählen, welche Präparate er verordnet. An den Patienten sind Anforderungen an eine regelmäßige Einnahme gestellt, da die Wirkung verzögert eintritt und diese an eine regelmäßige Einnahme, auch bei Besserung der Symptomatik, gebunden ist. Über 30 Jahre waren die trizyklischen Antidepressiva im Einsatz bei der Behandlung von Depressionen. Aufgrund ihrer antihistaminergen und anticholinergen Eigenschaften kommt es jedoch häufig zu störenden Nebenwirkungen. Besondere Bedeutung kommt deshalb heute den neueren Antidepressiva, den Serotonin-Wiederaufnahmehemmern wie z. B. dem Fluoxe-

Tabelle 2: Substanzen und Wirkprofile

Antidepressivum, Wirkprofil	Substanz
Psychomotorisch aktivierend	
MAO-Hemmer	Tranylcypromin (Parnate®, Jatrosom®)
Trizyklische Antidepressiva	Desipramin (Petrofran®)
	Nortriptylin (Nortrilen®)
Andere	Viloxazin (Vivalan®)
Psychomotorisch neutral	
Trizyklische Antidepressiva	Imipramin (Tofranil®)
	Clomipramin (Anafranil®)
	Dibenzepin (Noveril®)
	Lofepramin (Gamonil®)
Tetrazyklische Antidepressiva	Maprotilin (Ludiomil® u. a.)
	Mianserin (Tolvin®, Prisma®)
Selektive Serotoninwiederaufnahmehemmer	Fluvoxamin (Fevarin®)
	Fluoxetin (Fluctin®)
	Paroxetin (Seroxat®, Tagonis®)
	Citalopram (Cipramil®)
Serotonin-Noradrenalin Wiederaufnahmehemmer	Venlafaxin (Trevilor®)
Reversibler MAO-Hemmer	Moclobemid (Auroxin®)
Psychomotorisch dämpfend	
Trizyklische Antidepressiva	Amitriptylin (Saroten® u. a.)
	Amitriptylinoxid (Equilibrin®)
	Dosulepin (Idom®)
	Trimipramin (Stangyl®)
	Doxepin (Aponal®, Sinquan®)
Andere	Trazodon (Thombran®)
Noradrenalin-Serotonin selektive Antidepressiva (NaSSA)	Mirtazapin (Remergil®)

tin (Fluctin) zu, die deutlich weniger Nebenwirkungen haben (siehe auch Kapitel «Psychopharmakotherapie» in diesem Band). In **Tabelle 2** sind die wichtigsten Substanzen mit ihrem jeweiligen Wirkspektren abgebildet.

Eine Vielzahl der Medikamente kann Nebenwirkungen verursachen, die der Patient mit dem Arzt besprechen muß. Für einige der Nebenwirkungen

Sehstörungen
Schwindel
Mundtrockenheit
Diarrhö
Angst
Nervosität
Übelkeit

0% 10% 20% 30% 40% 50% 60%

■ Trizyklische Antidepressiva
  Serotonin-Wiederaufnahme-Hemmer Fluoxetin

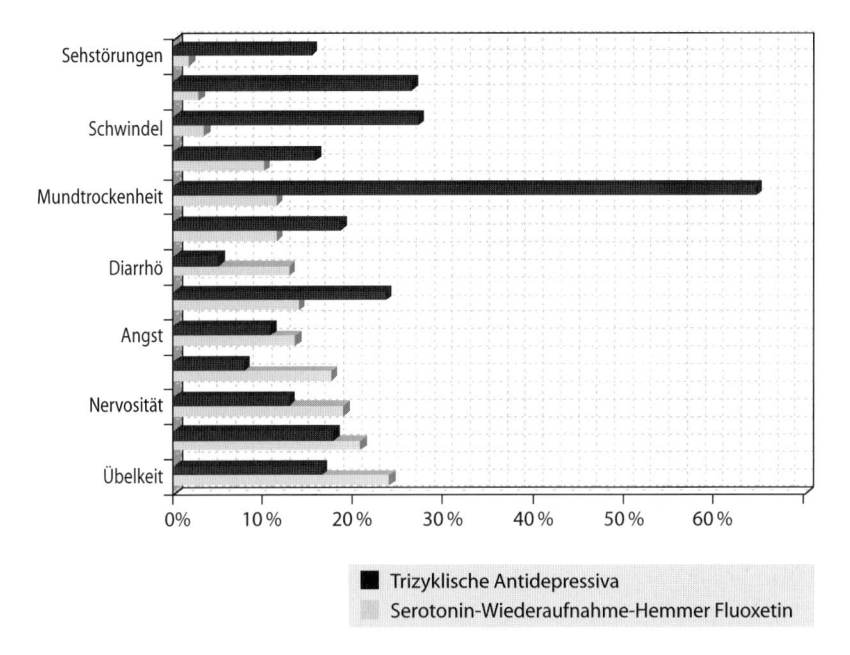

Abbildung 2: Häufigste unerwünschte Wirkungen von Serotonin-Wiederaufnahme-Hemmern im Vergleich zu trizyklischen Antidepressiva (% Häufigkeit bezogen auf Behandlungsfälle; nach Cooper, 1988)

stehen Medikamente zur Verfügung, die diese lindern können. Bei Unverträglichkeit besteht auch die Möglichkeit, das Präparat zu wechseln. Häufige Nebenwirkungen sind: trockene Schleimhäute, Mundtrockenheit, Verstopfung, Schwitzen, Durchfall, Übelkeit. Diese *Nebenwirkungen* können, müssen aber nicht auftreten, häufig verschwinden sie nach zwei bis drei Tagen.

In **Abbildung 2** sind die durchschnittlichen Häufigkeiten von verschiedenen Nebenwirkungen im Vergleich dargestellt. Allerdings ist dabei zu beachten, daß die einzelnen Präparate sich in der Häufigkeit und Art der Nebenwirkungen unterscheiden können.

Die Entwicklung der medikamentösen Therapie der Depression hat in den letzten 40 bis 50 Jahren erhebliche Fortschritte gemacht. In zahlreichen Studien konnte der positive Effekt von medikamentöser Behandlung gezeigt werden (Perry 1996).

Heute geht man davon aus, daß ca. 20 bis 30 % der Patienten nicht auf eine medikamentöse Therapie mit Antidepressiva ansprechen (Fawcett 1994). Eine «ausschließlich symptombeseitigende Zielsetzung» bezeichnet

Helmchen (1982) aber als «zu wenig». Mit dem Wissen um die multifaktorielle Bedingtheit depressiver Erkrankungen bestimmt das Ineinandergreifen von Pharmako- und Psychotherapie der Depressionen immer mehr den klinischen Alltag (zur Pharmakotherapie von Depressionen siehe auch Kapitel Pharmakotherapie in diesem Band).

5.2 Psychotherapie

Die unterschiedlichen Formen der Psychotherapie gehen auf die historische Entwicklung und die Annahmen von bestimmten Menschenbildern zurück. Je nach Betrachtung des Menschen in seiner Umwelt entstanden auf theoretischer Grundlage Konzepte für therapeutische Behandlungsmaßnahmen. Allen gemeinsam ist das Ziel, der Person bei der Bewältigung der Depression zur Seite zu stehen und so die Teilnahme am gesellschaftlichen Leben wiederherzustellen. Die wesentlichen Elemente psychologischer Depressionsbehandlung sind: Aufbau einer tragfähigen therapeutischen Beziehung; kurzfristige, entlastende Maßnahmen; Aufbau angenehmer, verstärkender Aktivitäten; Abbau von belastenden Aktivitäten und Strukturen; Aufbau sozialer Fertigkeiten und Kontakte; Veränderung einseitiger Wahrnehmungen und Bewertungsmuster sowie Korrektur absolutistischer Grundüberzeugungen (Hautzinger & de Jong-Meyer 1994).

Die verschiedenen Therapieverfahren sollen hier skizzenhaft dargestellt und so ein Überblick über die Methoden gegeben werden. Eine detaillierte und lesenswerte Darstellung der Hauptrichtungen der Psychotherapie bietet Eva Jaeggi (1995).

5.2.1 Verhaltenstherapeutisch-kognitive Verfahren

Die Annahme, die dieser Therapieform zugrunde liegt, besagt, daß das Verhalten (in unserem Fall die depressive Reaktion einer Person) auf die Kognitionen (gedankliche Informationsverarbeitung) zurückzuführen sind. Die Verarbeitung von Lebensereignissen kann unter Umständen, beispielsweise durch dysfunktionale Lebensüberzeugungen, unangemessen sein. Zur Illustration dient folgendes Beispiel: Ein Patient berichtet, daß es für ihn unmöglich sei, Schwäche zu zeigen oder gar zu weinen. Man müsse immer stark sein, Gefühle dürfe man nicht zeigen. Nach dem Verlust seiner Frau fiel es ihm aufgrund dieser Lebenseinstellung schwer, Trauer zu zeigen. Er nahm sich nicht einen Tag frei, zeigte auch während der Beerdigung keinerlei Gefühle, obwohl er sich schlecht fühlte und den Verlust seiner Frau sehr betrauerte. Schließlich verlor er jegliches Interesse an Dingen, fühlte sich krank und antriebslos. Letztendlich entschloß er sich, auf Anraten des Hausarztes, zu einer psychiatrischen stationären Behandlung. Mit diesem Patienten wurde versucht, seine Gedanken und dysfunktionalen Überzeugungen wie «ich muß immer stark sein», «Schwäche zeigt man nicht» etc. herauszuarbeiten und sie einer Realitätsprüfung zu unterziehen. Oft sind sich die betroffenen Personen nicht darüber bewußt, daß ihre Einstellungen inadäquat und unangemessen sind. Deshalb ist es von besonderer Bedeutung, daß sie lernen, ihre Gedanken zu beschreiben. Die Therapie besteht nun darin, daß der Patient durch korrigierende Erfahrungen lernt, neue, adäquatere Einstellungen oder Grundüberzeugungen in sein Selbstkonzept zu integrieren. In diesem Fall lernte der Patient, wie wichtig es ist, Trauerarbeit zu leisten, indem er über seine Gefühle des Schmerzes und des Verlustes redete und so wieder Mut für die Zukunft fassen konnte, ohne sich dabei schuldig zu fühlen. Oft berichten Patienten von «automatischen Gedanken», die sie immer wieder denken, ohne sie an der Umwelt zu überprüfen (z. B. «Ich bin nicht so klug wie andere, ich traue mich nicht in einer Gruppe meine Meinung zu sagen, da ich bestimmt etwas Falsches sagen werde»). Hier wäre es beispielsweise sinnvoll, diese Annahmen dadurch zu überprüfen, daß die Person die Aufgabe erhält, in einer Gruppe ihre Anschauung darzustellen. Sie wird vielleicht feststellen, daß andere Menschen ihre Meinung für interessant, ja möglicherweise sogar als Bereicherung empfinden. Das Erkennen und Verändern der kognitiven Strukturen («automatische Gedanken») wird in der Literatur als *Kognitives Umstrukturieren* bezeichnet (Bastine 1992). Je häufiger dysfunktionale, automatische Überzeugungen an der Realität getestet und gegebenenfalls verändert werden, desto mehr erlebt sich der Betroffene als kompetent. Diese Erfolge führen zu mehr Selbstbewußtsein und positiverem Erleben. Gerade der letzte Aspekt dürfte für die eingangs dargestellte Fallgeschichte von großer Bedeutung sein. Die Patientin erlebt sich als ungeliebt und unwert. Durch ein überbehütendes Verhalten gegenüber den Kindern versucht sie diesen ihre eigenen Erfahrungen zu ersparen und erlebt eine Abwendung der Kinder, die sich wahrscheinlich eingeengt und unverstanden fühlen. Funktionaler wäre es für die Patientin, ihre eigenen Bedürfnisse stärker in den Vordergrund zu stellen, sich selbst anzunehmen und ihre Selbstbewertung: «Ich kann nichts, ich mache alles falsch» etc., zu prüfen und schrittweise in der Therapie in Richtung: «Ich darf Fehler machen, ich tue auch etwas nur für mich, meine Kinder sind alt genug, um selbständig zu sein, ich möchte Zuneigung, ich bin eine gute Mutter» etc. zu verändern.

Verhaltenstherapie findet in Einzelgesprächen statt. Zwischen den Sitzungen werden meist Aufgaben gestellt, die mit dem Therapeuten nachbesprochen werden. Diese «Hausaufgaben» dienen der Festigung der neuen

Einstellungen und sollen dem Patienten täglich kleine Erfolge vermitteln. In Verbindung mit verhaltenstherapeutischen Interventionen wird häufig ein Training sozialer Fertigkeiten durchgeführt. Hier lernen die Patienten z. B. Forderungen zu stellen, nein zu sagen, Kontakte aufzubauen oder Kritik zu üben. Dieses Training wird in Gruppenform durchgeführt. Letztendlich gilt aber auch, oder besonders, für die Verhaltenstherapie der Grundsatz eines emphatischen, stützenden, annehmenden Verhaltens des Therapeuten gegenüber dem Patienten. Im Unterschied zur Psychoanalyse ist der Therapeut aber aktiver und direktiver in der jeweiligen Therapiesituation.

Eine gute Übersicht zur kognitiv-behavioristischen Therapie von Depressionen findet sich bei Hautzinger (1998) und Lueckert & Lueckert (1994).

5.2.2 Tiefenpsychologische Therapie und Psychoanalyse

Der Grundgedanke psychoanalytisch orientierter Therapieverfahren besteht einerseits in der Annahme, daß unbewußte Prozesse eine bedeutsame Rolle in unserem Seelenleben spielen. Andererseits wird von psychoanalytischer Seite betont, daß in der Lebensgeschichte sehr frühe und psychisch belastende Ereignisse oder Erlebnisse den gesamten weiteren Lebensweg mitbestimmen. Entsprechend diesem Konzept lassen sich entwicklungspsychologisch Lebensspannen, wie die frühe Kindheit, die Adoleszenz und das spätere Erwachsenenalter, voneinander unterscheiden. Tiefenpsychologische Therapieansätze gehen nun davon aus, daß bestimmte Grundlagen späterer depressiver Störungen bereits in der Kindheit und Adoleszenz gelegt werden, sofern es hier nicht zu einer hinreichenden Bedürfnisbefriedigung des Kleinkindes oder zum Auftreten bedeutsamer Lebensereignisse, wie etwa den Verlust einer wichtigen Person kommt. Ein Betroffener kann so sehr früh in seinem Lebensweg in seinen Konfliktlösungsmöglichkeiten eingeschränkt sein, so daß spätere Verlusterlebnisse seine Verletzlichkeit verstärken oder bereits depressive Symptome auslösen. Später kann es dann bei einem erneuten Verlusterlebnis zu einer Erinnerung an frühere Verlusterlebnisse kommen, woraus eine depressive Störung resultieren kann.

Vor dem Hintergrund dieser Modellvorstellungen versuchen tiefenpsychologische Verfahren mit folgenden Ansätzen in der Depressionsbehandlung zu arbeiten: Ausgehend von der Hypothese, daß es sich bei der Depression um eine mißlungene Trauer handelt, wird mit dem Betroffenen psychotherapeutisch daran gearbeitet, den der Depression zugrundeliegenden Objektverlust besser bewältigen zu können. Hierzu gehört unter anderem die Erarbeitung eines realistischen Verhältnisses zum verlorengegangenen Objekt oder die Unterstützung des Trauerprozesses durch Verdeutlichung der emotionalen

Bedeutung, die das verlorengegangene Objekt für den Betroffen gehabt hat. Ziel ist es dabei, daß der Betroffene verstehen lernt, welche bewußte und unbewußte Bedeutung der Objektverlust für ihn gehabt haben könnte. In der therapeutischen Arbeit werden bestimmte Phasen angemessener Trauer beschrieben, die es zu unterstützen gilt. Hierzu gehören eine initiale, vor allem durch den Verlust gekennzeichnete Phase, eine Phase, in der auch die kritischen Aspekte des verlorengegangenen Objekts thematisiert werden, und eine Phase, in der es stark um Neuorientierung geht.

Die Lebensgeschichte des Betroffenen wird insofern für diese Form der Therapie herangezogen, als daß mögliche frühere Verlusterlebnisse in ihrer Bedeutung für die aktuelle Trauer betrachtet werden.

Tiefenpsychologische Therapieverfahren arbeiten an der Zielvorstellung, daß die Betroffenen innerseelische und zwischenmenschliche Probleme und Konflikte besser erkennen und eine Einsicht in ihre individuelle Verletzlichkeit gewinnen können. Wie bereits gesagt, macht es diese Form der Therapie erforderlich, in der Kindheit und Jugend liegende Ereignisse und Prozesse zu rekapitulieren, um die Entwicklung der eigenen Persönlichkeitsstruktur nachvollziehen zu können. Dadurch ist der Zeitaufwand für diese Therapieform etwas größer als bei den kognitiven bzw. verhaltenstherapeutischen Therapieformen. Literatur bieten u. a. König (1997), Mertens (1993), Thomae (1992) und Hoffmann und Hochapfel (1995).

5.2.3 Systemische Therapieansätze

In der Praxis werden verschiedene Formen von Familientherapie angeboten, die hier aber nicht alle beschrieben werden können. Es sollen einige wesentliche Gemeinsamkeiten erläutert werden.

Allen Ansätzen gemeinsam ist die Konzentration der Therapeuten auf das Gesamtsystem Familie. Ausgangspunkt ist die Vorstellung von einer Familie als System (Kritz 1994). Vergleichen kann man das mit einem Mobile. Verändert sich ein Teil, z. B. durch Luftzug, so gerät das ganze Mobile in Bewegung, weil alle Teile in irgendeiner Weise miteinander verbunden sind. Schaut man sich nun eine Familie an, so kann man auch hier verschiedene Verbindungen beobachten, manche stärker, manche schwächer. Verändert sich nun ein Familienmitglied, so wird das Auswirkungen auf die anderen Mitglieder haben. Beispielsweise werden sich Eltern verstärkt mit ihrem Kind auseinandersetzen, wenn es schlechte Leistungen in der Schule produziert. Betrachtet man die schlechten Leistungen aber in einem systemischen Zusammenhang, so könnte das Verhalten des Kindes auch die Funktion besitzen, durch schlechte Noten die Eltern dazu zu bewegen, ihrem Kind mehr Aufmerksamkeit zu schenken. Da sie dies bei normalen Leistungen offenbar nicht tun, zeigt das Kind entsprechende Kreativität, um den Eltern auf diese Weise seine Bedürfnisse zu signalisieren. Symptome wie Weglaufen, Lügen, sich entziehen, nicht reden etc. im Kindesalter sind häufig Zeichen einer Depression und können ebenfalls als Signale an die Umwelt verstanden werden.

Das Ziel der Familientherapie besteht darin, die Strukturen und Zusammenhänge in einem Familiensystem zu erfahren und die Kommunikationsmuster zu analysieren. Oft ist die Kommunikation beeinträchtigt, und die Therapeuten, die meist zu zweit arbeiten, versuchen durch Interventionen, den Austausch in der Familie wieder zu normalisieren. So wird dem «kranken» Familienmitglied abgenommen, die schwere Arbeit einer Therapie allein auf sich zu nehmen. Durch den intensiven Austausch können sich auch alte Beziehungsmuster verändern. Diese Form der Therapie wird vor allem mit Patienten im Kindesalter durchgeführt.

Übersichten zu systemischer und Familientherapie finden sich bei Andolfi (1992), Brunner (1986), Jones (1995) und Schlippe, Molter & Boehmer (1995).

5.2.4 Unterstützende unspezifische Therapien

In den unterstützenden Therapien geht es weniger um das therapeutische Gespräch, sondern vielmehr darum, die Erlebnis- und Wahrnehmungsfähigkeit zu erweitern. Natürlich wird auch in diesen Therapien gesprochen, aber der sprachliche Zugang steht nicht im Vordergrund. Nachfolgend werden einige dieses therapeutischen Verfahren kurz skizziert.

Bei den *Entspannungsverfahren* geht es in erster Linie darum, einen Zustand der Relaxation entweder des ganzen oder von einzelnen Teilen des Körpers zu erreichen. Im Rahmen der wissenschaftlichen Forschung besteht heute weitgehend die Übereinkunft, daß das Autogene Training und die Progressive Muskelentspannung als psychotherapeutische Hilfstherapien ihre Berechtigung haben (nähere Informationen zu Entspannungsverfahren in Kriechbaum 1994, Lindemann & Lindemann 1996, Mittag 1996, Mueller 1996, Ohm 1992, Vaitl & Petermann 1994).

Ziel der *Bewegungstherapie* ist die Wiederentdeckung des Gefühls für den eigenen Körper und dessen Bewegungsabläufe. Die Wahrnehmung der eigenen Person soll gefördert und intensiviert werden. In der Konzentrativen *Bewegungstherapie* geht es neben den körperlichen Übungen auch um die Analyse der dabei freigesetzten Emotionen und Integration der neuen Erfahrungen in das Alltagsleben. So kann eine Erweiterung der Sichtweise der eigenen Person und der Umwelt erreicht werden.

Übersicht über Formen der Bewegungstherapie geben Graeff (1989), Kirchmann (1982), Pokorny, Hochgerner & Cserny (1996) und Stolze (1989).

Die depressionslösende Wirkung der *Sporttherapie* zeigt sich in der Verbesserung des allgemeinen körperlichen Wohlbefindens, der Intensivierung der körperlichen Selbstwahrnehmung und der Förderung von Gruppenaktivitäten. Das dadurch erlebte Gemeinsamkeitsgefühl kann zusätzlich depressionslindernd wirken. Nach einer Studie von Brooks et al. (1997) hat Sport bei leichten und mittleren Depressionen einen positiven therapeutischen Effekt. Insbesondere Ausdauertraining stärke das Vertrauen in die eigenen Körperfunktionen und deren Wahrnehmung von Anspannung und Entspannung. Laufen z. B. ist mit Ablenkung verbunden und könnte dadurch zu Lockerung ängstlich-depressiver Grübeleien führen. Für manche Patienten spielt auch das Naturerlebnis eine besondere Rolle, durch das auch eine bessere Außenwahrnehmung erreicht werden kann. *Schwimmen, Laufen* und *Radfahren* haben sich besonders bewährt, aber auch Mannschaftssportarten oder Tanztherapie.

Physiotherapeutische Maßnahmen dienen der Linderung der aktuellen Verspannungen und der Verbesserung des Allgemeinbefindens. Dadurch soll die Wirkung der anderen Therapien unterstützt werden. Vor allem werden Massagen, Rückengymnastik, Sauna und Kneipp-Kuren angeboten. Sauna und Kneipp-Kuren sind hilfreich bei depressionsbedingter Kreislaufschwäche und niedrigem Blutdruck.

In der *Maltherapie* werden die Patienten angeregt, zu bestimmten Themen, die für sie von Bedeutung sind, Bilder zu malen. Anschließend stellt jeder sein Bild in der Gruppe vor, und die anderen Gruppenmitglieder geben ihre Eindrücke und Gedanken zum vorgestellten Bild wieder. Der Patient hört zu und gibt keine Erklärungen ab bzw. stellt nicht richtig oder verteidigt sich gar. Mit Hilfe der Gedanken der anderen ist dem Patienten die Möglichkeit gegeben, über seine Problematik andere Gedanken und Sichtweisen zu erfahren so neue Herangehensweisen zu entwickeln

Unter *Kunsttherapie* wird *bildnerisch-künstlerisches Gestalten* im Rahmen eines therapeutischen Ansatzes verstanden. Die Patienten werden angeregt, sich mit verschiedensten Materialien künstlerisch auszudrücken. Es besteht die Möglichkeit, sich mit *Malerei, Seidenmalerei, Keramik* oder *Naturmaterialien* zu beschäftigen. Das positive Selbstgefühl und der Stolz, selbst etwas geschaffen zu haben, kann zur Verbesserung der Sicht auf die eigene Person und des Selbstkonzeptes beitragen.

In der *Musiktherapie* wird versucht, vor allem durch das aktive Ausüben von Musik (so können Töne, Geräusche, Instrumente oder die eigene Stimme benutzt werden), die eigene Befindlichkeit zu verdeutlichen. Dabei können Aggressionen ebenso ausgedrückt werden wie Trauer oder Hilflosigkeit. Das kann zu einem Katharsiseffekt führen, durch den «gestaute» Gefühle und Erinnerungen freigesetzt und ausgelebt werden können.

Nähere Informationen zu gestalterischen Therapieformen geben Domma (1993), Egger (1991), Heide (1978), Schubert (1982) und Schuster (1993).

Weitere Therapieformen

Methoden, die vor allem in Kliniken angewendet werden, sind *Lichttherapie* und *Wachtherapie*.

Lichttherapie wird vorwiegend bei saisonalen «Novemberdepressionen» eingesetzt. Dabei wird der Patient für eine bestimmte Zeit mit hochdosierten Lichtstrahlen behandelt. So soll die Produktion von Melatonin angeregt werden (Bestandteil im Gehirnstoffwechsel), was zu einer Stimmungsaufhellung führen kann.

Wachtherapie wird eingesetzt, um die gestörten inneren Rhythmen und Zeitabläufe wieder in Einklang zu bringen. Die Therapie besteht darin, den Patienten über 24 Stunden wachzuhalten. Allerdings ist der Effekt nur vorübergehend und die Therapie nicht dauerhaft anwendbar. In einer Studie von Kuhs et al. (1996) konnte gezeigt werden, daß die antidepressive Wirkung des wiederholten Schlafentzuges abnahm.

Soziale Unterstützung

Hierunter zählen vor allem sozialarbeiterische Maßnahmen. Besonders wichtig ist dabei die *Aufklärung und Beratung der Angehörigen*, da sie dem erkrankten Familienmitglied oft mit Hilflosigkeit gegenüberstehen. Sie können sich kaum in den Zustand hineinversetzen und wissen nicht genau, wie sie den Patienten unterstützen sollen. So können sie sich über diese Fragen beraten lassen und auch darüber, wie sie Suizidgefahr erkennen und Hilfsmaßnahmen einleiten können.

Eine wichtige Aufgabe von Sozialarbeitern besteht in der *psychosozialen Wiedereingliederung*. In einer Studie von Barnow et al. (1997) konnte gezeigt werden, daß verschiedene soziale Faktoren die Behandlungsdauer einer Depression in einer Klinik beeinflussen können. Diese Variablen sind z. B. Alter, Familienstand und Geschlecht. So ist beispielsweise die Aufenthaltsdauer von Verheirateten in der Klinik geringer als die von verwitweten oder geschiedenen Patienten. Frauen bleiben länger in der Klinik als Männer. Eine Erklärung dafür könnte darin liegen, daß sie die soziale Umgebung, in die sie entlassen werden, als eher belastend wahrnehmen. Frauen müssen sich wieder den täglichen Belastungen stellen und den Anforderungen der Familie gerecht werden. Verwitwete oder geschiedene Patienten fürchten sich vielleicht vor der Einsamkeit in ihrer Wohnung. Diese Umstände zu ergründen und konkrete Hilfe anzubieten, das sind die Aufgaben der Sozialarbeiter. So können sie dem Patienten z. B. dabei behilflich sein, ein soziales Netzwerk aufzubauen oder wiederzubeleben. Oder es kann gemeinsam mit einer Familie beraten werden, wie die Mutter in ihrer Hausarbeit entlastet werden kann.

6. Prognose und Ausblick

Zusammenfassend zeigt sich, daß in der Forschung zur Behandlung der Depressionen vielfältige Methoden entwickelt und empirisch überprüft wurden. Zahlreiche Studien belegen die positive Wirkung von kombinierten Therapien der Depressionsbehandlung. Bei den Medikamenten haben sich die trizyklischen Antidepressiva und die neueren Antidepressiva (Serotonin-Wiederaufnahmehemmer) bewährt; bei den psychotherapeutischen Behandlungen erweisen sich die kognitiven Therapiemethoden als am wirksamsten (vgl. Davison & Neale 1988).

Welche Therapie aber im Einzelfall erforderlich ist, muß nach gründlicher Diagnostik sehr individuell auf den Patienten abgestimmt werden. Ziel therapeutischer Maßnahmen ist es, dem Patienten Strategien in die Hand zu geben, um auch in Belastungssituationen die Auseinandersetzung mit der Umwelt nicht aufzugeben. Hoffmann (1976) konnte zeigen, daß Patienten nach erfolgreich abgeschlossenen Therapien gerade dieses wesentlich besser beherrschen. So reagierten sie auf negative Ereignisse oder Lebensveränderungen nur noch mit kurzen Perioden mittlerer Niedergeschlagenheit und steuerten sich gleichsam selber aktiv (manchmal auch mit minimaler therapeutischer Hilfe) durch solche Perioden hindurch. Darüber hinaus hatten diese Patienten gelernt, durch aktives Einwirken auf ihre Situation die Kontrolle über wichtige Bereiche des eigenen Lebens zu festigen und somit depressionsfördernde Bedingungen zu verringern.

Weiterführende Literatur

Zur kognitiven und Verhaltenstherapie

Hautzinger, M. (1998). Depression. Göttingen: Hogrefe.
Linden, M., Hautzinger, M. (1996). Verhaltenstherapie. Techniken, Einzelverfahren und Behandlungsanleitungen. Berlin: Springer.

Lueckert, H. R., Lueckert, I. (1994). Einführung in die kognitive Verhaltenstherapie. München: Reinhardt.
Reinecker, S. (1996). Verhaltenstherapie, Selbstregulation, Selbstmanagement. Göttingen: Hogrefe.

Zur psychoanalytischen Therapie

König, K. (1997). Praxis der psychoanalytischen Therapie. Göttingen: Vandenhoeck & Ruprecht.
Jaeggi, E. (1995). Zu heilen die zerstossnen Herzen. Die Hauptrichtungen der Psychotherapie und ihre Menschenbilder. Reinbek: Rowohlt.
Mertens, W. (1993). Einführung in die psychoanalytische Therapie. Berlin: Kohlhammer.
Thomae, H.; Kächele, H. (1992). Lehrbuch der psychoanalytischen Therapie. Berlin: Springer.
Hoffmann S. O., Hochapfel, G. (1995): Neurosenlehre. Psychotherapeutische und Psychosomatische Medizin. Stuttgart: Schattauer.

Zur systemischen Therapie

Andolfi, M. (1992). Familientherapie. Das Systemische Modell und seine Anwendung. Freiburg: Lambertus.
Brunner, E. J. (1986). Grundfragen der Familientherapie. Berlin: Springer.
Jones, E. (1995). Systemische Familientherapie. Dortmund: Verlag Modernes Leben.
Schlippe, A. v., Molter, H., Boehmer, N. (1995). Zugänge zu familiären Wirklichkeiten. Eine Einführung in die Welt der systemischen Familientherapie. Weinheim: Inst. für Familientherapie.

Zu den unspezifische Therapieformen

Bewegungstherapie

Graeff, C. (1989). Konzentrative Bewegungstherapie in der Praxis. Stuttgart: Hippokrates.
Kirchmann, E. (1982). Moderne Verfahren in der Bewegungstherapie. Paderborn: Junfermann.
Pokorny, V., Hochgerner, M., Cserny, S. (1996). Konzentrative Bewegungstherapie. Wien: Facultas Universitäts-Verlag.
Stolze, H., Badura-MacLean, E. (1989). Die konzentrative Bewegungstherapie. Berlin: Springer.

Entspannungsverfahren

Kriechbaum, K. J. (1994). Autogenes Training. Wien: Kriechbaum.
Lindemann, H., Lindemann, I. D. (1996). Autogenes Training. München: Mosaik
Mittag, O. (1995). Autogenes Training. Patienteninformation. Lübeck: LVA.
Mueller, E. (1996). Inseln der Ruhe. Ein neuer Weg zum Autogenen Training für Kinder und Erwachsene. München: Kösel.
Ohm, D. (1992). Progressive Relaxation. Tiefenmuskelentspannung nach Jacobsen. Stuttgart: Trias.
Vaitl, D., Petermann, F. (1994). Handbuch der Entspannungsverfahren. Weinheim: Psychologie-Verlags-Union.

Gestalterische Therapieformen

Domma, W. (1993). Praxisfelder Kunsttherapie. Köln: Maternus.
Egger, B. (1991). Der gemalte Schrei. Geschichte einer Maltherapie. Gümligen: Zytglogge.
Heide, P. v. d. (1978). Einführung in die Grundlagen der Maltherapie. Boll über Göppingen: Schriftenreihe der Schule für Künstlerische Therapie und Massage.
Schubert, G. (1982). Klänge und Farben. Formen der Musiktherapie und Maltherapie. Stuttgart: Fischer.
Schuster, M. (1993). Kunsttherapie. Köln: DuMont.

Wenn der Alptraum zur Wirklichkeit wird

Zur Bedeutung der Traumatisierung und der posttraumatischen Belastungsstörung

Harald J. Freyberger, Carsten Spitzer und Sven Barnow

1. Einleitung

In den vergangenen Jahren haben sich die Medien intensiv mit Traumatisierungen auseinandergesetzt. Die Erinnerung an die Bilder von Zugunglücken, von Kriegsszenen und Terroranschlägen sind allen Menschen, die sie gesehen haben, zunächst in Erinnerung geblieben, dann aber häufig verblaßt. Auch die Geschichte des Nationalsozialismus hat uns gezeigt, wie tiefgreifend Verhaftung, Folter und Konzentrationslagerhaft das Leben von Menschen dauerhaft verändern können. Die Älteren unter den Lesern dieses Bandes werden sich vielleicht noch an die Soldaten erinnern können, die in ihrer Persönlichkeit tiefgreifend verändert, aus den Schrecken des Krieges zurückkehrten und große Schwierigkeiten hatten, das Erlebte zu verarbeiten. Ein Alptraum kann also für Menschen zur erlebten Wirklichkeit werden.

Die Psychiatrie und Psychotherapie hat sich inzwischen fast 150 Jahre mit der Aufklärung der psychischen Folgen von Traumatisierungen beschäftigt. In den letzten 20 Jahren wurden dabei entscheidende Erkenntnisfortschritte erzielt, die allen Betroffenen auch im Hinblick auf die therapeutischen Möglichkeiten Mut machen sollten. Doch dazu später. Zunächst wird in diesem Aufsatz der Frage nachgegangen «Was ist eigentlich ein Trauma?». Im folgenden werden die möglichen daraus resultierenden Erkrankungen sowie deren Häufigkeit und Verlauf erklärt und die therapeutischen Möglichkeiten erläutert.

2. Was ist eigentlich ein Trauma?

Unter dem Begriff **Trauma** wird heute in der Wissenschaft ein kurz- oder lang anhaltendes Ereignis oder Geschehen von außergewöhnlicher Bedrohung oder mit katastrophalem Ausmaß zusammengefaßt, das nahezu bei jedem Betroffenen eine tiefgreifende psychische Verzweiflung auslösen würde. Unterschieden wird dabei zwischen zwei Formen der Traumatisierung (vgl. Terr, 1991):

Typ-I-Traumata:

Hier handelt es sich zumeist um sehr plötzlich auftretende Ereignisse von oft einmaligem Charakter, die eine akute Lebensgefahr mit sich bringen. Dies betrifft z. B. Naturkatastrophen, Verkehrsunfälle oder Überfälle. Der Betroffene wird Opfer einer meistens unvorhersehbaren Situation, die seine psychischen Verarbeitungsmöglichkeiten überschreitet.

Typ-II-Traumata:

Bei dieser Form sind die Verhältnisse etwas komplizierter. Hier geht es entweder um sich mehrfach wiederholende Ereignisse oder eine langandauernde Traumatisierung, wie etwa wiederholter Kindesmißbrauch in emotionaler, körperlicher oder sexueller Hinsicht, andauernde Kriegsgefangenschaft oder Geiselhaft. Die Betroffenen sind also Opfer eines länger anhaltenden Geschehens, das ebenso unvorhersehbar auftreten kann. Bedeutsam ist hier auch, daß sich diese Form der Traumatisierung häufig in einem situativen Zusammenhang ereignet, der durch emotionale Vernachlässigung oder sogar Verwahrlosung etwa innerhalb von Familien oder Heimen gekennzeichnet ist.

Aus dieser Definition von Traumatisierung wird deutlich, daß es sich bei den Typ-I-Traumata um Ereignisse handelt, die mit einer vergleichsweise hohen Wahrscheinlichkeit potentiell jeden Menschen treffen können, während die Verhältnisse bei Typ-II-Traumata komplizierter sind. Breslau und seine Mitarbeiter haben 1998 in einer amerikanischen Großstadt in der Bevölkerung eine repräsentative Befragung durchgeführt, um zu ermitteln, wie häufig Menschen von Traumatisierungen betroffen werden und wie hoch ihr Risiko ist, eine spätere Erkrankung zu entwickeln. In **Tabelle 1** sind die entsprechenden Ergebnisse aufgeführt, die nicht verallgemeinert werden können, aber entsprechende Hinweise zur Abschätzung der Problematik

Tabelle 1: Traumatisierende Ereignisse, Häufigkeit des Auftretens in der Allgemeinbevölkerung und das spätere Risiko an einer posttraumatischen Belastungsstörung zu erkranken

Ereignis	Häufigkeit	PTSD-Risiko
Plötzlicher Tod einer nahestehenden Person	60.0 %	14.3 %
Zeuge bei Unfall	25.0 %	7.0 %
Unfälle	19.4 %	7.6 %
Naturkatastrophe	17.1 %	4.5 %
Waffengewaltandrohung	12.9 %	17.2 %
Andere lebensgeschichtliche Situationen	11.9 %	7.4 %
Körperliche Gewalt	9.0 %	11.5 %
Sexuelle Belästigung	7.5 %	19.3 %
Vergewaltigung	5.5 %	55.5 %
Misshandlung in der Kindheit	4.0 %	35.4 %
Krieg	3.2 %	38.8 %
Vernachlässigung in der Kindheit	2.7 %	21.8 %

liefern. Hier ist zu ersehen, daß bestimmte Ereignisse, wie der plötzliche Tod einer nahestehenden Person oder allein die Tatsache, Zeuge bei einem Unfall zu sein, zu häufigen Phänomenen gehört, von denen nahezu jeder von uns getroffen werden kann. Umgekehrt ergeben sich die höchsten Risiken, später an einer sog. Posttraumatischen Belastungsstörung zu erkranken (wird unten näher erklärt) bei einer Vergewaltigung, bei Erleben des Krieges und bei Mißhandlungen in der Kindheit.

2.1 Was ist eigentlich eine posttraumatische Belastungsstörung (PTSD)?

In zahlreichen wissenschaftlichen Untersuchungen der vergangenen Jahrzehnte konnte herausgearbeitet werden, daß die von Traumatisierungen betroffenen Personen in ihrer Mehrzahl mit psychischen Symptomen reagieren, die unter dem Begriff der **posttraumatischen Belastungsstörung (PTSD)** zusammengefaßt wurden. Diese Erkrankung tritt mit einer Latenz von Tagen bis zu Wochen (in ganz seltenen Fällen auch von Jahren) im Anschluss an die besondere Belastung bei im Mittel 30 % der Betroffenen auf. Die Störung lässt sich durch folgende Merkmale beschreiben:

1. Es kommt bei den Betroffenen zu einem Wiedererleben und Reaktualisieren traumaassoziierter gedanklicher und emotionaler Inhalte. Dies kann durch sich innerlich aufdrängende und belastende Gedanken und Erinnerungen geschehen. Viele Betroffene berichten aber auch sehr bildhafte, sich aufdrängende Erinnerungen, so als ob bestimmte Szenen des Traumas wie in einem Film in ihnen ablaufen würden. Dabei können diese Szenen auch den Charakter nächtlicher Alpträume annehmen, aus denen die Betroffenen häufig plötzlich und mit starker Angst erwachen. Alle diese Symptome können mit psychisch oder körperlich erlebter Angst verknüpft sein. Manchmal ist auch das Körpererleben betroffen, z. B. wenn ein mit einem Trauma zusammenhängender Schmerz wieder gespürt wird.

2. Bei vielen von einem Trauma betroffenen Personen treten dauerhaft oder wiederholt plötzlich Zustände heftiger innerer psychischer und körperlicher Erregung auf, z. B. mit Herzklopfen, innerer Unruhe, Schreckhaftigkeit und anderen Reaktionen des vegetativen Nervensystems. Diese Zustände werden heute im Sinne von plötzlich auftretenden Angstzuständen interpretiert und können dazu führen, daß die Aufmerksamkeits- und Konzentrationsleistungen der Betroffenen nachlassen.

3. Im Zuge dieser Angstentwicklung werden im Verlauf von den Betroffenen zudem alle Ereignisse, Situationen oder Dinge ängstlich vermieden, die in irgendeinem auch nur symbolischen Zusammenhang mit dem traumatisierenden Ereignis stehen. So kann z. b. ein traumatisierend erlebter Unfall dazu führen, daß in der Folge das Autofahren vermieden wird, da dies den Betroffenen immer wieder an die Szenen des Unfalls erinnert.

4. Im weiteren Verlauf kann sich dann ein Zustandsbild einstellen, daß durch emotionale Taubheit charakterisiert ist. Das heißt die Betroffenen ziehen sich sozial zurück, leiden unter Interessenverlust und Teilnahmslosigkeit gegenüber Dingen und Personen, die früher für sich wesentlich waren.

Andere Symptome können aber auch auftreten, wie z. B. Einschlafstörungen, depressive oder traurige Verstimmung etc. Das charakteristische Merkmal dieser Störung ist jedoch, daß die Betroffenen in ihren Erinnerungen und Gedanken nicht von dem traumatischen Ereignis loskommen und sich innerlich direkt oder indirekt fortlaufend damit beschäftigen.

3. Häufigkeit, Beginn und Verlauf von posttraumatischen Belastungsstörungen

Bereits oben ist darauf hingewiesen worden, daß das mittlere Risiko für einen Menschen nach einem Trauma eine posttraumatische Belastungsstörung zu entwickeln, etwa bei 30% liegt und verschiedene äußere Ereignisse oder Prozesse in unterschiedlicher Häufigkeit eine Erkrankung nach sich ziehen. Dabei sind bestimmte Berufsgruppen, wie etwa Polizisten, Feuerwehrleute und Soldaten in besonderer Weise entsprechend wirksamen äußeren Ereignissen ausgesetzt.

Darüber hinaus gibt es bestimmte **Risikofaktoren**, die das Auftreten einer Störung begünstigen. Zu diesen gehören:

1. Alter bei dem Ereignis. Es leuchtet unmittelbar ein, daß ein Trauma um so stärker das Seelenleben beeinträchtigt, je früher es einen Menschen trifft. Jüngere Kinder können sich z. B. viel schlechter von kritischen Erlebnissen gedanklich und emotional distanzieren als Erwachsene.

2. Geschlecht. Frauen sind wahrscheinlich von bestimmten Traumatisierungen häufiger betroffen als Männer (z. B. sexueller Missbrauch) und sie entwickeln zahlenmäßig häufiger als Männer diese Erkrankung.

3. Das Erlebnis früherer Traumatisierung. Hat ein Mensch schon einmal in seinem früheren Leben ein Trauma erlebt, so steigt die Wahrscheinlichkeit bei Erleben eines erneuten Traumas zu erkranken, erheblich an. Häufig wird durch das aktuelle Trauma die Erinnerung an das alte Trauma wiederbelebt, d.h. das verdrängte oder vergessene Gefühle und Erinnerungen plötzlich im Gedächtnis wieder auftauchen.

4. Die Intensität der initialen psychischen Reaktion nach dem Trauma. In verschiedenen Untersuchungen konnte gezeigt werden, daß das Ausmaß der initialen Angst- und Schockreaktion nach einem Trauma das Auftreten einer späteren Erkrankung begünstigt. Je intensiver also das anfängliche Schockerleben, um so höher liegt die Wahrscheinlichkeit der späteren Erkrankung. Zur initialen Schockreaktion gehört dabei u. a. auch eine Art Trancezustand, in dem die Betroffenen sich selbst oder ihre Umgebung als unwirklich und fremd erleben (sog. Dissoziation).

Darüber hinaus begünstigt, wie oben bereits ausgeführt wurde, die Art und Weise der traumatischen Situation das spätere Auftreten einer Erkrankung.

Hier gilt, je unerwarteter ein Mensch von einem traumatischen Ereignis überrascht wird, umso schädlicher wirkt es sich aus. Umgekehrt können sich Menschen, wenn sie wissen, daß ein schlimmes Ereignis auf sie zukommt (wie z. B. der Tod eines nahestehenden Menschen) in gewisser Hinsicht darauf einstellen und damit bleibende gesundheitliche Schäden verhindern. Selbstverständlich spielen Dauer und Schweregrad eines Traumas eine wichtige Rolle. Je länger eine traumatische Situation andauert (z. B. langjährige Gewalterfahrungen in der Kindheit) und je schwerer ausgeprägt sie ist, um so kritischer wird es für den Betroffenen. Schließlich spielt das Ausmaß der sog. interpersonellen Brutalität eine gewichtige Rolle. Dies bedeutet einerseits, daß Traumatisierungen, die den Betroffenen durch andere Menschen zugefügt werden, gefährlicher sind als Traumatisierungen ohne Täter (wie z. B. Naturkatastrophen). Andererseits ist das Ausmaß der tatsächlich stattfindenden Aggressivität des Täters natürlich für einen Betroffenen von großer Bedeutung.

Diese Zusammenhänge sollen an einer Fallgeschichte verdeutlicht werden:

In der poliklinischen Sprechstunde erscheint eine 26jährige, ledige Kunstpädagogikstudentin, die vor einigen Wochen einen Autounfall als Beifahrerin erlitten hatte, bei dem ihr am Steuer sitzender Freund schwer verletzt wurde, während sie körperlich unversehrt blieb. Sie berichtet, daß sie bei dem Auffahrunfall einen Schock erlitten habe und sich wie neben sich selbst stehend erlebt habe. Dieser Schockzustand habe einige Stunden angehalten, sie habe zunächst gar nicht gewusst, was passiert sei. Sie habe den schwer verletzten und blutüberströmten Freund neben sich in dem Auto liegen sehen, ohne ihm helfen zu können. Die Feuerwehr habe sie beide mit Schneidbrennern aus dem Auto befreien müssen, da die Karosserie so verkeilt gewesen sei.

In den ersten Tagen nach dem Unfall sei es ihr noch einigermaßen gut ergangen. Sie habe viel erledigen und sich um den Freund im Krankenhaus kümmern müssen, dadurch sei sie innerlich abgelenkt worden. Eine Woche nach dem Unfall habe sie begonnen nachts die Unfallszene immer wieder zu träumen und dabei wie im Wachzustand den schreienden und blutenden Freund wiederzuerleben. Sie habe im Alltag bemerkt, daß sie schreckhafter geworden sei. In ihr eigenes Auto habe sie eine Woche nach dem Unfall gar nicht einsteigen können, da sie einen Angstanfall mit Panik und Herzrasen erlebt habe. Seitdem vermeide sie das Autofahren und verlasse zunehmend seltener die Wohnung, da sie den Straßenverkehr als extrem bedrohlich erlebe. Ihr Studium habe sie aus diesem Grund vorerst unterbrochen.

In dem später erfolgenden zweiten diagnostischen Interview wird die Patientin, die sich bisher als weitgehend psychisch und körperlich gesund erlebt hat danach befragt, warum sie sich ihrer Auffassung nach von dem Unfall nicht hinreichend distanzieren kann und was ihre Verarbeitung des Geschehens wohl behindere. Die Patienten berichtet dann deutlich stockend, daß ihr durch den Unfall beängstigende Szenen aus ihrer Kindheit wieder in das Gedächtnis gekommen seien, an die sie schon seit Jahren nicht mehr gedacht habe. Nachdem sich die Eltern in ihrem 6. Lebensjahr aus für sie bis heute nicht erklärbaren Gründen getrennt hätten, sei die Mutter, bei der sie geblieben sei, schon nach wenigen Wochen mit einem neuen Mann zusammengezogen. Obgleich diese Beziehung der Mutter nur 1 Jahr angedauert habe, habe der «Stiefvater», den sie habe «Pappi» nennen müssen, sie, wenn die Mutter nicht im Haus gewesen sei, häufig unvermittelt geschlagen und sie manchmal für Stunden in den dunklen Keller des Hauses eingesperrt. Auch habe er sie merkwürdig angefasst und ihr im Sommer manchmal den Schlüpfer ausgezogen, um sie im Genitalbereich zu streicheln. Der Mutter habe sie damals von all dem nichts gesagt, weil sie der «Stiefvater» damit bedroht habe, daß sie ins Heim komme, wenn sie etwas preisgebe.

In den darauf folgenden Therapiestunden läßt sich mit der Patientin herausarbeiten, daß ihre damalige biographisch zurückliegende Angst und die Angst angesichts des Unfallgeschehens sich in ihrem inneren Erleben gewissermaßen addieren und die «vergessene» Angst vor dem Stiefvater durch das Unfallgeschehen von ihr, ausgelöst durch den Unfall, wiedererlebt wurde. Nachdem der Freund der Patientin ohne bleibende Schäden aus dem Krankenhaus entlassen wird, bessern sich die Ängste und die Schlafstörungen der Patientin beträchtlich. Eine zehnstündige Exposition mit den zurückliegenden Unfallereignissen und ein Expositionstraining, in dem Therapeut und Patientin gemeinsam das Auto fahren wiedererlernen sorgt für eine Rückbildung des angstbezogenen Vermeidungsverhaltens. In zwei Gesprächen, zu denen die Mutter der Patientin hinzugezogen wird, werden die damaligen biographischen Ereignisse thematisiert. Nach 24 Stunden Dauer endet die Therapie, da die Patientin mit ihrem Freund zu einem mehrmonatigen Auslandsaufenthalt aufbricht. 12 Monate später stellt sie sich noch einmal in der Poliklinik vor. Abgesehen von einem leicht unsicheren Gefühl manchmal im Straßenverkehr leide sie unter keinen klinischen Symptomen mehr.

Diese Fallgeschichte dokumentiert einen positiven Therapieverlauf, an dem sich gut die sog. **Schutzfaktoren** erläutern lassen, die dazu beitragen, daß die Bewältigung eines diesbezüglichen Traumageschehens für die Betroffene gelingt. Ein wesentlicher Faktor dürfte darin bestehen, daß sich die Patientin rechtzeitig in Therapie begibt, als sie bemerkt, daß sich die Symptome, die sie erlebt, in einem für sie beängstigenden Ausmaß verstärken bzw. sich nicht spontan bessern. Tatsächlich ist es nämlich so, daß im Mittel mehr als die Hälfte aller Betroffenen sich von einem derartigen

Geschehen entweder selbst oder mit Hilfe von Freunden und Familienangehörigen gut erholen können. Das Ausmaß der persönlichen und sozialen Unterstützung durch Freunde, Bekannte, Beruf etc. kann bei der Bewältigung außerordentlich hilfreich sein, wie die Rückkehr des Freundes aus dem Krankenhaus und die damit verbundene Reduktion der Symptomatik zeigt. Darüber hinaus ist es für die Patientin in der Therapie möglich, vor dem Hintergrund spezieller biographischer Belastungen die Intensität und das Ausmaß der sie belastenden Symptome zu verstehen und die unfallbezogenen Ängste von den anderen Gedächtnisinhalten zu trennen. Hierdurch wird es ihr möglich, die unterschiedlichen Konfliktfelder angemessen anzugehen. Schließlich gelingt es der Patientin mit therapeutischer Hilfe sich aktiv mit ihren angstbesetzten Feldern auseinanderzusetzen und sich mit der Angst zu konfrontieren, so daß sie letztlich lernt die Angst zu kontrollieren und nicht von ihr beherrscht zu werden.

Leider haben posttraumatische Belastungsstörungen nicht in allen Fällen einen so positiven Verlauf. Das bedeutsamste Verlaufsrisiko besteht darin,

Tabelle 2: Merkmale der anhaltenden Persönlichkeitsänderung nach Extrembelastung

A. Eindeutige und anhaltende Änderung in der Wahrnehmung, in der Beziehung und im Denken der Betroffenen in Bezug auf ihre Umgebung und sich selbst, nach einer Extrembelastung..

B. Ausgeprägte Persönlichkeitsänderung mit unflexiblem und unangepasstem Verhalten mit mindestens zwei der folgenden Symptome:
1. Andauernde feindliche oder mißtrauische Haltung gegenüber der Welt.
2. Sozialer Rückzug (Vermeidung von Kontakten mit Menschen außer einigen wenigen Verwandten, mit denen die Betroffenen zusammenleben)
3. Andauerndes Gefühl von Leere und/oder Hoffnungslosigkeit. Dies kann mit einer gesteigerten Abhängigkeit von anderen, einer Unfähigkeit, negative oder aggressive Gefühle zu äußern und einer anhaltenden depressiven Stimmung verbunden sein.
4. Andauerndes Gefühl von Nervosität oder von Bedrohung ohne äußere Ursache, das sich in einer gesteigerten Wachsamkeit und Reizbarkeit zeigt. Dieser Zustand einer chronischen inneren Anspannung und einem Gefühl von Bedrohtsein kann mit der Neigung zu exzessivem Konsum suchterzeugender Substanzen verbunden sein.
5. Andauerndes Gefühl, verändert oder anders als die anderen zu sein (Entfremdung). Dies kann mit dem Eindruck einer emotionalen Betäubung verbunden sein.

C. Entweder eine deutliche Störung der sozialen Funktionsfähigkeit oder subjektives Leiden für die Betroffenen und negative Auswirkungen auf ihre Umgebung.

daß die Erkrankung bei ausbleibender oder nicht in Anspruch genommener therapeutischer Hilfe zunehmend chronifiziert und dann in einen Zustand mündet, der als andauernde Persönlichkeitsänderung nach Extrembelastung genannt wird (vgl. Tab. 2)

Ein weiteres Problem für den Verlauf und die Prognose besteht darin, daß Traumatisierungen einerseits auch andere psychische Störungen auslösen und mitbedingen können, wie z. B. Suchterkrankungen, depressive Störungen und Angststörungen. Andererseits kann bereits vor dem Trauma eine andere psychische Störung bestanden haben, die durch Geschehen dann zusätzlich kompliziert wird. Die ist in der Therapie, die in komplizierten Fällen manchmal Jahre in Anspruch nehmen kann, zu berücksichtigen.

4. Behandlungsmöglichkeiten

Übereinstimmend gehen die Mehrzahl psychotherapeutischer Ansätze davon aus, daß die Verarbeitung des traumatischen Geschehens eine wie auch immer geartete Konfrontation oder Re-Exposition mit der traumatischen Erfahrung erfordert. Symptomorientiertes Ziel ist dabei eine Reduktion der traumaassoziierten Angstsymptome und des angstassoziierten Vermeidungsverhaltens. Das Traumageschehen, die emotionalen, körperbezogenen und gedanklichen Aspekte des Traumas und dessen bisherige Verarbeitung sollen vom Betroffenen in die Persönlichkeit und in die Lebensgeschichte so gut es geht integriert werden.

Psychotherapieschulenunabhängig ergeben sich dabei in der Vorgehensweise einige zentrale Probleme, die einerseits mit der Symptomatik und andererseits mit dem Bewältigungsverhalten der Betroffenen in Zusammenhang stehen. Obgleich eine weitreichende öffentliche Diskussion in den Medien in den vergangenen Jahren eine erhebliche wahrnehmungs- und ausdrucksbezogene Schwellensenkung für die Inanspruchnahme therapeutischer Hilfen bewirkt habe dürfte, tendieren ein Teil der Betroffenen durch ihr Vermeidungsverhalten und in Abhängigkeit der traumabezogenen Scham- und Schuldgefühle dazu, die Traumaerfahrung keineswegs spontan in der Begegnung mit ihrem Therapeuten zu formulieren. Bei einem Teil der Betroffenen ist darüber hinaus die zurückliegende Traumaerfahrung dem Bewusstsein nicht zugänglich und wird u. U. erst in einem längeren therapeutischen Prozeß wieder erinnert.

Ob, wann und in welchem Umfang die Traumatisierung tatsächlich zu einem sinnvollen Gegenstand der Therapie wird, sollte von verschiedenen Rahmenbedingungen abhängig gemacht werden. Die Thematisierung oder Exposition mit traumaassoziierten Inhalten führt nicht selten bei den Betroffenen zu quälenden Nachhallerinnerungen oder Träumen und Tagträumen, die in den Therapiesitzungen in einer tragenden Therapeut-Patient-Beziehung noch kompensierbar sind, nach den Therapiestunden aber oft das Erleben der Betroffenen über Stunden oder Tage beherrschen. Diesem Umstand ist einerseits durch eine umfassende Aufklärung über den Verlauf, die Wirkungen und Nebenwirkungen der Therapie und andererseits über einen fortlaufenden Austausch über diese Problematik Rechnung zu tragen.

Ein weiteres Problem kann die Tatsache darstellen, daß Patienten und Therapeuten die Bedeutung einer Traumatisierung für die Entstehungsgeschichte einer Erkrankung sehr unterschiedlich bewerten.

Vor einer hinreichenden symptomatologischen Stabilisierung ist eine sog. therapeutische Traumaarbeit nicht sinnvoll und kann als Nebenwirkung der Behandlung Symptomverstärkungen bewirken. Voraussetzung bildet weiterhin eine stabile Therapeut-Patient-Beziehung, in der sichergestellt ist, daß die entsprechenden Inhalte auch in einem angemessenen zeitlichen Rahmen durchgearbeitet und integriert werden können.

Eine 1998 von van Etten und Taylor veröffentlichte Metaanalyse zur Behandlung chronischer posttraumatischer Belastungsstörungen zeigt, daß der Einsatz von Psychotherapieverfahren gegenüber psychopharmakologischen Therapien zu signifikant geringeren Abbrecherraten bei einer deutlich höheren Effektivität im Hinblick auf die Symptomreduktion führt. Verhaltenstherapeutische Interventionen erwiesen sich in etwa gleich effizient wie EMDR (s. u.).

Von Maercker (1999) wird bezogen auf **verhaltenstherapeutischen Ansätze** besonders hervorgehoben, daß auch Therapieformen ohne Konfrontation mit dem Traumageschehen effektiv sind. Dabei geht es u. a. darum, automatisierte angstbesetzte Gedankenabläufe (z. B. Dunkelheit ist generell gefährlich, oder «Brücken muß man meiden», da sie einstürzen könnten etc.) zu restrukturieren und Überzeugungen der objektiven und subjektiven Sicherheit im Verhalten wieder herzustellen. Wie Glynn et al. (1999) darüber hinaus zeigen konnten, führen zusätzlich zur Konfrontationstherapie applizierte familientherapeutische Gespräche häufig zu einer Verbesserung der Therapieeffekte.

Das **Eye Movement Desensitization and Reprocessing (EMDR)** ist eine seit Anfang der 90er Jahre entwickelte imaginative Methode zur Traumatherapie (Shapiro, 1995), das als ein Baustein im Rahmen eines Behandlungsplanes heute systematisch eingesetzt wird und als weitgehend empirisch fundiert angesehen werden kann (Lamprecht et al., 2000). Mittels der EMDR-Technik wird unter definierten Rahmenbedingungen eine Konfrontation mit dem Trauma angestrebt, in dem dem Bewusstsein nicht zugängliche Erinnerungsaspekte wiedererlebt, wahrgenommen und verarbeitet werden. Einerseits sollen damit Spaltungs- und Verdrängungsphänomene aufgehoben und andererseits die durch die Traumatisierung negativ veränderte innere Bilder stabilisierender Bezugspersonen kognitiv umstrukturiert werden. Der Therapieprozess wird in 8 Phasen unterteilt, in die u. a. die spezifische Anamnese und Behandlungsplanung, eine systematische Vorbereitung des Betroffenen, eine differentielle Einschätzung der Traumakomponenten sowie nach Anwendung der Technik Durcharbeitung und Neubewertung eingehen. Traumatische Erinnerungsaspekte kognitiver, (gedanklicher) emotionaler oder sensorischer Qualität werden bei gleichzeitiger Induktion sakkadischer Augenbewegungsserien (Augen verfolgen einen Gegenstand oder die Hand des Therapeuten, der diesen langsam hin und her bewegt) imaginativ (in der Vorstellung) induziert und in einem sprachbegleiteten Habituationsansatz (damit ist die Gewöhnungsreaktion gemeint, also das Nachlassen von Angst, je länger man der Situation ausgesetzt bleibt) reduziert. EMDR ist eine Therapiemethode und kein Verfahren und wird heute lediglich im Rahmen eines komplexen Gesamtbehandlungsplans eingesetzt.

In den vergangenen 20 Jahren sind eine Reihe von Untersuchungen veröffentlicht worden, die sich unter dem Begriff des **Critical Incidence Stress Debriefing** zusammenfassen lassen (Mitchell, 1983). Mit diesem sekundärpräventiven Ansatz wird seither bei unmittelbar Betroffenen und ihrem individuellen (z. B. Partner, Familie) und helferbezogenem Umfeld (z. B. Polizisten und Feuerwehr) im direkten Anschluss an das Traumatisierungsereignis versucht, das Auftreten posttraumatischer Belastungsstörungen im Sinne einer Soforthilfe zu verhindern. In einzel- oder gruppenpsychotherapeutischen Programmen werden in der Regel 24 bis 72 Stunden nach dem Traumaereignis in einem Phasenprozess Interventionen von 1 bis 6 stündiger Dauer angeboten. Einleitend wird das faktische Geschehen zusammengefasst (fact phase) und die Betroffenen anschließend aufgefordert, hierzu ihre Gedanken und Ideen (thougt phase) und emotionalen Reaktionen (reaction phase) mitzuteilen. Die spezifischen Stresssymptome werden erfragt und zusammengefasst (symptom phase), bevor verschiedenen Informationen zum Umgang mit den Symptomen und zur Bewältigung diskutiert werden (teaching phase). Obgleich dieses Verfahren vor allem im institutionellen Kontext heute weltweit als verbreitet angesehen werden kann und von den Betroffenen subjektiv als durchgehend hilfreich eingeschätzt wird, ist seine Wirkung äußerst strittig. Neuere Studien zeigen, daß bei Anwendung entsprechender Interventionen in den Therapiegruppen höhere PTSD-Häufigkeitsraten als in Kontrollgruppen auftreten (Carlier et al., 1998). Hieraus läßt sich mit Vorbehalt schlußfolgern, daß unter bestimmten Umgebungsbedingungen normale Abwehr- und Restrukturierungsprozesse bei den Betroffenen wirksamer sein- und Therapieinterventionen durchaus das

Potential aufweisen können, den Verlauf zu verschlechtern. Von Fachleuten wird inzwischen davon abgeraten, sich derartigen Prozeduren zu unterziehen.

Auch **psychopharmakologische Behandlungen** haben sich bei PTSD-Patienten insbesondere im Zusammenhang mit einer laufenden psychotherapeutischen Behandlung als sinnvoll erwiesen. Friedman (1997) konnte in einer Übersicht über 13 placebokontrollierte Studien zeigen, daß vor allem Serotoninwiederaufnahmehemmer wirksam sind. Teusch (2000) kommt in seiner neueren Literaturübersicht zu folgenden Ergebnissen. Trizyklische Antidepressiva und traditionelle MAO-Hemmer scheinen gut bei vegetativer Übererregbarkeit, bei heftig auftretenden inneren Erinnerungsbildern und bei begleitender depressiver Symptomatik zu wirken, sie beeinflussen jedoch nicht die phobischen Vermeidungsreaktionen. Sofern alle Symptombereiche der posttraumatischen Belastungsstörung aufgetreten sind, sind die zu den Antidepressiva gerechneten Serotoninwiederaufnahmehemmer heute Substanzen der 1. Wahl, da ihr breites Wirkungsspektrum alle Komponenten und insbesondere die Angstsymptomatik erfaßt. Für einen Therapieversuch sollten wenigsten 8 besser 12 Wochen veranschlagt werden, die Erhaltungstherapie ist bei schweren Fällen auf ein Jahr zu erstrecken.

Zusammenfassend kann also eingeschätzt werden, daß posttraumatische Belastungsstörungen durchaus häufig auftreten und einer psychotherapeutischen und/oder psychopharmakologischen Behandlung bedürfen. Eine solche Behandlung sollte jedoch nicht unmittelbar nach einem Trauma durchgeführt werden, da möglicherweise natürliche Verarbeitungsprozesse gestört werden. Sind die Symptome allerdings nach 3 Monaten nicht deutlich verringert bzw. verschwunden, sollte eine Behandlung eingeleitet werden. Hierbei gibt es beachtliche Erfolge in den letzten Jahren, Traumapatienten kann somit gut geholfen werden, zu ihrem ursprünglichen Leben zurück zu finden.

Weiterführende Literatur

Frommberger U, Nyberg E, Berger M (2000): Posttraumatische Belastungsstörungen. In: Berger M (Hrsg.): Psychiatrie und Psychotherapie. Urban & Schwarzenberg, München, 2. Auflage, 742–762.

Die Angst vor der Angst

Angststörungen: Ursachen und Behandlungsmöglichkeiten

Frank Jacobi, Silvia Schneider & Sven Barnow

1. Alltägliche Angst und Angstkrankheiten

Angst ist die natürliche Reaktion des Menschen auf Gefahren. Sie äußert sich in allen Ebenen unseres Verhaltens und Erlebens:

- *im kognitiven (gedanklichen) und emotionalen Bereich* (Einengung der Wahrnehmung auf gefahrenrelevante Reize, Einengung des Denkens und Fühlens bei Befürchtungen und selektivem Lernen und Erinnern),
- *im Verhalten* (Flucht oder Vermeidung) und
- *auf der körperlichen Ebene* (Alarmreaktionen im sympathischen Nervensystem mit Symptomen wie z. B. Herzrasen, Schwitzen, Beschleunigung des Atmens, Zittern).

Diese Reaktionen finden sich nicht nur über alle Kulturen, sondern auch über verschiedene Spezies hinweg. Charles Darwin (1872, zit. nach Margraf & Schneider, 1990) schildert seine Beobachtungen:

«Bei allen oder fast allen Tieren, sogar bei Vögeln, bringt Terror den Körper zum Zittern. Die Haut wird blass, Schweiß bricht aus, und die Haare richten sich auf... Die Atmung ist beschleunigt. Das Herz schlägt schnell, wild und gewaltsam; aber ob es das Blut effizienter durch den Körper pumpt, kann bezweifelt werden, da die Oberfläche blutleer erscheint und die Stärke der Muskeln bald versagt... Die geistigen Fähigkeiten sind sehr gestört.»

Darwin sah den Grund in der *evolutionären Bedeutung der Angst*. Seiner Ansicht nach dient diese vielleicht universalste Emotion dazu, den Organismus auf Verteidigungsmaßnahmen vorzubereiten, ein Konzept, das später durch populäre Untersuchungen der «Kampf-Flucht-Reaktion» *(fight-flight-response;* Cannon, 1929) allgemeine Verbreitung fand. Auch Martin Seligman (1971) postuliert in seiner *«Preparedness»-* (auf etwas vorbereitet sein) Theorie evolutionär begründete Anlagen bei der Ausbildung von Ängsten: Angstreaktionen werden erlernt, indem sie mit bestimmten Gefahrenreizen verknüpft werden (vgl. Ehlers, 2000) – aber auf einige Gefahrenreize reagieren wir schneller mit Angst als auf andere. So finden solche Verknüpfungen gegenüber Schlangen und Spinnen schneller und intensiver statt als etwa solche gegenüber Steckdosen oder Autos, obwohl in unserer Gesellschaft letztere die weitaus größeren Gefahren darstellen.

Besonders stark ist der Mensch auf die Angstreaktion innerer körperlicher Reize wie etwa Herzklopfen oder Schwindel vorbereitet. Das Empfinden von solchen Symptomen, die natürlicherweise auf Krankheit, Schwäche oder gar Todesgefahr hinweisen könnten, wird überzufällig stark mit Sicherheits- und Schonverhalten gekoppelt (z. B. Zuflucht bei sicherem Ort oder sicheren Personen suchen, Behandlung aufsuchen, Vermeiden von Situationen, in denen solche Symptome aufgetreten sind oder auftreten könnten).

Angst scheint also einerseits als Anpassungsleistung mitgegeben und für das Überleben sinnvoll zu sein. Ebenso übergreifend und überdauernd sind andererseits auch Phänomene, die heutzutage als *Angststörungen* bezeichnet werden. Bei Angststörungen sind die Angstreaktionen nicht mehr angemessen und führen zu erheblichen Beeinträchtigungen und Belastungen der Betroffenen. Nicht nur die Angst in nicht wirklich gefährlichen Situationen ist unangemessen übersteigert («*Angstanfälle*», «*Panikattacken*»), auch die ausgeprägte Erwartungsangst («Angst vor der Angst») führt zu einer eingeschränkten Lebensführung und meist zu emotionalen Folgeproblemen. Wie in einem späteren Abschnitt näher ausgeführt, besteht das Tückische dabei darin, daß so die Angst eine Eigendynamik bekommt, die die Störung permanent aufrechterhält und letztendlich nichts mehr mit «Realängsten» zu tun hat.

Diese unangemessenen Ängste sind seit dem Altertum bekannt und beschrieben. So ist etwa das Wort «Panik» von dem Namen des altgriechischen Hirtengottes *Pan* abgeleitet. Pan zeichnete sich durch ein solch hässliches Äußeres aus, daß seine Mutter ihn verließ, als sie sah, was sie da in die Welt gesetzt hatte. Trotz seines eher fröhlichen Wesens war er gelegentlich schlecht aufgelegt und gefiel sich dann darin, Menschen und Viehherden in plötzlichen Schrecken zu versetzen. Pan half aber auch den Athenern, als diese von den Persern angegriffen wurden, indem er bei den Angreifern eine «panische» Angst auslöste und sie so in die Flucht schlug. Eine weitere griechische Gottheit mit der besonderen Fähigkeit, Feinde zu erschrecken, war *Phobos,* dessen Name wortwörtlich mit «Furcht» und «Schrecken» übersetzt werden kann. Manche Zeitgenossen machten sich die erschreckenden Eigenschaften des Phobos zunutze, indem sie sein Abbild auf Rüstungen malten, um Gegner einzuschüchtern. So wurde sein Name zu einem Begriff für ein Ausmaß an Angst und Schrecken, das zur Flucht führt, obwohl der Gott gar nicht tatsächlich erschien. Dieser Sachverhalt hat zu der Bezeichnung *Phobie* als unangemessenes Vermeidungsverhalten bzw. übermäßiger Angst geführt. Ebenso ist bekannt, daß viele berühmte Persönlichkeiten unter Angststörungen litten. Ein Beispiel dafür ist Johann Wolfgang Goethe, der in «Dichtung und Wahrheit» nicht nur seine phobischen Ängste, sondern auch seine erfolgreichen Selbstheilungsversuche schildert. Er bekämpfte seine Höhenangst dadurch, daß er mehrfach einen Turm bestieg und sich der Angst solange aussetzte bis sie vorüber war. Auch suchte er Orte, die ihm unheimlich erschienen (Friedhöfe etc.) so lange auf, bis er keine Furcht mehr verspürte. Weitere berühmte Persönlichkeiten mit Angststörungen waren Siegmund Freud, der lange Jahre unter einer Herzphobie litt, aber auch Bertolt Brecht und Gerhart Hauptmann, wobei letzterer besonders in einer für ihn schwierigen Lebensphase (Trennung von seiner ersten Frau) unter verschiedenen Ängsten und Depression litt («Buch der Leidenschaft»).

Fallbeispiele

Im Folgenden sind zur Illustration des Übergangs bzw. der Unterschiede normaler und pathologischer Angst kurz einige typische reale Fälle dargestellt:

- Eine junge Frau fällt bei Ärzten und Notdiensten dadurch auf, daß sie aufgrund häufiger Angstanfälle[1] eine Vielzahl von diagnostischen Untersuchungen und Behandlungen aufsucht. Eine ausführliche ärztliche Diagnostik ist beim erstmaligen Auftreten massiver Herzsymptome sinnvoll, um beispielsweise eine koronare Erkrankung oder eine Erkrankung der Schilddrüse möglichst frühzeitig zu erkennen. Aber auch nachdem nach gründlicher medizinischer Diagnostik keine organischen Ursachen für die Symptomatik gefunden werden, ruft sie doch fast täglich ihre Hausärztin oder eine örtliche Rettungsstation an, um sich beruhigen zu lassen, daß mit ihr ja eigentlich alles in Ordnung sei. Diese Krankheitsgeschichte hat die Patientin deutlich demoralisiert. Im Verlauf der letzten fünf Jahre hat sich ihr Bewegungsspielraum drastisch verringert: alle Situationen, in denen eine sofortige Flucht bei eventuell auftretenden Ängsten nicht möglich ist (z. B. Zugfahren, Fahrstuhlfahren, Menschenmengen, Schlange stehen), werden systematisch vermieden. Aber auch zu Hause wird

---

1 Anm.: Im folgenden werden die Begriffe Angstanfall, Panikanfall und Panikattacke synonym gebraucht; zur diagnostischen Einordnung s. Abschnitt 3

sie durch regelmäßige Panikattacken geplagt, die immer dann auftreten, wenn sie bei sich irgendwelche Körpersymptome bemerkt oder durch äußere Hinweise (z. B. Fernsehen, Gespräche) auf das Thema Krankheit, Zusammenbruch oder Kontrollverlust gelenkt wird. Neben dem persönlichen Leiden müssen hierbei auch die durch die Ängste verursachten Kosten beachtet werden: die unnötige Inanspruchnahme von Gesundheitsleistungen bei eigentlich bereits medizinisch abgeklärten Symptomen führt nicht nur zur Aufrechterhaltung der Störung, indem unrealistischen Ängsten immer «neues Futter gegeben wird», sondern verschwendet auch beträchtliche Ressourcen des Gesundheitssystems. Außerdem war die Arbeitsfähigkeit der Patientin erheblich eingeschränkt, da sie aufgrund der Ängste eine faktisch nicht vermittelbare Arbeitslose war, und dies stellt (zusätzlich zu den persönlichen Folgen wie etwa finanziellen Engpässen oder niedrigem Selbstwertgefühl) einen volkswirtschaftlich hochrelevanten Faktor dar – insbesondere wenn man die Häufigkeit dieser Störung berücksichtigt.

- Ein Medizinstudent quält sich zum Prüfungsamt, um die zweite Wiederholung einer mündlichen Prüfung zum ersten Staatsexamen zu beantragen. Er befindet sich bereits im 10. Semester. Seit drei Jahren hat er fast keine der zahlreichen Prüfungen zufriedenstellend bestanden. Mehrfach hatte er sich krankschreiben lassen. Als Grund gibt er an, in Prüfungssituationen nicht die Leistung erbringen zu können, die seiner eigentlichen Vorbereitung und seinem Wissen entsprechen. Die Aufregung sei jedes mal so groß, daß er regelmäßige «Blackouts» erlebe, und auch während der Tage vor einer Prüfung sei er «zu nichts mehr zu gebrauchen». Diese Probleme äußern sich auch in anderen Situationen, in denen er im Mittelpunkt steht und andere ihn bewerten könnten. So fehlen ihm mehrere Scheine, da er es häufig vermieden hatte, in Seminaren das notwendige Referat zu halten. Schon in seiner Jugend sei ihm derartiges äußerst unangenehm gewesen. Seine Befürchtungen (Schwitzen, Erröten, Stammeln) seien schon mehrfach eingetreten, so daß es ihm nun unerträglich peinlich wäre, weitere Niederlagen dieser Art zu erleben. Seine Kommilitonen bestätigen ihm zwar, daß sie alle auch bei Prüfungen und Vorträgen aufgeregt seien; sie können aber nicht nachvollziehen, daß man «so übertrieben» ängstlich ist, daß man trotz guten bis sehr guten Fachkenntnissen sein Studium gefährdet («Ist doch letztendlich gar nicht so schlimm, der Prüfer ist eigentlich ganz o. k., das schaffst du locker...»). Sein Hausarzt hatte ihm vor zwei Jahren einen Tranquilizer («bei Bedarf») verschrieben, was aber keine zufriedenstellende Besserung nach sich zog, zudem der Student Psychopharmaka im allgemeinen skeptisch gegenüberstand. Nachdem ihm nach einer gescheiterten Prüfung die Beisitzerin empfiehlt, einen Psychologen aufzusuchen, begibt er sich in psychotherapeutische Behandlung.

- Ein Familienvater verunglückt auf einer Geschäftsreise bei einem Flugzeugabsturz tödlich. Dies führt zu einer tiefgreifenden Erschütterung der Familie, insbesondere der Mutter. Seitdem grübelt sie ständig über die Gefahren, die das Leben bereithält. Sie macht sich, auch Jahre nach der Zeit der ersten Trauer und nachdem wieder eine gewisse «Normalität» ins Leben eingetreten ist (neuer Lebenspartner, neue Lebensperspektiven, Kinder aus dem Haus) über alles mögliche Sorgen. Insbesondere die Sorgen um den jüngsten Sohn kann sie kaum kontrollieren. Sie erwartet seinen täglichen Anruf, daß alles in Ordnung sei, daß er nach der gestrigen Autofahrt gut angekommen sei, ob beim Einschreiben am neuen Studienort alles geklappt hat und dergleichen mehr. Obwohl sie als technische Assistentin in einem pharmazeutischen Labor eine gute Stellung innerhalb des Teams hat, befürchtet sie dauernd, Fehler zu machen und entlassen zu werden. Des weiteren wird sie ständig durch nervöse körperliche Symptome geplagt, die aber nicht durch medizinisch feststellbare Krankheiten verursacht werden. Insbesondere ihre Schlafstörungen aufgrund der ständigen Grübelei stellen eine starke Beeinträchtigung dar. Bei der Patientin ist das Bedürfnis nach Sicherheit und Kontrolle, das eine Basismotivation für jeden Menschen darstellt, aus dem Lot geraten.

Alle drei Patienten haben stark belastende und beeinträchtigende Ängste, die im Sinne der eingangs genannten evolutionären Schutzfunktion von Angst nicht mehr sinnvoll sind: sie tragen nicht dazu bei, reale Gefahren abzuwenden, sondern produzieren im Gegenteil mit der Zeit immer weitere Folgeprobleme. Wie man sieht, sind diese Ängste und deren Folgen bei den drei Personen sehr unterschiedlich, so daß eine gemeinsame grobe Einordnung als «Angststörung» oder «Angstneurose» als zu wenig aussagekräftig erachtet werden muss. Eine entsprechende Differenzierung nach den heutigen Diagnosekriterien findet sich im folgenden Abschnitt und in weiteren Kapiteln dieses Buches. Bei der Diagnostik ist zu beachten, daß Angstpatienten *häufig* komorbid sind, d. h. im Laufe ihres Lebens oder gleichzeitig oft mehr als nur eine Störung haben (gut beschrieben z. B. bei Wittchen & Vossen, 2000). Somit sollte möglichst die gesamte Bandbreite psychischer Störungen abgefragt werden, auch wenn eine klare Angstsymptomatik sofort ins Auge springt.

Für die Einordnung unserer drei Fallbeispiele sollte also sowohl die Differenzierung in verschiedene Angststörungen als auch die Komorbidität mit anderen Störungen berücksichtigt werden. Der erste Fall wäre aufgrund des ersten Eindrucks der Diagnose *Panikstörung mit Agoraphobie* zuzuordnen. Zusätzlich bzw. differentialdiagnostisch müsste darüber hinaus die Diagnose *Hypochondrie* sowie der Bereich der *depressiven Störungen (siehe Kapitel zu Depressionen in diesem Band)* abgeklärt werden. Im zweiten Fall scheint es sich um eine *Sozialphobie* zu handeln (weitere Abklärung u. a. bezüglich eventueller *Selbstunsicherer Persönlichkeitsstörung* zu empfehlen). Die dritte Patientin weist viele Merkmale der *Generalisierten Angststörung* auf, die im Zuge einer *Belastungsreaktion* entstanden sein mag und bei der die *Intrusionen* (unerwünschte unkontrollierbare Gedanken, die aber als unvernünftig empfunden werden) auch noch gegenüber *Zwängen* abgegrenzt werden müssten.

2. Klassifikation und Häufigkeit von Angststörungen

Gerade bei der Beschreibung und Einordnung von Angststörungen stellt die Entwicklung einheitlicher diagnostischer Leitlinien in den letzten Jahrzehnten einen bedeutenden Fortschritt dar, da es im Laufe der letzten 100 Jahre zu einer unübersichtlichen und verwirrenden Vielzahl von Begrifflichkeiten gekommen war. Zur Veranschaulichung geben wir hier eine kleine Auswahl der Bezeichnungen für scheinbar unerklärliche Angstzustände aus dem Bereich der Panikstörung und Agoraphobien wider (vgl. Margraf & Schneider, 2000): Angstneurose, Angsthysterie, Herzphobie, Vasomotorische Neurose, Da-Costa-Syndrom, Kardiorespiratorisches Syndrom, Neurasthenie, Vegetative Dystonie, Hyperkinetisches Herzsyndrom, Platzangst, Klaustrophobie, Multiple Situationsphobie, Straßenfurcht, Anstrengungsphobie und vieles mehr. Die Diagnose hing häufig vor allem von der Spezialisierung des jeweiligen Diagnostikers ab. Dieses Problem versucht man heute durch eine einheitliche und verbindliche Klassifikation psychischer Störungen zu lösen, sowie durch nachvollziehbare Regeln, wie die für die Klassifikation notwendigen Informationen zu erheben sind (z. B. mit diagnostischem Interview oder Fragebögen).

Die Kriterien dafür, wann eine bestimmte Diagnose vorliegt (z. B. Unterscheidung von Angststörungen und normalen Ängsten), finden sich daher in Klassifikationssystemen wie der (europäischen) *International Classification of Diseases* (ICD-10, Dilling et. al., 1994) und dem (amerikanischen) *Diagnostic and Statistical Manual of Mental Disorders* (DSM-IV; Saß et al., 1998). Ist danach eine Diagnose gegeben, so handelt es sich nach der deutschen Sozialgesetzgebung (SGB V) um eine *Störung mit Krankheitswert,* deren Behandlung zur Regelversorgung gehört und damit von Krankenkassen finanziert werden muss. Damit hat die Diagnostik eine unmittelbare versorgungspraktische und auch juristische Relevanz.

Die heutige Vereinheitlichung der diagnostischen Begriffe schuf aber auch die Grundlage für neue Fortschritte beim Verständnis und der Behandlung verschiedener Störungen. So bezeichnet etwa Marks (1987) die Entwicklung und systematische Überprüfung von «*Konfrontationstherapien*» – bei denen die Patienten sich systematisch ihren Ängsten aussetzen sollen und die wir im Abschnitt zur Behandlung von Angststörungen noch kennen lernen werden – als «eine der größten Erfolgsgeschichten» im Bereich der psychischen Gesundheit. Angesichts dieser Erfolge wurde allerdings zunächst die Behandlung von Panikpatienten ohne Vermeidungsverhalten vernachlässigt. Nach der Aufnahme der *Panikstörung* als eigene diagnostische Kategorie erfolgten auch in diesem Bereich entscheidende Fortschritte mit Hilfe vorwiegend *kognitiver Methoden* (z. B. mit der Überprüfung von irrationalen Annahmen oder Erwartungen seitens des Patienten). Von den ICD- bzw. DSM-Diagnosen aus dem Bereich der Angststörungen wird folgend auf die Störungen *Panik/Agoraphobie,* aber auch auf die *Spezifische Phobien,* die *Sozialphobie* und die *Generalisierte Angststörung* näher eingegangen. Neben den Diagnosekriterien werden Angaben zur Verbreitung gemacht. Für Zwangsstörungen, die in den genannten Diagnosesystemen ebenfalls den Angststörungen zugerechnet werden, findet sich in diesem Buch ein eigenes Kapitel.

2.1 Panikattacke, Panikstörung, Agoraphobie

Panikattacke

Da nach dem DSM-IV (Saß et al., 1998) Panikattacken im Zusammenhang mit mehreren Störungen dieses Kapitels auftreten, werden die Kriterien für eine Panikattacke zunächst gesondert aufgeführt. Sie stellen keine eigenständige Diagnosekategorie dar und können im Rahmen von Panikstörung, Agoraphobie, spezifischer und sozialer Phobie, Zwängen und Posttraumatischer Belastungsstörung auftreten.

Unter einer Panikattacke versteht man nach DSM-IV eine klar abgrenzbare Episode intensiver Angst und Unbehagens, bei der mindestens vier Symptome (vgl. **Kasten 1**) abrupt auftreten und innerhalb von 10 Minuten einen Höhepunkt erreichen.

Kasten 1

Panikattacke

Unter einer Panikattacke versteht man nach DSM-IV (Saß et al., 1998) eine klar abgrenzbare Episode intensiver Angst und Unbehagens, bei der mindestens vier der nachfolgend genannten Symptome abrupt auftreten und innerhalb von 10 Minuten einen Höhepunkt erreichen:

1. Herzklopfen, Herzstolpern oder beschleunigter Herzschlag,
2. Schwitzen,
3. Zittern oder Beben,
4. Gefühl der Kurzatmigkeit oder Atemnot,
5. Erstickungsgefühle,
6. Schmerzen oder Beklemmungsgefühle in der Brust,

> 7. Übelkeit oder Magen-Darm-Beschwerden,
> 8. Schwindel, Unsicherheit, Benommenheit oder der Ohnmacht nahe sein,
> 9. Derealisation (Gefühl der Unwirklichkeit) oder Depersonalisation (sich losgelöst fühlen),
> 10. Angst, die Kontrolle zu verlieren oder verrückt zu werden,
> 11. Angst zu sterben,
> 12. Parästhesien (Taubheit oder Kribbelgefühle),
> 13. Hitzewallungen oder Kälteschauer.

Panikstörung

Treten die Panikattacken «aus heiterem Himmel» bzw. unerwartet auf und verursachen starke Beeinträchtigung oder Belastung, so spricht man von einer Panikstörung. Typisches Merkmal ist «Angst vor der Angst» bzw. vor den befürchteten katastrophalen Konsequenzen der erlebten Symptome, denn diese Symptome werden nicht als Angst, sondern als Zeichen einer unmittelbar drohenden körperlichen oder psychischen Katastrophe gedeutet. In der Folge kommt es häufig zu Vermeidungsverhalten: die Patienten schränken ihren Lebensstil ein, sie gehen nicht mehr an Orte, wo sie Angstanfälle befürchten oder wo die Folgen im Falle eines Angstanfalles besonders unangenehm wären. Wenn zumindest ein Teil der Anfälle stets in bestimmten Situationen ausgelöst wird und ausgeprägtes Vermeidungsverhalten besteht, liegt eine Panikstörung mit Agoraphobie vor (siehe unten). Für die Diagnose einer Panikstörung müssen v. a. folgende spezielle Kriterien erfüllt sein:

- Wiederkehrende unerwartete Angstanfälle (Spontaneitätskriterium)
- mit mindestens vier der in Kasten 1 genannten Symptome (Symptomkriterium),
- die wenigstens manchmal innerhalb von 10 Minuten nach Anfallsbeginn vorhanden sein müssen (Zeitverlaufskriterium).
- Die Anfälle müssen entweder von einer bedeutsamen Verhaltensänderung oder mindestens einen Monat lang von anhaltender Sorge über mögliche neue Anfälle bzw. über deren Bedeutung begleitet sein (Intensitätskriterium).
- Keine andere Diagnose kann die Symptome besser beschreiben. Wenn die Angstanfälle nur bei Konfrontation mit einem bestimmten Reiz, z. B. Hunden, ausgelöst werden, liegt eine spezifische Phobie, z. B. Hundephobie, vor. Im Gegensatz zu Hypochondrie (unrealistische Angst, eine unentdeckte schwere Krankheit zu haben) und Somatisierungssyndrom (Vielzahl körperlicher Symptome ohne hinreichende medizinische Erklärung) stehen vor allem Herz- oder Atembeschwerden im Zentrum der

Befürchtungen: die Symptome werden typischerweise als Anzeichen einer *unmittelbaren Todesgefahr* (nicht einfach einer unangenehmen oder erst mittelfristig bedrohlichen Krankheit) angesehen. Ausgeschlossen werden müssen auch organische Faktoren (z. B. Intoxikation durch Droge).

Agoraphobie

Wenn zumindest einige Angstanfälle durch bestimmte Situationen ausgelöst werden (nicht «aus heiterem Himmel») und diese infolge dessen vermieden oder nur unter starker Angst ertragen werden, liegt eine Agoraphobie vor.

In der Regel werden Situationen gefürchtet und vermieden, in denen es besonders unangenehm oder gefährlich sein könnte, einen Angstanfall zu haben (z. B. Autofahren, Kaufhäuser, Supermärkte, Fahrstühle, Menschenmengen, allein das Haus verlassen, Schlange stehen, Reisen mit öffentlichen Verkehrsmitteln, Flugzeuge, Kinos, Theater). Das gemeinsame dieser Situationen ist, daß die betreffende Person fürchtet, im Falle eines Angstanfalls nicht schnell genug aus der Situation flüchten zu können bzw. daß Hilfe nicht schnell genug erreichbar ist.

Im Laufe der Zeit können «bei perfekter Vermeidung» die Angstanfälle völlig verschwinden. Manchmal können die gefürchteten Situationen unter extremer Angst ertragen werden. Bei der Agoraphobie ohne Panikstörung werden dieselben Situationen aus anderen Gründen vermieden (z. B. Angst vor plötzlichem Durchfall oder exzessive Angst im Zusammenhang mit körperlichen Krankheiten). Einzelne Situationen können auch von spezifischen oder Sozialphobikern vermieden bzw. gefürchtet werden. Agoraphobiker vermeiden jedoch mehr Situationen und befürchten vor allem die Angstanfälle selbst bzw. deren katastrophalen Folgen. Spezifische Phobiker dagegen befürchten in der Regel unmittelbar von einem einzelnen speziellen phobischen Objekt ausgehende Gefahren (z. B. Flugzeugabsturz, Hundebiss) und Sozialphobiker eine Blamage bzw. negative Bewertung durch andere. Die Diagnose lautet *Panikstörung mit Agoraphobie*, falls neben der Agoraphobie irgendwann (nicht notwendigerweise gegenwärtig) die Kriterien für eine Panikstörung (siehe oben) erfüllt waren, bzw. *Agoraphobie ohne Panikstörung*, falls nie die Kriterien für eine Panikstörung erfüllt waren.

Häufigkeit und Verlauf

Im Bundesgesundheitssurvey 1998/99 wurden im «Zusatzmodul Psychische Störungen» erstmals für Deutschland repräsentative Daten für Erwachsene zwischen 18 und 65 Jahren zu psychischen Störungen nach den Diagnosekriterien der oben genannten DSM- bzw. ICD-Klassifikationen ermittelt (Jacobi et al., 2002). Die Häufigkeit für die Panikstörung mit/ohne Agoraphobie liegt bei 2,3 % (12-Monats-Prävalenz). Hinter dieser, vielleicht zunächst klein erscheinenden Prozentzahl verbirgt sich, daß im Zeitfenster von einem Jahr in Deutschland geschätzt etwa 1,1 Mio. Erwachsene von der Diagnose betroffen sind. Einzelne Panikanfälle, ohne daß jedoch die vollen Diagnosekriterien erfüllt werden, sind noch häufiger (4,7 %). Frauen sind annähernd doppelt so häufig betroffen wie Männer. Angsterkrankungen in ihrer Gesamtheit stehen bezüglich ihrer Häufigkeit übrigens an erster Stelle der psychischen Störungen.

Über 80 % der Panikpatienten haben mindestens eine weitere Störung, und zwar vor allem andere Angststörungen, depressive Störungen, somatoforme Störungen (siehe unter «Schmerzstörungen» in diesem Buch) und Abhängigkeitssyndrome (Wittchen, 1991).

Oft geht dem Beginn einer Panikstörung ein schwerwiegendes Lebensereignis voraus. Der Beginn liegt meist im jungen Erwachsenenalter. Die Streuungen sind aber sehr hoch, und bei Männern gibt es außerdem einen zweiten Gipfel für das erstmalige Auftreten von Panikanfällen jenseits des 40. Lebensjahres.

Orientiert man sich an den provozierenden Aussagen Eysencks (1952), daß fast zwei Drittel aller sogenannten neurotischen Störungen im Verlauf von zwei Jahren voll remittieren (zurückgehen, ausheilen), oder am Ergebnis einer älteren Übersichtsarbeit über epidemiologische Untersuchungen von Jablensky und Hugler (1982), daß mehr als ein Drittel aller Neurosen von kurzer begrenzter Dauer sind und weniger als ein Drittel der neurotischen Erkrankungen länger als drei Jahre andauern, so kommt die Frage auf, ob Psychotherapie überhaupt notwendig ist. In der neueren Forschung zu Angststörungen kommt man allerdings zu anderen Ergebnissen. Danach ist der Verlauf psychischer Störungen ungünstig. Wittchen (1991) fand in einer deutschen Studie nur bei etwa 14 % der Probanden nach sieben Jahren eine *Spontanremission* (Heilung ohne therapeutische Einwirkung). Auch Befunde aus einer großen U.S.-amerikanischen Studie (Epidemiological Catchment Area, ECA; Robins et al., 1984) unterstützen die Hypothese der niedrigen Spontanremission.

Darüber hinaus zeigten Menschen mit Angsterkrankungen einen deutlich erhöhten Alkoholkonsum (Leon et al., 1995). Angst führt im Vergleich zu organbezogenen psychosomatischen Syndromen zu den größten Behinderungen im Berufs- und Privatleben und zu den stärksten subjektiven Beeinträchtigungen (Binder & Angst, 1981). Zum Beispiel waren insgesamt nur 20 % der in der ECA-Studie untersuchten Menschen arbeitslos, dagegen hatten aber 36 % der Phobiker, 45 % der Menschen mit Zwängen und 60 % der Paniker keine Arbeit (Leon et al., 1995)!

2.2 Spezifische Phobie

Unter einer Einfachen oder Spezifischen Phobie versteht man eine dauerhafte, unangemessene und intensive Furcht und Vermeidung von spezifischen Objekten oder Situationen. Ausgenommen sind Furcht vor plötzlichen Angstanfällen (Panikstörung) und vor sozialen Situationen (Sozialphobie). Die häufigsten Phobien betreffen Tiere (z. B. Spinnen, Schlangen, Hunde, Ratten), Höhen, das Fliegen, zahnärztliche Behandlung, enge Räume sowie den Anblick von Blut, Verletzungen oder Spritzen (vgl. Öst, 2000). Bei Phobikern sind diese weit verbreiteten Ängste so stark, daß sie die normale Lebensführung beeinträchtigen und ausgeprägtes Leiden verursachen. Konfrontation mit den phobischen Ängsten löst fast immer sofort Angst aus. Manchmal kommt es zu keiner vollständigen Vermeidung, sondern die angstbesetzte Situation kann – allerdings unter extremer Angst – ertragen werden. Die zentralen Befürchtungen betreffen typischerweise direkt vom phobischen Objekt ausgehende Gefahren (z. B. Flugzeugabsturz, Hundebiss).

Häufigkeit

In allen Studien wiesen Frauen für die Einfache bzw. Spezifische Phobie höhere Prävalenzraten als Männer auf, wobei die Zahlen über verschiedene Studien und Länder hinweg stark schwanken (Öst, 2000). Im Bundesgesundheitssurvey 1998/99 betrug die 12-Monats-Prävalenz 7,6 % (Frauen: 10,8 %; Männer: 4,5 %), was für Deutschland einer Zahl von über 3.5 Mio. Betroffener entspricht. Die Schwankungen in den Prävalenzraten sind unter anderem dadurch zu erklären, daß das Kriterium «deutliche Beeinträchtigung» nicht leicht festzulegen ist. So wird etwa starke phobische Angst vorm Zahnarzt erst dann zur Beeinträchtigung in der Lebensführung, wenn auch dringende Zahnbehandlungen anstehen. Die übermäßige Angst vor Insekten ist in einer Neubauwohnung in der Großstadt weniger beeinträchtigend; behindert sie aber die Umsetzung des Wunsches, in ein älteres Haus auf dem Lande zu ziehen oder in südlichen Gefilden Urlaub zu machen, so wird die Einengung des Bewegungsspielraumes offensichtlich.

2.3 Soziale Phobie

Die Soziale Phobie ist durch eine dauerhafte, unangemessene Furcht und Vermeidung von Situationen gekennzeichnet, in denen die Betroffenen mit anderen Menschen zu tun haben und dadurch einer Bewertung im weitesten Sinne ausgesetzt sind. Sozialphobiker befürchten zu versagen, sich lächerlich zu machen oder durch ungeschicktes Verhalten gedemütigt zu werden (vgl. **Kasten 2**). Sie zeigen eine starke Erwartungsangst, wenn die Konfrontation mit einer sozialen Situation bevorsteht. Sozialphobien können einen Großteil der zwischenmenschlichen Interaktion einschließen (generalisierter Typus) oder aber auch sehr eng begrenzt sein, wie bei der Angst vor öffentlichem Sprechen.

Kasten 2

Soziale Phobie

A. Eine ausgeprägte und anhaltende Angst vor einer oder mehreren sozialen oder Leistungssituationen, in denen die Person mit anderen Personen konfrontiert ist oder von anderen Personen beurteilt werden könnte. Der Betroffene befürchtet, sichtbare Angstsymptome zu haben oder ein Verhalten zu zeigen, das demütigend oder peinlich sein könnte. [Beachte: Bei Kindern muss gewährleistet sein, dass sie im Umgang mit bekannten Personen über die altersentsprechende soziale Kompetenz verfügen, und die Angst muss auch gegenüber Gleichaltrigen und nicht nur in der Interaktion mit Erwachsenen auftreten.]

B. Die Konfrontation mit der gefürchteten sozialen Situation ruft fast immer eine unmittelbare Angstreaktion hervor, die das Erscheinungsbild einer situationsgebundenen oder einer situationsbegünstigten Panikattacke annehmen kann. [Beachte: Bei Kindern kann sich die Angst durch Weinen, Wutanfälle, Erstarren oder Zurückweichen von sozialen Situationen mit unvertrauten Personen ausdrücken.]

C. Die Person erkennt, daß die Angst übertrieben oder unbegründet ist. [Beachte: Bei Kindern kann dieses Kriterium fehlen.]

D. Die gefürchteten sozialen oder Leistungssituationen werden vermieden oder nur unter intensiver Angst oder Unwohlsein ertragen.

E. Das Vermeidungsverhalten, die ängstliche Erwartungshaltung oder das starke Unbehagen in den gefürchteten sozialen oder Leistungssituationen beeinträchtigen deutlich die normale Lebensführung der Person, ihre berufliche (oder schulische) Leistung oder soziale Aktivitäten und Beziehungen, oder die Phobie verursacht erhebliches Leiden.

> F. Bei Personen unter 18 Jahren hält die Phobie über mindestens 6 Monate an.
> G. Die Angst oder Vermeidung geht nicht auf die direkte körperliche Wirkung einer Substanz (z. B. Droge, Medikament) oder eines medizinischen Krankheitsfaktors zurück und kann nicht besser durch eine andere psychische Störung (z. B. andere Angststörung, *Körperdysmorphe Störung, Tiefgreifende Entwicklungsstörung* oder *Schizoide Persönlichkeitsstörung*) erklärt werden.
> H. Falls ein medizinischer Krankheitsfaktor und/oder eine andere psychische Störung vorliegen, so stehen diese nicht im Zusammenhang mit der unter Kriterium A beschriebenen Angst, z. B. nicht Angst vor Stottern, Zittern bei Parkinsonscher Erkrankung oder davor (bei Essstörungen wie Magersucht oder Bulimie), ein auffälliges Essverhalten zu zeigen.

Häufigkeit

Im Bundesgesundheitssurvey 1998/99 ergab sich für die Sozialphobie eine 12-Monats-Prävalenz von 2,0 % (Frauen: 2,7 %; Männer: 1,3%). Nach den von Juster et al. (2000) zitierten Studien lässt sich für die USA sogar eine Häufigkeit von 13,3 % für die Sozialphobie feststellen, wenn man nicht nur die letzten 12 Monate, sondern das gesamte bisherige Leben betrachtet. Sie stellt damit dort nach Depressionen und Alkoholismus die dritthäufigste Störung dar. Nach den Daten dieser Studien liegt in der Hälfte der Fälle das Erstauftreten einer Sozialphobie bei höchstens 12 Jahren; bei 91 % lag das Erstauftrittsalter vor dem 25. Lebensjahr. Der mittlere Störungsbeginn liegt also früher als bei den meisten anderen psychischen Störungen.

2.4 Generalisierte Angststörung

Bei der Generalisierten Angststörung stehen dauerhafte, unrealistische bzw. übertriebene Furcht oder Sorgen in mehreren Lebensbereichen im Vordergrund. Zusätzlich auftretende typische Symptome sind z. B. ständig erhöhte Erregung, Nervosität, Anspannung oder vegetative Beschwerden (vgl. **Kasten 3**).

Häufigkeit

Anhand von Daten des National Comorbidity Survey, einer großen allgemeinen Erhebung unter der 15- bis 45jährigen U.S.-amerikanischen Bevölkerung, fanden Wittchen et al. (1994) eine Lebenszeitprävalenz der Generalisierten Angststörung von 5,1 %. Im Bundesgesundheitssurvey 1998/99 ergab sich für die Generalisierte Angststörung eine 12-Monats-Prävalenz von 1,5 % (Frauen: 2,1 %; Männer: 1,0%).

Kasten 3

Generalisierte Angststörung

A. Übermäßige Angst und Sorge (furchtsame Erwartung) bezüglich mehrerer Ereignisse oder Tätigkeiten (wie etwa Arbeit oder Schulleistungen), die während mindestens 6 Monaten an der Mehrzahl der Tage auftraten.

B. Die Person hat Schwierigkeiten, die Sorgen zu kontrollieren.

C. Die Angst und Sorge sind mit mindestens drei der folgenden 6 Symptome verbunden (wobei zumindest einige der Symptome in den vergangenen 6 Monaten an der Mehrzahl der Tage vorlagen). Beachte: Bei Kindern genügt ein Symptom.
  1. Ruhelosigkeit oder ständiges «auf dem Sprung sein»,
  2. leichte Ermüdbarkeit,
  3. Konzentrationsschwierigkeiten oder Leere im Kopf,
  4. Reizbarkeit,
  5. Muskelspannung,
  6. Schlafstörungen (Ein- und Durchschlafschwierigkeiten oder unruhiger, nicht erholsamer Schlaf).

D. Angst und Sorgen sind nicht auf Merkmale einer anderen psychischen Störung beschränkt, z. B. die Angst und Sorgen beziehen sich nicht darauf, eine Panikattacke zu erleben (wie bei der Panikstörung), sich in der Öffentlichkeit zu blamieren (wie bei der Sozialen Phobie), verunreinigt zu werden (wie bei Zwangsstörung), von zu Hause oder engen Angehörigen weit entfernt zu sein (wie bei Störung mit Trennungsangst), zuzunehmen (wie bei der Magersucht), viele körperliche Beschwerden zu haben (wie bei der Somatisierungsstörung), oder eine ernsthafte Krankheit zu haben (wie bei der Hypochondrie), und die Angst und die Sorge treten nicht ausschließlich im Verlauf einer Posttraumatischen Belastungsstörung auf.

E. Die Angst, Sorge oder körperlichen Symptome verursachen in klinisch bedeutsamer Weise Leiden oder Beeinträchtigungen in sozialen, beruflichen oder anderen wichtigen Funktionsbereichen.

F. Das Störungsbild geht nicht auf die direkte körperliche Wirkung einer Substanz (z. B. Droge, Medikament) oder eines medizinischen Krankheitsfaktors (z. B. Schilddrüsenüberfunktion) zurück und tritt nicht ausschließlich im Verlauf einer Affektiven Störung, einer Psychotischen Störung oder einer Tiefgreifenden Entwicklungsstörung auf.

2.5 Allgemeines diagnostisches Vorgehen

Die Diagnose einer Angststörung sollte auf mehreren Ebenen erfolgen, wobei günstigerweise darüber hinausgehende therapierelevante Informationen gleich miterhoben werden können. Zunächst bietet sich ein strukturiertes klinisches Interview an, in dem unter anderem die relevanten Diagnosekriterien abgefragt werden (z. B. das Diagnostische Interview bei Psychischen Störungen (DIPS); Margraf, Schneider & Ehlers, 1991; oder die deutsche Version eines entsprechenden von der WHO international eingesetzten Interviews (CIDI); Wittchen & Pfister, 1997). Ergänzt werden kann der daraus entstehende Befund um die standardmäßige psychiatrische bzw. psychopathologische Befunderhebung nach dem AMDP-System (Haug & Stieglitz, 1997) und um störungsspezifische Fragebögen, z. B. zur Mobilität oder agoraphobischen und körperbezogenen ängstlichen Kognitionen (s. zusammenfassend bei Fydrich et al., 1995). Einen Gesamtüberblick zur Angstdiagnostik liefern Hoyer & Margraf (2002). Diese Fragebögen lassen sich, wie auch störungsübergreifende Fragebogen (z. B. SCL-90; Franke, 1995), auch gut zur Verlaufs- bzw. Erfolgsmessung in der Psychotherapie einsetzen.

Immer sollte jedoch eine Verhaltensanalyse Ausgangspunkt der Behandlung sein. Stark vereinfacht geht es dabei darum, mit dem Patienten zusammen herauszufinden, welche Gedanken, Gefühle, Verhalten und körperlichen Reaktionen in einer typischen Angstsituation auftreten. Eine Verhaltensanalyse gibt Patienten und Therapeuten die Möglichkeit an einem konkreten Beispiel ein besseres Verständnis dafür zu bekommen, was in der jeweiligen Situation passiert. Dies allein hilft dem Patienten häufig, eine Erklärung für seine Angst zu finden, was oftmals stark erleichternd wirkt. Eine Verhaltensanalyse kann weiterhin als direkte Überleitung zu ersten therapeutischen Interventionen dienen. Nähere Ausführungen zur Durchführung von Verhaltensanalysen finden sich z. B. bei Kanfer, Reinecker & Schmelzer (2000). Zur individuellen Diagnostik für die Therapieplanung haben sich des weiteren Angst- und Vermeidungstagebücher als hilfreich erwiesen (Margraf & Jacobi, 1997).

3. Ursachen und Erklärungen: Ätiologische Modelle

3.1 Überblick

Da es den Umfang dieses Kapitels sprengen würde, bezüglich Ätiologie (d. h. Erklärungen zu Entstehung und Verlauf) und Therapie differenziert auf alle Angststörungen einzugehen, möchten wir uns hier auf den Bereich Panikstörung/Agoraphobie beschränken, insbesondere da es einige Gemeinsamkeiten zu den anderen Angststörungen gibt (vgl. auch die Kapitel zu Zwangsstörungen in diesem Band). Für die anderen Störungen sei als kompakte Einführung auf folgende Literatur verwiesen:

- Spezifische Phobie: Öst (2000; Besonderheiten gibt es dort insbesondere bezüglich der Blut- und Spritzenphobie)
- Sozialphobie: Clark & Wells (1995); Juster, Brown & Heimberg (2000)
- Generalisierte Angststörung: Turowsky & Barlow (2000), Becker & Margraf (2002)

Die im folgenden dargestellten kognitiv-verhaltenstherapeutischen Störungskonzepte befassen sich sowohl mit der Entstehung als auch mit der Aufrechterhaltung von Panikanfällen und Agoraphobie. Die Konzentration auf Sichtweisen und Verfahren aus dem verhaltenstherapeutischen Umfeld ist insofern begründet, als daß hierfür die meisten Wirksamkeitsnachweise vorliegen. Bei der Therapie kommen aber auch therapeutische Wirkfaktoren zum Tragen, die ebenfalls wichtig für humanistische oder tiefenpsychologische Ansätze sind. Einen umfassenden Einblick in dieses Thema gibt das Buch «Psychologische Therapie» von Klaus Grawe (1998), in dem am Beispiel der Agoraphobie die Perspektiven verschiedener «Therapieschulen» erläutert werden.

3.2 Das psychophysiologische Modell der Panikstörung

In Reaktion auf die ursprünglich rein «biologischen» Modelle der Panikstörung entwickelten verschiedene Forschergruppen psychologische bzw. psycho-physiologische Modellvorstellungen. Die gemeinsame zentrale Annahme dieser Ansätze besagt, daß Panikanfälle durch positive Rückkopplung zwischen körperlichen Symptomen, deren Assoziation mit Gefahr und der daraus folgenden Angstreaktion entstehen.

Typischerweise beginnt ein Panikanfall mit einer *physiologischen oder psychologischen Veränderung* (z. B. mit Herzklopfen, Schwitzen, Schwindel, oder mit Gedankenrasen, Konzentrationsproblemen). Diese Veränderungen müssen von der Person wahrgenommen und als bedrohlich interpretiert werden. Das setzt einen psychophysiologischen Teufelskreis in Gang, denn die auf die Interpretation hin einsetzende Angstreaktion verstärkt wiederum die körperliche Symptomatik und die Einengung der Wahrnehmung auf die internen «Gefahren»-Reize. So kann es zu einer sehr schnellen Steigerung der Angst kommen, bei dem dieser Aufschaukelungsprozess meist mehrmals durchlaufen wird.

Dem psychophysiologischen Modell zufolge kann der Panikanfall auf mehrere Arten beendet werden: 1. durch wahrgenommene Verfügbarkeit von Bewältigungsmöglichkeiten (z. B. durch hilfesuchendes und Vermeidungsverhalten), 2. durch automatisch einsetzende negative Rückkopplungsprozesse (z. B. Ermüdung und *Habituation,* da der Körper eine massive Angstreaktion nicht ständig aufrechterhalten kann und deshalb automatisch nach einiger Zeit zurückregelt), sowie 3. durch externe Symptomreduktion (z. B. durch Tranquilizer oder Alkohol; vgl. Abschnitt zur Psychopharmakologie in diesem Buch).

Einflussgrößen auf den Aufschaukelungsprozess sind entweder kurzfristiger Art (momentane psychische und physiologische Zustände wie generelles Angstniveau, körperliche Erschöpfung, hormonelle Schwankungen oder situative Faktoren wie Hitze, körperliche Aktivität, Einflüsse von psychotropen Substanzen etc.), oder sie modulieren die Angstbereitschaft langfristig (z. B. langanhaltende schwierige Lebenssituation, oder Reaktionen anderer, die nahe legen, daß bestimmte Symptome gefährlich sein könnten).

Außerdem spielen *prädisponierende (vorbereitende) Faktoren* bzw. *Vulnerabilitäten* für die Ausprägung der Angstanfälle eine Rolle. Dies sind genetische Faktoren oder früh erworbene Eigenschaften, die meist schon vor dem ersten Angstanfall bestehen, z. B. erhöhte Aufmerksamkeitszuwendung auf Gefahrenreize oder eine besondere Fähigkeit, interne körperliche Reize wie etwa den Herzschlag wahrzunehmen. In einer neueren Untersuchung zur Rolle psychologischer Dispositionen kam heraus, daß Kinder von Panikpatienten gemeinsame kognitive Merkmale mit ihren Eltern aufweisen (Schneider, 1995): Kinder von Panikpatienten bewerten panikrelevante Symptome als bedrohlicher und zeigten eine stärkere Aufmerksamkeitszuwendung auf panikrelevante Reize als Kinder von Tierphobikern und Kinder von Eltern ohne psychische Störungen in der Vorgeschichte.

In jedem Fall sind im Rahmen der Therapieplanung auch die individuelle Lerngeschichte (z. B. bezüglich relevanten klassischen Konditionierungen oder Modellernen) und die persönliche Art und Weise des Patienten, mit

Problemen umzugehen zu berücksichtigen, denn auch sie beeinflussen die individuellen Abläufe im Rahmen des psychophysiologischen Modells. Dieses Erklärungsmodell für Panikanfälle ist übrigens empirisch gut belegt (Überblick bei Ehlers & Margraf, 1989).

4. Behandlung von Angststörungen

4.1 Allgemeines zur kognitiven Verhaltenstherapie

Die Therapie von Angststörungen ist ausführlich untersucht worden, wobei sich besonders Verfahren aus dem Bereich *kognitiver Verhaltenstherapie* als wirksam erwiesen haben (vgl. z. B. Hahlweg, 1993; Grawe et al., 1994). Es stellt sich nun die Frage, was Verhaltenstherapie eigentlich ist (vgl. Kapitel zum Überblick über Psychotherapieformen in diesem Buch). Die Verhaltenstherapie wird als ein der klinischen Psychologie entsprungener Heilkundeansatz aufgefasst, der eine Vielzahl unterschiedlicher Techniken und Behandlungsmaßnahmen beinhaltet, die auf eine Veränderung von dysfunktionalen Gedanken und Verhalten abzielt. In Abhängigkeit von der jeweiligen Problematik der Patienten werden diese Techniken unterschiedlich kombiniert und eingesetzt. Die moderne Verhaltenstherapie bemüht sich dabei, die sich in ständiger Entwicklung befindlichen Behandlungskonzepte bezüglich ihrer Effektivität empirisch abzusichern. Zu den therapeutischen Maßnahmen, die die Verhaltenstherapie kennzeichnen, zählen therapeutische Basisfertigkeiten (Gesprächsführung, Beziehungsgestaltung und Motivation), störungsübergreifende, verhaltenstherapeutische Maßnahmen, die jeder Verhaltenstherapeut flexibel in den jeweiligen Behandlungsplan einfügen können muss (z. B. Konfrontationsverfahren *in sensu* (Vorstellung der angstbesetzten Situation) und *in vivo* (reales Aufsuchen der angstbesetzten Situation), Entspannungsverfahren, Training sozialer Kompetenzen) und störungsspezifische Therapieprogramme, die möglichst genau auf die speziellen Gegebenheiten der verschiedenen Störungsbilder zugeschnitten sind.

Grundsätzlich kann man von folgenden Stufen bei der Behandlung von Angsterkrankungen ausgehen (vgl. Angst-Manual, 1994):

1. Selbsthilfe, Laienhilfe (z. B. Selbsthilfegruppe, Unterstützung durch Angehörige oder Freunde; mögliches Problem bei Selbsthilfegruppen: dauerndes «Kochen im eigenen Saft», Austausch von «Vermeidungsrezepten», ohne daß grundsätzlich etwas verändert wird)
2. Beratung, stützende Gespräche (z. B. durch Hausarzt)

3. Gezielte Therapie der Angsterkrankung durch Diplom-Psychologen oder Facharzt für Psychotherapie
3.1 Verhaltenstherapie (wie im folgenden ausführlich beschrieben)
3.2 Medikamentöse Behandlung. Diese kann manchmal als «Initialzündung» wirksam sein, wenn Verhaltenstherapie allein nicht anschlug; hierbei ist besonders die Rückfallprophylaxe zu beachten, da die Rückfallhäufigkeit bei medikamentöser Behandlung in der Regel gegenüber Psychotherapie erhöht ist (vgl. Schneider & Margraf, 1998). Außerdem: Vorsicht mit angstlösenden Beruhigungsmitteln *(Tranquilizer, Benzodiazepine)* wegen Suchtgefahr und Aufrechterhaltung der Störung; besser: *trizyklische Antidepressiva, Serotonin-Wiederaufnahmehemmer;* s. Kapitel Psychopharmakologie)
3.3 Andere psychotherapeutische Interventionen bei Versagen von 3.1 und 3.2 (z. B. Entspannungsverfahren, weitere Betreuung mit Gesprächen)

Im folgenden sollen störungsspezifische Vorgehensweisen für die Behandlung von Panikanfällen und agoraphobischem Vermeidungsverhalten umrissen werden.

4.2 Behandlung von Panikanfällen

Die direkte kognitive (d. h. auf ungünstige Denkmuster des Patienten abzielende) Behandlung von Panikanfällen auch bei Patienten ohne ausgeprägtem Vermeidungsverhalten steht erst seit kurzem im Mittelpunkt des Interesses. Die meisten Ansätze kombinieren die Konfrontation mit internen Reizen (besonders körperlichen Symptomen) mit der Vermittlung von Informationen zu Strategien zur Bewältigung von Angst und Symptomen. Zusätzlich zielen kognitive Methoden auf eine veränderte Interpretation der ursprünglich als bedrohlich erlebten Angstsymptome ab. Im Behandlungsmanual zur Behandlung von Panikanfällen von Margraf und Schneider (1990) sind die Vorgehensweisen im einzelnen beschrieben, und es werden Materialien für die Therapie bereitgestellt. Im folgenden wird ein Überblick über die Elemente dieses Programms gegeben.

Grundprinzip ist, nicht nur die Angst der Patienten zu reduzieren, sondern Ihnen Fertigkeiten und Strategien zu vermitteln, die sie auch ohne Therapeuten selbständig einsetzen können. Die Therapie besteht aus folgenden Komponenten:

- *Informationsvermittlung.* Grundlage der Behandlung bildet die *Vermittlung eines glaubwürdigen Erklärungsmodells* für die Panikanfälle. Damit soll auch eine Alternative zur Befürchtung vieler Patienten bereitgestellt werden, an einer (unerkannten) schweren körperlichen oder psychischen Krankheit zu leiden (*Entpathologisieren* der Symptome und Reaktionsweisen). Analog dem oben dargestellten psychophysiologischen Erklärungsmodell wird mit den Patienten der «Teufelskreis bei Angstanfällen» (**Abb.1**) besprochen und auf die individuelle Symptomatik zugeschnitten. Darüber hinaus muss dem Patienten damit eine Perspektive geboten werden. Wichtig ist also, nicht gegen die Annahmen und Überzeugungen des Patienten zu argumentieren, sondern das Gespräch so zu führen, daß der Patient wichtige Schlussfolgerungen selbst zieht und sich hierauf aufbauend eigenständig für oder gegen eine Einstellungs- oder Verhaltensänderung entscheiden kann. Begriffe, die dieses Vorgehen charakterisieren, sind «geleitetes Entdecken» und «systemimmanente Gesprächsführung» (dargestellt z. B. bei Margraf & Schneider, 2000; Tuschen & Fiegenbaum, 2000).

Auslösender kritischer interner oder externer Reiz

Körperliche Empfindungen

Wahrnehmung

Körperliche Veränderungen

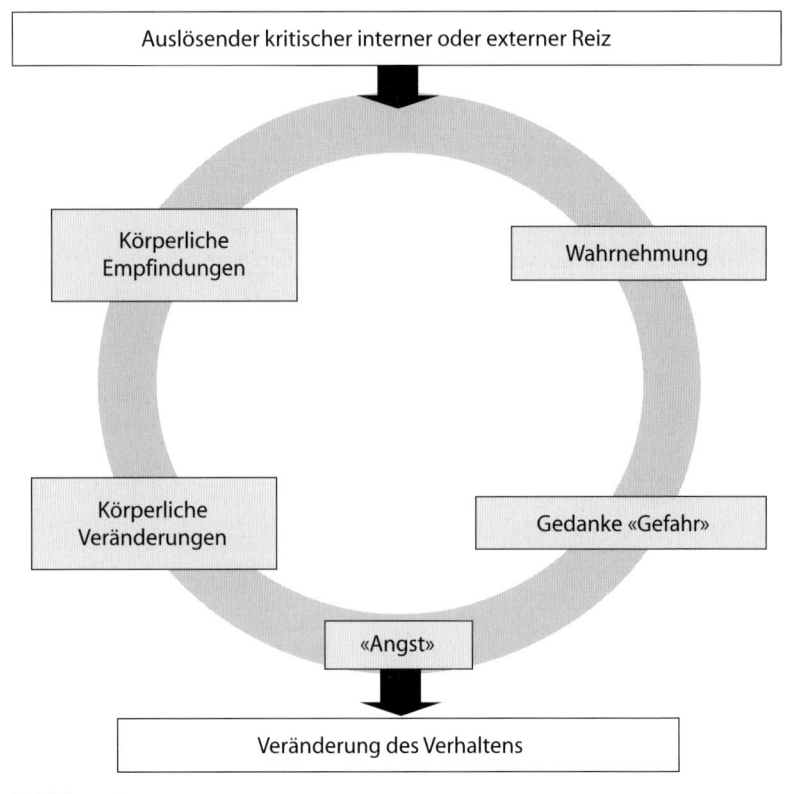

Gedanke «Gefahr»

«Angst»

Veränderung des Verhaltens

Abbildung 1

- *Korrektur der Fehlinterpretation körperlicher Symptome.* Aus dem Erklärungsmodell werden weitere Schritte abgeleitet. Relevante Fehlinterpretationen müssen zunächst identifiziert und das Ausmaß der Überzeugung von dieser Interpretation bestimmt werden; daraufhin werden Daten und Argumente gesammelt, die für und gegen die Interpretation sprechen; ferner wird nach alternativen Erklärungen gesucht und auch dafür entsprechende Daten und Argumente gesammelt, bis schließlich noch einmal die Überzeugung des Patienten bezüglich ursprünglicher und alternativer Interpretation erhoben wird. Dieser Prozess wird in der Regel häufig durchlaufen und sollte sorgfältig (immer alle Fragen und Zweifel «zu Ende denken») und mit Geduld durchgeführt werden. Ein besonders wichtiges Hilfsmittel bei der Korrektur von Fehlinterpretationen sind *Verhaltensexperimente.* Sinnvolle Verhaltensexperimente sind abhängig von den individuellen Befürchtungen und Symptomen etwa körperliche Belastung («Zu viele Symptome schaden meinem Herzen»), oder die Erzeugung von Symptomen durch *Hyperventilation* (übermäßig hastiges Atmen, das eine Störung des natürlichen Verhältnisses von Sauerstoff und Kohlendioxid im Körper verursacht). Letzteres führt häufig zu denselben Symptomen, die bei Angstanfällen auftreten und die nach kurzer Zeit von selbst wieder verschwinden (z. B. Schwindel, Unwirklichkeitsgefühl, scheinbare Atemnot), ohne aber eine befürchtete Gefahr darzustellen (wie etwa Ohnmacht, Kreislaufkollaps, Ersticken oder Verrücktwerden).

- *Rückfallprophylaxe.* Eine explizite Rückfallprophylaxe ist besonders wichtig, da die Panikstörung oft einen sehr wechselhaften Verlauf aufweist. Fluktuationen und Rückschläge müssen vorweggenommen und als nicht katastrophal eingeordnet werden, da sonst die Gefahr der irrationalen Annahme «Ein weiterer Angstanfall, und die Behandlung war umsonst» lauert. In Hausaufgaben sollen die Therapieinhalte in möglichst vielen verschiedenen realistischen Situationen und zunehmend eigenverantwortlich umgesetzt werden. Schließlich werden gegen Ende der Therapie noch einmal gemeinsam alle früheren Fehlinterpretationen durchgegangen und geprüft, inwieweit noch Zweifel an den in der Therapie erarbeiteten Alternativerklärungen bestehen. Auch die Bearbeitung des zwar verständlichen, aber leider unrealistischen Wunsches nach 100%iger Sicherheit (z. B. «Es ist doch so, daß das alles nur Angstsymptome sind und ich wirklich keinen Herzinfarkt bekommen werde…?») dient der Rückfallprophylaxe, indem sie einem «Alles-oder-Nichts-Denken» entgegenwirkt und zu individuellen Kosten-Nutzen-Überlegungen anregt. Denn es ist eine individuelle Entscheidung, für wie viel Sicherheit man welchen Aufwand betreiben möchte; aber eins ist klar: Egal, wie hoch der Aufwand ist, 100%ige Sicherheit gibt es nicht!

4.3 Behandlung von Agoraphobien

Grundprinzipien

Das Grundprinzip der heute üblichen Behandlung von phobischem Vermeidungsverhalten, die *Konfrontation mit angstauslösenden Reizen* (auch Expositionsverfahren genannt) ist schon seit alters her bekannt. Die Frage, ob dabei ein eher abgestuftes Vorgehen mit Bewältigungshilfen in der Angstsituation (z. B. *Angst-Management, Systematische Desensibilisierung*) oder aber die *massierte Reizkonfrontation in realistischen Situationen* (auch *flooding in vivo* genannt) erfolgreicher sind, ist wissenschaftlich noch nicht abschließend beantwortet. Zwar sprechen sowohl die Plausibilität des Therapiemodells als auch einige langfristige Ergebnisse aus Therapieerfolgsstudien für die Überlegenheit der massierten Reizkonfrontation, also der Methode, bei der gleich von Beginn an geübt wird, sich mit der stärksten Angst intensiv auseinander zu setzen. Jedoch gibt es auch Argumente für ein gestuftes Vorgehen, da manche Patienten auch nach ausführlicher und sachgerechter Vorbesprechungsphase nicht in der Lage sind, sich auf eine konsequente Konfrontation einzulassen. Eine Alternative, die in diesen Fällen wissenschaftlich weiter untersucht werden sollte, ist z. B. die Hypnose-Therapie (vgl. Bongartz, 1998). Außerdem scheint es eine Untergruppe von Angstpatienten zu geben, bei denen weniger die aufrechterhaltende Funktion der bisherigen Vermeidung, als eher konflikthafte Beziehungsmuster der Störung zugrunde liegen, wie sie etwa bei Grawe (1998) beschrieben sind. Dort bieten sich eher klärungsorientierte psychotherapeutische Interventionen an, deren Beschreibung den Rahmen dieses Kapitels allerdings sprengen würde. Deshalb wird im folgenden das massierte konfrontative Vorgehen besprochen.

Vorbereitung auf die Konfrontationsübungen mit Gedankenspielen

In der *kognitiven Vorbereitung* wird ähnlich der oben dargestellten Therapie der Angstanfälle zunächst ein individuell entwickeltes Erklärungsmodell erstellt (vgl. Tuschen & Fiegenbaum, 2000). Dabei ist das Verständnis der *Aufrechterhaltung der Ängste durch Vermeidung* zentral. Dies lässt sich ausgezeichnet mit Gedankenspielen verdeutlichen, bei denen man hypothetische Angstverläufe in exemplarischen besonders bedrohlichen Angstsituationen durchgeht (z. B. «allein ohne Hilfe in engem Raum eingeschlossen, und ohne die Möglichkeit, die Situation und sicher auftretende Angstsymptome etwa durch Flucht oder Ablenkung zu kontrollieren»). Solche hypothetischen Ver-

Angst ↑   **Befürchteter Verlauf**

Ohne Flucht

Konfrontation und Habituation

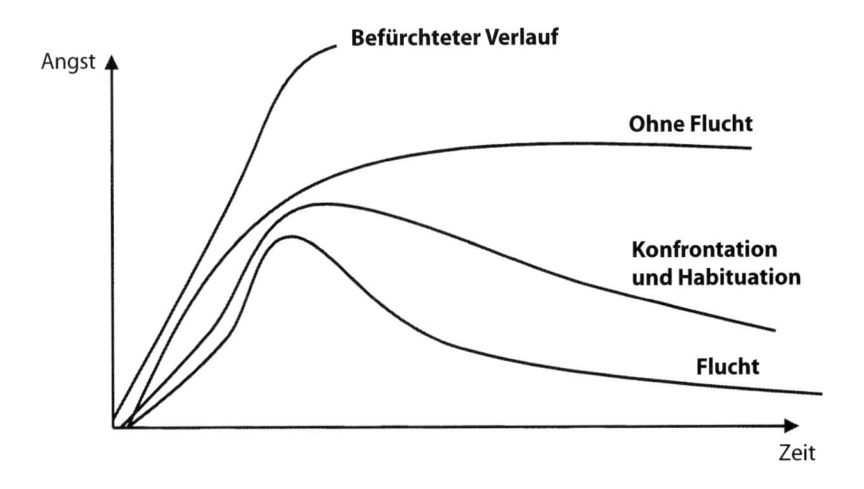

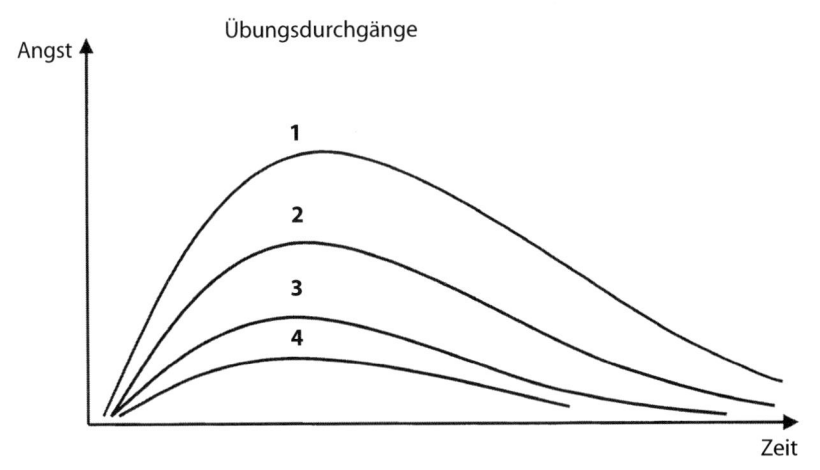

Flucht

→ Zeit

Angst ↑   Übungsdurchgänge

1
2
3
4

→ Zeit

Abbildung 2

läufe sollten vom Patienten selbst graphisch entwickelt werden (vgl. verkürzte Darstellung in **Abb. 2**).

Wenn man dabei genügend Geduld walten lässt und den Patienten anhält, alle möglichen Ereignisse – einschließlich möglicher Katastrophen – wirklich zu Ende zu denken und deren (bedingte) Wahrscheinlichkeiten abzuwägen, so wird man die Erfahrung machen, daß Patienten am Ende praktisch immer den Schluss ziehen, daß die massierte Konfrontation mit der angstauslösenden Situation zwar anfangs sehr belastend, aber langfristig die einzige Methode ist, die Angst nachhaltig zu bekämpfen.

Insbesondere soll das Erklärungsmodell vermitteln, daß damit auch die Erwartungsangst entscheidend reduziert wird, was bei Vermeidung jeglicher Art (z. B. Aufsuchen von schwierigen Situationen nur mit Hilfe angstlösender Mittel) nicht der Fall ist. Denn wenn man schwierige Situationen ohne jegliches Sicherheitsverhalten wiederholt überstanden und gemeistert hat, dann kann man ihnen in Zukunft gelassener entgegensehen – **angstfrei ist derjenige, der keine Sicherheit mehr braucht.**

Wichtig bei diesen Gedankenexperimenten und dem daraus abgeleiteten Konfrontationsprinzip ist, daß dabei der Aspekt der unmittelbaren Angstbewältigung herausgearbeitet wird. Therapeutisch wirksam ist die Konfrontation mit den Angstgefühlen, nicht mit irgendwelchen Situationen! Es geht also nicht in erster Linie darum, lediglich das eine oder andere Alltagsproblem wieder halbwegs in den Griff zu kriegen. Zum Beispiel wäre es unter langfristiger Perspektive als Ziel verfehlt, wieder die drei Stationen zum Arbeitsplatz mit der Straßenbahn fahren zu können. Eventuelle Widerstände des Patienten (z. B. «Aber ich muss doch gar nicht längere Strecken mit dem Zug fahren, und Fahrstühle brauche ich in meinem täglichen Leben auch nicht...») sollten unbedingt vor den eigentlichen Konfrontationsübungen besprochen werden («Es geht nicht um die Situation, sondern um Ihre Angst und Ihre Angstbereitschaft!»).

Dem Patienten wird also erläutert, daß im Rahmen einer Therapie das Unterstützen von Vermeidungs- und Fluchtverhalten geradezu einem Kunstfehler gleichkäme, denn dies könnte möglicherweise sein agoraphobisches Verhalten wieder verstärken (vgl. oben angesprochenes Prinzip der *negativen Verstärkung*).

Konfrontation: langanhaltend, häufig, wiederholt

Hat sich der Patient nach einer Bedenkzeit (denn er sollte sich niemals überredet oder gedrängt fühlen) für die Konfrontationstherapie entschieden, so wird diese am besten zunächst intensiv durchgeführt, d. h. *mehrstündige Expositionen an aufeinanderfolgenden Tagen mit vielen Wiederholungen*. Die jeweilige Konfrontationsübung soll erst dann beendet werden, wenn die in der Regel sofort einsetzende starke Angst (auch ohne Hilfen) deutlich nachgelassen hat. Deswegen sollte im Verlauf der Übungen in regelmäßigen Abständen nach dem derzeitigen Angstniveau (z. B. auf einer Skala von 0 bis 10) gefragt werden.

Eine mögliche Regel dafür ist folgende: «Sie dürfen die Situation erst dann wieder verlassen, wenn Sie das Gefühl haben, es auch noch eine halbe Stunde länger (ohne Hilfe oder Sicherheit) aushalten zu können. Wenn Sie das

Gefühl bei Beendigung der Übung haben «Puh, gerade mal noch so geschafft!» (ein Gefühl, das viele Patienten aus bisherigen unfreiwilligen Angstkonfrontationen ihres Alltags kennen), dann ist Vermeidung im Spiel, und wir müssen die Übung unbedingt wiederholen und das nächste Mal anders gestalten!»

Werden dabei mit der Hilfe des Therapeuten die wirklich relevanten Situationen ausgewählt und Sicherheits-, Flucht- und Vermeidungsverhalten konsequent unterbunden, so wird es zwangsläufig zum Absinken der Angst (Habituation und gedankliche Umbewertung der Angstsituation) sowohl innerhalb einer Exposition als auch zwischen den Übungen bei Wiederholung kommen. Dies führt in der Regel zu einer starken Dynamik in der Therapie, und viele Patienten werden dadurch für weitere Schritte sehr motiviert. Die Befürchtungen mancher Therapeuten, die therapeutische Beziehung – erwiesenermaßen einer der wichtigsten Wirkfaktoren der Psychotherapie (vgl. Grawe, 1995) – könne sich wegen der «Brutalität» des Verfahrens verschlechtern, ist in der Regel unbegründet oder rückwirkend durch Fehler bei der Vorbereitung zu erklären und bei adäquater Beziehungsgestaltung durch den Therapeuten wieder «auszubügeln».

Weitere Aspekte und Rückfallprophylaxe

Der Intensivphase der Konfrontationstherapie als grundlegende *Bewältigungshilfe* für die phobischen Ängste schließen sich in der Regel Phasen an, in denen der Patient zunehmend selbständig Übungen plant und durchführt und in denen in den therapeutischen Sitzungen verstärkter Augenmerk auf weitere eher *klärungsorientierte* Aspekte gelegt wird. Aufgrund der oben angesprochenen hohen Komorbidität schwerer Angststörungen können nach den ersten «großen Schritten» nun auch andere Bereiche bearbeitet und Perspektiven besprochen werden. So hat eine ausgeprägte Agoraphobie z. B. meist wichtige *systemische Aspekte* (d. h. steht in Wechselwirkung mit der Umgebung des Patienten), so daß es nützlich sein kann, wichtige Bezugspersonen, die bislang die Rolle von Helfern, Beschützern und Tröstern übernommen hatten, in die Therapie mit einzubeziehen. Oder es gilt, im Rahmen der Angsttherapie auch Ehekonflikte zu moderieren, die bislang durch die Angstsymptomatik des einen Partners in Grenzen gehalten wurden (Bsp.: Die weibliche Patientin kann nichts alleine unternehmen, obwohl sie gerne möchte, da es ihre Ängste nicht zulassen. Dem eher zur Eifersucht neigenden Mann ist das eigentlich ganz recht. Im Laufe der Therapie ist es der Patientin plötzlich möglich, Autonomiewünsche zu äußern und sogar zu verwirklichen, da ihr Bewegungsspielraum im Rahmen der Konfrontationstherapie wieder stark erweitert wurde. Damit ist ein Beziehungskonflikt vorprogrammiert.)

Es bieten sich übrigens über diese wissenschaftlich abgesicherten psychologischen Therapieverfahren durchaus auch flankierende Maßnahmen an, die zusätzlich angewandt werden können. So haben sich Ausdauersport, Meditationstechniken oder Entspannungstraining zur Senkung des allgemeinen Angst- und Stressniveaus in der klinischen Beobachtung als hilfreich erwiesen. Allerdings reichen solche Maßnahmen allein nicht aus, um eine signifikante Besserung der Angststörung zu erreichen. Sie stellen vielmehr eine Möglichkeit dar, Stress abzubauen bzw. haben präventiv einen positiven Einfluss auf die Belastbarkeit und damit auch subjektiv erlebter Lebensqualität.

5. Effektivität und Ausblick

Zusammenfassend sollte dieses Kapitel allen Menschen mit Angststörungen Mut machen: Angst ist heute gut behandelbar. Sowohl in der stationären Verhaltenstherapie (Zielke, 1993) als auch in der ambulanten Normalversorgung sind die Therapieerfolge als gut bis sehr gut zu bewerten und weisen darüber hinaus eine gute Kosten Effektivität auf (Jacobi & Margraf, 2001) – vorausgesetzt die oben genannten wissenschaftlich überprüften Verfahren werden auch sachgerecht angewandt. So zeigen verschiedene Studien zur Effektivität von kognitiver Verhaltenstherapie bei Panikstörungen, daß etwa 80 bis 90 % der Patienten nach der Therapie keine Panikattacken mehr aufweisen (Barlow et al., 1989; Beck et al., 1992; Schmidt und Woolaway-Bickel, 2000, Wade et al., 1998), während es nur 40 % in einer unbehandelten Wartegruppe sind. 2 Jahre nach Therapieende waren 81,3 % der Patienten, die eine Verhaltenstherapie erhalten hatten, ohne Panikattacken, während dies nur für 35,7 % der Patienten, die ein Entspannungsverfahren erlernten, zutraf (Übersichten siehe: Clum et al., 1993; Margraf et al., 1993).

Dennoch gibt es bei der Behandlung von Angststörungen noch einiges zu tun. Grundsätzliche Veränderungen, d.h. echte Korrekturen der Prävalenz von psychischen Störungen, können, gesundheitspolitisch betrachtet, nur über neue Präventionskonzepte und deren Umsetzung in der Allgemeinbevölkerung erreicht werden. Außerdem ist noch nicht sicher gestellt, daß jeder Behandlungsbedürftige auch tatsächlich zeitnah eine adäquate Therapie erhält, so gibt es derzeit weitaus mehr behandlungsbedürftige Angstpatienten als Behandlungsmöglichkeiten.

6. Adressen für Betroffene

- Die meisten Universitäten haben psychologische Ambulanzen, in denen in der Regel Psychotherapie nach dem aktuellen wissenschaftlichen Stand durchgeführt werden. [http://www.klinische-psychologie-psychotherapie.de/institutsambulanzen.html]
- Von den regionalen Kassenärztlichen Vereinigungen und Krankenkassen kann man sich Listen mit niedergelassenen Verhaltenstherapeuten besorgen.
- Eine der bekanntesten Angst-Selbsthilfegruppen ist die Münchner MASH, die auch eine gute Zeitschrift herausgeben (MASH, Bayerstr. 77a, 80335 München, Tel.: (089) 543 80 80)
- Internet: mit relevanten Stichwörtern suchen; Beispiele für Ausgangspunkte für eine Suche sind z. B. die Homepage der Christoph-Dornier-Stiftung für Klinische Psychologie (http://www.christoph-dornier-stiftung.de), http://www.psychologie.de, http://www.psychotherapie.de

Weiterführende Literatur

Bartling, G. & Fiegenbaum, W. (1980). Reizüberflutung. Theorie und Praxis. Stuttgart: Kohlhammer. (ist im Buchhandel leider vergriffen, aber als Standardwerk in Bibliotheken erhältlich)

Grawe, K. (1998). Psychologische Therapie. Göttingen: Hogrefe. (In diesem sehr umfangreichen aber dennoch sehr lesenswerten Buch finden sich Abschnitte (z. B. 1.8.), in denen verschiedene Ätiologiemodelle und therapeutische Wirkfaktoren am Beispiel der Agoraphobie erläutert werden).

Margraf, J. & Schneider, S. (1990). Panik. Angstanfälle und ihre Behandlung. 2. Auflage. Berlin: Springer. (Ende diesen oder Anfang nächsten Jahres soll die dritte Auflage erscheinen)

Schneider, S. & Margraf, J. (1998). Agoraphobie und Panikstörung. In: Fortschritte der Psychotherapie (Bd. 3). Göttingen: Hogrefe. (Diese Reihe ist wegen der knappen und prägnanten Darstellung auch für andere Themen interessant)

Hoyer, J. & Margraf, J. (2002). Angstdiagnostik. Berlin: Springer. (Erstmals für den deutschen Sprachraum zusammengestellter aktueller umfassender Überblick zu Fragebögen und Tests)

Lebensmüde

Suizidalität als Zeichen einer psychischen Störung?

Sven Barnow

1. Alltägliche Erfahrungen

Fast jeder Mensch denkt während seines Lebens einmal darüber nach, ob sein Leben lebenswert ist. Meist treten solche Gefühle und Gedanken in Krisensituationen oder aber in Zeiten «schlechter Stimmung» und «Melancholie» auf. Das Nachdenken über den eigenen Tod gehört zum Leben und hat zunächst nichts Krankhaftes an sich. Wenn solche Gedanken jedoch zunehmen oder gar das gesamte Denken beherrschen bzw. Dinge geplant oder tatsächlich ausgeführt werden, um das Leben zu beenden, spricht man von Suizidalität. In diesem Falle ist professionelle Hilfe durch einen Arzt oder Psychologen unabdingbar. Meist leiden Betroffene nicht nur unter ihrer Suizidalität, sondern weisen weitere psychische Probleme auf, wie z. B. depressive Störungen und Ängste.

Fallbeispiel

Das folgende Fallbeispiel zitiert Ausschnitte aus zwei Tagebucheintragungen einer 36jährigen Patientin, welche wegen einer suizidalen Krise stationär behandelt wurde. Dabei führte sie täglich Tagebuch, da sie keine andere Möglichkeit sah, ihre Gefühle auszudrücken. Sie hatte im Vorfeld bereits mehrere Suizidversuche – meist mit Tabletten und unter Alkoholeinfluß – unternommen. Auch während der stationären Behandlung versuchte sie sich durch Tabletteneinnahme das Leben zu nehmen. Auffällig war ihre geringe Frustrationstoleranz und ihre Neigung zu impulsiven Ausbrüchen, meist verbunden mit Beschädigung von Dingen.

«Ich möchte tot sein, dann ist alles vorbei. Dann sehe und höre ich nichts mehr. Warum soll es anders sein? Für wen oder was überhaupt noch? Einfach weglaufen, so daß einen niemand mehr findet. Aber diese Träume werden leider nicht erfüllt. Ich fühle mich einsam und verlassen. Mein Leben ist nicht lebenswert. Ich glaube, mir ist nicht mehr zu helfen. Ich gebe mich einfach auf, es bringt eh nichts mehr. ...Es stellt sich keine ruhige Phase ein, die Gedanken bleiben nur beim Tod, und ich weiß nicht ob ich es heute schaffe, alles aufrechtzuerhalten. Meine Gedanken und Gefühle stellen sich einfach gegen mich. Bei der Vorstellung zu leben, empfinde ich Haß und Wut. Freundschaft ist mir fast egal. Es hat alles keinen Sinn. Ob ich anders denken kann? Es ist mir selbst ein Rätsel! Ich sehe einfach kein Land mehr. Das andere treibt mich vorwärts. Es gibt einfach keine andere Lösung für mich. Es ist mächtiger als ich es bin...»

2. Einführung

Unter einem Suizid wird die absichtliche Selbsttötung verstanden. Bei einem Suizidversuch kann einerseits eine Selbsttötung beabsichtigt sein, häufiger jedoch besteht keine eigentliche Selbsttötungstendenz, sondern der Suizidversuch ist Ausdruck des Wunsches nach Ruhe und Beendigung eines als negativ erlebten emotionalen Zustandes. Dieser emotionale Zustand ist von Hilflosigkeit und Hoffnungslosigkeit gekennzeichnet und geht häufig mit Depressionen und psychosozialen Konflikten einher. Während Frauen häufiger eher «weiche» Suizidmethoden wie Einnahme von Tabletten, sich ertränken oder sich vergiften wählen, stehen bei Männern eher «harte» Methoden wie sich erhängen, erschießen oder der Sprung aus großer Höhe im Vordergrund.

In den letzten Jahren gab es vermehrt Diskussionen darüber, ob der Wunsch zu sterben unter bestimmten Bedingungen nicht natürlich und deshalb von der Gesellschaft zu akzeptieren sei. Dabei werden häufig Lebensbedingungen genannt, die ein Leben scheinbar lebensunwert machen, wie z. B. chronische oder lebensbedrohende Erkrankungen, hohes Alter, finanzieller Ruin, Tod nahestehender Personen, soziale Isolation und Einsamkeit etc. Andere Autoren gehen noch weiter und sprechen vom Freitod, der als Möglichkeit des Individuums zum Ausdruck freier Willensentscheidung gesehen wird (Amery 1976). Folgerichtig hätte die Gesellschaft den Wunsch zu sterben zu akzeptieren und möglicherweise gar mit ihren Mitteln zu unterstützen (Lee et al. 1996; Diekstra 1996). Modelle wie in den Niederlanden, wo Sterbehilfe gesetzlich nicht bestraft wird, wenn sie unter bestimmten Kriterien erfolgte, sind die Folge solcher Anschauungen.

Allerdings müssen solche Aussagen kritisch betrachtet werden, da sie wenig über die subjektive Verarbeitung und Wahrnehmung solcher Bedingungen durch den jeweils betroffenen Menschen aussagen und die Möglichkeit einer hinter der Suizidalität stehenden psychischen Störung negieren. Verschiedene Studien zeigen, daß bei ca. 90 % aller Suizidversuche eine psychische Störung zumindest eine Rolle in der Entscheidung darüber gespielt hat, sich das Leben zu nehmen (Linden & Barnow, 1997; Barnow & Linden, 2001; Barnow & Linden 2002). Ein bekannter Suizidologe (Shneidman 1986) formuliert das so: «die weitverbreitetste Ursache für Suizidalität ist ein nicht zu ertragender psychischer Zustand, der durch den Suizid beendet werden soll.»

Suizid und Suizidversuch sind jedoch nur ein Aspekt von Suizidalität. Meist gehen dem Suizid und Suizidversuch suizidale Handlungen, suizidale Ideen und Todeswünsche voraus. Im allgemeinen kann Suizidalität mit Lebensmüdigkeit, dem Wunsch zu sterben und suizidalen Ideen und Handlungen beschrieben werden.

Die meisten Autoren gehen von einer «suizidalen Entwicklung» aus, wie sie beispielsweise von Ringel (1953) bereits beschrieben wurde. Ringel beschreibt ein präsuizidales Syndrom, welches sich durch drei Faktoren charakterisieren läßt: erstens durch eine zunehmende *Einengung der persönlichen Möglichkeiten*, zweitens durch eine *gehemmte, gegen sich gerichtete Aggression* und drittens durch *Selbstmordphantasien*. Die Einengung kann entweder situativ sein, z. B. durch schicksalhaftes Unglück (Todesfälle, Krankheit etc.), als Folge eigener Verhaltensweisen (z. B. Fehlverhalten) oder durch eine bloße persönliche Einbildung (z. B. verschiedene Ängste: Krebsfurcht, Existenzangst etc.). Eine Einengung der zwischenmenschlichen Beziehungen (z. B. als totale Isolierung, Rückgang zwischenmenschlicher Bindungen oder Entwerten vorhandener Beziehungen) ist ebenso häufig. In der zweiten Phase tritt eine *gehemmte und gegen sich gerichtete Aggression* auf, dabei entsteht durch verschiedene Prozesse ein großes Aggressionspotential, was aber nicht abreagiert werden kann. In der dritten Phase kommt es zu *Suizidphantasien*, die anfänglich aktiv intendiert sind und sich später spontan aufdrängen.

Auch andere Autoren beschreiben eine in mehreren Stadien verlaufende suizidale Entwicklung. So geht beispielsweise Pöldinger (1988) von 3 wesentlichen Phasen der Suizidentwicklung aus. In der ersten Phase – der Erwägung – spielen problematische Lebenssituationen und suggestive Momente die entscheidende Rolle. Dabei wird der Suizid als Möglichkeit erwogen, Probleme zu lösen. Die Zunahme von Suizidversuchen und Suiziden unmittelbar nach Fernsehsendungen, in denen Suizide dargestellt wurden, belegen die suggestiven (nachahmenden) Momente in der Erwägungsphase (sogenannter «Werther-Effekt») (Häfner 1995), der besonders bei Jugendlichen eine bedeutende Rolle spielt. So stieg nach der Ausstrahlung der sechsteiligen Serie unter dem Titel «Tod eines Schülers», die einen fiktiven Eisenbahnsuizid eines 19jährigen zeigte, die Rate der mit gleicher Methode durchgeführten Suizide um 175 % bei jungen Männern und 167 % bei jungen Frauen an, während sie in anderen Altersklassen konstant blieb. In der zweiten Phase – der Ambivalenz – finden sich gehäuft Suizidankündigungen, konstruktive Problemlösestrategien konkurrieren mit selbstzerstörerischen Kräften. Die dritte Phase – die Entscheidungsphase – zeichnet sich durch eine «Ruhe vor dem Sturm» aus, in der schließlich der Entschluß gefaßt wird, sich das Leben zu nehmen.

Allerdings ist es problematisch, suizidale Entwicklungen zu verallgemeinern, da Verläufe sowie Ursachen individuumsspezifisch, d. h. abhängig von der Persönlichkeit und den Verarbeitungskapazitäten des einzelnen sind. Des weiteren zeigen psychologische Autopsiestudien (Studien, die mit dem Opfer verwandte Personen, Familienmitglieder, Ärzte, Freunde etc. über diesen bezüglich eines bestimmten Zeitraums vor dem Suizid befragen), daß Personen mit schweren Suiziden sich von Suizidattemptern (Personen mit Suizidversuchen ohne tödliche Folgen) in einigen Merkmalen unterscheiden. «Erfolgreiche» Suizidenten sind eher männlich und wurden seltener bezüglich vorhandener psychischer Erkrankungen behandelt (Hagnell & Rorsmann 1979), dies obwohl sie meist schwerere psychische Störungen zum Zeitpunkt des Todes aufwiesen (Beskow 1979). Andererseits hatten jedoch ca. 50 % der Personen mit vollendetem Suizid vorher einen Suizidversuch unternommen (Rich, Young & Fowler 1986).

3. Wie kann Suizidalität erfaßt werden?

Die Diagnostik von Suizidalität und Suizidrisiko sollte sich auf verschiedene Quellen: dem Selbstbericht, den Bericht wichtiger Bezugspersonen, der klinischen Exploration und der Ergebnisse aus sogenannten objektiven Tests stützen. Während der *spontane Selbstbericht* dazu dient, die aktuelle Symptomatik und vom Klienten beschriebene Ursachen aufzudecken, dienen *Fremdberichte* hauptsächlich dazu, etwas über die Dauer und besonders über das Ausmaß an Veränderungen der von Suizidalität betroffenen Person zu erfahren. Weiterhin gibt es eine Vielzahl von *Selbstberichtsskalen*, wie zum Beispiel das Beck-Depressions-Inventar (BDI, Beck et al. 1961). Mit dieser Skala läßt sich die Schwere einer Depression erfassen, welche als wesentlichster Risikofaktor für Suizidalität gilt. Ein weiteres wichtiges Verfahren ist die Hoffnungslosigkeitsskala (Beck, Weissmann, Lester & Trexler 1974). Dabei wird das Ausmaß an hoffnungslosen Gedanken und Gefühlen bewertet, die wiederum im engen Zusammenhang zu Suizidneigungen stehen. Ein Test zur Quantifizierung suizidaler Gedanken und Impulse ist die Skala zur Erfassung suizidaler Ideen (SSI, Beck, Schuyler & Hermann 1974). Diese ist besonders deshalb wichtig, da sie spezifisch suizidale Gedanken und Impulse hinterfragt und damit die Hemmschwelle des Zugebens solcher Gedanken heruntersetzt. In einer Untersuchung mehrerer Instrumente zur Erfassung von Suizidalität fand das National Institute of Mental Health (NIMH) jedoch lediglich zwei Instrumente, welche – konstruiert für Normalpopulationen über die Lebensspanne – einige Bedeutung in der Vorhersage des Suizidrisikos haben sollen (Lewinsohn et al. 1989). Dabei handelt es sich um a) die Beck Suicide Intent Scale (BSIS; Beck, Kovacs & Weissman 1979) und b) die Lethality of Suicide Attempt Rating Scale (LSARS; Smith, Conroy & Ehler 1984). Obwohl solche Testverfahren den Vorteil einer anonymen Erfassung von Suizidalität – und damit einer möglichen geringeren Hemmschwelle, solche Gedanken zu äußern – haben, ist kritisch anzumerken, daß ein Test allein wenig Aussagekraft bezüglich eines möglichen Suizidrisikos hat. Aus diesem Grunde sollte stets ein ausführliches *klinisches Gespräch* Bestandteil der Diagnostik sein. Dabei haben sich spezifische Fragestellungen bewährt, die helfen können, das Suizidrisiko einzuschätzen. Solche Fragesammlungen wurden beispielsweise von Haenel und Pöldinger (1986) zusammengestellt und beinhalten Fragen

a) nach der Häufigkeit der Gedanken an den Tod
b) ob sich diese Gedanken ungewollt aufdrängen
c) ob es konkrete Ideen gibt, wie man sich umbringen will
d) ob Suizidabsichten angekündigt wurden
e) ob es konkrete Vorbereitungen für suizidale Handlungen gab/gibt bzw. Suizidversuche in der Vorgeschichte?

Des weiteren sollte das Ausmaß an Hoffnungslosigkeit und Interesselosigkeit erfaßt werden (dazu können auch die genannten Tests verwendet werden). Grob gilt die Regel, je mehr dieser Fragen mit ja beantwortet wurden, desto höher das Suizidrisiko, wobei einige Symptome besonders bedeutsam sind, wie zum Beispiel schon frühere Suizidversuche (Suizidrisiko im darauffolgenden Jahr um etwa das 70fache gegenüber der Gesamtbevölkerung erhöht), starke Hoffnungslosigkeit und Suizidankündigungen bzw. konkrete Vorbereitungen für einen Suizid.

Für den Fachmann ist es weiterhin wichtig zu erfragen, ob die jeweilige Person zu einer «Risikogruppe» gehört, das bedeutet, ob sie aufgrund verschiedener folgend genannter Faktoren generell ein erhöhtes Suizidrisiko aufweist. Solche Risikofaktoren sind das Vorhandensein einer psychischen

Störung wie schwere Depressionen, Alkohol- oder Drogenmißbrauch und Psychosen. Hierbei kann das Suizidrisiko bis zum 25fachen erhöht sein. Stärker gefährdet sind auch Personen, deren engere Familienmitglieder durch einen Suizid umgekommen sind.

Zusammenfassend muß eingeschätzt werden, daß es sehr schwierig ist, Suizidabsichten zu erkennen bzw. Suizide oder Suizidversuche vorherzusagen. Die hier beschriebenen Symptome und Risikofaktoren sind besonders für die Vorhersage noch zu unspezifisch. Allerdings kann durch ein aufmerksameres Zuhören, Nachfragen, Reagieren und besonders durch das Ernstnehmen suizidaler Äußerungen einiges getan werden, um die uns so häufig schockierenden Suizide zumindest in ihrer Anzahl zu verringern.

Abschließend sollen einige typische Vorstellungen – sogenannte «Mythen» – über den Suizid, die weitverbreitet sind, kritisch diskutiert werden. Dies ist insofern bedeutsam, daß solche Einstellungen, die eher auf Nichtwissen als auf Wissen beruhen, den Umgang mit Suizidalität enorm erschweren und häufig dazu beitragen, daß Suizidalität nicht entdeckt oder aber nicht ernst genommen wird.

1. *Personen, die vom Suizid sprechen, werden ihn nicht begehen.* Tatsächlich haben ca. 60 bis 70 % aller Personen, die sich das Leben nahmen, dieses direkt oder indirekt gegenüber anderen Personen angesprochen.
2. *Personen, die sich umbringen wollen, sind verrückt.* Obschon suizidalen Handlungen Konflikte und häufig damit verbundene depressive Reaktionen vorausgehen, sind doch die meisten Suizidenten in Bezug auf ihr Denken und Verhalten als «normal» zu bezeichnen. Depressionen, Ängste und Sorgen sind keine Zeichen für «Verrücktheit», sondern möglicherweise psychische, behandlungsbedürftige Störungen, die allerdings den Bewältigungsspielraum und die Wahrnehmung von Handlungsalternativen der betroffenen Personen enorm einschränken können.
3. *Nur Angehörige einer bestimmten Klasse begehen Suizid.* Tatsächlich ist Suizidalität über alle Schichten gleich verteilt und kann jeden betreffen.
4. *Wer sich wirklich umbringen will, kann sowieso nicht gestoppt werden.* Wie am Fallbeispiel gezeigt, ist der Wunsch zu sterben meist sehr zwiespältig. So ist es sogar prototypisch für eine suizidale Person, sich «die Kehle durchzuschneiden» und gleichzeitig nach Hilfe zu rufen. Selbst sehr depressive suizidale Menschen wollen sich meist nicht wirklich töten, sondern ihren momentanen, als unerträglich empfundenen Zustand beenden. Suizidale Tendenzen bestehen auch nicht für immer, sondern treten phasenweise auf und können erfolgreich behandelt werden.
5. *Menschen, die sich umgebracht haben, wollten nicht, daß man ihnen hilft.* Tatsächlich haben psychologische Autopsien gezeigt, daß mehr als die

Hälfte der Suizidopfer innerhalb der letzten 6 Lebensmonate einen Arzt aufsuchten und um Hilfe baten.
6. *Über Suizidalität zu sprechen könnte erst recht dazu führen, daß sich derjenige umbringt.* Genau das Umgekehrte ist der Fall: offen über suizidale Ideen zu reden ist einer der wirksamsten Hilfen für Suizidgefährdete.
7. *Todeswünsche alter Menschen sollte man akzeptieren, da das Leben im Alter nicht lebenswert sei.* Ergebnisse der Berliner Altersstudie (BASE, Mayer & Baltes 1996) und vieler anderer Studien belegen, daß auch sehr alte Menschen überwiegend zufrieden mit ihrem Leben sind und nicht sterben wollen. Alte Menschen mit Todeswünschen hatten zu ca. 90 % eine Depression, die meist nicht entdeckt oder gar behandelt wurde.

Die oben dargestellten Vorstellungen sind bei einer Vielzahl von Menschen vorhanden und tragen zu einem suizidfreundlichen Klima in der Gesellschaft oder aber zum Wegsehen und Bagatellisieren der Problematik bei. Bei vielen Suizidopfern hat sich der Todeswunsch jedoch langsam entwickelt, und der Suizid hätte möglicherweise durch eine aufmerksamere Umgebung verhindert werden können.

4. Häufigkeit und Verlauf von Suizid und Suizidalität

Insgesamt unternehmen ca. 3 % der erwachsenen Gesamtbevölkerung irgendwann in ihrem Leben einen Suizidversuch (Clark 1992). Tod durch Suizid ist die dritthäufigste Todesursache von jungen Menschen zwischen dem 15. und 24. Lebensjahr.

Suizidraten variieren bezüglich der verschiedenen Länder teilweise erheblich. So weist Irland beispielsweise eine Suizidrate von 7 per 100 000 Einwohner auf, während Ungarn eine Suizidrate von 41 per 100 000 berichtet. Für die USA sind es ca. 12/100 000 und für Deutschland ca. 16/100 000 (WHO: Statistic Annuals 1991). Suizidraten sind für Männer etwa 2- bis 3mal höher als für Frauen, z. B. in Deutschland 22,8/100 000 für Männer und 9,2/100 000 für Frauen (Statistisches Bundesamt 1994).

Suizidversuche sind etwa 10 bis 15 mal häufiger als vollendete Suizide. Dieses Verhältnis ändert sich mit zunehmenden Alter, so daß alte Menschen die höchste Suizidrate, aber gleichzeitig die geringste Suizidversuchsrate aufweisen. Das liegt einerseits an der höheren Sterblichkeit alter Menschen, wenn sie Suizidversuche unternehmen, andererseits aber auch in einer Tendenz, «härtere» Suizidmethoden zu verwenden.

150 Von Angst bis Zwang

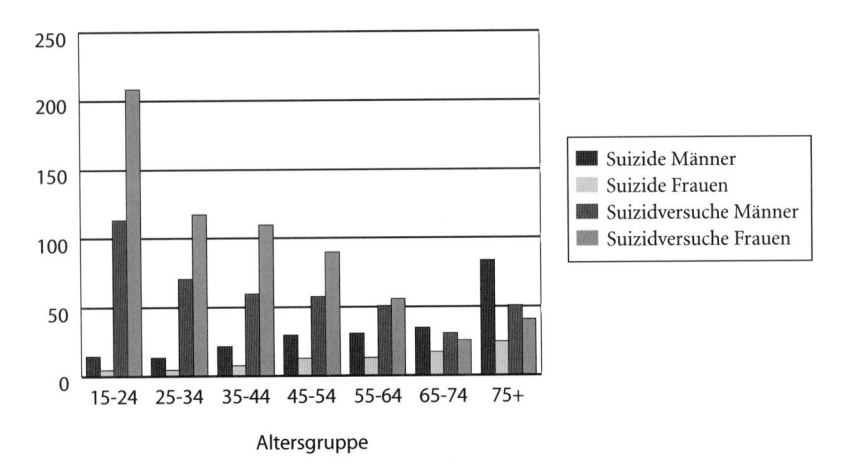

[Bar chart showing suicide and suicide attempt rates by age group (15-24, 25-34, 35-44, 45-54, 55-64, 65-74, 75+) for men and women, y-axis from 0 to 250. Legend: Suizide Männer, Suizide Frauen, Suizidversuche Männer, Suizidversuche Frauen]

Abbildung 1: Epidemiologie von Suizid und Suizidversuchen in Deutschland (Statistisches Bundesamt, 1996)

Suizidversuche unterscheiden sich auch bezüglich des Geschlechts. Die Multicentre Study of Parasuicide 1989–1992 (Schmidtke, Fricke & Weinacker 1994) fand Raten von Suizidversuchen von 65/100000 bei Männern und 95/100000 bei den Frauen für die allgemeine Bevölkerung (älter als 15 Jahre) in Deutschland. Das Verhältnis von Suizid zu Suizidversuch ist etwa 1/3 für Männer und 1/16 für Frauen in der Altersgruppe 35 bis 45 und 1/0.6 (Männer) und etwa 1/2 (Frauen) für die Gruppe 75+. Die folgende **Abbildung 1** zeigt die Suizid- und Suizidversuchsraten per Altersklasse und Geschlecht, wie sie 1996 vom Statistischen Bundesamt berichtet wurden.

5. Auf der Suche nach Ursachen und Erklärungen

Schon Durkheim beschrieb Ende des 19. Jahrhunderts (Durkheim 1997, 6. Auflage) ausführlich, meist anhand epidemiologischer Zahlen, das Phänomen des «Selbstmordes» aus soziologischer Perspektive. Er sah diesen als vorwiegend soziales Phänomen an. Zum Suizid kommt es danach, wenn jemand zu viel oder zu wenig Distanz zu den gesellschaftlichen Werten und Einrichtungen hat (anomischer Selbstmord, Selbstmord in Zusammenhang mit Kollektivneigungen). Er stützte sich dabei auf die Tatsache, daß Suizide in wirtschaftlichen Krisen, in Zeiten der Normlosigkeit und bei Witwern oder getrennt lebenden Männern zunehmen. Weitere gesellschaftliche Aspekte wären die Tatsache, daß regionale Selbstmordraten über die Zeit relativ stabil blieben, unter den einzelnen Regionen jedoch stark voneinander abwichen. Außerdem stellte er die Bedeutung von Religion und beruflicher Einbindung in den Vordergrund. Mit seinen Überlegungen zur Funktion sozialer Integration für Suizidalität kann er als Vordenker für die heute zahlreichen Untersuchungen zur Rolle von sozialer Isolation in der Entwicklung von psychischen Erkrankungen und Suizidalität gesehen werden.

Die Bedeutung sozialer Aspekte im Zusammenhang mit psychischer Interpretation und Verarbeitung wird von Lindner-Braun (1990) in ihren Überlegungen aufgegriffen. Lindner-Braun stellt dabei in ihrem Modell motivationale und soziologische Aspekte dar. Suizidalität wird als Fehlentwicklung infolge eines Verlustes der Kontrolle über sich selbst beschrieben. Soziale Verhältnisse können danach zu einem Zustand führen, der als so unerträglich bewertet wird, daß nur noch der Suizid bleibt, um diesen zu beenden. Im Zusammenhang dazu stehen negative Zukunftserwartungen, negative, generalistische Erwartungen mit Selbstentwertung und eine negative Affektbilanz. Ein Kritikpunkt dieses Modells dürfte die starke und einseitige Orientierung auf soziale Gesichtspunkte sein.

Theoretische Überlegungen, die sich mit eher psychologischen Aspekten von Suizidalität beschäftigen, werden beispielsweise im *Prozeßmodell* (Erlemeier 1988; Erlemeier 1992) hervorgehoben. Erlemeier nennt Risikoindikatoren wie: a) chronische, schmerzhafte körperliche Krankheiten in Abhängigkeit von der subjektiven Bewertung der Beeinträchtigung und die damit verbundenen Ängste; b) Depressionen und andere psychische Erkrankungen; c) zwischenmenschliche Belastungen; d) subjektiv empfundene soziale Isolation; e) Lebensereignisse (Arbeitsplatzverlust, Tod des Partners, Heimeinweisung etc.), die zu einer Zerstörung des psychophysischen Gleichgewichts und folgend zu Suizidalität führen können. Er betont allerdings, daß diese Faktoren nur dann in Richtung einer suizidalen Entwicklung wirken, wenn die vorhandenen Bewältigungsstrategien unzureichend sind und somit eine Bewältigung und ein Reifen in der Krisensituation nicht möglich ist. Moderierend zwischen sozialen Ereignissen und Bewertung der Bewältigungsmöglichkeiten sollen dabei die wahrgenommene soziale Unterstützung und eigene Persönlichkeitsmerkmale wie z. B. das Selbstwirksamkeitserleben sein. Auch suizidale Handlungen können danach als Bewältigungsversuch (Coping) beispielsweise auf belastende Ereignisse verstanden werden. Gerade den letzten Aspekt greifen lerntheoretische Modelle auf und versuchen Suizidalität über situative Eigenschaften zu erklären. Zu einer suizidalen Krise kommt es demnach, wenn eine Situation zu neu, zu schnell, zu selten, zu ungewohnt, zu fremd, zu schwer oder zu schmerzhaft ist, so daß das bisher gelernte Verhalten unbrauchbar wird (Douglas 1970). Dieses Hilflosigkeitserleben oder das Gefühl, keine Kontrolle über die Situation zu haben, könne zu dem Wunsch führen, wenigstens durch das Bestimmen des eigenen Todes wieder Kontrolle über das Geschehen und Selbstwerterleben zu erlangen. Erfahrungen aus Kriegsgefangenschaften oder Folter stützen diese Theorie, so treten suizidale Handlungen bei Häftlingen beispielsweise durch totale sensorische Deprivation (Reizentzug), wie sie in totalitären Regimen zum Zwecke der Gehirnwäsche verwendet wurden, häufig auf, aber auch beispielsweise in Alterspflegeheimen, wo eine «totale» Reizdeprivation durch die Förderung von Unselbständigkeit der zu Pflegenden stattfindet. Auch in diesem Ansatz steht die Überforderung der Verarbeitungskapazität des einzelnen, hier durch Eigenschaften der Situation, im Vordergrund. Dabei ist zu vermuten, daß die Reaktion auf die Situation, nämlich Hoffnungslosigkeit und Hilflosigkeit, Suizidalität befördern, nicht jedoch die Situation direkt. Damit wird ein weiterer wesentlicher Aspekt von Todeswünschen indirekt benannt. Dabei handelt es sich um die «Entlastungsfunktion» solcher Gedanken. Ein unerträglicher psychischer Zustand wird durch das Phantasieren der Möglichkeit, diesen durch Suizid beenden zu können, möglicherweise erträglicher.

Die Frage, ob jeder Suizid ursprünglich mit einer seelischen Erkrankung zusammenhängt, ist fast so alt wie die Menschheit selbst. Aus medizinischer Sicht wird argumentiert, daß der Suizident gerade durch seine Depression (oder andere seelische Erkrankung) in seinen Bewältigungsmöglichkeiten stark eingeschränkt ist. Als wichtigster Risikofaktor für Suizidalität wird aus diesem Grunde in den meisten Studien das Vorhandensein einer psychischen Störung (meist Depression) gesehen, wobei unklar ist, welche Faktoren zwischen beispielsweise Depressiven ohne Suizidalität und Depressiven mit Suizidalität differenzieren und somit spezifisch für Suizidalität sind (Rich, Young & Fowler 1986; Barraclough et al. 1974) (Barnow, 1999).

Als weitere wesentliche Risikofaktoren für Suizidalität werden das Ausmaß und die subjektive Bewertung des sozialen Netzwerkes gesehen. In Suizidstatistiken ist es ein durchgehender Befund, daß Alleinstehende, Geschiedene und Verwitwete die höchsten Suizidraten haben. Allerdings muß dabei berücksichtigt werden, daß Einsamkeit und Suizid als Folge einer Kontaktreduzierung viel stärker in Verbindung von individuellen Erwartungen begründet werden muß (Bungard 1977). Dies wird besonders deutlich, wenn man Männer und Frauen über 65 Jahre, die allein leben, miteinander vergleicht. Bock & Webber (1972) konnten zeigen, daß Alleinsein nur bei den Männern zu einer Vervierfachung der Suizidrate führte, während bei den Frauen der Einfluß minimal war. Weiss (1974) differenzierte in seiner Arbeit Einsamkeit in soziale und emotionale Einsamkeit, wobei sich diese qualitativ in mehreren Aspekten unterscheiden. In den Studien zum Einfluß von Einsamkeit auf Suizidalität zeigte sich, daß Suizidalität mit der subjektiv wahrgenommenen und erlebten Isolation, nicht jedoch mit der objektiv erkennbaren und quantitativ erfaßbaren Situation der Isolation zusammenhängt.

Auf die Relevanz körperlicher Erkrankungen als auslösender Faktor für Suizidalität, besonders im höheren Lebensalter, ist bereits hingewiesen worden. Entscheidend hierbei ist weniger der objektive Schweregrad der Krankheit als die subjektive Bewertung der Einschränkung durch die Erkrankung und damit die Reaktion und die innere Auseinandersetzung des Menschen mit der Erkrankung (Bron 1990). Aus diesem Grunde wird davon ausgegangen, daß Krankheit nur im Kontext mit anderen Risikofaktoren und dysfunktionalen Bewertungen zu Suizidalität führen kann (Clark & Clark 1993; Heidrich & Ryff 1993) (Barnow, Linden, Freiderger, Submittel).

Persönlichkeitsstörungen werden zu einem hohen Ausmaß gerade bei jüngeren Suizidenten berichtet (Apter, Bleich & King 1993; Rich & Runeson 1992). In psychologischen Autopsien konnte gezeigt werden, daß Suizidenten am ehesten mit Eigenschaften wie überwiegend negativer Emotionalität, Neurotizismus, Hoffnungslosigkeit und einer Neigung zur Somatisierung beschrieben werden können (Duberstein, Conwell & Caine 1994; Beck et al. 1990).

Schotte & Clum (1987) schlagen allerdings ein Diathese-Streß-Modell des Suizids vor. Dabei sollen mangelnde Fähigkeiten, Probleme zu erkennen und zu lösen, als entscheidende vermittelnde Variable zwischen Lebensereignissen, Hoffnungslosigkeit und Suizid wirken. In speziell konstruierten Tests zeigten suizidale Personen im Vergleich zu Kontrollpatienten stärkere geistige Rigidität und fanden weniger Problemlösungen.

Während Persönlichkeitseigenschaften und psychische Erkrankungen wegen ihres unmittelbaren Einflusses auf Bewertungen von Ereignissen wahrscheinlich als Mediatoren (vermittelnde Bedingungen) in die Entwicklung von Suizidalität eingreifen, müssen streßreiche Lebensereignisse bzw. Bedingungen eher als auslösende bzw. labilisierende Faktoren verstanden werden. Luscomb, Clum & Patsiokas (1980) fanden in ihrer Untersuchung, daß solche «life events» im Monat vor einem Suizidversuch besonders häufig bei älteren Personen auftraten. Dabei scheinen sich die relevanten Ereignisse altersspezifisch zu unterscheiden. Während jüngere Suizidattempters meist berufliche, finanzielle oder partnerschaftliche Probleme als Ursache ihres Suizidversuchs benennen, sind es bei älteren Personen eher Verlusterlebnisse und körperliche Erkrankungen (Conwell, Rotenberg & Caine 1990). Allerdings muß auch hierbei das Zusammenspiel verschiedener Faktoren wie beispielsweise von Bewertungsprozessen und dem Vorhandensein von Bewältigungsstrategien gesehen werden.

Letztendlich soll noch auf mögliche genetische Einflüsse bzw. biochemische Markersubstanzen und deren Wirkung auf die Entwicklung von Suizidalität hingewiesen werden. Dabei wird ein erniedrigter Serotoninspiegel (Neurotransmitter) zumindest bei Personen mit schwerer Suizidalität (vollendete Suizide oder schwere Suizidversuche) diskutiert. Dieser wirkt aber wahrscheinlich eher als Moderator, beispielsweise durch eine erniedrigte Impulskontrolle auf das Suizidrisiko. Eine direkte, spezifische Beeinflussung von Suizidalität ist unwahrscheinlich. Einen guten Überblick über biologische und genetische Einflußfaktoren bietet ein Artikel von Roy (1992).

Viele der genannten Risikofaktoren werden gleichfalls im Zusammenhang mit Depressionen gesehen (siehe z. B. Hautzinger 1983). Betrachtet man sich die Ergebnisse der Studien, die sich mit der Fragestellung des Vergleiches suizidaler und nichtsuizidaler, depressiver Personen beschäftigt haben, so verbleibt als Risikofaktor für Suizidalität ein schwererer und chronischerer Verlauf depressiver Erkrankungen (Zweig & Hinrichsen 1993, Metzger & Wolfersdorf 1987). Das ist zumindest ein Hinweis darauf, daß Suizidalität eng mit Depressionen zusammenhängt. In der folgenden **Abbildung 2** werden einzelne Risikofaktoren dargestellt.

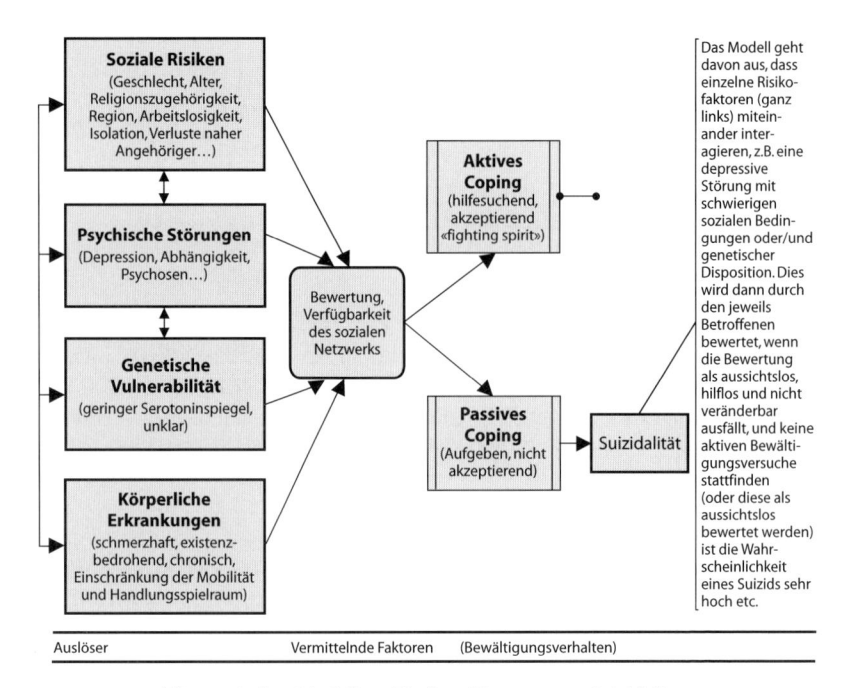

Abbildung 2: Theoretisches Modell zu Einflussfaktoren von Suizidalität

6. Behandlung und Ausblick

Die Behandlung von Suizidalität ist insofern schwierig, als Suizidalität, wie oben beschrieben, meist mit anderen psychischen Störungen wie beispielsweise Depressionen, Psychosen, Abhängigkeitserkrankungen und Persönlichkeitsstörungen zusammenhängt. Insofern ist die Diagnostik und somit ein näheres Verständnis der Entstehung von Todeswünschen wesentlich. So muß beispielsweise ein schwer depressiver Patient nach einem Suizidversuch anders behandelt werden als ein junger Mann, der aufgrund einer Trennungssituation einen Suizidversuch unternahm. Am Anfang der Behandlung sollte also immer eine Situationsanalyse und die Erfassung möglicher psychiatrischer Komorbidität stehen.

Eine gute Möglichkeit dafür bieten *kognitiv-(gedanklich-)behaviorale (verhaltensorientierte)* Ansätze. Hierbei ist es möglich, über die Methode der Konzeptionalisierung ein Verständnis von emotionalen und gedanklichen Realitäten des Betroffenen zu gewinnen. Dabei wird mit Hilfe einer Fremdbeobachtung (Verhalten, verbale Äußerungen, Informationen durch andere) und Selbstbeobachtung (sogenannte Gedankenprotokolle) eine Hypothese entwickelt. Zur Illustration dient folgendes Beispiel: ein junger männlicher Patient (22 Jahre) berichtet, 20 Tabletten in suizidaler Absicht nach einer Trennung durch seine Freundin eingenommen zu haben. Er habe einen Abschiedsbrief an die Mutter geschrieben, diesen hatte er so hinterlegt, daß diese ihn rechtzeitig entdecken mußte. Die möglichen Hypothesen wären hier:

- Die Problemlösefähigkeiten des Patienten sind unzulänglich
- Der junge Mann hat wahrscheinlich abhängige Persönlichkeitszüge
- Er wollte Aufmerksamkeit etc.

Hierbei würde die weitere Behandlung möglicherweise ein soziales Kompetenztraining beinhalten, aber auch zum Beispiel dysfunktionale (nicht angebrachte) Überzeugungen wie: ich komme allein nicht zurecht, ich werde nie wieder eine Freundin finden etc., müßten angesprochen und verändert werden.

Bezogen auf das eingangs dargestellte Fallbeispiel (siehe oben) könnten solche Hypothesen lauten:

- Die Patientin ist schwer depressiv
- Sie ist hilflos, hat keine Erklärung für ihre Gefühle
- Sie hat Probleme mit der Impulskontrolle
- Sie hält sich für nicht wichtig
- Sie hat unzureichende Problemlösefähigkeiten
- Sie hat möglicherweise ein Alkoholproblem etc.

In diesem Falle fand eine medikamentöse Behandlung (Antidepressiva) verbunden mit stützenden Gesprächen statt, die besonders die Aufarbeitung von Konfliktsituationen beinhaltete. Da bei dieser Patientin zusätzlich eine Persönlichkeitsstörung vorlag, wurde später mit Hilfe kognitiver Techniken versucht, sogenannte automatisierte dysfunktionale Lebensüberzeugungen (wie z. B. ich bin weniger kompetent als andere, ich bin häßlich, andere haben es leichter als ich, Schwäche zeigt man nicht etc.) und Einstellungen herauszuarbeiten und in Richtung funktionalerer Gedanken (Kompetenz ist lernbar, Schwäche zu zeigen führt häufig zu Hilfsangeboten etc.) zu verändern (nähere Informationen zur kognitiven Therapie von Suizidalität bei Freeman & Reinicke 1995) (siehe auch Kapitel: Depressionen in diesem Band).

Verhaltenstherapeutische Techniken dienen der Modifikation von direktem Verhalten. Im Rahmen von Suizidalität sind hierbei das soziale Kompetenztraining bzw. Selbstsicherheitstraining, Tagesstrukturierung, Schaffung von positiven Verstärkern (z. B. durch ein Genußtraining) zu nennen. Dies ist besonders dann wirksam, wenn Suizidalität in Verbindung mit sozialer Einsamkeit und Selbstunsicherheit steht.

Die *Systemorientierte Therapie* versteht Suizidalität eines einzelnen als Ergebnis der Interaktionen im System Familie. Hierbei geht es um pathologische Familienkonstellationen, wie beispielsweise eine streng-strafende Mutter, die keine Entwicklung von Selbstbewußtsein des Suizidenten zuließ. Daraus könnten sich selbstkritische Einstellungen herausbilden, die ein inneres Gefühl der Wertlosigkeit beinhalten. Solche «Muster» müssen in der Therapie aufgedeckt werden, was eine Mitarbeit der Familienmitglieder voraussetzt. Diese Form der Therapie ist besonders im Kindes- und Jugendalter von Bedeutung (nähere Informationen dazu in Friedman 1985).

Tiefenpsychologische und *analytisch orientierte* Therapiemethoden richten ihre Aufmerksamkeit meist auf intrapsychische Grundkonflikte und versuchen mit Hilfe der Methoden Übertragung und Gegenübertragung «verschüttete» Gefühle bei dem jeweiligen Suizidenten hervorzurufen und diese Grundkonflikte langfristig zu verdeutlichen und zu bearbeiten. So könnte Suizidalität als Ausdruck von Kränkungen, die schon in früher Kindheit lagen, oder aber auch als Reaktion auf ein Trauma verstanden werden. Bestehende Schuldgefühle richtet der Suizident nun strafend gegen sich selbst. Durch eine traumatische Situation kann es beispielsweise zum Zusammenbruch des psychischen Apparates kommen, wodurch Ich-Funktionen (die auch den Selbsterhaltungstrieb beinhalten) versagen und wir zu Abwehrmechanismen greifen, die einer früheren kindlichen Entwicklungsstufe entsprechen. Wenn nun die Adressaten der Aggression nicht mehr zur Verfügung stehen, das *Ich* sich aber nicht von ihnen trennt, sondern diese Objekte in sich integriert hat, kann es sich selbst zerstören. Wut und Aggression, die nicht nach außen gebracht werden, führen schließlich zu Autoaggressionen und Zerstörung des *Ichs* (näheres siehe auch Kernberg 1991).

Welche Therapieform für welchen Suizidenten am geeignetsten ist, ist von vielen Faktoren abhängig und soll deshalb hier nicht wertend beurteilt werden. Kritisch bleibt jedoch die Tatsache zu vermerken, daß alle Therapien eine längere Zeitdauer beanspruchen und eine Motivation des Patienten voraussetzen. Oft drängen die Patienten jedoch nach der somatischen Grundversorgung auf eine Entlassung aus der stationären psychiatrischen Behandlung. Aus diesem Grunde sind häufig nur Kriseninterventionen möglich, die das Ziel haben, das Ausmaß des Funktionierens vor der Krise zu erreichen oder eine Motivation für eine ambulante Weiterbehandlung zu schaffen. Solche Kriseninterventionen sollten aus diesem Grunde eklektisch (schulübergreifend) sein. Ein gutes Beispiel einer 6 Sitzungen umfassenden Kurzpsychotherapie bei Suizidalität findet sich in dem Buch «Kurzpsychotherapie nach Suizidversuch» (Reimer & Arentewicz 1993). Dabei gliedern sich die einzelnen Sitzungen in 1) Schaffung eines sofortigen Kontaktangebots, mit Erstellung einer aktuellen und früheren Suizidanamnese und Erfassung der Vorbehandlungen und wichtiger Beziehungen und deren Beendigung; 2) weitere Förderung von Trauer und Verzweiflung und Exploration früherer Krisen und deren Bewältigung, besonders unter dem Aspekt der Selbstwertproblematik; 3) und 4) Bewertung des Anamnesematerials und Aufzeigen von Zusammenhängen zwischen früher und heute, weitere Bearbeitung der Selbstwertproblematik und Veränderung der Gefühle von Trauer und Verzweiflung auf Bereiche der Wut und des Protestes, außerdem gehört in diese Phase die Planung der nächsten Tage und ein allmähliches Herausführen aus der Krise durch Induzierung von Distanz und Neuorientierung; 5) Abnabelung des Patienten vom Therapeuten, Zusammenfassung und Erläuterung der Veränderungsmöglichkeiten, letztendlich Prüfung der Frage, ob der Patient entlassen werden kann.

Zusammenfassend bleibt festzuhalten, daß Suizidalität häufig im Zusammenhang mit anderen psychischen Problemen oder Störungen zu sehen ist. Unabhängig von der Form der Therapie bzw. Intervention ist Hilfe möglich, und die meisten der Suizidenten distanzieren sich bereits innerhalb der ersten 10 Tage nach dem Suizidversuch von diesem. Jede Form von Suizidalität sollte grundsätzlich ernst genommen werden, das erfordert für Laien, aber auch für Fachleute, ein sensibles Zuhören und nötigenfalls auch Hilfsangebote (Barnow et al., in press). Dabei gilt es, eigene Gefühle der Hilflosigkeit gegenüber suizidalen Menschen genauso wahrzunehmen, wie diese durch die aktive Auseinandersetzung mit den Betroffenen zu überwinden.

Weiterführende Literatur

Durkheim, E. (1997): Der Selbstmord (6. Aufl.). Frankfurt/M.: Suhrkamp.
Haenel, H., Pöldinger, W. (1986): Erkennen und Beurteilen der Suizidalität. In: K. P. Kisker, H. Lauter, J.E. Meyer, C. Müller, E. Strömgren (Eds.), Psychiatrie der Gegenwart (Bd. 2), S. 107–132.
Kernberg, O. (1991): Die Psychopathologie des Hasses. Forum der Psychoanalyse 4: 251–270.
Ringel, E. (1953): Der Selbstmord. Wien: Maudrich.
Roy, A. (1992): Genetics, biology and suicide in the family. In: R. Maris, A. Berman, I. Maltsberger, R. Yufet (Eds.), Assessment and prediction of suicide. New York: Guilford.
Freeman, A., Reinicke, M. A. (1995): Selbstmordgefahr? Bern, Göttingen: Hans Huber.
Friedman, L. (1998): Systemorientierte Familientherapie. In: S. Sulz (Ed.), Verständnis und Therapie der Depression. München, Basel: Ernst Reinhardt.

Alkoholabhängigkeit

Definition, Ursachen und Behandlungsansätze

Michael Lucht und Harald-J. Freyberger

1. Alltagserfahrungen mit Alkohol

Fast alle Menschen kommen täglich mittelbar oder unmittelbar mit Alkohol in Berührung, sei es, daß sie ihn zu sich nehmen, angeboten bekommen oder Alkoholwerbung lesen, sehen oder hören. Alkohol wird jedem von uns fast rund um die Uhr offeriert, privat, in Geschäften und Supermärkten, an Kiosken und an Tankstellen. Eine wichtige Familienfeier oder Betriebsfeier ohne Alkohol ist hierzulande kaum denkbar. Dabei ist das Verhältnis zum Alkohol gespalten und geht seltsame Verbindungen ein: obwohl unablässig vor Alkoholkonsum und Kraftverkehr gewarnt wird, macht Alkohol einen großen Teil des Angebots an Tankstellen aus. Richtet sich das an Beifahrer und Fußgänger? Obwohl Bundesligafußballspieler die Aktion «Keine Macht den Drogen» unterstützen, werden fußballerische Großereignisse im Fernsehen von Brauereien «präsentiert». Obwohl frischgebackenen Vätern, Jugendlichen am Wochenende und Menschen in Schicksalssituationen durchaus die Berechtigung zu einem Vollrausch gegeben wird, fällt ein ständig Betrunkener der allgemeinen Verachtung anheim. Nach dem Ausscheiden der deutschen Nationalmannschaft aus der Endrunde der Fußballweltmeisterschaft 1998 in Frankreich berichtete eine große deutsche Tageszeitung über die Absicht vieler Spieler, ihre Enttäuschung mit Alkohol zu betäuben. Ein Abwehrspieler wurde mit «Ich will nichts mehr mitkriegen» zitiert. Hier wird der Alkohol zum gesellschaftsfähigen Seelentröster.

Offensichtlich hat Alkoholkonsum erwünschte und unerwünschte Folgen, deren Bewertung sehr abhängig ist von Personen und Situationen. Wann und unter welchen Umständen macht Alkohol krank?

Fallbeispiel

Lothar K. wohnt im Obdachlosenasyl einer ostdeutschen Kleinstadt. Er hält sich fast den ganzen Tag über in einem 2-Bett-Zimmer auf und sitzt schon gegen 10 Uhr vormittags mit einem Mitbewohner an einem Küchentisch, beide trinken Bier. Herr K. erzählt die folgende Geschichte: nach unauffälliger Kindheit und Jugend habe er nach der 10klassigen Schule bei einer großen ortsansässigen Werft erfolgreich eine Lehre als Schweißer absolviert. Er sei dann übernommen worden und habe etwa im 19. Lebensjahr geheiratet. Genau könne er sich jedoch nicht an den Zeitpunkt erinnern. Er habe 15 Jahre lang auf der Werft gearbeitet, zwischenzeitlich sei ein mittlerweile 13jähriger Sohn geboren worden, die Familie habe ein eigenes Haus bezogen. Im Zuge der deutschen Wiedervereinigung sei es zu einem massiven Arbeitsplatzabbau auf der Werft gekommen, auch er sei entlassen worden. Er habe dann glücklicherweise eine Anstellung als Leiharbeiter auf einer Werft in den alten Bundesländern erhalten. Wegen der großen Entfernung habe er nur noch am Wochenende nach Hause kommen können. Seine Frau habe «das mit den Wochenenden nicht mehr mitgemacht», es sei häufig zum Streit gekommen, und sie habe ihn verlassen. Auch er sei durch das ständige Pendeln sehr belastet gewesen, es habe sich «nach der Wende alles verändert», er sei damit «irgendwie nicht klargekommen». Schließlich sei er auch von der Werft im Westen entlassen worden, er habe «aus Frust» immer mehr getrunken und schließlich sein Haus verkauft, an wen und für wieviel Geld wisse er nicht. In dieser Zeit sei ihm auch sein Führerschein wegen Trunkenheit am Steuer entzogen worden. Auch sei ihm unbekannt, ob er noch verheiratet sei. Die zeitliche Abfolge der Ereignisse sei ihm nicht erinnerlich, es müsse sich alles in den letzten paar Jahren zugetragen haben. Schließlich sei er «auf der Straße gelandet», das Sozialamt habe ihn in das Obdachlosenheim eingewiesen.

Herr K. erklärt weiter, er könne ohne Alkohol gar nicht mehr auskommen, mehr als ein halber Tag ohne Alkohol mache sich mit starkem Unwohlsein bemerkbar, das sich bis zu Unruhe, Panik, Zittern und Schweißausbrüchen steigere. Die Menge des täglich benötigten Alkohols habe sich von 1 bis auf 6 Liter Bier pro Tag gesteigert. Er befürchte, sich vollends zu ruinieren, falls er über sein ganzes Geld verfügen könne. Er habe seine Sparkassenkarte daher einem Freund gegeben, der sie für ihn verwalte. Für seine Zukunft wünsche sich Herr K. den baldigen Umzug in eine eigene 1½-Zimmer-Wohnung, gemeinsam mit einer Frau, die er aber erst noch kennenlernen müsse.

In der Fallgeschichte ist der mögliche Verlauf einer Krankengeschichte eines alkoholabhängigen Patienten wiedergegeben. Er stellt einen unter vielen möglichen Verläufen der Krankheit dar, er ist typisch für eine kleine Gruppe von sehr schweren Verläufen. Charakteristisch ist die Symptomatik der Mengensteigerung und des Nichtmehrlassenkönnens, eher extrem die Schnelligkeit des körperlichen und seelischen Verfalls.

Wie ist mit objektiven Kriterien die Alkoholabhängigkeit zu diagnostizieren, wie ist zu erklären, daß der Patient überhaupt alkoholabhängig geworden ist? Oder: warum wurde gerade er alkoholabhängig? Die folgenden Kapitel sollen den aktuellen Stand der Diskussion wiedergeben.

2. Woran erkennt man eine Alkoholabhängigkeit?

Als Diagnosekriterium für das Vorliegen einer Alkoholabhängigkeit wird häufig das Kriterium «Menge des getrunkenen Alkohols» verwendet. Zur Beurteilung von extremen Fällen gibt dieses Kriterium recht verläßliche Hinweise: ein lebenslanger Abstinenzler ist sicherlich nicht abhängig, bei einem Menschen mit einem Konsum von 1 Flasche Korn pro Tag über viele Wochen hinweg liegt ein deutlicher Verdacht jedoch nahe. Zwischen solchen Extremvarianten sind die Unterschiede sehr groß und hängen von individueller Disposition, Körpergröße, Geschlecht, Vorerkrankungen etc. ab. Die Trinkmenge ist daher nicht Bestandteil von Diagnoseklassifikationssystemen, wie zum Beispiel der Internationalen Klassifikation psychischer Störungen (ICD-10). Vielmehr richtet sich die Diagnose nach Verhaltens- und Konsumgewohnheiten. Hauptsymptome sind hierbei der Zwang bzw. ein starkes Verlangen nach Konsum von Alkohol (*engl.* Craving = heftige Gier) und der Kontrollverlust. Unter Kontrollverlust wird die Unfähigkeit verstanden, mit eigenem Willen Beginn, Trinkdauer und Trinkmengen zu steuern, was in Trinkexzesse und narkotische Rauschzustände münden kann.

Diese *kognitiven* Phänomene gehen einher mit *körperlichen* Folgen der Alkoholabhängigkeit, und zwar einem Entzugssyndrom sowie einer Zunahme der Trinkmenge bei steigender Alkoholtoleranz. Toleranz bezeichnet die zunehmende Wirkungslosigkeit einer bestimmten Alkoholmenge nach längerem Konsum. Der Alkoholkonsument nimmt daher nach Erreichen einer ersten Toleranzschwelle eine größere Menge Alkohols zu sich, um denselben Effekt wie am Anfang zu erreichen. Das Entzugssyndrom äußert sich in einer unangenehm empfundenen Erhöhung des Aktivierungszustandes mit Unruhe, Angst, Zittern und Schwitzen bis hin zu Erbrechen und Kreislaufstörungen. Es tritt nach rascher Verminderung des Alkoholkonsums auf und kann in schweren Fällen in ein Delir mit potentiell tödlichem Ausgang münden. Der Begriff Delir bezeichnet einen Zustand mit schweren zentralnervösen und körperlichen Störungen. Dazu zählen Trugwahrnehmungen (optische Halluzinationen, «weiße Mäuse sehen»), starke Unruhe, Angst und Reizbarkeit, erhöhte Suggestibilität (Patient liest auf Aufforderung einen

«Text» von einem leeren Blatt Papier) und Desorientierung in zeitlicher, örtlicher und situativer Hinsicht. Körperlich findet sich Schwitzen, Herzrasen und – als Zeichen einer lebensbedrohlichen Fehlregulation – Fieber. Entzug und Toleranz reflektieren auf sichtbarer Ebene alkoholbedingte Veränderungen von Steuerprozessen des Gehirns, die primär Wachheit, Aktivität und Erregungszustand betreffen.

Schließlich zählen soziale Alkoholschäden zu den Diagnosekriterien, und zwar ein eingeengtes Verhaltensmuster im Umgang mit Alkohol, die fortschreitende Vernachlässigung anderer Vergnügen und Interessen zugunsten des Alkohols sowie die Fortführung des Alkoholkonsums trotz körperlicher, psychischer oder sozialer Schäden.

Zur Diagnosenstellung werden laut ICD-10 mindestens 3 der oben genannten acht Kriterien innerhalb des letzten Jahres gefordert. Obwohl häufig Craving und Kontrollverlust vorliegen, kann eine Alkoholabhängigkeit also auch bei einer beliebigen Kombination von mindestens drei anderen Symptomen vorliegen, das Bild ist also sehr vielgestaltig und nicht immer auf den ersten Blick zu erkennen. Die Diagnosekriterien bilden hierbei psychologische, biologische und soziale Veränderungen und Folgen der Alkoholabhängigkeit ab und erlauben damit die Erfassung der unterschiedlichen Schwerpunkte der Alkoholabhängigkeit (Tab. 1).

Bezogen auf das Fallbeispiel ist die Diagnose Alkoholabhängigkeit somit unzweifelhaft zu stellen.

Tabelle 1: Diagnosekriterien der Alkoholabhängigkeit nach der Internationalen Klassifikation Psychischer Störungen (ICD-10), gekürzte Fassung (aus Wetterling und Veltrup 1997): Die Diagnose wird gestellt, wenn mindestens drei dieser Kriterien im letzten Jahr vorlagen.

1. Starker Wunsch oder eine Art Zwang, Substanzen oder Alkohol zu konsumieren («Craving»)
2. Verminderte Kontrollfähigkeit bezüglich des Beginns, der Beendigung oder der Menge des Alkoholkonsums
3. Körperliches Entzugssyndrom (Unruhe, Zittern, Schwitzen)
4. Nachweis einer Toleranz (um den gleichen vom Konsumenten erwünschten Effekt zu erreichen, werden deutlich erhöhte Alkoholmengen benötigt)
5. Fortschreitende Vernachlässigung anderer Vergnügen oder Interessen zugunsten des Alkoholkonsums
6. Anhaltender Substanz- oder Alkoholkonsum trotz Nachweises eindeutiger schädlicher Folgen

Eine Kurzfassung der häufigsten Symptome ist im CAGE gegeben. Der Cage besteht aus vier Fragen, mit denen in nicht konfrontativer Weise das Vorliegen der wichtigsten Abhängigkeitsymptome festgestellt werden kann. Er ist kein Diagnoseinstrument, sondern soll die Möglichkeit geben, schnell einen Verdacht auf Abhängigkeit einzuschätzen (Tab. 2).

Tabelle 2: CAGE-Kurztest auf Alkoholismusverdacht von Mayefield (1974): Dieser aus dem Englischen übersetzte Test erlaubt es, in wenigen Augenblicken für sich selbst festzustellen, ob möglicherweise ein Alkoholproblem vorliegt. Eine Diagnose kann damit *nicht* gestellt werden. Wer jedoch mindestens zwei Fragen mit «Ja» beantwortet, leidet möglicherweise an einer Störung durch Alkohol.

Cut Down (Konsum reduzieren)
Haben Sie (erfolglos) versucht, Ihren Alkoholkonsum zu reduzieren?

Annoyed (Verärgert)
Haben Sie sich geärgert, weil Ihr Trinkverhalten von anderen kritisiert wird?

Guilty (Schuldgefühle)
Haben Sie Schuldgefühle wegen Ihres Trinkens?

Eye-Opener (Augenöffner)
Haben Sie Alkohol benutzt, um morgens «in Gang» zu kommen?

Wie bereits erwähnt, kann das Bild der Alkoholabhängigkeit sehr vielgestaltig sein. Verschiedene Autoren haben daher eine Unterteilung in Untergruppen vorgeschlagen. Die Gruppierungen lassen sich grob kategorisieren in solche, die überdauernde Eigenschaften im Trinkverhalten beschreiben, und solche, die verschiedene Entwicklungsstadien der Alkoholabhängigkeit unterscheiden.

Die bekannteste ist die von Jellinek (1960), nach der das Trinkverhalten kategorisiert wird (α – Konflikttrinker, β – Gelegenheitstrinker, γ – oder süchtige Trinker und σ – oder Gewohnheitstrinker). Jellinek teilte Alkoholismus auch in Entwicklungsphasen ein (Prodromalphase, kritische Phase und chronische Phase). Die Jellinek-Typologien und andere ältere sind auf der Grundlage von empirischen Überprüfungen kritisiert worden (Park und Whitehead 1973). Insbesondere der Nutzen für Prognose und Therapiezuordnung wurde angezweifelt (Schuckit 1995). Diese Einteilung von Jellinek war Grundlage für eine therapeutische Anschauung, wonach überwiegend Patienten der chronischen Phase die für eine Therapie notwendige Motivation aufbrächten **Tabelle 3** auf S. 164.

Tabelle 3: Alkoholikertypologie nach Jellinek (nach Feuerlein et al. 1998): Diese Typologie hat weite Verbreitung gefunden und die Forschung stark beeinflußt. Ihre Verwendbarkeit für die Therapie ist umstritten.

Typ		Psychosoziale Probleme	Körperliche Probleme	Trinkfrequenz	Fähigkeit zu kontrolliertem Trinken
Konflikttrinker	α	+	(+)	Mit Pausen	(+)
Gelegenheitstrinker	β	(+)	(+)	Mit Pausen	(+)
Süchtiger Trinker	γ	++	++	Ständig, manchmal mit Pausen	0
Gewohnheitstrinker	δ	(+)	++	Ständig	0
Episodischer Trinker	ε	++	(+)	Episodisch	0

Für den Patienten unseres Fallbeispiels heißt das, daß es erst zu dem geschilderten schweren Krankheitsbild kommen müßte, bevor therapeutische Maßnahmen greifen könnten. Neben dem therapeutischen Pessimismus dieser Ansicht ist diese Haltung mittlerweile auch empirisch widerlegt worden. Behandlungen in einem früheren Stadium sind nicht nur möglich, sondern auch erfolgversprechend.

Eine neuere Typologie von Lesch (Lesch und Walter 1995) identifizierte auf Grundlage einer Langzeitverlaufsstudie vier Typen: I: Entzugsvermeidungstrinken, II: Alkoholkonsum zur Angstverminderung und bei Konflikten, III: Selbstmedikation bei Depression, IV: Alkoholkonsum auf der Grundlage von vorbestehenden Hirnschäden (angeboren oder durch Unfälle etc.). Auch Lesch hat Verlaufsphasen unterschieden, wonach im Krankheitsverlauf eine Entdifferenzierung der 4 Typen zu einem Endstadium stattfindet (Lesch'scher Trichter). Bedeutsam ist die Einteilung nach Lesch, da sie eine Zuordnung zu verschiedenen Therapien erlaubt.

Cloninger et al. (1981) unterschieden aufgrund einer Adoptionsstudie (Stockholmstudie) 2 Typen, Typ I mit vergleichsweise guter sozialer Integration, Krankheitsbeginn im Erwachsenenalter und geringerer Erblichkeit in Familien und Typ II mit schweren sozialen Folgen (Desintegration, Straffälligkeit), Beginn im Jugendalter und höherer Erblichkeit. Typ II ist danach mit einer schlechteren Prognose verbunden.

Ein insbesondere therapeutisch relevantes Entwicklungsmodell stellten Prochaska und DiClemente zur Verfügung (s. Kap. 5). Dieses Instrument wird in der klinischen Arbeit geschätzt, da es je nach Phase spezifische therapeutische Maßnahmen vorschreibt.

3. Häufigkeit und Verlauf

Alkoholabhängigkeit gehört zu den häufigsten chronischen Erkrankungen in Deutschland. Etwa 2,5 Millionen Deutsche gelten als alkoholabhängig, insgesamt 5 Millionen als gefährdet. Nur ein kleiner Teil (ca. 1,4 %) wird adäquat behandelt (Entzugs-, Entwöhnungs- und Rückfallprophylaxebehandlung). Etwa 70 000 Menschen sterben jährlich an den Folgen der Alkoholabhängigkeit, Schätzungen zufolge sind 6 % aller Todesfälle bei Menschen unter 75 Jahren durch Alkohol mitbedingt (Wetterling & Veltrup 1997).

Männer sind häufiger von Alkoholabhängigkeit betroffen als Frauen. In den letzten Jahren nimmt die Zahl der alkoholabhängigen Frauen jedoch zu. Eine schlüssige Erklärung für diese Zunahme existiert jedoch nicht.

Der Krankheitsverlauf von Alkoholabhängigen, die niemals wegen der Sucht behandelt werden, also der sog. «natürliche Verlauf» ist sehr vielgestaltig und hängt entscheidend von sozialen Faktoren und Begleiterkrankungen ab. Lemere (1953) untersuchte die Lebensgeschichte von 500 verstorbenen Alkoholabhängigen; danach behielten 57 % ihren Konsumstil zeitlebens bei, bis sie an direkten oder indirekten Folgen der Alkoholabhängigkeit starben, 10 % konnten ihren Konsum auf ein unschädliches Niveau vermindern, 22 % gaben den Alkoholkonsum auf, nachdem sie Zeichen einer möglicherweise tödlichen Alkoholfolgekrankheit bemerkt hatten, und 11 % wurden aus unbekannten Gründen abstinent. Baekeland et al. (1975) gaben eine spontane Besserung von 2 % jährlich bezüglich des Trinkverhaltens und von 5 % jährlich bezüglich sozialer Kriterien an. Miller und Hester nannten eine von 19 % pro Jahr (Übersicht bei Feuerlein et al. 1998). Schuckit (1995) nannte 10 bis 30 % an spontaner Besserungsrate und wies auf die optimistische Prognose dieser schweren Krankheit auch ohne Therapie zumindest bei einem Teil der Patienten hin. Dieser Teil ist üblicherweise gut sozial eingegliedert, Einzelfallberichte weisen auf die Bedeutung bestimmter Lebensereignisse, spiritueller Erfahrungen bzw. Unterstützung durch einen Partner hin.

Dies sollte jemanden, der eine Therapie anstrebt, optimistisch stimmen und nicht zur Folgerung führen, sein Schicksal zu versuchen und auf die Therapie zu verzichten. Immerhin ist der unbehandelte Verlauf für mehr als 70 % der Betroffenen als kritisch einzuschätzen.

Alkoholabhängige leiden häufig unter psychischen Begleiterkrankungen (Komorbidität), sie sind entscheidend für die Prognose und die Therapie.

Fallbeispiel

Ein Patient mit Verfolgungsideen («die Polizei beobachtet mich wegen eines nicht gesühnten Ladendiebstahls vor 18 Jahren») nutzt Alkohol, um die damit verbundene Angst zu dämpfen. Die Angst wird in der Tat erfolgreich kompensiert, es ist also eine Motivation zum Weitertrinken gegeben, es entwickelt sich eine Abhängigkeit). Der Patient verheimlicht vor Verwandten, Kollegen und auch Hausarzt und Suchtberater die Verfolgungsgedanken, auch sonst deutet nichts auf das Vorliegen derselben hin. Der Rat, sich einer Selbsthilfegruppe anzuschließen, ist von geringem Nutzen, da der Patient auch dort keine Hilfe gegen die Verfolgungsgedanken erhält. Erst die gezielte Frage eines Psychiaters und die erfolgreiche neuroleptische Therapie (sog. Neuroleptika wirken gegen Verfolgungsideen, ohne daß sie ein eigenes Abhängigkeitspotential besitzen) lassen die Ängste verschwinden, der Patient kann den Konsum des Alkohols deutlich reduzieren. Eine Behandlung erfolgt in einer Spezialeinrichtung, die Rückfallprophylaxestrategien für Alkoholabhängige mit zusätzlichen psychiatrischen Erkrankungen einübt. Unter Rückfallprophylaxetechniken versteht man die Analyse der auslösenden Bedingungen eines Rückfalls und das Erlernen von wirksamen Gegenmaßnahmen.

Der oben genannte Patient könnte z. B. feststellen, daß er immer dann trinkt, wenn er Verfolgungsgedanken bemerkt. Eine Gegenmaßnahme könnte dann darin bestehen, ein sog. Notfallkärtchen zu erstellen, das der Patient immer bei sich trägt: Ein möglicher Inhalt des Kärtchens wäre folgender:

Notfallkärtchen

1) Ich habe seit mehr als ½ Stunde starke Angst
2) Es ist dieselbe Angst, die ich während meiner Psychose hatte
3) Ich fühle mich beobachtet, verfolgt.

Aktion:
1) Bruder anrufen Tel: 0123/456 789
2) Dr. med. Kühn anrufen, Termin vereinbaren Tel.: 0123/987 654
3) Bei Unruhe: Neurocil 50 mg
4) Antipsychotische Medikation nach Schema kurzfristig heraufsetzen Taxilan 500 mg/Tag auf 600 mg/Tag heraufsetzen

---

Abbildung 1: Notfallkärtchen

Die Abfassung eines solchen Kärtchens setzt eine gründliche Situationsanalyse und eine vollständige Instruktion über die Maßnahmen und die zu erwartenden Wirkungen voraus. Dabei ist es wichtig, Hilfsstrategien einzusetzen, die der Patient selbst schon früher als wirksam erlebt hat (hier: «mit meinem Bruder kann ich am besten über meine Krankheit reden» und «Taxilan hat mir damals gut gegen die Verfolgungsängste geholfen»).

Unter Alkoholabhängigen sind bis zu 28 % der Patienten mit Angststörungen zu finden, bis zu 40 % der Alkoholpatienten leiden unter depressiven Störungen (wobei schwer einzuschätzen ist, ob die Depression Ursache oder Folge der Alkoholkrankheit ist). Ein Drittel aller schizophrenen Patienten betreibt einen Alkoholmißbrauch, schließlich neigen Menschen mit Persönlichkeitsstörungen überzufällig häufig zu Alkoholabhängigkeit (hier bilden die dissozialen Persönlichkeitsstörungen eine Schnittmenge mit den Typ-II-Alkoholikern nach Cloninger, s. u.).

4. Ursachen der Alkoholabhängigkeit

Schon Aristoteles beschrieb eine familiäre Häufung von Alkoholkrankheiten. Neben sogenannten sporadischen, also vereinzelt in Familien vorkommenden Fällen von Alkoholabhängigkeit zeigte sich, daß es in manchen Familien gleich mehrere Mitglieder mit Alkoholabhängigkeit gab. Diese Beobachtung führte zu einer kontroversen Diskussion über die Ursache dieses gemeinsamen Vorkommens: denkbare Erklärungen sind genetische Faktoren, also biologische Vererbung oder Erziehung, Vorbild und Nachahmung. Der Streit um «nature or nurture» beherrscht seit geraumer Zeit die Ursachendiskussion.

Die Antwort, für die es die meisten Belege gibt, ist «nature *and* nurture». Die Überprüfung der Vererbungs- und der Erziehungshypothese ist aufwendig; der einzig methodisch mögliche Ansatz besteht in Adoptions- und in Zwillingsstudien. Nur diese Studienansätze erlauben die Unterscheidung von genetischen und Umwelteinflüssen. Wird ein Kind alkoholabhängiger Eltern selbst alkoholabhängig, könnte es zum Beispiel diese Verhaltensweise als Mitbedingung von den Eltern gelernt haben (nurture) oder aber die Anfälligkeit geerbt haben (nature). Adoptierte Kinder hingegen tragen ihre genetische Anlage ins neue Milieu. Würden z. B. Kinder alkoholkranker Eltern häufiger selbst alkoholabhängig, auch wenn ihre Adoptiveltern *nicht* alkoholabhängig sind, dann müßte Vererbung als gewichtiger Teilfaktor vorliegen.

In der eingangs erwähnten Stockholmstudie (Adoptionsstudie) konnten Cloninger und seine Mitarbeiter Hinweise für beide Übertragungsmechanismen finden, je nach Gruppe. Die Typ-II-Alkoholiker (jüngeres Ersterkrankungsalter, schwererer Verlauf) scheinen einen stärkeren genetischen Verursachungsanteil zu haben als die Typ-I-Alkoholiker (älteres Ersterkrankungsalter, bessere soziale Einbindung). So zeigte sich, daß Kinder von Typ-II-Alkoholikern eine Wahrscheinlichkeit von etwa 17 % aufweisen, selbst an Alkoholabhängigkeit zu erkranken. Dabei spielt es keine Rolle, ob sie bei gesunden oder alkoholabhängigen Eltern aufwachsen. Zum Vergleich beträgt die Wahrscheinlichkeit, an Alkoholismus zu erkranken, bei Kindern gesunder Eltern ca. 4 bis 5 %, d. h. im Vergleich dazu ist das Risiko von Kindern von Typ-II-Eltern 3- bis 4fach erhöht. Beim günstiger verlaufenden Typ I scheint das elterliche Milieu eine stärkere Rolle zu spielen.

Andererseits muß man feststellen, daß auch die überwiegende Mehrheit von Kindern mit Eltern des Typ-II-Alkoholismus, nämlich über 80 %, *nicht* erkranken. Nachweisbare genetische Einflußfaktoren dürfen daher allein schon vom zählbaren Umfang nicht zu einem fatalistischen Umgang mit der Prognose führen oder zu einem therapeutischen Pessimismus. Es sei auch schon an dieser Stelle darauf hingewiesen, daß eine genetische Verursachung von Verhalten nicht bedeutet, daß Therapie wirkungslos ist. Dies gilt sowohl für medikamentöse als auch für psychotherapeutische Behandlungen. Genetische Information steuert *Verhaltensbereitschaften*, die jedoch in plastische, d. h. veränderbare Systeme eingebettet sind. Diese Systeme wiederum sind von außen zu beeinflussen. Für diese Sichtweise sprechen nicht nur theoretische und experimentelle, sondern insbesondere auch therapeutische Befunde. Der Alkoholismusforscher und Genetiker C. Robert Cloninger schätzte die Bedeutung genetischer und umweltbedingter Faktoren folgendermaßen ein (Cloninger et al. 1981):

«...die Bedeutung soziokultureller Einflüsse bei den meisten Alkoholikern legt nahe, daß eine Veränderung in den Ansichten über Trinkstile geeignet ist, die Alkoholprävalenz von Alkoholmißbrauch dramatisch zu verändern, unabhängig von genetischer Disposition».

4.1 Psychologische Theorien

Die Entstehung von Alkoholabhängigkeit wird seit den sechziger Jahren innerhalb der wichtigen psychologischen Forschungs- und Therapietraditionen untersucht, insbesondere der Psychoanalyse und der Verhaltenstherapie. Eine umfassende Übersicht über den aktuellen Stand und die historische Entwicklung findet sich bei Arend (1994).

Innerhalb der Psychoanalyse wurden verschiedene Erklärungen für Suchtverhalten entwickelt, dazu zählen das Triebmodell der Sucht und der

Ich-psychologische Ansatz. Im Triebmodell ist Alkohol ein Mittel zur Bedürfnisbefriedigung. Dahinter steht die Notwendigkeit der Lösung eines Triebkonfliktes. Als für die Suchtentwicklung entscheidende Phase wird die orale Phase angesehen. Unter «Oralität des Süchtigen» wird Unreife, Abhängigkeit, geringe Frustrationstoleranz und Unfähigkeit zum Aufschub von Bedürfnisbefriedigung verstanden.

Der Ich-psychologische Ansatz sieht ein Defizit in den Ich-Funktionen Realitätsprüfung, Auseinandersetzung mit der Außenwelt sowie Gefühlsregulation. Ein Suchtmittel soll danach diese fehlenden Ich-Funktionen ersetzen, indem es z. B. gegen das Ich gerichtete Gefühle dämpft.

Als methodische Kritikpunkte gegen psychoanalytische Suchttheorien faßt Arend zusammen: Das soziokulturelle Umfeld findet kaum Berücksichtigung, die Konzepte sind schlecht wissenschaftlich operationalisierbar (d. h. zum Beispiel in Fragebögen zu fassen, um sie bei einer größeren Zahl von Patienten zu überprüfen), weiterhin wird analytischen Modellen eine tautologische Argumentation ohne eigentlichen Erkenntnisgewinn vorgeworfen (Wanke 1978). Schließlich sei die psychoanalytische Auseinandersetzung mit Alkoholismus nicht über die Theoriebildung hinausgegangen, eine eigenständige psychoanalytische Alkoholismustherapie habe sich nicht entwickelt.

Einen breiten Raum nehmen heutzutage die psychotherapeutischen Schulen ein, die sich der verhaltenstherapeutischen bzw. lerntheoretischen Tradition verpflichtet fühlen (Arend 1994). Hiebei wird davon ausgegangen, daß sowohl normales als auch krankhaftes Alkoholtrinkverhalten erlernt wird. Dabei sind die Lernvorgänge bei normalen als auch bei pathologischen Trinkern grundsätzlich gleich, Unterschiede ergeben sich aber im Ausmaß des Trinkens. Warum lernt jemand nun einen letztlich krankhaften Alkoholgebrauch? Der Grund wird in verschiedenen angenehmen und unangenehmen Konsequenzen (sog. positiven und negativen Verstärkern) und Formen des Modellernens gesehen. Zunächst einmal sind viele soziale Folgen des Alkoholgenusses positiv: man trinkt gemeinsam, erlebt dabei Freude und Zusammengehörigkeitsgefühl, und Trinken steht überhaupt im Vergleich zur Abstinenz im besseren Ruf. Die erste kleine Menge Alkohol wirkt angenehm stimulierend, eine größere Menge beruhigend, sie vertreibt Sorgen und Streß, und man fühlt sich stark. Erlebt jemand solche günstigen Folgen besonders häufig bzw. kann er solche Situationen nur mit Hilfe von Alkohol herstellen, wird er häufiger Alkohol konsumieren. Nun tritt ein Effekt hinzu, den Verhaltensforscher als besonders begünstigend für starke Lerneffekte (nicht nur bei Alkohol) identifiziert haben: den der *intermittierenden* Verstärkung. Darunter versteht man eine zeitlich und situativ unregelmäßige und unvorhersehbare Belohnung und Bestrafung durch Alkohol. Der Betroffene lernt dadurch schlechter, günstige und ungünstige Alkoholfolgen *im voraus* abzuschätzen, und intermittierend gelerntes Verhalten ist sehr löschungsresistent, d. h., der Betroffene findet schwer wieder zurück zu ursprünglich normalem Trinkverhalten. Des weiteren treten die negativen Folgen von Alkoholkonsum («Kater») erst später (am nächsten Tag) auf, während positive Aspekte unmittelbar wirken, so daß dem Alkohol zumeist vorrangig die positiven Aspekte zugeschrieben werden. Erschwerend tritt hinzu, daß diese Lernprozesse unbewußt und damit der Kontrolle des Betroffenen weitgehend entzogen sind. Schließlich wird der Alkohol zum negativen Verstärker (das heißt, er dient dazu, negative Symptome zu verringern, operantes Konditionieren), nämlich dann, wenn er gebraucht wird, Entzugssymptome zu betäuben.

Es hat sich eine Vielzahl von verschiedenen verhaltenstherapeutischen Theorien entwickelt. Die heute attraktivste Theorie ist die sozial-kognitive Lerntheorie von Bandura (1979). Sie erfaßt nicht nur lerntheoretische Annahmen im engeren Sinne (wie oben beschrieben), sondern bezieht die Bedeutung des subjektiven Erlebens, kognitive, soziale und Persönlichkeitsvariablen mit ein. Das bedeutet, Alkoholabhängigkeit läßt sich auch auf Grundlage von direktem Modellernen (z. B. Eltern benutzen Alkohol, um Probleme zu lösen) oder indirektem Lernen (Medien, durch Erzählungen und Aufforderungen zum Alkohol, Peer-group etc.) im Zusammenhang mit Persönlichkeitseigenschaften (z. B. geringe soziale Kompetenz, um anders Probleme lösen zu können, leichte Erregbarkeit etc.) und sozialem Umfeld (z. B. schlechte schulische Förderung) erklären. Sie betont dabei die aktiven, selbstregulativen, planenden und problemlösungsfähigen Aspekte des Individuums vor dem Hintergrund biologischer Anlagefaktoren.

Alkohol trinken ist danach ein soziales Verhalten, das moduliert wird von Anlagefaktoren und soziokulturellem Feld und sich nach Lernvorgängen und Verstärkungsmechanismen beschreiben läßt.

4.2 Soziale Faktoren

Von Rudolf Virchow, der eigentlich als Begründer der Zellularpathologie berühmt wurde, ist der Satz überliefert: «Medizin ist eine soziale Wissenschaft.» Damit wies er auf den untrennbaren Zusammenhang von Individuum und Gesellschaft bei der Entstehung und Behandlung von Krankheiten hin. Für die Alkoholkrankheiten gilt dieser Zusammenhang in besonderer Weise.

Zunächst einmal fällt die Kulturabhängigkeit auf. Alkoholkrankheiten sind in Abstinenzkulturen, wie zum Beispiel islamischen Ländern, weitgehend unbekannt. Deutschland hingegen, das weltweit an der Spitze von Alkoholkonsum und Alkoholabhängigkeitsziffern liegt, gehört zu den sog. «verwirrten» Kulturen, d. h., es gibt kaum Regeln oder Sanktionen beim Umgang mit Alkohol. Für die meisten Menschen gilt auch die schwere Intoxikation zu festlichen oder sozialen Anlässen zum normalen, wenn nicht sogar angestrebten Verhalten. Nun sind «Time-outs», d. h. zeitlich begrenzte Phasen mit gesellschaftlicher Erlaubnis für Rauschzustände, in vielen Kulturen beschrieben worden. Einige Soziologen behaupten, daß aber die individuelle Ausgestaltung und das Ausmaß solcher «Time-outs» stark von kulturellen Eigenheiten und Überzeugungen abhängt. Daraus ließen sich die länderspezifisch unterschiedlichen Ziffern von Alkoholabhängigkeit ableiten.

Eine weitere bedeutende Forschungstradition stellt die Untersuchung der Sozialisation Jugendlicher dar. Hier wird vermutet, daß ein hohes Streßniveau im Elternhaus, elterliches Vorbild eines starken Alkoholkonsums, niedriges «parental monitoring» (= Eltern wissen wenig über Denken, Tun und Treiben ihrer Kinder) zu verstärktem Alkoholkonsum bei Kindern führt. Dabei spielen Jugendgruppen (Peer-groups), in denen gemeinsam Alkohol konsumiert wird, eine wichtige Rolle als Übungs- und Verstärkungsort für Alkoholtrinken (Chassin et al. 1996). Die meisten Jugendlichen absolvieren durchaus exzessive Trinkphasen in Peer-groups, ohne eine Alkoholkrankheit zu entwickeln. Gefährdet jedoch sind zum Beispiel Kinder alkoholkranker Eltern.

Die Diskussion um soziale Faktoren bei der Entstehung von Alkoholismus lenken den Blick auf politische Maßnahmen, die geeignet sind, Alkoholkonsum und Alkoholkrankheiten in der Bevölkerung zu steuern. Hier wird eine große Zahl von politischen, Interventions- und Aufklärungsmaßnahmen diskutiert. Seit Jahrzehnten wird über Nutzen und Schaden von staatlich verordneten Verknappungsmaßnahmen diskutiert (Stichwort «Prohibition» in den USA zu Beginn dieses Jahrhunderts). Solche Restriktionen weisen den Vorteil auf, flächendeckend und leicht einzuführen sein. Edwards (1997) geht auf empirischer Basis davon aus, daß Besteuerung und damit Verknappung von Alkohol ein wirksames Mittel zur Verminderung alkoholbedingter Schäden darstellt. Er weist auf die Notwendigkeit der Einbettung solcher Maßnahmen in einen gesundheitspolitischen Zielkatalog hin und warnt vor Restriktion um der Restriktion willen: «Die Gesamtstrategie muß ein Umfeld schaffen, das den Menschen hilft, gesundheitsfördernde Entscheidungen zu treffen.»

4.3 Wie wirkt Alkohol im Körper?

Alkohol hat positive, gute, angenehme, «prickelnde» Wirkungen ebenso wie negative, schlechte, traurige, invalidisierende und tödliche. Die Auseinandersetzung mit beiden Wirkungsweisen ist für Therapeut und Patient notwendig, denn nur auf dieser Basis kann die Kosten-Nutzen-Rechnung für ein Abstinenzvorhaben aufgemacht werden. Ein alleiniges Hervorheben der schlechten Folgen entspricht nicht der Lebenswelt des Patienten, er fühlt sich nicht ernstgenommen und «schaltet ab».

In kleinen Mengen wirkt Alkohol anregend, euphorisierend und setzt soziale Hemmungen herab. In höheren Dosen steht der dämpfende, beruhigende und schließlich narkotische Effekt im Vordergrund. Manche Menschen können mit Alkohol besonders gut Ängste und Sorgen auf ein erträgliches Maß reduzieren.

Neben den meist angenehmen Akuteffekten findet auf physiologischer Ebene eine langfristige Anpassung statt. Bei längerer Dämpfung durch Alkohol versucht der Körper, wieder die vorher gewohnte ungedämpfte Wachheit wiederherzustellen, dazu regelt er das eigene Erregungsniveau hoch. Setzt nun der Alkoholkonsument den Alkohol ab, kommt das überhöhte Erregungsniveau zu Vorschein, das sich als Entzug bemerkbar macht (Tab. 2). Für diese Vorgänge sind Systeme im Gehirn verantwortlich, die sich der Hilfe von Botenstoffen (= Neurotransmittern) bedienen. Unter Neurotransmittern versteht man bestimmte Stoffe, die nach Bedarf produziert und den Funktionszustand von Nervenzellen ändern, das «Konzert» einer Vielzahl von Nervenzellen und ihrer Botenstoffe resultiert dann z. B. in einem bestimmten Aktivierungszustand. Als Botenstoffe sind hier Glutamat (erregende Wirkung) und Gamma-Aminobuttersäure (GABA) zu nennen. Es scheinen jedoch eine Vielzahl von Stoffwechselsystemen des Gehirns beteiligt zu sein, die auf komplexe Weise miteinander in Beziehung treten, so daß dieses Dämpfungs-Erregungs-Modell ein nützliches Bild ist, jedoch von den tatsächlichen Gegebenheiten stark abstrahiert ist (ausführliche Übersicht über Neurobiologie des Alkoholismus: Feuerlein et al. 1998, Rommelspacher 1997). In der Abbildung 2 wird der Prozeß der Regulation von Erregung und Dämpfung durch Alkohol dargestellt.

Für die Vermittlung der angenehmen Effekte scheint das sogenannte *Reward*- oder Belohnungssystem zuständig zu sein. Es besteht aus Nervenzellkernen im Stammhirn und hat Verbindungen zu Teilen des Gehirns, die Stimmung und Affekte regulieren. Der hauptsächlich vorkommende Neurotransmitter ist das Dopamin. Alkohol ist neben anderen Rauschdrogen in der Lage, dieses System zu stimulieren und bei Abhängigkeitsprozessen zu verändern. Abhängigkeitsforscher sehen hier den Schalter für die psychi-

Entstehung von Abhängigkeitsentwicklung und Entzugssymptomatik im Gehirn

1. Normaler Wachzustand
2. Streß setzt das Erregungsniveau herauf, was der Pat. als unangenehm erlebt
3. Alkohol verschiebt das Aktivitätsniveau in Richtung eines als angenehm erlebten Dämpfungszustandes
4. Der Organismus leitet jedoch Gegenregulationsmaßnahmen ein, um den normalen Wachzustand wiederherzustellen. Er orientiert sich dabei an einem biologisch voreingestellten Sollwert.
5. Da dieses neue Gleichgewicht wieder als unangenehm erlebt wird, erhöht der Patient den Alkoholkonsum, um den gewünschten Dämpfungszustand zu erreichen (*Toleranzentwicklung!*). Die Gegenregulationsmechanismen nehmen jedoch auch an Stärke zu.
6. Bei plötzlichem Alkoholkonsumstop verschiebt die stark erhöhte Gegenregulation das Erregungsniveau in Richtung der *Entzugssymptomatik* (bis hin zum Delir).

Abbildung 2: Regulation von Erregung und Dämpfung im Gehirn

schen Effekte des Alkohols und versuchen weiter, das System zu enträtseln, um mehr Einblick in die Entwicklung von Abhängigkeitsprozessen zu erhalten.

Zu den negativen Wirkungen läßt sich vereinfachend feststellen, daß Alkohol *alle* Gewebe des menschlichen Körpers schädigt. Im Nervensystem führt Alkohol zu Erinnerungsstörungen bis zum völligen Verlust des Kurzzeitgedächtnisses (Korsakow-Syndrom), zu Krampfanfällen, Gefühls- und Koordinationsstörungen. Die Leber kann völlig zerstört werden (Leberzirrhose), die Pumpfunktion des Herzens kann geschädigt werden (Kardiomyopathie) etc., eine langfristige und starke Alkoholeinnahme kann über das Versagen verschiedener Organe zum Tode führen.

5. Therapie: Selbstverantwortung, individuelle, nachvollziehbare Ziele und die richtige Planung führen zum Erfolg

So unterschiedlich die verschieden Typen von Alkoholabhängigkeit sind, so unterschiedlich sind auch die Bedürfnisse von Patienten bezüglich der Therapie. Es gibt neben vielen Gemeinsamkeiten eine Vielzahl von Unterschieden: die Motivationslage, das Bildungsniveau, die zur Verfügung stehende Zeit, der Schweregrad der Erkrankung und die psychischen Begleiterkrankungen. Gefordert ist also eine Therapieauswahl (-indikation) nach *Schweregrad-* und *Störungsspezifität:*

Eine selbständige Rechtsanwältin, die keine alkoholbedingten kognitiven Ausfälle zeigt, könnte erfolgreich in einer Tagesklinik mit kurzer stationärer und längerer ambulanter Phase (außerhalb der Bürozeiten) behandelt werden mit einem anspruchsvollen Programm an Information und Rückfallprophylaxestrategien. Dieser Zugang wäre für den Patienten in unserem ersten Fallbeispiel völlig falsch: er benötigt eine längere stationäre Phase mit Hilfe bei der Planung von Tagesaktivitäten. Ein zu hohes therapeutisches Niveau würde eine Überforderung darstellen, hier gilt es, zunächst die selbständige Planung des Alltags wieder zu erlernen mit basalen Dingen wie Körperpflege, Bereitung von Mahlzeiten und selbständiger Beschäftigung. Der Grad der Selbständigkeit kann so weit beeinträchtigt sein, daß möglicherweise ein längerfristiger Heimaufenthalt im Anschluß erforderlich ist.

5.1 Motivation und Hermeneutischer Zirkel

Das Vorliegen einer Veränderungs- bzw. Therapiemotivation galt lange Zeit als unabdingbare Voraussetzung für den Beginn einer Therapie. Dazu gehörte insbesondere das Akzeptieren der eigenen Alkoholabhängigkeit. Die Gefahr in einer rigorosen Forderung nach dem richtigen Krankheitskonzept liegt in einem vordergründigen Bekennen und einer inneren Emigration oder «Abschalten» in der Therapie. Wir wissen heute, daß es eine lange Zeit braucht, bis ein Alkoholabhängiger die Diagnose Alkoholabhängigkeit mit ihrer möglicherweise lebensbedrohlichen Prognose, der lebenslangen Abstinenznotwendigkeit und der sozialen Benachteiligung akzeptiert. Wir wissen aber auch, daß trotzdem, also auch mit «mangelnder Motivation» eine Therapie erfolgversprechend ist. Vielmehr erscheint eine therapeutische

Anstrengung Grundvoraussetzung für die Entwicklung eines gesundheitsfördernden Krankheitskonzeptes zu sein: das Erlernen von Rückfallprophylaxestrategien und deren (erfolgreiches) Ausprobieren steigert den Glauben an die eigenen Fähigkeiten (Selbstwirksamkeit) und vermindert die Hoffnungslosigkeit. Die Annahme einer lebenslangen chronischen Krankheit fällt dadurch leichter, da ihr vom Schrecken der Unausweichlichkeit genommen wird. Die zusätzliche Motivation begünstigt die weitere Auseinandersetzung mit therapeutischen Techniken. Der Therapeut begleitet diesen Prozeß idealerweise mit einer Haltung freundlicher Zuwendung und macht diesen Zirkel zum Thema, weist dabei aber auf die grundsätzlich nachgewiesenen Erfolge dieses Vorgehens hin. Mißerfolge gehören dazu und stellen das Vorhaben nicht in Frage.

5.2 Kontrollverlustparadoxon

Alkoholabhängigkeit ist eine Lebenszeitdiagnose. Die große Anzahl Alkoholabhängiger wird niemals wieder kontrolliert trinken können. Jedenfalls ist das das Ergebnis der überwältigenden Mehrzahl der diesbezüglichen Untersuchungen. Lediglich eine kleine Minderheit von Alkoholabhängigen trinken zu einem späteren Zeitpunkt wieder kontrolliert (Kunkel 1987).

Therapieziel bei Alkoholabhängigen ist Abstinenz, d. h. Kontrolle über den Alkohol. Nun ist aber Kontrollverlust eines der Kardinalsymptome von Alkoholabhängigkeit. Würde der Abhängige kontrollfähig, wäre er geheilt. Dies widerspricht aber dem Befund der Lebenszeitdiagnose. Petry (1996) hat diesen Zusammenhang «Kontrollverlustparadoxon» genannt. Das Kontrollverlustparadoxon muß in der Therapie unbedingt thematisiert werden, da dieses Problem – bewußt oder unbewußt – immer im Raum steht und zur Unsicherheit der Patienten beiträgt.

Ist Therapie dadurch ein von vornherein unmögliches Unterfangen? Hier zeigt die Therapieerfahrung, daß Patienten selten nach der ersten Therapie für immer abstinent bleiben. Vielmehr führt der Weg zur Besserung über Mißerfolge, die dazugehören und mit der Zeit immer seltener werden. Patienten und Therapeuten können dem Kontrollverlustparadoxon zwar nicht entfliehen, seine Auswirkung auf die Therapie jedoch durch Information und Kompetenzstärkung der Patienten begrenzen.

5.3 Therapeutische Ziele

Aus der Überlegung im letzten Absatz folgt: Abstinenz ist das Ziel, denn kontrolliertes Trinken ist für einen Alkoholabhängigen meist nicht möglich. Zwischen seltener werdenden Rückfällen und massiven Trinkexzessen gibt es weitere Alternativen: besonders in Amerika gilt das Paradigma der Schadensbegrenzung bzw. *harm reduction* als Leitbild für die Festlegung individueller Therapieziele. Der Katalog reicht von «Sicherung des Überlebens» bis «Abstinenz». Eine Festlegung auf die jeweilige Stufe mit zeitlichen Rahmen sollte zu jeder Therapieplanung gehören, um zielbewußt zu arbeiten und um Frustrationen zu vermeiden (siehe **Abb. 3**).

Die Hinwendung zur *harm reduction* geht einher mit einer neuen Sichtweise des Patienten, wonach er in die Lage versetzt wird, seine eigenen Wünsche und Vorstellungen in der Therapie mit zu definieren. In der Therapieforschung ist im Gegensatz dazu meist noch die Abstinenzdauer Zielkriterium. Hier wäre möglicherweise «Verbesserung der Lebensqualität (QoL =

Individuelle therapeutische Grenzziehung (Selbsthilfe)
Konstruktive Bearbeitung von Rückfällen
Akzeptanz des Abstinenzziels
Akzeptanz des eigenen Behandlungs- und Hilfebedarfs
Einsicht in die Grunderkrankung
Ermöglichung längerer Abstinenzphasen
Verhinderung sozialer Desintegration
Sicherung der sozialen Umgebung gegen Beeinträchtigung
Verhinderung von schweren körperlichen Folgeschäden
Sicherung des Überlebens

Abbildung 3: Therapieziele. Es ist erfolgversprechender, realistische Therapieziele zu definieren, als an zu hohen zu scheitern (nach Schwoon 1992 und Wienberg 1994, aus Wetteling und Veltrup 1997)

Quality of life)» das entsprechend zeitgemäßere Erfolgsmaß. Wir gehen davon aus, daß der Zuwachs an Lebensqualität einer Therapie sehr viel höher ist, als Abstinenzziffern allein dies abzubilden vermögen. Der empirische Nachweis steht jedoch aus. Es sei nochmals darauf hingewiesen: der Patient und seine Ziele sind Richtschnur für die Therapieplanung. Fehlende Diskussion darüber entmündigt den Patienten und schädigt die Selbstexplorationsmöglichkeiten des Patienten und damit die gesamte Therapie. Diskussion über die Erreichbarkeit der Ziele aus therapeutischer, wissenschaftlicher, ärztlicher etc. Sicht ist nicht Voraussetzung, sondern Inhalt der Therapie, die einsetzende Realitätsprüfung der eigenen Sicht ist ein Mittel zur Veränderung der schädlichen Konsumgewohnheiten.

5.4 Was hat sich in der Alkoholismustherapie bewährt?

Es sind eine Vielzahl unterschiedlicher Verfahren zur Therapie der Alkoholabhängigkeit beschrieben und untersucht worden. Hier sollen die wichtigsten Daten berichtet werden, soweit sie für die individuelle Therapieplanung von Bedeutung sind. Eine systematische Übersicht findet sich bei Feuerlein et al. (1998) und Hester und Miller (1995).

- Kurzinterventionen (Sammelbegriff für Maßnahmen, bei denen Therapeuten aktiv auf Gefährdete zugehen und Gespräche, Informationen und Therapievermittlung anbieten, siehe John et al. 1996) und ärztliche Ratschläge zum Trinkverhalten haben sich als sehr wirksam erwiesen.
- Psychoedukation: Die gründliche Information der Patienten über Verlauf, Therapie, Physiologie und Psychologie der Erkrankung hat schon für sich genommen hohe Effektstärken in der Therapie.
- Gruppentherapien sind gut wirksam bei der Festigung von Krankheitskonzepten und bei der Psychoedukation, da sich Patienten möglicherweise besser auf ihr gegenseitiges kognitives Niveau einstellen können.
- Selbsthilfegruppen scheinen teilweise professionellen Therapien gleichwertig zu sein (z. B. die Anonymen Alkoholiker [AA]; McCrady und Delaney 1995).
- Die konsequente Behandlung psychiatrischer Begleiterkrankungen bessert bei den jeweiligen Erkrankten die Aussichten auf Besserung erheblich. Erfolgreiche antidepressive Therapie läßt den Stimmungsaufheller Alkohol überflüssig werden. Manche Therapeuten lehnen eine solche Behandlung ab mit dem Argument, der Patient würde von einem neuen

Medikament abhängig und behielte seine pathologischen Verhaltensweisen bei. Wir unterscheiden zwischen nicht-süchtigem Benötigen und abhängigem Süchtigsein. Viele nicht-süchtige Kranke benötigen Medikamente, warum sollten depressive Alkoholabhängige hier benachteiligt werden?

- Sog. Anti-Craving-Mittel haben sich bei einer Gruppe Abhängiger als wirksam erwiesen (z. B. Acamprosat, das in den Glutamat-Stoffwechsel im Hirn eingreift). Die Abstinenzrate innerhalb eines Jahres läßt sich um 10 bis 20 % erhöhen.
- Entgiftung (= Behandlung der Entzugssymptomatik) mit anschließender Therapie ist alleiniger Entgiftung überlegen. Dabei ist die psychotherapeutische Methode offensichtlich nicht entscheidend für den Therapieerfolg. Im amerikanischen MATCH-Projekt (Project MATCH Research Group 1998) zur Erforschung verschiedener Therapien zeigten sich nur geringe Wirkungsunterschiede.
- Generell konnte gezeigt werden, daß Techniken der Verhaltenstherapie, solche zur Stärkung der Ich-Fähigkeiten und Techniken zur Problembewältigung (=Coping) wirksam sind (Beispiel Abstinenzbeendigungskonzept, **Abb. 4**).
- Schließlich hat sich die Einbeziehung von Angehörigen in Gespräche, Angehörigen- und Selbsthilfegruppen bewährt.

In der Therapie soll nicht nur das **Abstinentwerden**, sondern auch die **Aufrechterhaltung** der Abstinenz gelernt werden. Dies schließt Kompetenzen für den Umgang mit ohnehin stattfindenden Rückfällen ein. Da nicht jedes erneute Trinken zu einem Rückfall in die alten Trinkgewohnheiten führen muß, hat Veltrup (1995) das Konzept der **Abstinenzbeendigung** entwickelt. Es besagt, daß der Patient nach erneutem Trinken Techniken anwenden kann, um

- sofort wieder abstinent zu werden
- nach einiger Zeit, ohne ein abhängiges Trinkverhalten zu entwickeln, wieder abstinent zu werden
- ein **nicht** abhängiges Trinkverhalten zu behalten.

Er kann natürlich auch zunächst wieder einen abhängigen Trinkstil entwickeln. Darauf sollte jedoch wieder ein erneuter Therapieversuch folgen. **Techniken** sind eingeübte Selbstgespräche: «Ich muß jetzt nicht weitertrinken wie früher», Krisenkarten mit Ratschlägen, Hilfesuche bei nicht-professionellen Netzwerken oder beim Therapeuten.

Abbildung 4: Technik Abstinenzbeendigung (Veltrup 1995)

In der Tabelle 4 sind die einzelnen Effektstärken verschiedener Therapieformen abgebildet.

Tabelle 4: Therapieeffekte bei der Behandlung von Alkoholabhängigkeit (Auswahl): der komplexe Effektivitätsindex (CES) berücksichtigt Stärke des überprüften Effekts und Qualität der Untersuchung. Ein hoher CES-Wert bedeutet ein hohes Maß an Effektivität (aus Miller et al., in: R. K. Hester und W. R. Miller, Handbook of Alcoholism Treatment Approaches. Allyn & Bacon, Boston 1995, zit. bei Feuerlein et al. 1998).

Therapie	CES
Kurztherapie	+239
Soziales Kompetenztraining	+128
Motivationstherapien	+87
Aversionstherapie mit Brechmitteln (Antabus)	+34
Selbsthilfemanuale	+33
Kognitive Therapie	+22
Hypnose	-41
Konfrontationstherapie	-125
Psychodynamische Psychotherapie	-127

Mögliche wirksame Behandlungsansätze scheitern derzeit an ungünstigen Rahmenbedingungen in der Versorgung. So kritisieren Krausz und Dittmann (1996), daß Entgiftungsbehandlungen häufig in somatischen Kliniken *ohne* psychiatrische oder psychotherapeutische Intervention geschehen (solche Frühinterventionen haben sich als sehr wirksam erwiesen). Weiterhin beanstanden die Autoren eine mangelnde Verfügbarkeit gemeindenaher Angebote (ambulante und teilstationäre) bei Bevorzugung abgelegener Fachkliniken (siehe Tab. 4).

5.5 Veränderungsmodell von Prochaska und DiClemente

Abschließend soll hier das Veränderungsmodell nach Prochaska und DiClemente (1983) und Davidson (1991) vorgestellt werden. Ein Rahmen für den gesamten Therapieablauf ist unverzichtbar, um die möglicherweise zahlreichen verschiedenen Behandlungen im Leben eines Patienten in einen Gesamtzusammenhang stellen zu können. Dadurch kann Beliebigkeit bei der weiteren Planung verhindert werden und der jeweilige Platz des Patienten in der notwendigerweise entstandenen Kette von Erfolgen und Mißerfolgen beschrieben werden.

Die Autoren des Veränderungsmodells entwickelten eine Beschreibung des Verlaufs von Alkoholabhängigkeit, das insbesondere Motivation und Sichtweise des Patienten der eigenen Störung gegenüber beschreibt. Der große Nutzen dieses Veränderungsphasenmodells liegt in der Möglichkeit, spezifische Therapien für jede der Phasen zu indizieren. Im Gegensatz zum Phasenmodell nach Jellinek (erst hoher Schweregrad ist Voraussetzung zur Therapie) betont das Veränderungsphasenmodell die Notwendigkeit und Möglichkeit der Therapie zu Beginn des Krankheitsverlaufs (Frühintervention). Diese Haltung ist nicht nur therapeutisch optimistischer, patientengerechter, sondern auch empirisch als wirksam beschrieben worden.
Das Veränderungsphasenmodell ist in folgende Phasen gegliedert (zit. bei Wetterling und Veltrup 1997):

- *Vorahnungsphase:* erste Hinweise aus der Umgebung auf einen zu hohen Alkoholkonsum werden bagatellisiert oder mit Scheinbegründungen erklärt. Das Trinkverhalten beginnt, sich zu verändern. Zum Beispiel fangen Patienten an, heimlich zu trinken. Diese erste Konfrontation mit der Alkoholproblematik kann Jahre andauern.
- In der *Überlegungsphase* sieht sich der Betroffene gezwungen, sein Alkoholtrinkverhalten ändern zu müssen. Hinweise seiner Mitmenschen weist der Patient weiterhin zurück. Er versucht jedoch, abstinente Phasen zu planen und durchzuhalten.
- Hilfsangebote von außen werden erstmals in der *Aktionsphase* angenommen. Hier nutzt der Patient vorwiegend unverbindliche Beratungsangebote beim Hausarzt, der Suchtberatung oder einer Selbsthilfegruppe.
- Die *Aufrechterhaltungsphase* ist durch das Bemühen charakterisiert, abstinent zu leben. Hier nimmt der Betroffene alle möglichen therapeutischen Angebote wahr.
- Die *Abstinenzphase* wird häufig unterbrochen durch eine oder mehrere *Rückfallphasen*. Der alkoholabhängige Patient kann hier wieder den Zustand der Vorahnungsphase erreichen. Er verhält sich wieder bagatellisierend, indem er z. B. seine Therapieerfolge in der Aufrechterhaltungsphase als Heilung fehldeutet.

Das Veränderungsmodell gewinnt hier einen Kreislaufcharakter, der den natürlichen Verlauf der Alkoholabhängigkeit besonders gut widerspiegelt. Alkoholabhängigkeit kann zum Rückfall führen, dieser ist kein Endpunkt sondern der Ausgangspunkt für weiteres, erfolgreiches Bemühen. Rückfälle gehören zum natürlichen Abhängigkeitsprozeß.

Es lassen sich wirkungsvolle Therapiemöglichkeiten für die einzelnen Phasen unterscheiden (Wetterling und Veltrup 1997):

- In der *Vorahnungsphase* ist die Beratung und das Gesprächsangebot das wirksamste Mittel. Entscheidend ist eine professionelle, problemorientierte Haltung, die beratenden und nicht-direktiven Charakter hat. Eine freundliche und empathische Haltung vermittelt dem Ratsuchenden das Erlebnis, mit seinem Problem beim Arzt/Berater gut aufgehoben zu sein. Moralische Wertungen sind nicht nur fehl am Platz, da es um die Lösung eines medizinischen, psychologischen und sozialen Problems geht und nicht um Werturteile oder Moralvorstellungen, sie sind vielmehr kontraindiziert, d. h. sie führen eher zu einer ungünstigen Therapiebereitschaft.

  Die Beratung ist nicht nur erster Schritt bei der Auswahl einer möglicherweise weitergehenden Therapieplanung, sondern auch selbst wirksam. Selbst ein einziges Beratungsgespräch vermag das Trinkverhalten in günstiger Weise zu beeinflussen.

  Probleme im ersten Beratungsgespräch bestehen in der oben genannten Tendenz zur Zurückweisung eines Alkoholproblems bzw. der Annahme der negativ behafteten Diagnose Alkoholabhängigkeit. Es ist daher günstig, gesundheitliche, zwischenmenschliche, soziale und psychische Probleme zu besprechen und davon ausgehend mögliche Zusammenhänge mit einer Alkoholwirkung zu diskutieren. Auf eine Diagnose Alkoholabhängigkeit kann hier zunächst verzichtet werden.

  > Ein 45jähriger selbständiger Pizzabäcker klagt über ein Nachlassen seiner körperlichen Leistungsfähigkeit und zunehmende Schwierigkeiten bei der Betriebsführung. So kaufe er falsche Mengen von Backmaterial ein und vergesse notwendige andere Bestandteile. Befragt nach erhöhtem Alkoholkonsum erklärt der Patient, in der Gastronomie tränke «man schon mal einen Schluck mehr», das täten aber alle. Der Arzt klärt über die Wirkungen von Alkohol auf das körperliche Wohlbefinden und Gedächtnis- und Denkfunktionen auf. Der Patient erklärt, er wolle ausprobieren, ob sich die körperliche Fitneß durch eine gesündere Lebensführung, zu der auch Alkoholkarenz zählt, verbessern läßt.

- In der *Einsichtsphase* ist die Entwicklung eines Krankheitskonzeptes vorrangiges Ziel. Das Krankheitskonzept beinhaltet das Wissen um die Kriterien der Alkoholabhängigkeit und die Wirkungen von Alkohol, um auf dieser Grundlage zu einer Einschätzung des eigenen Trinkverhaltens zu kommen. Darauf baut sich später die in dieser Phase noch nicht vorhandene Behandlungsmotivation auf. Entscheidende Beeinflussung ist die kompetente und umfassende Information. Es hat sich gezeigt, daß diese

sogenannte Psychoedukation großen Einfluß auf die Abstinenz hat, d. h. Information über die Krankheit allein wirkt schon bessernd.
- Verfestigt sich der Wunsch nach Behandlung, sollte der Therapeut in der Behandlungsphase bei der Auswahl und Einleitung der Therapie behilflich sein. Hier ist die Wahl der richtigen Therapie innerhalb eines weiterführenden Plans besonders wichtig. Körperliche und seelische Begleiterkrankungen, therapeutischer Anspruch sowie zeitliche und familiäre Rahmenbedingungen zählen hier zu den wichtigsten Kriterien (s. o.).
- Nach Ende einer Therapie ist die Sicherung des Ergebnisses vorranges Ziel. Rückfallprophylaxe psychotherapeutischer und medikamentöser Art sowie Angebote zur Krisenbewältigung sind wichtige Bestandteile des therapeutischen Angebots in der Aufrechterhaltungsphase

Worauf soll ein Therapieinteressent bei der Auswahl einer Therapieeinrichtung achten?

- Gibt es ambulante/teilstationäre Angebote?
- Findet eine Zusatzbehandlung psychischer Störungen (z. B. Depressionen) statt?
- Findet vorher eine Besprechung der Ziele statt?
- Strahlt der Therapeut Vertrauen und Empathie aus?
- Ist die Grundhaltung resignativ oder optimistisch?
- Kann ich mich umfassend über das angebotene Programm informieren?
- Werden kurzfristig erlernbare Techniken zur Rückfallbewältigung angeboten?
- Werden die Angehörigen mit einbezogen?

5.6 Mythen über Alkohol

Folgend werden einige typische Einstellungen und Mythen über Alkoholismus angeführt. Meist gehen diese «Mythen» mit sozialisierungsbedingten Anpassungsnormen einher und beruhen auf unzureichendes oder gar Nicht-Wissen. Sie sollten deshalb stets als das verstanden werden, was sie sind, nämlich laienhafte Einstellungen und Überzeugungen nicht Betroffener.

1. Wer täglich 2 Glas Bier trinkt, ist schon abhängig. **Abhängigkeit zeigt sich nicht in Trinkmenge, sondern in Mengensteigerung, ständigem Verlangen und Kontrollverlust.**
2. Alkoholismus ist unheilbar. **Alkoholismus ist zwar eine Lebenszeitdiagnose, die Aussichten auf Besserung sind jedoch unter Therapie günstig.**

3. Alkoholabhängigkeit ist eine Charakterschwäche. **Alkoholabhängigkeit ist eine behandelbare Krankheit.**
4. Haben sich erst einmal körperliche Schäden eingestellt, ist jede Behandlung sinnlos. **Auch gravierende körperliche Schäden zeigen oft eine erstaunliche Besserung unter Alkoholkarenz.**
5. Alkoholiker müssen «erst einmal ganz tief im Dreck landen», bevor sie therapierbar sind. **Die frühzeitige Intervention ist sinnvoll und bewiesenermaßen machbar.**
6. Heroin hat ein weit stärkeres Abhängigkeitspotential als Alkohol. **Die Abhängigkeitspotentiale sind in etwa gleich.**

Weiterführende Literatur

Johannes Lindenmeyer (1996): Lieber schlau als blau. 4. überarbeitete Auflage. Weinheim: Beltz Psychologie Verlags Union.

Joachim Körkel (1997): Mit dem Rückfall leben. Abstinenz als Allheilmittel? 3. Auflage. Bonn: Psychiatrie Verlag.

Ich bilde mir das doch nicht bloß ein!

Körperliche Beschwerden mit psychischer Ursache

Katrin Wambach und Winfried Rief

1. Alltägliche Erfahrungen

Jeder von uns kennt körperliche Beschwerden. Sei es, daß sich unser Körper mit Schmerzen oder Verdauungsbeschwerden zu Wort meldet, uns schwindlig wird, unser Herz stark klopft oder der Schweiß ausbricht. Fast täglich treten bei jedem Menschen derartige Beschwerden auf. Es gibt eine Vielzahl solcher Symptome, und ihre Gründe sind sehr unterschiedlich. Manchmal weisen diese Beschwerden auf eine körperliche Erkrankung hin; meist jedoch sind sie Zeichen von Erschöpfung, Überanstrengung oder treten in Verbindung mit Stress, Anspannung, Angst oder ähnlichem auf. Sie gehen in der Regel mit körperlichem Unbehagen und Beeinträchtigungen einher, die als unangenehm erlebt werden.

Bleiben derartige Symptome über einen längeren Zeitraum bestehen bzw. wiederholen sich häufig, fangen viele Menschen an, sich Sorgen um ihre Gesundheit zu machen, und versuchen alles, um ihr Wohlergehen wiederherzustellen. In vielen Fällen gelingt das, und die Beschwerden können mit einer Ursache in Verbindung gebracht werden. Oft lassen sie sich medizinisch behandeln, verschwinden infolge von Veränderungen der Lebensweise oder einfach so. Ein Teil der Symptome bleibt aber bestehen und tritt scheinbar ohne jegliche Ursache auf. Auch in aufwendigen Untersuchungen lassen sich keine Hinweise für die Entstehung der Symptome finden. «Sie haben nichts», ist der Satz, den Betroffene häufig zu hören bekommen. Allerdings können sie das nicht glauben, denn schließlich sind ihre Symptome doch da.

Die oben beschriebene Patientengruppe leidet unter somatoformen Störungen. So vielfältig wie das Erscheinungsbild verschiedener körperlicher Erkrankungen ist, so unterschiedlich sind auch die Erscheinungsformen somatoformer Störungen. Hier ein Beispiel:

Herr F. (40 Jahre) berichtet: «Seit einer starken Grippe im vorletzten Winter bin ich nicht mehr so richtig auf die Beine gekommen. Irgendwie haben die Grippebeschwerden nie wirklich nachgelassen. Im Gegenteil, neben der Mattigkeit und Müdigkeit sind noch andere Beschwerden hinzugetreten. Ich habe häufig Kopfschmerzen und ein ganz komisches Kribbeln in Armen und Beinen, als seien sie eingeschlafen. Manchmal fühlen sich meine Arme und Beine völlig taub an und tun weh. Das geht oft noch nicht einmal weg, wenn ich mich ausruhe. Mir ist häufig schwindlig, und kleinere Anstrengungen machen mich völlig kaputt. Ich bin nicht mehr so leistungsfähig wie früher und muß mich oft ausruhen, um überhaupt noch etwas zu schaffen. Ich denke oft, an einer bisher noch nicht erkannten Erkrankung zu leiden. Ich lese alle Gesundheitsseiten in den Zeitungen, die mir in die Finger kommen. Ich hoffe, daß in einer das beschreiben wird, was ich habe, aber bisher habe ich noch nichts derartiges gefunden. Ich war im letzten Jahr bestimmt mehr als 40mal bei verschiedenen Ärzten, aber die konnten alle nichts finden. Irgend etwas muß ich doch haben, sonst würde es mir doch gut gehen.»

2. Woran erkennt man somatoforme Störungen?

Somatoforme Symptome erlebt vermutlich jeder Mensch jeden Tag, wobei sie dabei nur als vorübergehende Mißempfindungen auftreten und in der Regel nach kurzer Zeit wieder verschwinden. Erst wenn die Symptome dauerhaft bleiben und für die Betroffenen mit sehr starken Ängsten bzw. mit einem erheblichen Leiden verbunden sind oder zu Einschränkungen in der Lebensführung (Beeinträchtigung im sozialen, familiären und beruflichen Umfeld) führen, spricht man von einer somatoformen Störung.

Die dazugehörigen Beschwerden legen zwar eine körperliche Störung nahe, es kann jedoch keine *ausreichende* organische Ursache gefunden werden. Sie können nicht durch eine Verletzung oder die Einnahme von Medikamenten bzw. anderen Substanzen ausreichend erklärt werden. Sie sollten auch nicht in Zusammenhang mit anderen psychischen Störungen stehen, denn auch im Rahmen von Angststörungen, Depressionen u. a. können körperliche Beschwerden auftreten. Der **Tabelle 1** lassen sich die möglichen körperlichen Symptome einer somatoformen Störung entnehmen:

Tabelle 1: Die möglichen Symptome einer somatoformen Störung[2]:

- Erbrechen
- Bauch- und Unterleibsschmerzen
- Übelkeit
- Blähungen
- Durchfall
- Unverträglichkeit verschiedener Speisen
- Schmerzen in Armen und Beinen
- Rückenschmerzen
- Gelenkschmerzen
- Schmerzen beim Wasserlassen
- Andere Schmerzen (außer Kopfschmerzen)
- Kurzatmigkeit/ Atemnot ohne Anstrengung
- Herzrasen/ Herzstolpern
- Brustschmerzen
- Schwindel/ Benommenheit
- Gedächtnisverlust
- Schwierigkeiten beim Schlucken
- Verlust der Stimme
- Verlust des Hörvermögens
- Sehen von Doppelbildern
- Verschwommenes Sehen
- Blindheit
- Ohnmacht/ Bewußtlosigkeit
- Anfälle/ Krampfanfälle
- Gehbeschwerden
- Lähmung oder Muskelschwäche
- Harnverhalt, Schwierigkeiten beim Wasserlassen
- Gefühl des Brennens in den Geschlechtsorganen oder am After (außer beim Geschlechtsverkehr)
- Sexuelle Gleichgültigkeit
- Schmerzen beim Geschlechtsverkehr
- Auffällige Müdigkeit
- Appetitverlust
- Verstopfung
- Verstärktes Zittern oder Beben
- Verstärktes Schwitzen
- unangenehme Taubheits- oder Kribbelgefühle
- Hitzewallung oder Kälteschauer
- **nur für Frauen:** außergewöhnliche Schmerzen während der Regelblutung, unregelmäßige Regelblutung, verstärkte Regelblutung, Erbrechen während der gesamten Schwangerschaft
- **nur bei Männern:** Impotenz oder Störungen des Samenergusses

Das Auftreten einzelner somatoformer Symptome ist nicht gleichbedeutend mit einer somatoformen Störung, aber es müssen auch nicht alle aufgelisteten Symptome dazu vorliegen. Ein Teil davon kann schon ausreichen, um ein erhebliches Leiden hervorzurufen. Weiterhin kann auch eine somatoforme Störung vorliegen, obwohl eine organische Erkrankung oder Verletzung diagnostiziert wurde. Dies ist immer dann zulässig, wenn die körperliche Erkrankung nicht die Schwere, das Ausmaß, die Vielfalt und Dauer der körperlichen Beschwerden erklärt (vgl. dazu Hiller & Rief 1997).

---

2 Auflistung in Anlehnung an einen Fragebogen zur Erfassung somatoformer Beschwerden (Rief, Hiller & Heuser, 1997)

Da somatoforme Störungen mit unterschiedlicher Intensität, Symptomschwerpunkten und Ängsten auftreten können, lassen sich verschiedene Untergruppen des Oberbegriffs somatoformer Störungen unterscheiden.

Untergruppen somatoformer Störungen

1. *Somatisierungsstörung:* Es treten eine Vielzahl unterschiedlicher körperlicher Beschwerden (aus der Auflistung in Tab. 1) in verschiedenen Bereichen (z. B. Schmerzen, Verdauungsbeschwerden und sexuelle Symptome) auf. Erste Symptome bestehen schon vor dem 30. Lebensjahr, halten über einen Zeitraum von mehreren Jahren an und ziehen erhebliche Beeinträchtigungen in der Lebensführung nach sich. Im Verlauf der Störung können die einzelnen Symptome auch wechseln.
2. *Undifferenzierte somatoforme Störung:* Die Symptomatik ist ähnlich der der Somatisierungsstörung, jedoch schwächer ausgeprägt. Es reichen weniger Symptome aus, und die Störung kann auch nach dem 30. Lebensjahr beginnen. Die Beschwerden müssen über einen Zeitraum von mindestens sechs Monaten andauern.
3. *Konversionsstörung:* Im Vordergrund stehen Veränderungen oder Verlust motorischer oder sensorischer Funktionen (z. B. Lähmungen, Mißempfindungen auf der Haut, Bewegungsstörungen, Krampfanfälle), die eine neurologische Erkrankung nahelegen, jedoch nicht durch eine solche begründet sind.
4. *Schmerzstörung:* Im Mittelpunkt der Beschwerden stehen starke Schmerzen, die in verschiedenen Körperbereichen vorliegen können. Betroffene beschäftigen sich sehr stark mit diesen Schmerzen. Die Störung dauert mindestens sechs Monate und ist erheblich mit psychischen Leiden sowie psychosozialen Beeinträchtigungen verbunden.
5. *Hypochondrische Störung:* Hervorstechendes Merkmal ist eine ausgeprägte Angst vor bzw. die Überzeugung, an einer schweren körperlichen Erkrankung zu leiden, ohne daß eine solche tatsächlich vorliegt. Die Ängste und Krankheitsannahmen sind nicht eingebildet, da die Betroffenen tatsächliche Krankheitssymptome wahrnehmen und entsprechend ihrer Krankheitsängste interpretieren.
6. *Körperdysmorphe Störung:* Hauptmerkmal ist die übermäßige Beschäftigung mit einer angenommenen körperlichen Entstellung oder einem (aus Sicht anderer) geringfügigen körperlichen Mangel. Der Anlaß der übertriebenen Sorge ist entweder eingebildet oder geht auf leichte körperliche Auffälligkeiten zurück. Die Sicht der Betroffenen wird jedoch von der

Umgebung nicht geteilt. Oftmals betroffene Körperbereiche sind die Haare, die Größe und Form der weiblichen Brust oder die Nase.

Aufgrund der starken Sorge um ihre Gesundheit und des erheblichen Leidens suchen die Betroffenen verständlicherweise einen Arzt auf. Meist bleibt es nicht bei einem Arztbesuch, und die «Irrfahrt» durch das Gesundheitssystem beeinflußt den weiteren Verlauf. Erste Anlaufstelle ist dabei meist ein Haus- oder Facharzt. Dessen Aufgabe ist es, durch entsprechende diagnostische Maßnahmen in Frage kommende Krankheitsursachen und ernsthafte Organerkrankungen auszuschließen. Hier liegt bereits die Schwierigkeit, daß dies in der Regel mit 100%iger Sicherheit nicht möglich sein wird. Auch wird oftmals nicht bereits beim Erstgespräch darauf hingewiesen, daß die wahrscheinlichste Ursache der Beschwerden keine organische Erkrankung ist. Dem Patienten[3] wird also auch von Arztseite lange Zeit die organmedizinische Erklärung der Beschwerden nahegelegt.

Es werden weitere Fachärzte zu Rate gezogen, die jeweils den Schwerpunkt ihrer Ursachensuche auf ihr Spezialgebiet legen. Dadurch kann lange Zeit übersehen werden, daß beim Patienten eine breite Symptomatik über mehrere Organsysteme hinweg vorliegt.

Die medizinische Abklärung stellt zwar den ersten und wichtigen Schritt bei der Diagnose einer somatoformen Störung dar, führt aber nicht unbedingt zur richtigen Diagnosestellung. Nicht selten werden dem Patienten Pseudo- oder Verlegenheitsdiagnosen mitgeteilt. Auch ist zu berücksichtigen, daß sich bei den zahlreichen Untersuchungen «Zufallsbefunde» ergeben können, denen keine relevante Symptomatik zugrunde liegt.

Die unterschiedlichen Maßnahmen, Klärungs- und Behandlungsversuche werden von den verschiedenen Fachkollegen oft nicht aufeinander abgestimmt. Häufig enthalten sie sich widersprechende «Botschaften», die den Patienten weiter verunsichern. Trotzdem halten die Patienten meist sehr hartnäckig an einem organmedizinischen Verursachungsmodell ihrer Symptome fest.

Erst im weiteren Verlauf wird dann erkannt, daß eine rein symptomorientierte Therapie bezogen auf die einzelnen Beschwerden bestenfalls zur kurzfristigen Entlastung bei den Patienten führt, jedoch langfristig nicht mit einer grundsätzlichen Lösung verbunden ist. Da das Herz, der Muskel oder

---

3 Hier und im Folgenden wird nur die männliche Form aufgeführt, obwohl Personen beiderlei Geschlechts angesprochen sind. Dies geschieht ausschließlich aus Gründen der besseren Lesbarkeit. Wir bitten die Leserinnen dafür um Verständnis.

die Gelenke etc. nicht körperlich geschädigt sind, führen entsprechende Herzmittel, Elektrolyte oder Aufbaupräparate etc. auch nicht zur Lösung. Es kann einige Zeit dauern, bis ein Patient mit einer somatoformen Störung in eine entsprechende Fachbehandlung gelangt (siehe auch Hiller & Rief 1998).

3. Häufigkeit und Verlauf

Nach bislang vorliegenden Schätzungen muß davon ausgegangen werden, daß in den westlichen Industrienationen 4 bis 11% aller Personen an einem behandlungsbedürftigen somatoformen Syndrom leiden. In den Praxen von Allgemeinärzten ist ein Anteil von 20% und in Allgemeinkrankenhäusern von 17 bis 30% zu erwarten (vgl. Rief & Hiller 1998).

Wenig Angaben lassen sich über das Auftreten der einzelnen Untergruppen machen. Die Konversionsstörung dürfte insgesamt eher seltener auftreten, wohingegen Schmerzstörungen (v. a. Kopf- und Rückenschmerzen) und undifferenzierte somatoforme Störungen relativ häufig vorkommen.

Frauen leiden insgesamt häufiger unter somatoformen Symptomen als Männer. Für die verschiedenen somatoformen Störungsbilder ist der Unterschied bei der Somatisierungsstörung am ausgeprägtesten. Sie tritt bei Frauen fünf- bis zehnmal häufiger auf und ist bei der Konversions- bzw. bei Schmerzstörung etwa zwei- bis fünffach häufiger. In den Untergruppen Hypochondrie und körperdysmorphe Störung ergibt sich ein ausgewogenes Geschlechterverhältnis.

Hinsichtlich des Verlaufs somatoformer Störungen ist bisher davon auszugehen, daß nach einer Ausbildungs- und Chronifizierungsphase somatoforme Störungen als relativ unveränderlich anzusehen sind (Margo & Margo 1994). Es ergeben sich auch für die einzelnen Untergruppen verschiedene Verlaufsmerkmale (zusammenfassender Überblick in Tab. 2).

Ohne angemessene fachspezifische Behandlung handelt es sich um eine Krankheit mit eher schlechter Prognose. Besteht das Krankheitsbild erst mal mindestens 6 Monate, gibt es in den seltensten Fällen so etwas wie eine «spontane» Verbesserung der Symptome.

Körperliche Symptome und Krankheitsbefürchtungen haben zudem oftmals weitreichende Konsequenzen. Die meisten betroffenen Patienten gehen zunächst nicht davon aus, daß die körperlichen Mißempfindungen ungefährlich sind, sondern sehen sie als bedrohliches Zeichen einer organischen Erkrankung an. Die medizinischen Untersuchungen erbringen jedoch keinen diesbezüglichen Krankheitsbefund. Dies steht für viele Patienten im Widerspruch zu der Tatsache, daß die Symptome tatsächlich vorhanden

Tabelle 2: Beginn und Verlauf einzelner somatoformer Störungen

Diagnose	Typische Verlaufsmerkmale
Somatisierungsstörung	**Beginn:** meist vor dem 25. Lebensjahr, häufig schon in der Adoleszenz **Verlauf:** chronisch, im Vordergrund stehende Symptome können wechseln
Undifferenzierte somatoforme Störung	**Beginn:** keine Angaben vorhanden **Verlauf:** schlecht vorhersagbar jedoch nicht unbedingt chronisch
Konversionsstörung	**Beginn:** meist in später Kindheit bzw. dem frühen Erwachsenenalter **Verlauf:** Beginn meist akut, einzelne Symptome eher von kurzer Dauer (ca. 2 Wochen), Wiederauftreten häufig
Schmerzstörung	**Beginn:** variabel **Verlauf:** akute Schmerzen verschwinden häufig nach kurzer Zeit, bei chronischen Schmerzen sehr variabler Verlauf
Hypochondrische Störung	**Beginn:** in jedem Alter, oft im frühen Erwachsenenalter **Verlauf:** meist chronisch mit wechselnder Intensität der Symptome
Körperdysmorphe Störung	**Beginn:** üblicherweise im frühen Erwachsenenalter **Verlauf:** meist kontinuierlich mit wenigen symptomfreien Intervallen

sind, und sie mißtrauen daher den Ärzten und erwägen, daß nicht sorgfältig genug untersucht wurde oder daß der Arzt ihnen nicht die «Wahrheit» mitteilen will. Es ist nachvollziehbar, daß daraufhin weitere medizinische Spezialisten aufgesucht werden, denen mehr Kompetenz oder bessere Untersuchungsmethoden zugetraut werden. Oftmals erfolgen stationäre Aufnahmen und Behandlungen. Nicht selten entsteht aus dieser Situation das sogenannte «Doctor-shopping», mit der fatalen Folge, daß über die Jahre hinweg eine Vielzahl von medizinischen, oftmals überflüssigen oder sogar schädlichen Untersuchungen und Behandlungen erfolgen. Teils kann es durch invasive Diagnostik und unnötige medizinische Eingriffe zu tatsächlichen Schädigungen (sogenannten iatrogenen Schäden) kommen.

Es gehört auch zum Verlauf somatoformer Störungen, daß die betroffenen Patienten meist nur kurz mit Erleichterung reagieren, wenn ihnen der Arzt mitteilt, daß alle Befunde in Ordnung sind. Bald darauf stellt sich paradoxerweise die Enttäuschung über den Normalbefund ein, und manche sehnen sich fast danach, daß einer der Ärzte endlich ihre Krankheit findet. Der

Umstand, daß die Beschwerden nicht «medizinisch erklärbar» sind, ist für viele unerträglich. Im Zusammenhang mit den erlebten Einschränkungen und Beschwerden treten sehr häufig zusätzlich depressive Störungen auf. Weiterhin könnte man vermuten, daß bei Personen mit somatoformen Störungen sich im Verlauf doch eine organische Krankheit herausstellt, die letztlich das Krankheitsbild erklären kann. In einer Verlaufsstudie fanden Rief, Hiller, Geissner und Fichter (1995) jedoch, daß der Anteil später diagnostizierter organischer Erkrankungen in einer hoch chronifizierten Patientengruppe im weiteren Verlauf (2 Jahre) sehr gering ist.

4. Auf der Suche nach Erklärungen

Das einheitlich erscheinende Etikett «somatoform» darf nicht darüber hinwegtäuschen, daß bei Patienten dieser Störungsgruppe verschiedene Symptomatiken vorliegen. Entsprechend tragen auch zur Entstehung und Aufrechterhaltung der Störung sehr unterschiedliche Bedingungen bei. Es gibt noch kein Störungsmodell, das im Einzelfall alle ursächlichen, auslösenden und aufrechterhaltenden Bedingungen genau zu erklären vermag. Bisher konnten einige Risikofaktoren identifiziert werden, die vermutlich in individuell unterschiedlichem Ausmaß und Kombination zur Entstehung somatoformer Störungen beitragen. Diese werden im Folgenden aufgeführt:

4.1 Risikofaktoren

Genetische Prädispositionen

Über den Einfluß genetischer Faktoren bei der Entstehung somatoformer Störungen ist wenig bekannt (Übersicht bei Guze 1993). Aus Zwillingsstudien gibt es Hinweise auf eine gewisse Relevanz genetischer Aspekte, familiäre Häufungen können aber auch mit anderen Faktoren (s. u.) zusammenhängen.

Psychobiologische Auffälligkeiten

Auch wenn für die Diagnose somatoformer Störungen eine organische Verursachung größtenteils ausgeschlossen ist, kann sie auf Veränderungen des Körpers oder seiner physiologischen Funktionsabläufe beruhen. Dazu können veränderte Aktivierungsmuster (z. B. ein erhöhtes körperliches Erregungsniveau), eine reduzierte Fähigkeit zu physiologischen Anpassungsleistungen, allgemeine körperliche Mißempfindungen (z. B. Muskelkater), aber auch veränderte Körperwahrnehmung infolge von Besonderheiten in Stoffwechselprozessen (Fehm-Wolfersdorf 1994) oder nach Unfällen bzw. schweren Krankheiten gehören.

Lerngeschichte

Elterliches Verhalten in der Kindheit und Jugendzeit kann im Sinne eines Modells prägend sein (z. B. wenn das häufige Klagen über körperliche Beschwerden zu übermäßiger Schonung führte). Untersuchungen zur familiären Häufung von somatoformen Störungen konnten in den meisten Fällen die Annahme bestätigen, daß Patienten häufig mit Familienmitgliedern zusammengelebt haben, die an körperlichen Beschwerden litten. Da eine erbliche Komponente wenig abgesichert ist, spielen vermutlich entsprechende Lernerfahrungen als Risikofaktor eine Rolle (Cloninger, Martin, Guze & Clayton 1986, Craig, Boardman, Mills, Daly-Jones & Drake 1993).

Traumatische Erfahrungen

Auch gibt es Hinweise, daß belastende Lebenserfahrungen (traumatische Ereignisse) in Verbindung mit somatoformen Beschwerden stehen. Beobachtungen bei Kriegsteilnehmern oder Betroffenen von Umweltkatastrophen zeigen eine deutlich erhöhte Anzahl körperlicher Beschwerden in der Folge dieser Ereignisse, die mit einer erhöhten Anzahl von Arztbesuchen einhergeht (Escobar, Cranio, Rubio-Stipec & Bravo 1992, Hyer, Albrecht, Boudewyns, Woods & Brandsma 1993). Auch sexuelle Übergriffe können mit einer Zunahme körperlicher Beschwerden in Verbindung stehen (Golding 1994, Walker et al. 1992). Vermutlich führen Traumatisierungen dabei zu veränderten Bewertungsprozessen bezüglich Körperempfindungen (s. u.).

Persönlichkeitszüge

Somatoforme Störungen können nicht eindeutig mit speziellen Persönlichkeitseigenschaften in Verbindung gebracht werden. Es gibt Hinweise, daß Personen, die Schwierigkeiten bei der Wahrnehmung und im Ausdruck von Gefühlen haben, Emotionen und körperliche Empfindungen nur schlecht unterscheiden können, wenig Phantasie entwickeln (Alexithymie-Konzept) und introvertiert sind, eher an somatoformen Symptomen leiden.

Wahrnehmungs- und Aufschaukelungsprozesse

Unmittelbare Auslöser körperlicher Symptome sind oft Mißempfindungen als Begleiterscheinung von intensiven Gefühlen (z. B. Herzklopfen oder Muskelverspannungen bei Angst oder Aufregung) und Streßsymptome (z. B. Zittern der Hände oder häufiges Wasserlassen bei hohem Leistungsdruck). Daneben können körperliche Beschwerden auch auf geringfügige physische Fitneß zurückgehen (z. B. Atemnot beim Treppensteigen bei einer untrainierten Person) oder entstehen infolge von Fehlhaltungen oder Bagatellerkrankungen (z. B. Rückenschmerzen, Schluckauf, Durchfall, temporärer Tinnitus). Ein Symptom entsteht auch dadurch, daß der Betreffende durch spezielle Informationen (z. B. durch Fernsehsendungen oder Zeitschriftenartikel über eine schwere Krankheit) angeregt wird, den eigenen Körper genauer zu beobachten und seinen Gesundheitszustand durch Betasten oder Dehnübungen zu überprüfen (Checking des Körpers). Durch die damit verbundene Aufmerksamkeitszuwendung werden kleinere Mißempfindungen wie beispielsweise Druck oder Stechen im Brustbereich, Rötungen der Haut oder Schmerzempfindungen bei Muskulatur übersensibel wahrgenommen (Barsky 1992) und zudem als gefährlich interpretiert. So treten z. B. bei Medizinstudenten «episodenhafte Hypochondrien» auf, die im Anschluß an den Erwerb neuen Wissens über den eigenen Körper und seine Funktionen diesen vermehrt beobachten und vermeintliche Symptome entdecken.

Einstellungen und Bewertungsprozesse

Spezifische Einstellungen zu Gesundheit und Krankheit spielen eine wichtige Rolle bei der Fehlinterpretation körperlicher Symptome (Hiller et al. 1997). So haben Personen mit somatoformen Störungen im Vergleich zu Kontrollpersonen einen enger definierten Gesundheitsbegriff (Barsky et al. 1993). Gesundheit wird fehlverstanden als relative Symptomfreiheit, so daß mehrdeutige Körpersignale schneller als Zeichen einer Krankheit interpretiert werden. Da die Krankheitszeichen als nicht beeinflußbar erlebt werden, erhöht sich ihre Bedrohlichkeit für die Betroffenen.

Neben diesen unrealistischen Einstellungen zum Funktionieren des Körpers («Ein gesunder Körper ist frei von Beschwerden») sind falsche Annahmen über physiologische Zusammenhänge sowie übertriebene Ansprüche an die heutige Medizin («der Arzt muß immer eine richtige Diagnose und Behandlung finden») häufig anzutreffen.

Verhaltensweisen

Auf die Vermutung, krank zu sein, reagieren die meisten Menschen mit Gesundheits- bzw. Schonverhalten und dem Besuch eines Arztes. Diese an sich nachvollziehbaren Verhaltensmuster übernehmen bei somatoformen Störungen eine aufrechterhaltende Funktion.

Bei wiederholten Arztkonsultationen erhalten die Patienten immer wieder die Bestätigung, nicht krank zu sein. Das beruhigt erst einmal und geht häufig mit einer Symptomreduktion einher. Bei erneutem Auftreten der Symptome steigt die Beunruhigung und Sorge jedoch wieder an. Weitere Arztbesuche bringen als positive Begleiterscheinung die Zuwendung durch die Ärzte, das Teilen und Ernstnehmen der Sorge um die Gesundheit, die kurzfristige Beruhigung und das Nachlassen der Symptome; all das hat eine verstärkende Wirkung auf das Krankheitsverhalten und führt meist zu weiteren Arztbesuchen. Ein Gesundheitssystem, das einseitig im organmedizinischen Denken verankert ist und psychologischen Faktoren nur einen geringen Stellenwert zugesteht, kann so die Entstehung somatoformer Störungen und deren Chronifizierung begünstigen.

Weiterhin versuchen Betroffene durch Ruhe und Anstrengungsvermeidung die Beschwerden zu reduzieren. In der Folge werden die Aktivitäten eingeschränkt und unter Umständen auch weniger Sport getrieben. Das kann als Schonverhalten angesehen werden und führt zu einer tatsächlichen Abnahme körperlicher Leistungsfähigkeit. In Zusammenhang mit entsprechenden Wahrnehmungs- und Bewertungsprozessen bildet sich so ein typischer Symptomkreislauf.

Soziale Faktoren

Bisher ist in unserem Gesundheitssystem noch ein organmedizinisches Denken verankert, bei dem psychologischen Faktoren nur eine Nebenrolle zukommt. Dies begünstigt die Entstehung und Chronifizierung somatoformer Störungen. Das Vorhandensein körperlicher Symptome wird auch von den Betroffenen als akzeptabler erlebt als eine psychische Störung. Weiterhin ist die Krankenrolle oft mit Vorteilen verbunden. Es wird vermutet, daß in Einzelfällen die Vermeidung von unangenehmen Verpflichtungen (Herausnahme aus der Arbeitsbelastung), Zuwendung durch die Behandelnden,

Familienangehörige oder materieller Art (in Form von Rentenzahlungen) das Krankheitsverhalten verstärken.

5. Behandlung

Die Notwendigkeit effektiver Behandlungsstrategien bei Patienten mit somatoformen Störungen ergibt sich nicht allein aus dem erheblichen Leid der Betroffenen, sondern auch aus den immensen Kosten, die durch diese Patientengruppe für das Gesundheitssystem entstehen. Eine rein organmedizinische Herangehensweise an diese Störungsgruppe hat sich in der Vergangenheit als nicht sinnvoll erwiesen – im Gegenteil: sie trägt zum Teil zu einem Chronifizierungsprozeß bei. Deswegen sollten psychologische Behandlungselemente die notwendigen medizinischen Maßnahmen ergänzen.

Bis vor einiger Zeit galten Patienten mit somatoformen Störungen als schlecht behandelbar. Inzwischen liegen aber recht erfolgversprechende Therapieansätze vor (eine Literaturübersicht findet man bei Hiller & Rief 1998). Aufgrund des komplexen Ineinandergreifens von somatischen und psychischen Faktoren kann nicht davon ausgegangen werden, daß es das typische Behandlungsprogramm für somatoforme Störungen gibt. Vielmehr sind je nach Art der Symptome verschiedene Behandlungsbedingungen anzupassen. Eine entsprechende Koordinierung aller Behandlungsmaßnahmen könnte zur schnelleren Einleitung einer erfolgversprechenden Therapie führen.

Die meisten Impulse für die Behandlung somatoformer Störungen kamen aus der kognitiven Verhaltenstherapie. Nachfolgend werden einzelne Therapieelemente beschrieben, die in verschiedenen Therapieleitfäden empfohlen bzw. in wissenschaftlichen Studien näher geprüft wurden.

Bei somatoformen Störungen ist der Beginn der psychotherapeutischen Behandlung durch Psychodiagnostik, Anamneseerhebung und Beziehungsaufbau gekennzeichnet. Dies ist bei dieser Patientengruppe von besonderer Relevanz, da der Patient meist infolge der langen Chronifizierungsphase seine Behandlungsversuche und zahlreichen Beschwerden recht klagsam und ausführlich schildert. In dieser Phase sollte der Therapeut die Chance erkennen, dem Patienten Mitgefühl für die frustranen Vorbehandlungen zu signalisieren und seine Beschwerden durchaus ernst nehmen. Meist ist es sinnvoll, mit dem behandelnden Arzt Kontakt aufzunehmen, um mit ihm die weitere Therapie zu koordinieren. Sind von medizinischer Seite noch diagnostische Fragen offen, empfiehlt es sich, die dazugehörigen Untersuchungen gleich am Anfang der Therapie durchzuführen, damit in der fortgeschrittenen Therapiephase keine organmedizinischen Interventionen mehr notwendig sind, um nicht erneut das somatische Krankheitsmodell beim Patienten zu stärken.

Soweit es unwahrscheinlich erscheint, daß die Patienten gänzlich auf Arztbesuche verzichten, sollten zumindest die Zeitpunkte im voraus festgelegt werden. Ein vorgeplantes Zeitmuster von Arztbesuchen ist sinnvoll, um das entsprechende Krankheitsverhalten (Beschwerden → Beruhigung durch Arzt) zu durchbrechen und Selbstbewältigungsversuche zwischen den Arztbesuchen zu fördern.

Aufgrund der starken Betonung des organmedizinischen Krankheitsmodells stehen die Patienten einem Ansatz, der auch psychologische Faktoren berücksichtigt, eher skeptisch gegenüber. Zentrale Voraussetzung für eine erfolgversprechende Psychotherapie ist dann die Frage, inwieweit es gelingt, den Patienten für ein derartiges Vorgehen zu motivieren. Eine gewisse Anfangsbereitschaft, psychobiologische Erklärungsmodelle zu akzeptieren, sollte vorhanden sein, ein Großteil an Therapiemotivation muß aber vermutlich zu Beginn der Therapie erst erarbeitet werden. Neuere Ergebnisse bestätigen, daß es durchaus gelingen kann, somatoforme Patienten für psychologische Behandlungsansätze zu gewinnen (Speckens et al. 1995).

Aus Sicht des Patienten mit einer somatoformen Störung stehen körperliche Beschwerden im Mittelpunkt. Diese können in Symptomtagebüchern protokolliert werden, die Hinweise auf Einflußmöglichkeiten und Auslöser für die einzelnen Beschwerden geben können.

Im weiteren Verlauf der Therapie stellen Verhaltensexperimente eine Möglichkeit dar, dem Patienten Verbindungen zwischen psychischen und körperlichen Prozessen zu verdeutlichen. Beispielsweise kann man den Patienten bitten, sich sehr intensiv vorzustellen, wie er in eine Zitronenscheibe beißt, und dabei körperliche Veränderungen zu beobachten. Allein bei der Vorstellung sammelt sich schon Speichel im Mund an, was anschaulich macht, daß über Vorstellungen Körperreaktionen erzeugbar sind. Zur Verdeutlichung psychosomatischer Zusammenhänge dient auch die Biofeedbacktherapie. Beim Biofeedback werden dem Patienten eigene Körpersignale z. B. durch Computereinsatz zurückgemeldet. Körperveränderungen lassen sich dann anhand technischer Hilfsmittel sichtbar machen, so daß Patienten lernen können, entsprechende Körperfunktionen realistischer wahrzunehmen und zu beeinflussen.

Häufig sind bei den somatoformen Patienten ein ausgeprägtes Schonverhalten, sozialer Rückzug und selektive Aufmerksamkeitsprozesse anzutreffen. Idealerweise wird mit dem Patienten die Spirale von Symptomwahrnehmung, Reduktion körperlicher Belastbarkeit und entsprechenden Bewertungsprozessen erarbeitet. Daraus lassen sich auch weitere Behandlungsstrategien wie körperliches Aufbautraining, Anregungen zur Wiederaufnahme sozialer Kontakte und gezielte Schulung von Aufmerksamkeitsumlenkung ableiten. Um den Prozeß verzerrter Wahrnehmung von Körpersymptomen weiter zu normalisieren, sollten sich Patienten mit körperlichen Mißempfindungen (z. B. Atemnot beim Treppensteigen, Muskelkater, Schwindel durch Drehübungen) gezielt auseinandersetzen. Dadurch kann eine Neueinordnung derartiger Symptome in ein normales Körpergeschehen erfolgen und sich die katastrophisierende Bewertung körperlicher Mißempfindungen reduzieren. Weitere kognitive Therapiemaßnahmen (Umstrukturierung, Überprüfung von Fehlannahmen) sollten diesen Umbewertungsprozeß ergänzen.

Der symptomorientierte Ansatz sollte durch allgemeine Themen wie Lebenszufriedenheit, Abbau von Belastungen und Veränderung von Kommunikationsverhalten ergänzt werden. Zu diesem Zweck lassen sich Problemlöse-, Streßbewältigungstraining oder Trainings zum Aufbau sozialer Kompetenz einsetzen. Liegen traumatisierende Vorerfahrungen oder zusätzliche Störungen vor, müssen die entsprechenden Behandlungsmaßnahmen ergänzt werden.

Hinsichtlich einer medikamentösen Behandlung können aufgrund fehlender Studien nur vorsichtige Empfehlungen gegeben werden. Bisherige Ergebnisse konnten nur Trends aufzeigen, die am ehesten für den Einsatz von Antidepressiva sprechen, wobei die klassischen Antidepressiva stärker auf die körperliche Symptomatik Einfluß nehmen als die moderneren Medikamente (z. B. Serotonin-Wiederaufnahme-Hemmer, reversible MAO-Hemmer). Über die Ergänzung von Pharmako- und psychologischer Therapie ist bisher wenig bekannt.

6. Zusammenfassung und Ausblick

Patienten mit somatoformen Störungen stellen eine große Gruppe im Gesundheitssystem dar. Die Störung ist häufig mit einer erheblichen Beeinträchtigung für die Betroffenen und hohen Behandlungskosten verbunden.

Inzwischen konnten Therapiestudien zeigen, daß eine positive Beeinflussung durch kognitiv-verhaltenstherapeutische Strategien möglich ist und sich die Symptome sowie die Behandlungskosten reduzieren lassen (Rief, Hiller, Geissner & Fichter 1995).

Entsprechend der vielen Faktoren, die bei der Entstehung und Aufrechterhaltung eine Rolle spielen, muß auch die Therapie auf mehreren Ebenen ansetzen. Insgesamt gilt für diese Krankheitsgruppe, daß zuerst eine symptomorientierte Psychotherapie durchgeführt werden sollte, bevor auf allgemein psychotherapeutische Themen ausgeweitet wird. Der Patient gibt in aller Regel den Behandlungsauftrag zuerst für die Bearbeitung der körperlichen Symptomatik. Um der erheblichen Chronizität dieser Erkrankungen vorzubeugen, sind Maßnahmen zur Koordination verschiedener Behandler, entsprechende Schulungen von Ärzten und Psychologen sowie eine Informationsverbreitung unter den Betroffenen notwendig.

Weiterführende Literatur

Rief, W. (1995): Multiple somatoforme Symptome und Hypochondrie. Empirische Beiträge zur Diagnostik und Behandlung. Bern: Verlag Hans Huber.
Rief, W., Hiller, W. (1998): Somatisierungsstörung und Hypochondrie. Göttingen: Hogrefe.

Zu dünn, zu dick oder gerade richtig?

Eßstörungen: Häufigkeit, Formen und Behandlung

Sven Barnow

1. Alltagserfahrungen

Obwohl Essen und Trinken einen großen Teil unseres Tagesablaufes beherrscht, läßt sich «normales» Eßverhalten nur schwer beschreiben, es gibt kaum feste Regeln. Die heutzutage gültigen «Schönheitsideale» führen häufig dazu, daß Frauen, aber auch manche Männer, Probleme mit ihrer Figur haben. Sie meinen, zu dick zu sein, und versuchen durch Diäten abzunehmen. Die andauernde Beschäftigung mit dem eigenen Eßverhalten und eine stark eingeschränkte Ernährung über längere Zeit kann aber zu ernsthaften Störungen von Eßverhalten, psychischem Befinden und auch zu organischen Mängelkrankheiten führen.

Was sind Eßstörungen?

Eßstörungen sind vor allem durch eine *andauernde Beschäftigung mit dem Thema Essen* gekennzeichnet. Wir unterscheiden zwischen drei Arten von Eßstörungen: der Eß-Brech-Sucht (Bulimia nervosa), der Magersucht (Anorexia nervosa) und der Fettsucht (Adipositas). Des weiteren werden gemäß ICD-10 (Internationale Klassifikation der Krankheiten; WHO 1991) Auffälligkeiten der Nahrungsaufnahme (Eßattacken und Erbrechen bei anderen psychischen Störungen) gerechnet. Folgend wird auf die Anorexie und Bulimie ausführlicher eingegangen, eine kurze Einführung zur Adipositas findet sich am Ende des Kapitels.

Fallbeispiele

Fall 1 (Anorexie)

Frau F. gibt während des stationären Aufenthaltes an, sie fühle sich erschöpft und körperlich am Ende. Ihre Mutter habe sie gedrängt, nun endlich etwas zu unternehmen, da diese (ihre Mutter) denke, sie würde sich sonst zu Tode hungern. Die Patientin wog zu Beginn der Behandlung 33 kg bei 1,70 m Körpergröße. Sie wirkte ausgesprochen zerbrechlich, an den Unterarmen und im Bereich des Gesichts (Wangen, Kinn und Oberlippe) zeigte sich eine deutliche Flaumbehaarung, die Haut wirkte fleckig und porös. Die Patientin gab später an, seit dem 14. Lebensjahr ihr Eßverhalten zu kontrollieren. Momentan würde sie ca. 800 kcal täglich zu sich nehmen, dabei vermeide sie jegliche Speisen mit hohem Fettgehalt oder hochkalorische Speisen wie Schokolade, Kartoffeln etc. Ihre tägliche Ernährung bestehe aus 1 Knäckebrot und 1 Tasse Kaffee am Morgen, 1 Joghurt und Apfel am Mittag und wieder Obst am Abend. Manchmal gönne sie sich etwas Kekse oder esse zum Frühstück auch schon mal ein Brötchen. Zur Gewichtsabnahme habe sie auch regelmäßig Sport getrieben (Fitneßcenter), momentan sei das aber nicht möglich, da ihr Körper nicht mehr mitmache. Sie ekele sich vor dem Essen, habe Angst zuzunehmen bzw. die Kontrolle über ihr Gewicht zu verlieren. Sie überwache auch ihren Stuhlgang, teilweise mit «natürlichen Mitteln» wie Sauerkraut und Wasser, manchmal aber auch mit Abführmitteln. Danach befragt, ob sie sich momentan ausreichend schlank fühle, bejaht sie dies erst, gibt aber in späteren Gesprächen zu, sich noch zu dick «um den Po und um die Hüften herum» zu fühlen. Als Therapieziel gibt sie an, etwa 4 kg zunehmen zu wollen, da es so nicht weitergehe und ihr Körper nicht mehr funktioniere. Gleichzeitig habe sie aber große Angst vor der Therapie, da sie nicht wisse, ob sie mehr essen könne und auch große Angst davor verspüre, mehr als geplant zuzunehmen...

Fall 2 (Bulimie)

Eine schlanke, attraktive 22jährige Patientin berichtet, seit etwa 2 Jahren häufig depressiv verstimmt zu sein. Sie fühle sich wenig attraktiv, empfinde sich als zu dick und beneide teilweise ihre Freundinnen, die viel besser aussähen und schlanker seien. Sie bekomme ihr Leben einfach nicht in den Griff, ihre Beziehung sei am Scheitern. Sie habe schon verschiedene Diäten versucht, aber nichts habe geholfen, momentan wiege sie 54 kg (bei 1,66 m Körpergröße). Sie möchte aber gern 4 bis 5 kg abnehmen. Aus diesem Grunde hätte sie vor einiger Zeit begonnen, Fastenkuren einzulegen und später auch nach dem Essen zu erbrechen bzw. dieses durch Abführmittel loszuwerden. Manchmal befürchte sie, noch dicker zu werden, das mache ihr große Angst. Ab und zu, besonders nach Fastenkuren, bekäme sie solchen Heißhunger, daß sie sich nicht beherrschen könne, in solchen «Freßattacken» nehme sie besonders hochkalorische Speisen wie Schokolade, Eis, Wurst etc. zu sich, schlinge alles in sich hinein, sie «fresse» dann den gesamtem Kühlschrank leer. Danach fühle sie sich schuldig («nicht einmal eine Diät kannst du durchhalten»), dick, depressiv und gereizt, lehne sich ab und zwinge sich, alles wieder zu erbrechen, was aber nur kurz zu einer Entlastung führe. Inzwischen habe sie Probleme mit den Zähnen (Karies), außerdem verspüre sie ständig Sodbrennen und Schmerzen beim Schlucken. Sie schäme sich wegen ihrer «Freßattacken» und darüber, daß sie ihr Leben nicht in den Griff bekomme. Von der Therapie erhoffe sie sich, wieder normal essen zu können...

2. Definition, Häufigkeit und Verlauf von Eßstörungen

2.1 Anorexia nervosa

Die Anorexie ist durch einen absichtlich selbst herbeigeführten oder aufrechterhaltenen Gewichtsverlust gekennzeichnet. Bei den Betroffenen liegt das tatsächliche Körpergewicht 15 % unter dem Erwarteten, häufig besteht ein Gewichtsverlust, der 50 % des Ausgangsgewichtes überschreitet.

Der Gewichtsverlust wird durch die Vermeidung von hochkalorischen Speisen erreicht sowie Verhaltensweisen wie selbst herbeigeführtes Erbrechen, übertriebene körperliche Aktivitäten und Gebrauch von Appetitzüglern, Abführmitteln und Entwässerungstabletten.

Das Körperschema ist verzerrt, die Betroffenen geben an, ein völlig normales Gewicht zu haben oder sogar zu dick zu sein. Hungergefühle werden verleugnet. Sie haben eine starke Angst davor zuzunehmen. Diese Angst kann schon bei geringer Gewichtszunahme panikartige Ausmaße annehmen. Meist verleugnen die Betroffenen über lange Zeit ihre Krankheit und sind an einer Behandlung nicht interessiert. Die Magersucht erscheint klinisch in wenigstens zwei Unterformen, der abstinenten Magersucht (restriktive Anorexie, beständiges Vermeiden hochkalorischer Speisen) und der Magersucht mit Anwendung von Laxantien und Erbrechen (bulimische Anorexia nervosa).

Durch Gewichtsverlust und Mangelernährung kommt es zu *körperlichen Begleiterscheinungen* wie z. B. niedrigem Blutdruck, Flaumhaarbildung und Ödemen (schmerzlose, nicht gerötete Schwellungen). Bei fast allen weiblichen Betroffenen bleibt die Regelblutung aus (Amenorrhoe). Bei Beginn der Erkrankung vor der Pubertät ist die Abfolge der pubertären Entwicklungsschritte verzögert oder gehemmt. Im allgemeinen verschwinden diese Begleiterscheinungen bei langfristiger Normalisierung des Eßverhaltens und

Körpergewichts. Die diagnostischen Kriterien gemäß ICD-10 sind folgend dargestellt:

> **ICD-10-Kriterien für Anorexia nervosa** (alle Kriterien müssen erfüllt sein)
>
> 1. Tatsächliches Körpergewicht mind. 15 % unter dem erwarteten, oder Quetelets-Index (Körpergewicht/Quadrat der Körpergröße) von 17,5 oder weniger. Gewichtsverlust ist selbst herbeigeführt durch:
>   - Vermeidung hochkalorischer Speisen
>   - Selbst induziertes Erbrechen
>   - Selbst induziertes Abführen
>   - Übertriebene körperliche Aktivität
>   - Gebrauch von Appetitzüglern
> 2. Körperschema-Störung (tiefverwurzelte Angst, zu dick zu werden)
> 3. Endokrine Störung auf der Hypothalamus-Hypophysen-Gonaden-Achse (bei Frauen Amenorrhoe, bei Männern Potenzverlust)
> 4. Bei Beginn vor der Pubertät ist die Abfolge der pubertären Entwicklungsschritte verzögert

Nach aktuellen Schätzungen sind in der Bundesrepublik Deutschland 800 000 Frauen und 64 000 Männer an einer Anorexie erkrankt, von Anorexie sind somit Frauen über 10mal häufiger als Männer betroffen. Der Beginn der Erkrankung liegt ca. zwischen dem 10. und 25. Lebensjahr. 90 % aller Anorexien beginnen vor dem 20. Lebensjahr. Nur 25 % der Frauen hatten jemals Übergewicht (Hsu 1990). Gemäß der ANAD (Anorexia Nervosa and Associated Disorders) verläuft die Erkrankung bei ca. 6 % aller Fälle tödlich, nur 40 % berichten eine deutliche Besserung, bei 20 % scheint es eine Spontanremission (Spontanheilung) zu geben. Andere Studien, die Verläufe über 30 Jahre beobachteten, berichten eine Mortalitätsrate (Todesrate) von 20 % für den untersuchten Zeitraum (Theander 1985). Katamnestische Studien zu Therapieeffekten (tiefenpsychologisch und verhaltenstherapeutisch) zeigen bei 40 bis 70 % der behandelten Anorexiepatienten eine Besserung bzw. Heilung.

2.2 Bulimia nervosa

Das Hauptmerkmal dieser Eßstörung ist das Auftreten von Eßattacken, d. h. ein sehr hastiges und schnelles, von den Betroffenen nicht mehr kontrollierbares Herunterschlingen großer Mengen hochkalorischer Speisen. Die Häufigkeit des Auftretens solcher Anfälle ist unterschiedlich und reicht von mehrmals die Woche bis mehrmals täglich. Freßanfälle können von einer Stunde bis zu einem halben Tag andauern. Um den dickmachenden Effekt der zugeführten Nahrung zu mildern, kommt es meist zu einem selbst herbeigeführten Erbrechen sowie Gebrauch von Abführ- und Entwässerungsmitteln. Dem kurzfristigen Gefühl der Erleichterung nach dem Erbrechen folgen meist Schuldgefühle und eine Phase der Niedergeschlagenheit. Es stellen sich Gefühle der Wertlosigkeit ein, häufig auch Suizidgedanken bis hin zum Suizidversuch.

Zwischen den einzelnen Eßattacken gibt es meist längere Zeiträume stark verringerter Nahrungsaufnahme bis hin zu Hungerperioden, zum Teil verbunden mit dem Gebrauch von Appetitzüglern. Die Betroffenen haben eine starke Angst davor zuzunehmen, wobei die festgelegte Gewichtsgrenze meist unter dem als «ärztlich gesund» betrachteten Gewicht liegt.

Wie bei der Anorexie kann auch bei der Bulimie durch stark zurückhaltendes Essen zwischen den Eßanfällen (restrained eating) eine Mangelernährung auftreten, die körperliche Begleiterscheinungen wie z. B. gestörte Regelblutungszyklen und niedrigen Blutdruck nach sich zieht. Häufiges Erbrechen führt zu Entzündungen der Speiseröhre (manchmal bestehen auch Verletzungen durch Brechhilfen wie z. B. Löffel), Schwellungen der Speicheldrüsen, Karies, Veränderungen der Haut, Haarausfall sowie Störungen des Mineralstoffwechsels. Bei vielen Betroffenen kommt es immer wieder zu starken Gewichtsschwankungen innerhalb weniger Tage bedingt durch die abwechselnden Phasen von Eßattacken und Diätversuchen. Die diagnostischen Kriterien gemäß ICD-10 sind folgend dargestellt:

ICD-10-Kriterien für eine Bulimia nervosa (alle Kriterien müssen erfüllt sein)

1. Andauernde Beschäftigung mit dem Essen, Gier, Eßattacken, in denen große Mengen hochkalorischer Speisen konsumiert werden
2. Versuch, den dickmachenden Effekt durch selbstinduziertes Erbrechen, Abführmittel, Hungerperioden, Appetitzüglern oder Diuretika abzumildern
3. Krankhafte Furcht, dick zu werden, Patienten setzten scharf definierte Gewichtsgrenze, meist weit unter dem als «gesund» betrachteten Gewicht
4. Häufig eine Vorgeschichte anorektischer Episoden

In Deutschland sind etwa 3,2 Mio. Frauen und 800 000 Männer an Bulimie erkrankt, das Geschlechterverhältnis liegt damit etwa bei 1:4. Eine Bulimie entwickelt sich ca. zwischen dem 18. und 35. Lebensjahr. Die Erkrankung verläuft selten tödlich, etwa bis zu 80 % der Betroffenen berichten eine deutliche Besserung bzw. Heilung nach Therapie.

3. Ursachen und Risikofaktoren von Eßstörungen

Risikofaktoren für Eßstörungen können in a) prädisponierende (vorbereifende), b) auslösende und c) aufrechterhaltende Faktoren untergliedert werden (Weiner 1977, Garner & Garfinkel 1980).

Zu den *prädisponierenden Risikofaktoren* gehört unter anderem das soziokulturell vorgegebene Schlankheitsideal, wobei die körperliche Attraktivität gerade in der Phase der Identitätsfindung wesentlich zum Selbstwertgefühl beiträgt. Die exzessive, permanente Einhaltung von Diätvorschriften hat zunächst deutlich positive Konsequenzen (im Sinne der «gesellschaftlichen Attraktivität»), kann aber langfristig zu einer Mangelernährung und somit zu einer Chronifizierung der Eßstörung beitragen.

Solche gesellschaftlichen Einflüsse wirken jedoch nur, wenn eine persönliche Vulnerabilität vorliegt. Anorektische Patienten weisen eine Vielzahl von Persönlickeitsmerkmalen auf, die möglicherweise eine Rolle bei der Entstehung der Erkrankung spielen. So zeigen Studien, daß Anorektiker eher konfliktscheu, abhängig, perfektionistisch, sozial ängstlich und stark leistungsorientiert sind (Johnson & Wonderlich 1992). Weiterhin scheint es Anorektikern schwerzufallen, innere Gefühlszustände wahrzunehmen und auszudrücken (z. B. Aggression oder aber auch Hungergefühle) (Strober 1991). Bei meist überdurchschnittlicher Intelligenz neigen Anorektiker dazu, Probleme eher kognitiv (gedanklich) und egozentrisch zu lösen, Gefühle werden dabei abgespalten oder nicht adäquat wahrgenommen. Des weiteren zeigen Studien, daß Eßgestörte dazu neigen, ihre Körperdimensionen zu überschätzen bzw. unsicherer gegenüber ihren Körpermaßen zu sein als nicht Eßgestörte (Körperschemastörung).

Aus genetisch-behavioraler Perspektive sollen Anorektiker besonders die Temperamentsform «harm avoidance» (Schadens/Konfliktvermeidung) (Cloninger 1986) aufweisen. Genetische Befunde zeigen weiterhin eine 50prozentige Konkordanzrate (Ubereinstimmungsrate) bei eineiigen Zwillingen (Treasure & Holland 1990). Weiterhin konnte gezeigt werden, daß bei Familienangehörigen ersten Grades das Erkrankungsrisiko für Anorexie sich etwa verachtfacht, allerdings sind hierbei auch lerntheoretische Mechanismen vorstellbar.

Biochemische Untersuchungen weisen in Richtung einer gewissen Bedeutsamkeit des serotonergen Systems für Eßstörungen. Allerdings unterstreichen zahlreiche Untersuchungen die These, daß die Steuerung des Nahrungsverhaltens durch Neurotransmitter bidirektional verläuft, d. h. Nährstoffe haben einen wichtigen Einfluß auf Hirnstoffwechselprozesse, die wiederum das Eßverhalten beeinflussen. In diesem Sinne ist unklar, was Folge und was Ursache anorektischen Verhaltens ist (Coppen et al. 1976). Weitere prädisponierende Risiken liegen in einer gestörten Familiendynamik. Die Mütter eßgestörter Patientinnen werden als überfürsorglich, kritisch und sozial introvertiert beschrieben. Damit vermittelten sie das Bild einer sehr kritischen, hohe moralische Ansprüche vertretenden Persönlichkeit und würden ihre Kinder vor dem «Lösen von Problemen» und damit der Entwicklung einer Eigenständigkeit und Identität behindern. Emotionale Konflikte werden in der Familie nicht angesprochen bzw. harmonisiert. Die kritische Wahrnehmung der Mütter richten die Kinder schließlich auf eigene körperliche Prozesse, bei geringem Selbstwert würden die daraus resultierenden Gefühle (Unsicherheit, Depressivität) durch perfektionistische «Eßstrategien» kompensiert. Die Väter sollen dabei eher emotional abwesend, passiv mit wenig Interesse an Sexualität und körperlicher Zuwendung und beruflich stark eingebunden sein (Bruch 1970, Minuchin et al. 1975). Widersprüchliche emotionale Botschaften in der Familie und Diskordanz der Eltern sollen besonders häufig in Familien bulimischer Patientinnen vorkommen, während bei den restriktiven Anorektikern dysfunktionale familiäre Aspekte scheinbar eine geringere Bedeutsamkeit haben.

Die *Auslöser* für eine Anorexie oder Bulimie sind vielfältig. In vielen Fällen liegen Ereignisse wie z. B. Trennungs- und Verlustereignisse, neue Anforderungen, Angst vor dem Versagen oder auch körperliche Krankheiten vor dem Beginn einer Eßstörung. Dabei scheinen die Rigidität (wenig flexibles Denken) des Denkens und Problemlösens Eßgestörter (z. B. Alles-oder-Nichts-Denken, Perfektionismus, Übertreibung, Übergeneralisierung, Ich-Bezug etc.) sowie die Tendenz, Konflikte zu vermeiden, dazu beizutragen, daß eine adäquate Anpassungsleistung an die neue Lebenssituation oftmals nicht gelingt (Garner et al. 1982). Des weiteren liegt das Erkrankungsalter häufig während der körperlichen Reifung in der Pubertät, die oft mit psychischer Instabilität, Angst und Unsicherheit einhergeht (Schröder 1977).

Aufrechterhaltende Bedingungen bestehen einerseits in der Mangelernährung an sich, wodurch eine permanente Fixierung auf Essen und Diät halten gefördert wird und andererseits in den negativen emotional-vegetativen und kognitiven Folgen wie erhöhte Depressivität und Reizbarkeit, Konzentrationsmangel und Störungen von Schlaf und Sexualität.

Durch die Fixierung auf Essen und Diät und die zunehmende Depressivität und Reizbarkeit werden Isolation und der Wegfall möglicherweise stabilisierender Bedingungen (wie Freunde, Arbeit etc.) provoziert. Weiterhin führen die durch die Mangelernährung zu erwartenden metabolischen und endokrinen Veränderungen zu einem «Zwang», das gestörte Eßverhalten aufrechtzuerhalten, da ein «normales» Essen unweigerlich zu einer Gewichtszunahme führen würde, was massive Ängste und verstärkte Kontrollmechanismen zur Folge hat.

Es wird diskutiert, ob Anorexia nervosa und Bulimia nervosa trotz der unterschiedlichen Symptomatik tatsächlich verschiedene klinische Entitäten (Einheiten) darstellen oder sich nur differentiell unterscheiden. Die auffälligste Übereinstimmung beider Erkrankungen ist die morbide (krankhafte) Angst, dick zu werden, und ein Streben nach dem Schlankheitsideal als Mittel zur Problemlösung bzw. Kompensation unangenehmer Gefühle. Weiterhin ist bekannt – wie bereits schon erwähnt –, daß viele Bulimiker anorektische Episoden während ihrer Erkrankung aufweisen bzw. Anorektiker später eine Bulimia nervosa entwickeln. Aus diesen Gründen scheint es nicht sinnvoll, beide Störungen prinzipiell zu trennen (Vandereycken, Norre & Meermann 1991). Auch der Versuch, Unterschiede in den Persönlichkeitsstrukturen bulimischer und anorektischer Patienten zu finden, muß als überwiegend gescheitert gelten. Der Erlebnishintergrund beider Störungen scheint ähnlich, Nahrung wird als intrusiv und potentiell gefährlich bewertet. Es wird ein Kontrollverlust erwartet (Gewichtskontrolle funktioniert nicht). Das extrem labile Selbstwertgefühl ist in beiden Patientengruppen abhängig vom Erfolg bzw. Mißerfolg der Vermeidung von Nahrungsaufnahme, also auf äußere körperbezogene Prozesse gerichtet (Bürgin 1993).

Andererseits scheinen individuelle Lernerfahrung im Bereich des Eßverhaltens sowie familiäre Aspekte eine größere Rolle bei Bulimikern zu spielen. So konnte Booth (1988) zeigen, daß der Einsatz von Nahrung zur Bedürfnisbefriedigung bei Kindern häufig bei Bulimikern anzufinden ist. So wird dem traurigen, weinenden Kind beispielsweise Schokolade angeboten, anstatt es zu trösten. Damit erlangt «Essen» eine beruhigende, negative Gefühle verdrängende Funktion, die sich später in «Freßattacken» in Problemsituationen widerspiegeln könnte. Allerdings sind diese Befunde umstritten. Bei Patientinnen mit Bulimie spielt weiterhin die Funktion eines stark gezügelten Eßverhaltens (restrained eating) bei der Aufrechterhaltung von «Heißhungeranfällen» eine bedeutsame Rolle. So können sogenannte Restrained Eaters ihr stark gezügeltes Eßverhalten bei Streß und negativen Gefühlen nicht aufrechterhalten, was zu einem kognitiv-emotionalen Kontrollverlust führt. Ein Beleg für dieses Paradigma lieferten Berichte von Bulimikern, die zeigen, daß Eßanfälle besonders häufig nach langen Hungerperioden auftreten (Mitchell et al. 1985).

Zu diskutieren ist, welche Bedeutsamkeit eine psychiatrische Komorbidität (zusätzliche psychische Erkrankung) in diesem Zusammenhang hat. So wird vermutet, daß bei einigen besonders schweren Anorexien möglicherweise nicht diagnostizierte psychotische Episoden im frühen Jugendalter vorliegen, die sich in schweren Depressionen oder schizophrenen Schüben äußern. Weiterhin haben viele anorektische Symptome zwangsartigen Charakter (z. B. Kalorien zählen, Rituale). Fichter (1985) konnte zeigen, daß zwischen Magersucht und Zwangsneurose enge Zusammenhänge bestehen und daß anorektische Patienten mit ausgeprägter Zwanghaftigkeit eine schlechtere Prognose haben.

Zusammenfassend zeigt sich, daß Eßstörungen durch eine Vielzahl von Risikofaktoren und deren Zusammenwirken erklärbar sind. Besondere Bedeutung scheinen dabei multifaktorielle Modelle zu haben, die psychologische Bedingungen des Individuums und der Umwelt mit auslösenden Bedingungen im Zusammenhang mit biochemischen und genetischen Aspekten berücksichtigen. Die folgende Grafik (**Abb. 1**) stellt den Versuch dar, (hypothetisch) ein mögliches Zusammenwirken der genannten Risiken zu veranschaulichen, ohne hierbei eine empirisch ausreichend nachgewiesene Kausalität zu beanspruchen. Dabei wird auf die Gliederung in prädisponierende, auslösende und aufrechterhaltende Bedingungen (gemäß Garner & Garfinkel 1980) Bezug genommen.

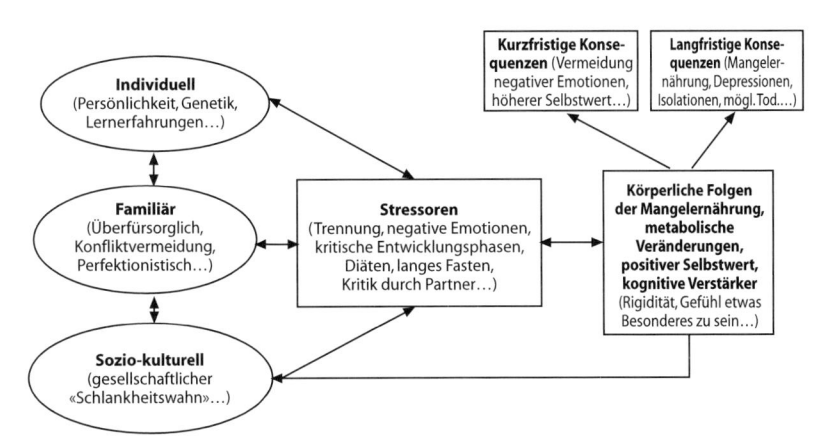

Abbildung 1: Multikonditionales Modell zu Risikobedingungen für Eßstörungen

4. Psychotherapie von Eßstörungen

Grundsätzlich sind bei der Anorexie und der Bulimie zwei Behandlungsschwerpunkte gleichzeitig zu berücksichtigen: zum einen muß kurzfristig eine Wiederherstellung des normalen Körpergewichts erfolgen bzw. eine Normalisierung des alltäglichen Eßverhaltens, damit sich die körperlichen Begleiterscheinungen der Mangelernährung zurückbilden (meist stationär), andererseits müssen die über längere Zeit in Zusammenhang mit dem gestörten Eßverhalten stehenden psychologischen Bedingungen geändert werden.

Kurzfristig steht, besonders bei der Anorexie, eine stationäre Therapie, die eine Normalisierung von Gewicht und Eßverhalten erreichen soll, im Vordergrund. Dabei werden Interventionen wie Ernährungsmanagement, Verstärkung von «normalem» Eßverhalten, Selbstkontrolle (z. B. durch Tagebuchtechniken) und Üben von Streßbewältigung vermittelt. Im Gegensatz zu früheren Ansätzen wird heute die Selbstverantwortung der Patientinnen gefördert (z. B. durch Therapieverträge), während die auch notwendige Fremdkontrolle auf ein Mindestmaß reduziert werden sollte.

Längerfristig sollte eine integrative ambulante Psychotherapie (Einzel- oder Gruppentherapie), die idealerweise Anteile eines Trainings in Problemlösen und Streßbewältigung, Veränderung der Körperwahrnehmung (im Sinne einer realistischeren Bewertung des eigenen Körpers, aber auch Sensibilisierung für Körpersignale wie Hunger etc.), familienorientierte Therapie (besonders bei jüngeren Patientinnen mit gestörter Familiendynamik), Aufdeckung der innerseelischen Probleme (Selbstwertproblematik, Abwehr negativer Gefühle etc.) und Exposition mit Reaktionsverhinderung (z. B. Essen ohne danach Erbrechen zu können) – je nach Schwerpunkt und Persönlichkeit des Patienten *und* Therapeuten – verbindet, stattfinden. Dabei besteht das therapeutische Dilemma einerseits darin, nicht auf dem Essen zu insistieren, um den Widerstand der Patientinnen nicht zu eskalieren, andererseits dem Eßgestörten aber auch nicht seinen Willen zu geben, also ihn zum Essen zu drängen. Dieses Dilemma läßt sich, unabhängig von der jeweiligen Therapieform, nur in Rahmen einer stabilen Patient-Therapeut-Beziehung lösen, wobei die Qualität der therapeutischen Beziehung generell ein wichtiger Prädiktor für Erfolg oder Nicht-Erfolg einer Therapie ist. Aufgrund der geringen «Behandlungswilligkeit» von Anorektikern und den großen Ängsten bei Gewichtszunahme ist es jedoch häufig sehr schwierig, eine enge therapeutische Beziehung aufzubauen bzw. zu erhalten. Dies setzt viel Geduld, Erfahrung (auch im Sinne der Selbsterfahrung) und Verständnis beim Therapeuten voraus.

Oftmals sind gerade bei Anorexiepatienten zwischenzeitliche Klinikaufenthalte notwendig. Als sinnvoll gezeigt hat sich aus diesem Grund der Ablauf:

a) *prästationäre ambulante Therapie* mit den Zielen Beziehungsaufbau, Motivationstherapie, Diagnostik;
b) *stationäre Therapie* (Ziele siehe oben);
c) *poststationäre ambulante Therapie* (Einzel- oder Gruppentherapie) mit den Schwerpunkten Festigung des Eßverhaltens, Stabilisierung der neuen Konfliktlösestrategien, Vertiefung eines positiven Selbstwertes, Ermöglichung und Aushalten negativer Gefühle und Förderung von Selbständigkeit und Ablösung.

Indikation für eine stationäre Therapie sind dabei ein schlechter Gesundheitszustand, geringe Compliance, Überschätzung der eigenen Möglichkeiten, schlechte soziale Integration und eine gestörte Familiendynamik, die ein Herausnehmen aus dem System sinnvoll macht.

Ziele einer integrativen Therapie, unabhängig ob im stationären oder ambulanten Rahmen, müssen methodenübergreifend umgesetzt werden und bestehen im wesentlichen in

a) der Wiederherstellung eines normalen Eßverhaltens,
b) der Bearbeitung innerseelischer Konflikte und dysfunktionaler Kognitionen,
c) der Veränderung bzw. Aufdeckung familiärer und psychosozialer Bedingungen, die zur Störung beitragen und
d) in der Stärkung von Selbstbewußtsein und Identität.

Verhaltenstherapie (a), Psychoanalyse (b) und Familientherapie (c) richten je nach Ansatz ihre Schwerpunkte auf:

a) Verhalten und Bewältigen (symptomorientiert),
b) reifen und emotional akzeptieren (konfliktorientiert) und
c) im System klären bzw. das System verändern (siehe auch Kapitel zu Psychotherapie in diesem Buch).

In der Therapie von Eßgestörten müssen meist alle genannten Aspekte (zu unterschiedlichen Anteilen) berücksichtigt werden. In diesem Sinne ist es für den Therapeuten unerläßlich, sich mit anderen Therapieschulen auseinanderzusetzen und Elemente verschiedener Therapieformen in seine Behandlung mit aufzunehmen, da es wenig sinnvoll ist (besonders im ambulanten Bereich), daß mehrere Therapeuten mit einem Patienten arbeiten. Obwohl in der Literatur die Notwendigkeit einer integrativen Therapie für Eßstörungen betont wird, finden sich in Fachtexten kaum Ausführungen zu integrativen Ansätzen, meist werden die einzelnen Therapieformen getrennt beschrieben, was die gängige Praxis sowie den unzureichenden Forschungsstand in der Psychotherapieforschung widerspiegelt. Eine gute Darstellung der einzelnen Therapiemethoden findet sich in dem Buch «Psychotherapie der Eßstörungen» (Reich & Cierpka 1997) und soll hier, auch aufgrund der Komplexität des Themas, nicht dargestellt werden. Im folgenden werden statt dessen die möglichen Grundbausteine einer ambulanten integrativen Einzeltherapie aufgezeigt und kurz erläutert (zur Bedeutung und Setting der Gruppentherapien siehe weiterführende Literatur). Dabei wird kein Anspruch auf Vollständigkeit erhoben, die Grundbausteine setzten sich aus den Beschreibungen integrativer Ansätze in der Literatur, ergänzt um die therapeutischen Erfahrungen des Autors, zusammen. Sie können nur eine grobe Orientierung für die Therapie sein, allerdings sollte eine gute Psychotherapie von Eßstörungen die genannten Aspekte mit berücksichtigen.

Grundbausteine einer ambulanten integrativen Therapie von Eßstörungen

1. Beziehungsaufbau durch Akzeptanz und Empathie (5–10 h)
   - Vermittlung von Wissen über die Störung (auch Folgen, Information statt «Belehrung»)
   - Vertrauen herstellen, deutlich machen, daß die Störung behandelbar ist
2. Diagnostik (5 h)
   - Biografische Anamnese, möglichst unter Einbeziehung der Familie oder wichtiger Bezugspersonen
   - Verhaltensanalyse (Makro und Mikroebene) zum Eßverhalten und der auslösenden bzw. aufrechterhaltenden Bedingungen (Umwelt; Familie, Persönlichkeit)
   - Erfassung der intrapsychischen und sozialen Ressourcen (nicht nur Defizite erheben)
   - Liegt eine psychiatrische Komorbidität vor?
   - Therapievertrag: welche Ziele sollen erreicht werden? Festlegen des Rahmens der Therapie, ist eine stationäre Therapie notwendig?
3. Behandlungsphase (1–3 Jahre)
   a) Die Behandlungsphase sollte zu Beginn symptombezogen sein und somit an der Bewältigung ansetzen:

- anhand der Verhaltensanalyse: Training von Streßbewältigung, Ernährungsmanagement, Tagebuchtechniken
- Kognitive Aspekte: Aufdeckung dysfunktionaler Denkschemata (automatische Gedanken: Ich-Bezug, Übergeneralisierung z. B.: ich tauge nichts, bin unattraktiv…) mit Hilfe des sokratischen Dialogs und kognitiver Techniken
- Exposition mit Reaktionsverhinderung bei Bulimie (problematische Situation herstellen, Erbrechen bzw. «Freßattacken» verhindern)
- Abbau des problematischen Verhaltens und Vermeideverhalten
Bei jüngeren Patientinnen zusätzliches Einbeziehen der Familie und entwirren unklarer Botschaften, Schaffung von Distanz, benennen negativer Emotionen gegenüber Familienmitgliedern (Konflikte zulassen), Förderung von Autonomie und Ablösung.

b) bei fortgeschrittener Therapie und Symptombesserung zunehmend stärkere Akzente auf die Konfliktverarbeitung setzten:
- Bearbeiten von Abwehr
- Zulassen und Erleben negativer Gefühle wie Trauer, Wut und Ärger
- Arbeiten mit Übertragungsphänomenen
- Bewußtmachen emotionaler Wünsche und Bedürfnisse und hinter der Störung liegender Konflikte
- Förderung emotionaler Reifung und Identitätsbildung

4. Stabilisierungsphase
Diese Phase ist von großer Bedeutung, sie soll dem Patienten ermöglichen, sich langsam abzulösen, sicherer in der Umsetzung von Bewältigungsstrategien und in der Bewertung und emotionalen Annahme der eigenen Persönlichkeit zu werden. Diese Phase sollte erst beendet werden, wenn sich der Patient ausreichend sicher fühlt, Gelerntes eigenständig umzusetzen. Hilfreich dabei sind auch die Förderung der im Diagnostikteil erarbeiteten intrapsychischen und umweltbezogenen Ressourcen. Ebenso gehört in diesen Teil der Therapie die Unterstützung bei der möglicherweise notwendigen Schaffung eines neuen sozialen Umfeldes, soziale Integration, Arbeitsuche, Gestaltung von Freizeit etc.

5. Rückfallprophylaxe
- Notfallkoffer: was tue ich wenn…
- Durchsprechen schwieriger Situationen
- Vertiefung der Streßbewältigungsstrategien
- Bearbeitung, Situationsanalyse möglicher Rückfälle ohne moralische Wertung: Rückfälle passieren!

6. Abschluß der Therapie (Termine 1–2 im Monat)
- Bilanz ziehen: wurden die gestellten Ziele erreicht?
- Perspektiven konkretisieren
- Ablösung zulassen und fördern

5. Adipositas

Eine Adipositas liegt dann vor, wenn ein unstillbares, übermäßiges Verlangen nach Essen, verbunden mit einem gestörten Hunger-Sättigungsgefühl, vorliegt. Dabei muß der Anteil des Fettgewebes am Körpergewicht bei Männern 20 % und bei Frauen 24 % übersteigen. Die Prävalenz für Übergewicht liegt in Deutschland bei etwa 35 % (28 Millionen Menschen) und stellt damit ein erhebliches gesundheitliches Problem dar. Die Kriterien einer Adipositas erfüllen etwa 12 % der Frauen und 10 % der Männer. Außer der geschilderten Störung des Hunger-Sättigungsempfindens ist die Adipositas mit einer Vielzahl körperlicher Folgeerkrankungen (z. B. Bluthochdruck, Herz-Kreislauferkrankungen, Gelenkbeschwerden, Wirbelsäulenschäden, Diabetes etc.) und einem erhöhten Mortalitätsrisiko (Hautvast & Deurenberg 1987) verbunden.

Differentialdiagnostisch besteht auch hierbei die Frage, inwieweit eine Adipositas von anderen Eßstörungen abzugrenzen ist. Trotz deutlicher Unterschiede, besonders im Bereich der genetischen Prädisposition, scheint eine Betrachtungsweise, die eine Adipositas als oberen Grenzbereich der Dimension Magersucht-Bulimie-Fettsucht beschreibt, erwägenswert zu sein. Gemäß ICD-10 wird Adipositas unter den körperlichen Erkrankungen aufgeführt, wobei psychologische Faktoren oder Verhaltensweisen die Ätiologie und den Verlauf wesentlich beeinflussen sollen (F54: psychologische Faktoren oder Verhaltensfaktoren bei andernorts klassifizierten Störungen).

5.1 Ursachen und Behandlung der Adipositas

Es wird davon ausgegangen, daß die Erkrankung primär auf Irritationen des Hunger-Sättigungs-Mechanismus beruht, welches aber sekundär über die zentralhypothalamische Steuerung psychovegetativ mitbedingt sein kann. Für die Bedeutsamkeit genetischer Aspekte sprechen Studien, die zeigen, daß der BMI (Body Mass Index) adipöser Menschen stark mit dem der leiblichen Eltern korreliert ist, es jedoch keinen Zusammenhang mit dem BMI der Adoptiveltern gibt.

Psychologische Erklärungsansätze gehen davon aus, daß bei Adipösen häufig neurotische Entwicklungen auftreten, wobei der Grundkonflikt in einem erhöhten Abhängigkeitsbedürfnis bei gleichzeitigem Wunsch nach Unabhängigkeit liegen soll. Essen dient hierbei der Abwehr von Frustationserlebnissen und Depressivität. In der folgenden Grafik (**Abb. 2**) wird dieser Prozeß kurz dargestellt.

Eine weitere These besteht darin, daß die Neigung zu Depressivität Adipöser zu einer erhöhten Aufnahme von Kohlenhydraten führt, um den Serotoninspiegel zu erhöhen und somit einen antidepressiven Effekt zu erzielen (Selbstmedikation). Allerdings werden beide Thesen kontrovers diskutiert, da Eßstörungen grundsätzlich im Zusammenhang mit verschiedensten psychischen Störungen stehen können, so daß die Frage besteht, inwieweit «Frustationsessen» tatsächlich spezifisch für Adipöse ist.

Des weiteren ist der Aspekt der Reaktion der Umwelt auf dicke Menschen zu bedenken, dies trifft besonders auf die betroffenen Kinder zu. Aufgrund der erfahrenen Ablehnung durch andere und dem häufig damit verbundenen geringem Selbstwert, können verschiedene psychische Störungen wie Depressionen, Ängste, Abhängigkeit etc. auch als Folge einer Adipositas auf-

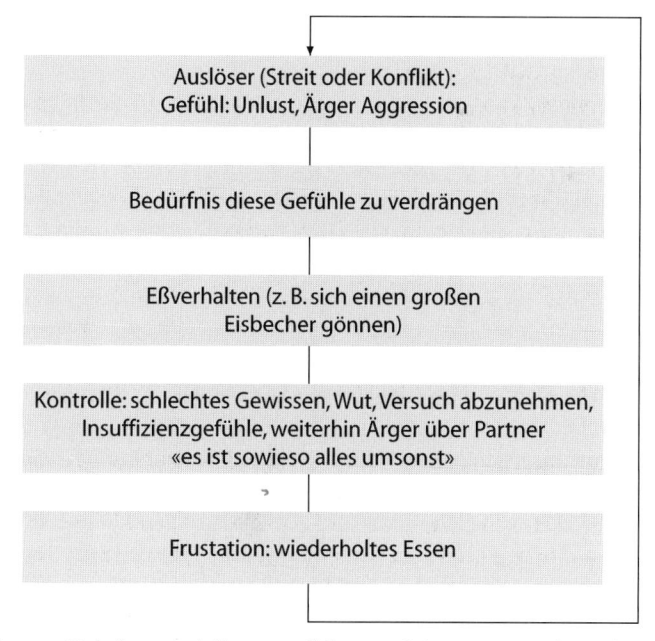

> Auslöser (Streit oder Konflikt):
> Gefühl: Unlust, Ärger Aggression
>
> Bedürfnis diese Gefühle zu verdrängen
>
> Eßverhalten (z. B. sich einen großen Eisbecher gönnen)
>
> Kontrolle: schlechtes Gewissen, Wut, Versuch abzunehmen, Insuffizienzgefühle, weiterhin Ärger über Partner «es ist sowieso alles umsonst»
>
> Frustation: wiederholtes Essen

Abbildung 2: Verhaltensmodell zur möglichen Funktion von Essen bei Adipositas

treten. In therapeutischen Gesprächen muß deshalb besonders der Aspekt des Selbstwertes und des Kränkungserlebens aufgearbeitet werden. Wichtig scheinen hierbei Annahme und empathische Wertschätzung durch den Therapeuten zu sein. Aber auch verhaltenstherapeutische Ansätze des sozialen Kompetenz-Selbstsicherheitstrainings haben sich bewährt.

Neue biochemische Erkenntnisse an Tierexperimenten zeigen, daß die Hormone Orexin A und Orexin B für das Eßverhalten von entscheidender Bedeutung sind. Durch eine medikamentöse Hemmung bzw. Verstärkung dieser Hormone ließ sich das Hungergefühl bei Ratten verstärken bzw. verringern. Möglicherweise kann über solche Medikamente das Eßverhalten bei Adipositaspatienten in Richtung einer Verringerung des Hungergefühls beeinflußt werden, wie das beispielsweise seit kurzem durch neue Medikamente versucht wird. Allerdings wird und muß auch bei einer erfolgreicher Anwendung von Medikamenten an Adipositaspatienten der Schwerpunkt der Therapie weiterhin auf der Veränderung des Eßverhaltens (Umstellung der Ernährung), der Aufarbeitung der Funktion des Essens, der Einbeziehung psychiatrischer Komorbidität wie beispielsweise depressiver Störungen, Stärkung des meist geringen Selbstwertes und des Einübens von alternativen Verhaltensstrategien liegen.

Als am erfolgreichsten haben sich dabei multidisziplinäre Ansätze gezeigt, wobei die Betroffenen am besten sport-, ernährungs-, und psychotherapeutisch betreut werden. In einer eigenen Interventionsstudie haben wir hierbei positive Erfahrungen sammeln können. Dabei wurden inzwischen über 40 Kinder und Jugendliche, 1 Jahr lang zu jeweils 2 Terminen in der Woche geschult. Eine Doppelstunde beinhaltete jeweils Sport, die zweite Wochenstunde Erlernen und Probieren von gesunder Ernährung, verhaltensorientierter Gruppentherapie (als Baustein mit mehreren Sitzungen) oder Schwimmen. In der Bewegungstherapie wurden meist Interaktionsspiele durchgeführt, die fern von Leistungsdruck Freude an der Bewegung fördern sollen. Der verhaltenstherapeutisch orientierte Baustein beinhaltet z. B. Abgrenzungstraining (Nein sagen), Erlernen von Situationskontrolle (z. B. erst gar nicht «ungesunde» Nahrungsmittel einkaufen), Aufbau von Alternativen zum «Frustessen» und Förderung von Problemlösung und sozialer Kompetenz. Der Ernährungstherapeutische Teil orientiert sich an den vom Forschungsinstitut für Kinderernährung (FKE) entwickelten Richtlinien der «Optimierten Mischkost» und vermittelte Kompetenzen zum Auswählen und Zubereiten entsprechender Nährstoffe und Speisen. Außerdem arbeiteten wir eng mit den Eltern zusammen, um einen Transfer des Gelernten in die Familien zu gewährleisten (z. B. Elternkreise, Vermittlung von Ernährungswissen etc.) (siehe Barnow et al., in 2003).

Eine solche ambulante Interventionsmaßnahme ist darauf ausgerichtet, dass Leben Adipöser grundsätzlich in Richtung mehr Aktivität und Freude an Bewegung zu ändern und somit längerfristig die Gewichtszunahme zu stoppen, bzw. eine langsame Gewichtsreduktion einzuleiten. Der Großteil der Kinder und Jugendlichen wiesen vor der Interventionsmaßnahme deutlich mehr Verhaltens- und emotionale Probleme im Vergleich zu einer nicht adipösen Kontrollgruppe auf, und berichteten von Hänseleien und Ausgrenzung. Somit ist es wichtig, auch solche psychischen Auslöser bzw. Folgen von problematischen Ernährungsverhalten mit zu behandeln. Mit Hilfe unserer Intervention lernten die Kinder und Jugendlichen z. B. wieder in der Gruppe zurecht zu kommen, Spaß an Bewegung zu haben und grundsätzlich etwas gegen ihr «dick sein» tun zu können. Nach einem Jahr ging es den meisten Teilnehmern psychisch deutlich besser, und eine weitere Gewichtszunahme konnte verhindert werden. Insgesamt war die Gewichtsreduktion in der Gruppe signifikant. Ein Junge formulierte es so: «Früher habe ich nur vor dem Computer gesessen, hatte keine Freunde und habe alles mögliche in mich hinein gestopft, das ist heute anders». Diese Effekte blieben auch nach einer ersten Nachuntersuchung (nach einem Jahr) stabil, wobei die Kinder und Jugendlichen die Möglichkeit bekamen, auch nach der Intervention in einem eigens gegründeten Verein Sport zu treiben. Leider werden solche Interventionen nur zum Teil von den Krankenkassen finanziert, wobei zu hoffen ist, dass hierbei ein Umdenken erfolgt, zumal Adipositas verheerende körperliche und psychische Folgeprobleme und Kosten nach sich zieht.

6. Ausblick

In den letzten Jahrzehnten ist viel zu Eßstörungen geforscht worden. Dies hat das Verständnis für Ursachen und aufrechterhaltende Bedingungen der Erkrankung enorm verbessert. Trotz der Erkenntnis, daß Eßstörungen multikausal erklärt werden müssen, da sie wahrscheinlich durch eine Vielzahl von Faktoren bedingt sind, gibt es noch zu wenig integrative Therapieansätze, welche dieses Wissen ausreichend berücksichtigen. Dies liegt einerseits an den Abgrenzungstendenzen der einzelnen Therapieschulen und andererseits an der Schwierigkeit, verschiedene Therapieformen und Techniken zu integrieren. Allerdings gibt es in den letzten 4 bis 5 Jahren verstärkt Bemühungen, diesen Zustand zu verändern, was sich in umfassenderen und multimodalen Therapieansätzen widerspiegelt.

Trotz der genannten Kritik kann jedem Eßgestörten geholfen werden, wenn er bereit ist, die schwierige Behandlung zu akzeptieren und die damit möglicherweise anfänglich negativen Konsequenzen wie erhöhte Ängste,

Wahrnehmung negativer Gefühle etc. auszuhalten. Ein guter Therapeut wird dem Patienten dabei helfen, diese Phase zu überstehen, ohne sie ihm abzunehmen.

Langfristig werden die anfänglich möglicherweise als schmerzlich erlebten «Eingriffe» jedoch durch eine höhere Lebensqualität und die Fähigkeit, sich normal zu ernähren, dazu gehört auch, Essen und Trinken wieder genießen zu können, belohnt. Dabei gilt die Regel, je eher eine Therapie begonnen wird, desto höher sind die Chancen einer Heilung.

Letztendlich sei noch darauf hingewiesen, daß der gesellschaftliche «Schlankheitswahn» sicher mit zu einer Erhöhung der Prävalenzraten von Eßstörungen in den letzten Jahren beigetragen hat. Besonders den Medien wird damit eine Verantwortung zuteil, diese Gewichtsuniformität in Richtung Akzeptanz und Vielfältigkeit mit zu beeinflussen.

Weiterführende Literatur

Reich, G., Cierpka, M. (1997): Psychotherapie der Eßstörungen. Stuttgart, New York: Thieme.

Janssen, P.L., Senf, W., Meermann, R. (1997): Klinik der Eßstörungen: Magersucht und Bulimie. Stuttgart, Jena, Ulm: Fischer.

Anders denken, fühlen und handeln?

Diagnostik, Verständnis und Therapie von Persönlichkeitsstörungen

Michael Linden

1. Einführung

Persönlichkeitsstörungen nehmen unter den psychischen Erkrankungen nach wie vor eine Sonderstellung ein. Historisch sind sie unter dem Stichwort der «Psychopathie» mit der Assoziation der Minderwertigkeit verbunden (Koch, 1891). Auch heute gilt nach einer Feststellung von Gunn (1988), daß Menschen mit Persönlichkeitsstörungen eher als manipulativ und bösartig erlebt und daß Persönlichkeitsstörungen weniger als Erkrankungen angesehen werden, die einer Therapie, Unterstützung und Fürsorge bedürfen, sondern eher als Probleme, auf die mit Zurechtweisung und gegebenenfalls Strafe zu reagieren ist. Auf diesem Hintergrund ist es durchaus bemerkenswert, daß Persönlichkeitsstörungen in dem Diagnostik- und Klassifikationssystem für psychische Störungen, dem DSM-IV (APA 1989), nicht den «richtigen Erkrankungen» auf der sog. Achse I (z. B. Depressionen, Ängste, Psychosen etc.) zugeordnet sind, sondern auf einer gesonderten Achse II aufgeführt werden.

Trotz dieser Sonderstellung der Persönlichkeistörungen kann heute ein zunehmendes Interesse von Psychiatrie und Klinischer Psychologie an diesem Thema beobachtet werden. Gründe hierfür sind epidemiologische Studien, die belegen, daß es sich um häufige Erkrankungen handelt mit erheblichen negativen Konsequenzen für die Betroffenen und auch die Gesellschaft (Tyrer et al. 1991, Paris 1993, Stone 1993, DeGireolamo & Reich 1993, Watson & Clark 1994). Eine verbesserte Diagnostik unter Einsatz standardisierter Instrumente (Loranger et al. 1994) und schließlich auch die Entwicklung neuer therapeutischer Ansätze, die auch für diesen bislang therapeutisch eher schwierigen Bereich bereits zu wichtigen Fortschritten geführt haben und vor allem für die Zukunft weitere Fortschritte erwarten lassen, hat die Akzeptanz dieser Störungen aber verbessert (QAP 1990, 1991 a, b, Stein 1992, 1994, Gitlin 1993, Wessler 1993).

Fallbeispiel

Eine junge Patientin erscheint zur Therapie wegen vereinzelt auftretenden massiven Affektausbrüchen mit verbaler und körperlicher Aggression gegenüber dem momentanen Partner und der Mutter, welche sie meist unmittelbar danach bereut. Sie berichtet in späteren Therapiesitzungen, daß sie diese «Ausraster» nicht steuern könne, manchmal habe sie einfach einen Blackout. Sie erinnere sich dann nur noch an einige Dinge. «Ausrasten» würde sie meist dann, wenn andere abfällig über sie redeten, sie betrögen, unehrlich seien oder wie im Falle der Mutter sie bevormundeten. In Mißerfolgssituationen sei sie schnell frustriert, sie fühle sich dann elend und füge sich auch manchmal selbst Verletzungen wie Schneiden und Ritzen in den Arm zu. In einer Trennungssituation (der Freund hatte sie verlassen) habe sie sogar schon einmal einen Suizidversuch unternommen. Sie sei davon überzeugt, daß andere Menschen ihr nicht die Wahrheit über sie sagen würden. So fände sie sich beispielsweise unattraktiv, obwohl ihr mehrmals gesagt worden sei, daß sie gut aussehe. Dies würde man nur tun, um sie nicht zu verletzen. Ihre Beziehungen seien immer nach kurzer Zeit gescheitert, sie verlange von ihren Freunden, *immer* für sie da zu sein, wenn sie diese brauche, sie würde das gleiche aber auch für andere tun. Ihre Lehre habe sie abbrechen müssen, da der Ausbilder ihr unsympathisch gewesen sei, ihr sei unklar, wie die anderen diesen hatten ertragen können. Momentan fühle sie sich wertlos, erregt, depressiv, habe verschiedene körperliche Beschwerden (Bauchschmerzen, Kribbeln in den Armen, vereinzelt Herzrasen und Kopfschmerzen) und wisse nicht wohin. Sie könne eigentlich niemandem wirklich vertrauen, sie empfinde das Leben als sinnlos und beängstigend...

2. Was ist eine Persönlichkeitsstörung: Diagnostik und Abgrenzung

Die Definition dessen, was Persönlichkeitsstörungen sind, in Abgrenzung von «normaler» Persönlichkeit und Persönlichkeitsakzentuierung einerseits und psychischen Erkrankungen im engeren Sinne andererseits, ist auf unterschiedliche Weise versucht worden. **Tabelle 1** gibt einige Globaldefinitionen von Persönlichkeitsstörungen wieder. Ihnen ist gemeinsam, daß das Wesen oder die wesentliche Konsequenz von Persönlichkeitsstörungen eine längerdauernde Beeinträchtigung der Umweltanpassung und damit auch -integration darstellt. Dies ist allerdings kein Kriterium, das eine Unterscheidung von anderen psychischen Störungen ermöglichen würde, sondern eher ein Beleg dafür, daß Persönlichkeitsstörungen, wie alle anderen Erkrankungen auch, ernstzunehmende Beeinträchtigungen darstellen.

Tabelle 1: Definitionen von Persönlichkeitsstörungen

Schneider 1923	Persönlichkeitszüge, unter denen der Betroffene selbst oder andere leiden
Rado 1953	Störung der psychodynamischen Integration, die wesentlich die Fähigkeit des Organismus zu adaptivem Leben und dem Erreichen von Lebenssinn und -freude beeinträchtigen
Tyrer & Ferguson 1988	Eine andauernde Abnormität im persönlichen und sozialen Funktionieren unabhängig von der geistigen Integrität
APA 1989	Verhaltensweisen oder Charakterzüge, die das Verhalten der Betroffenen in letzter Zeit (letztem Jahr) und für längerfristiges Verhalten seit Beginn des Erwachsenenalters charakterisieren
WHO 1991	Tief verwurzelte anhaltende Verhaltensmuster, die sich in starren Reaktionen auf unterschiedliche persönliche und soziale Lebensbedingungen äußern

Vergleichsweise sehr viel konkreter sind die Beschreibungen einzelner Typen von Persönlichkeitsstörungen, wie sie im ICD-10, der internationalen Klassifikation psychischer Störungen der WHO (WHO 1991), oder dem bereits angesprochenen DSM-IV, dem diagnostischen und statistischen Manual psychischer Störungen der Amerikanischen Psychiatrischen Gesellschaft (APA 1994), niedergelegt sind (**Tab. 2** auf S. 222). Mit kleineren Abweichungen werden in beiden Klassifikationssystemen paranoide, schizoide, dissoziale, emotional instabile, histrionische, anankastische (zwanghafte), ängstlich vermeidende und abhängige Persönlichkeitsstörungen unterschieden. Die Detailbeschreibungen der einzelnen Typen soll hier nicht wiedergegeben werden, da sie in den Manualen nachzulesen ist. In den Definitionen wird ausführlich darauf Bezug genommen, daß es sich um anhaltende Verhaltensmuster handelt. Sie sind nicht so sehr bei der Betrachtung im Augenblick auffällig, als vielmehr unter Längsschnittgesichtspunkten. Ihr Charakteristikum ist, daß über Zeit, Situationen und Personen hin die immer gleiche

Reaktionstendenz zu beobachten ist. Dies bedeutet letztendlich eine situationsinadäquate Reaktion, die zu Störungen in der sozialen Interaktion und zu Problemen in der Lebensbewältigung führt.

Tabelle 2: Typen von Persönlichkeitsstörungen nach ICD-10 und DSM-IV

ICD-10 F60		DSM-IV (Codierung auf Achse II)	
F60.0	paranoide PS	A 301.00	paranoide PS
F60.1	schizoide PS	A 301.20	schizoide PS
		A 301.22	schizotypische PS
F60.2	dissoziale PS	B 301.70	antisoziale PS
F60.30	emotional instabile impulsive PS		
F60.31	emotional instabile Borderline PS	B 301.83	Borderline PS
F60.4	histrionische PS	B 301.50	histrionische PS
		B 301.81	narzißtische PS
F60.6	ängstlich vermeidende PS	C 301.82	selbstunsichere PS
F60.7	abhängige Ps	C 301.60	dependente PS
F60.5	anankastische PS	C 301.40	zwanghafte PS
F60.8; F60.9; F61; F62	andere, nnb, kombinierte, reaktive PS	301.90	nnb PS

Wegen der letztlich unspezifischen Konsequenzen in der sozialen Anpassung gibt es breite Überschneidungen in den Beschreibungen. Schon bei den einzelnen psychischen Störungen, den sog. Achse-I-Störungen (beispielsweise Angst, Depression, Psychosen etc.) ist die klare Grenzziehung zwischen den einzelnen Erkrankungen oft schwierig, was zu dem Konzept der Komorbidität (gleichzeitiges Auftreten mehrerer Erkrankungen) geführt hat. Eine klare kategoriale und damit starre Abgrenzung zwischen den einzelnen Persönlichkeitsstörungen stellt sich als noch schwieriger dar. Die Anwendung moderner standardisierter Erhebungs- und Klassifikationsmethoden (Zimmermann 1994) hat zwar zu einer deutlichen Verbesserung der Zuverlässigkeit geführt, die einzelnen Symptommuster verschiedener Persönlichkeitsstörungen sind aber nicht ohne weiteres abgrenzbar, es gibt große Überschneidungen und hohe Komorbiditätsraten bei den einzelnen Persönlichkeitsstörungen (z. B. histrionisch-zwanghaft; ängstlich-vermeidend und abhängige Persönlichkeit etc.). Zudem ist die Abgrenzung zu Achse-I-Störungen schwierig und nicht zuletzt ist auch eine fehlende Übereinstimmung bei Anwendung unterschiedlicher Erhebungsinstrumente zu beobachten (Livesley 1985 a, b; Zimmermannet al. 1988, Livesley & Schroeder 1990, Tyrer et al. 1991, Perry 1992, Ferguson 1992, Vize & Tyrer 1994). Insofern sind trotz der kategorialen Klassifikation nach ICD-10 bzw. DSM-IV Persönlichkeitsstörungen ihrer Art nach dimensionale Störungen, die sich schwer in starre Kategorien einteilen lassen, sondern eher fließende Übergänge beinhalten. Dies entspricht nicht nur klinischer und psychologischer Forschungstradition, sondern gewinnt gerade auch unter neueren psychobiologischen Forschungsansätzen neue Aktualität (Cloninger 1987, Siever & Davis 1991, Livesley et al. 1990, Linnoila et al. 1993). Eine solche dimensional-typologische Beschreibung von Persönlichkeitsstörungen schlägt beispielsweise Cloninger (1987) vor, indem er von interindividuellen Unterschieden in Persönlichkeitsmerkmalen bzw. Temperamentsformen ausgeht beispielsweise a) in der Tendenz zur Vermeidung von negativer Stimulierung (Frustration), b) im Ausmaß des Bedürfnisses nach Stimulierung («Sensationsgier») und c) in der Abhängigkeit von Belohnungen. Diese basalen Persönlichkeitsdimensionen ergeben in verschiedener Kombination Persönlichkeitstypen, die wiederum auf einer nächsten Stufe dann eine Beschreibung von Persönlichkeitsklassen etwa in Anlehnung an DSM-IV ermöglichen.

Für den klinischen Alltag sind solche Modelle eher schwierig zu handhaben. Für die Differentialdiagnostik und letztlich auch die Therapie von größerer Relevanz erscheint statt dessen der Hinweis auf einen anderen Aspekt von Persönlichkeitsstörungen, nämlich die Störung in der Regulation von Affekten. Nach der klassischen Psychopathologie werden Affektstörungen beschrieben als a) Auslenkung der Affektlage, beispielsweise im Sinne einer gehobenen oder gedrückten Stimmung, b) als Dominanz bestimmter Affektqualitäten wie z. B. vorwiegend Angst oder Mißtrauen und c) als Störungen der Affektsteuerung etwa im Sinne von Affektstarrheit oder -labilität bzw. der emotionalen Anpassung an wechselnde Situationen. Derartige Störungen des Ausdrucks bzw. der Steuerung von Gefühlen sind wichtige Kriterien in den Definitionen nach ICD-10 und damit auch ein wesentliches Unterscheidungskriterium zwischen den verschiedenen Störungen (Sass et al. 1993). Dies ist übrigens eine Auffassung, die sich bereits in den frühen Schriften von Kraepelin (1896) findet, der die psychopathischen Zustände als konstitutionelle Affektstörungen beschrieb.

Tabelle 3 (auf S. 224) gibt einen Überblick über die wichtigsten Persönlichkeitsstörungen und die sie kennzeichnenden wesentlichsten emotionalen Besonderheiten. Die paranoide Persönlichkeitsstörung ist beispielsweise durch ein persistierendes Mißtrauen gekennzeichnet, die schizoide Persönlichkeitsstörung durch Affektarmut, die dissoziale Persönlichkeit durch einen Mangel an affektiver Mitschwingungsfähigkeit, d. h. besonders einen

Tabelle 3: Persönlichkeitsstörungen und Affektcharakteristik

Persönlichkeitsstörung	Affektstörung	Kognition
paranoide PS	Mißtrauen	alle sind gegen mich
schizoide PS	Affektarmut	ich bin auf mich alleine gestellt
dissoziale PS	Mangel an Mitgefühl, Reizbarkeit	die anderen sind es nicht wert
impulsive PS	Affektinkontinenz	keiner läßt mich in Ruhe
emotional instabile Borderline-PS	Affektlabilität	auf keinen ist Verlaß
histrionische PS	Affektinadäquatheit, erhöhte Affektexpressivität	ich muß Eindruck machen
anankastische PS	Angst und Schuldgefühle	es muß alles seine Ordnung haben
ängstlich vermeidende PS	phobische Ängste	es ist schlimm, zurückgewiesen zu werden
abhängig asthenische PS	Insuffizienzgefühle, Hilflosigkeit	ich werde es nicht schaffen

Mangel an Mitgefühl verbunden mit verstärkter Reizbarkeit. Die impulsive Persönlichkeitsstörung zeigt als dominierende Affektcharakteristik eine beständig wechselnde, häufig der Situation unangemessene Gefühlslage (z. B. heftige Wutausbrüche, Überreaktionen etc.). Die emotional instabile Persönlichkeitsstörung im Sinne der Borderlinestörung kann durch Affektlabilität charakterisiert werden (wie das im Fallbeispiel dargestellt ist). Die histrionische (früher hysterische) Persönlichkeitsstörung ist durch Affektinadäquatheit (beispielsweise übertrieben fröhlich in trauriger Situation) und erhöhte Affektexpressivität (in den Mittelpunkt stellen) gekennzeichnet. Die anankastische (zwanghafte) Persönlichkeitsstörung, die ängstlich vermeidende Persönlichkeitsstörung und die abhängige Persönlichkeitsstörung sind in unterschiedlicher Kombination durch Angst sowie durch Insuffizienzgefühle charakterisiert. Parallel zu jeder dieser Affektauffälligkeiten können typische, sehr rigide und kontinuierliche Kognitionen, d. h. Überzeugungen und Einstellungen von sich selbst, der Welt und alltäglichen Situationen beobachtet werden (wie beispielsweise «ich bin genial» bei der narzißtischen Persönlichkeitsstörungen vs. «ich bin weniger kompetent als meine Freunde» bei der selbstunsicheren Persönlichkeit oder «ich kann allein nicht leben» bei der abhängigen Persönlichkeit (Beck & Freeman 1990). Bei der paranoiden Persönlichkeit findet sich die Interpretation jeglicher Lebensereignisse unter der Maßgabe «alle sind gegen mich».

3. Erklärungsansätze: das Affektmodell

Dieses Affektmodell der Persönlichkeitsstörungen ist beispielsweise von Linehan & Kehrer (1993), für den Bereich der Borderlinepersönlichkeitsstörung näher ausgeführt worden. Das Affektmodell der Persönlichkeitsstörungen gibt eine gute Erklärung für die Übergänge zwischen den einzelnen Persönlichkeitsstörungen, da Affekte und natürlich auch Affektstörungen nicht getrennt zueinander stehen, sondern in Affektmischungen vorkommen mit unterschiedlicher Dominanz einzelner emotionaler Bereiche (beispielsweise Liebe-Haß, Angst-Wut). Viel wichtiger als diese differentialdiagnostischen Überlegungen erscheint aber, daß das Affektmodell der Persönlichkeitsstörungen ein sehr unmittelbares Verständnis der Art der Störung und ihrer Konsequenzen ermöglicht.

Man kann davon ausgehen, daß es Teilleistungsstörungen des zentralen Nervensystems nicht nur im Bereich kognitiver Leistungen oder sensomotorischer Leistungen gibt, sondern ebenso bezüglich der Impulssteuerung oder der Affektregulation. Es ist dabei zunächst einmal unerheblich, ob es sich ursächlich um anlagebedingte Störungen, um frühkindlich traumatische oder um Entwicklungsstörungen handelt. Kernstörung ist in jedem Falle ein dominanter Affekt oder eine Störung in der Affektmodulation (Tab. 4). Dies erklärt, daß diese Störungen in allen Lebensbereichen zum Tragen kommen, daß es häufig zu einer Nichtübereinstimmung zwischen Verhalten und Intelligenz kommt (Tyrer & Ferguson 1988) und vor allem, daß Menschen mit Persönlichkeitsstörungen häufig schon beim Gegenüber negative Reaktionen hervorrufen, wenn sie auch nur den Raum betreten, ohne daß man sagen könnte, was sie eigentlich an Kritikwürdigem getan hätten. Eine solche basale Störung der Affektivität muß zwangsläufig zu einer Störung der emotionalen Kommunikation und damit der sozialen Interaktion insgesamt führen. Die im weiteren auftretenden kognitiven Schablonen (automatische, generalisierte Gedanken) können als nahezu zwingende Konsequenz einer solchen Lebenserfahrung verstanden werden. Die mehrfach angesprochenen Anpassungsstörungen und Probleme in allen Lebensbereichen bedürfen auf diesem Hintergrund schließlich keiner weiteren Erklärung mehr.

Tabelle 4: Affektmodell der Persönlichkeitsstörungen

- **Primär:** Teilleistungsstörung in der Affektregulation
- **Folge (sekundär):** Störung der affektiven Kommunikation und sozialen Interaktion
- **Folge (tertiär):** kognitive Schemata (Denkmuster, rigide Überzeugungen…)
- **Folge (quarternär):** allgemeine Anpassungsproblematik

Andererseits geht eine Reihe der sog. Achse-I-Störungen ebenfalls mit Veränderungen in der Affektregulation einher. Ein Beispiel sind die depressiven Erkrankungen mit gedrücktem Grundaffekt, eingeschränkter affektiver Modulation und vorherrschenden Gefühlen im Sinne von Angst, Selbstunsicherheit u. a. Wegen der psychopathologischen und vor allem auch prognostischen Beziehung sind die früher als depressive Persönlichkeitsstörungen bezeichneten Erkrankungen seit einigen Jahren der Gruppe der depressiven Erkrankungen als Dysthymie oder Zyklothymie zugeordnet (Kocsis & Frances 1987). Im Einzelfall kann es Abgrenzungsprobleme insbesondere auch zu der zwanghaften Persönlichkeitsstörung, der ängstlich vermeidenden und der abhängigen Persönlichkeitsstörung geben (Almaes & Torgenson 1989). Schizophrene Erkrankungen führen ebenfalls zu Veränderungen im Affekt. Vor allem im Vorstadium findet sich die typische Psychopathologie der schizophrenen Erkrankung in abgemilderter und häufig nur angedeuteter Form etwa im Sinne von Mißtrauen, Affektarmut und veränderter Affektmodulation. Gleiches findet sich teilweise auch bei Angehörigen von schizophrenen Patienten (Kendler et al. 1993). Entsprechend gibt es differentialdiagnostische Überschneidungen mit der paranoiden und schizoiden Persönlichkeitsstörung. In Fällen, in denen die Symptomatik prägnanter ist, ohne die eindeutigen Charakteristika einer Schizophrenie zu erfüllen, ist von einer schizotypischen (ICD-10) oder unter Umständen auch einer schizophrenieformen Störung (DSM-IV) zu sprechen (Squires-Wheeler et al. 1988).

Schließlich ist auch noch besonders auf die organischen Psychosyndrome hinzuweisen (Focken 1981, Linden & Wilms 1989). Unabhängig von der Ursache (Krankheiten, Unfälle, Traumata) sind typische Leitsymptome organischer Psychosyndrome: Störungen der Impulsivität, der Affektkontrolle und Affektmodulation. Differentialdiagnostische Überschneidungen ergeben sich von daher vor allem mit der impulsiven Persönlichkeitsstörung, der Borderlinepersönlichkeitsstörung und der histrionischen Persönlichkeitsstörung, aber auch der asthenischen oder schizoiden Persönlichkeitsstörung. So ist es beispielsweise eine klinische Grundregel, bei besonders hysterisch anmutenden klinischen Bildern stets differentialdiagnostisch auch an eine organische Verursachung zu denken.

Die angesprochenen differentialdiagnostischen Überlegungen haben allerdings nicht nur Bedeutung hinsichtlich einer Abgrenzung zwischen Persönlichkeitsstörungen und anderen psychischen Erkrankungen, sondern auch für die Feststellung einer Komorbidität zwischen beiden Störungsgruppen. Es gibt inzwischen eine umfangreiche Literatur, die vor allem bezüglich der depressiven Erkrankungen belegt, daß Hinweise auf gleichzeitig bestehende Persönlichkeitsstörungen sowohl die Vulnerabilität wie insbesondere aber auch den Verlauf und die Therapie negativ beeinflussen (Alnaes & Torgensen 1989, Andrews et al. 1990, Zittler et al. 1990, Boyce et al. 1991, Tyrer et al. 1993).

4. Therapie

4.1 Spezielle Therapieverfahren

Der Stand der Therapieforschung im Bereich der Persönlichkeitsstörungen muß als unbefriedigend bezeichnet werden (Tab. 5). Dies gilt vor allem für die Psychotherapie. Es gibt kaum kontrollierte und zum Teil nicht einmal offene Studien, die eine Wirksamkeit von Psychotherapie bei Persönlichkeitsstörungen im allgemeinen oder bei speziellen Subgruppen belegen können. So kommt die Projektgruppe Qualitätssicherung der Psychiatrischen Gesellschaft von Australien und Neuseeland (QAP 1990 1991a,1991b) in drei Übersichten zu Behandlungsempfehlungen bei Persönlichkeitsstörungen zu dem Schluß, daß für paranoide, schizoide, histrionische, abhängige oder passiv-aggressive Persönlichkeitsstörungen keine Therapiestudien publiziert seien und bei den Borderline und ängstlichen Persönlichkeitsstörungen nur einzelne explorative Studien, die nur qualitative und keine quantitativen Schlußfolgerungen zulassen.

Ähnlich ist der Stand auch hinsichtlich der Psychopharmakotherapie, obwohl bereits 1955 in den Anfängen der Psychopharmaka-Ära auf deren Einsatzmöglichkeiten außerhalb der Behandlung von Psychosen hingewiesen wurde (Winkelmann 1955, 1975), obwohl in der ärztlichen Praxis

Tabelle 5: Therapiestudien zu verschiedenen Persönlichkeitsstörungen

Persönlichkeitsstörung	Therapiemethode	Autoren
Paranoide PS	Niedrig-Dosis-Neuroleptika	Serban et al 1984,
Schizoide PS		Goldberg et al 1986,
Schizotypische PS	(Amitriptylin: Symptomprovokation!)	Markovitz et al 1991 Soloff et al 1989
Dissoziale PS	Carbamazepin	Coons 1992

Impulsive PS	Lithium	Sheard 1971, Sheard et al 1976
	Benzodiazepine (evtl. paradoxe Effekte?) (Diphenylhydantoin ohne Effekt)	Kalina 1964, Deitch & Jennings 1988 Lefkowicz 1969
Emotional instabile PS	Psychoanalyse	Kernberg 1975, Waldinger & Gunderson 1987
	Dialektische CBT Neuroleptika	Linehan et al 1991,1993 Brinkley et al 1979, Goldberg et al 1986 a, Soloff et al 1986,1989, Soloff 1990, Cowdry &
	(Symptomprovokation?)	Gardner 1988.
	MAO-Hemmer	Steiner et al 1979 Liebiwitz & Klein 1981, Cowdry & Gardner 1988, Soloff et al 1993
	SRI-Antidepressiva	Norden 1989, Markowitz et al.1991, Cornelius et al 1991
	Carbamazepin	Cowdry & Gardner 1988
	Lithium	Rifkin et al 1972, Links et al 1990
	(Trizyklische Antidepressiva ohne Effekte?)	Soloff et al 1986 a,b 1989
	Alprazolam (paradoxe Effekte?)	Faltus 1984. Cowdry & Gardner 1988
Anankastische PS	SRI-Antidepressiva	Pollitt & Tyrer 1992
Ängstlich vermeidende PS	Training sozialer Kompetenz,	Stravynski et al 1989
Ängstlich asthenische PS	Angstmanagement MAO-Hemmer	Alden 1989 Gelenter et al. 1991, Versani et al 1992, Liebowitz et al 1991
	Alprazolam Clonazepam	Reich et al 1989 Davidson et al 1991

Neuroleptika oder Antidepressiva seit langem quantitativ vorrangig bei sog. Neurosen eingesetzt werden (Heinrich et al. 1989) und obwohl gerade in den letzten zehn Jahren die Psychopharmakotherapie bei Persönlichkeitsstörungen in Ergänzung oder auch alternativ zur Psychotherapie zunehmend mehr diskutiert wurden (Gitlin 1993, Stein 1992, 1994). Geht man von dem oben beschriebenen Affektmodell der Persönlichkeitsstörungen aus, dann erscheint aus theoretischen Gründen eine pharmakotherapeutische Behandlung durchaus sinnvoll und möglicherweise sogar primär indiziert. Neben der Anwendung der bekannten Psychopharmaka in erweiterter Indikation werden auch interessante neue Modelle und Substanzklassen in diesem Indikationsfeld diskutiert wie z. B. Aggressiolytika oder Serenika (Linden et al. 1988, Linnoila et al. 1993, Olivier et al. 1990). Es fehlt zur Zeit aber noch eine differentialtherapeutische Bearbeitung von Pharmakowirkungen bei Persönlichkeitsstörungen und vor allem klinische Prüfungen ihrer Wirksamkeit.

Die umfangreichste Literatur findet sich zur Therapie der emotional instabilen oder Borderline-Persönlichkeitsstörung, auf die sich auch insgesamt nahezu die Hälfte aller einschlägigen Publikationen bezieht (Widiger & Francis 1989). Traditionell wird diese Erkrankung als Indikation für eine langfristig angelegte intensive psychoanalytische Behandlung gesehen (Kernberg 1975, Waldinger & Gunderson 1987, QAP 1991a, Higgitt & Fonagy 1992). Allerdings konnten dazu bislang keine Wirksamkeitsbelege vorgelegt werden, wobei ein besonderes Problem ist, daß es in der Mehrzahl der Fälle nicht einmal gelingt, die Patienten überhaupt in Therapie zu halten (Gunderson et al. 1989). Soweit klinische deskriptive Daten berichtet werden, stellt sich nach Paris (1993) die Frage, inwieweit die eigentliche Wirkung in einer engen stützenden Führung des Patienten und weniger in spezifischen Änderungen psychodynamischer Strukturen zu sehen ist.

Neue Behandlungsansätze sind auf dem Boden der kognitiven Verhaltenstherapie entwickelt worden. Dazu gehören die «kognitive Therapie bei Persönlichkeitsstörungen» von Beck & Freeman (1990), die «Schema-fokussierte Therapie» nach Young (1990), die «kognitive-interpersonale Therapie» nach Safran & McMain (1992) oder die «kognitive Appraisal Therapie» nach Wessler (1993). Diese Ansätze sind eher allgemein auf die Therapie bei Persönlichkeitsstörungen ausgelegt. Spezifisch für die Behandlung von Borderlinestörungen wurde von Linehan et al. (1993a, b) die sog. dialektische kognitive Verhaltenstherapie entwickelt. Diese Therapie geht davon aus, daß Borderlinepatienten unter einer primären Störung der Affektregulation leiden mit der Folge negativer Konsequenzen in allen Lebensbereichen. Die Behandlung folgt einem klar strukturierten Prozeß, in dem eine Vielzahl therapeutischer Techniken eingesetzt wird wie z. B. Selbstwahrnehmungsübungen, Übungen zur Verbesserung der sozialen Kompetenz, paradoxe Interventionen und vor allem eine sog. «dialektischen Strategie» (Shearin & Linehan 1992), die auf die Wahrnehmung des «Sowohl als auch» abzielt, d. h. beispielsweise das Akzeptieren des Status quo und gleichzeitig der Notwendigkeit zur Veränderung oder das gleichzeitige Hervorheben von Fähigkeiten und Unfähigkeiten. Dies geschieht über die Arbeit mit Metaphern, die Übernahme der Rolle des Advocatus diaboli, die Suche nach positiven Konsequenzen negativer Ereignisse u. a. Dieses Vorgehen ist in einem Behandlungsmanual im Detail beschrieben (Linehan 1993 a, b). Soweit bisher therapeutische Studien oder klinische Erfahrungsberichte aus dem ambulanten oder stationären Bereich vorliegen, geben sie Anlaß zu positiven Erwartungen (Linehan et al. 1991, Barley et al. 1993; Linehan et al. 1994). Die Rate der Patienten mit suizidalen Handlungen konnte im Vergleich zu routinemäßig therapierten Kontrollen von etwa 70% auf 35% innerhalb eines Jahres reduziert werden. Hinsichtlich der subjektiven Befindlichkeit wie Depressivität oder Hoffnungslosigkeit fanden sich dagegen keine überzeugenden Behandlungseffekte. Es bleibt also die Frage, ob die bereits zitierte Kritik von Paris (1993) an der psychoanalytischen Therapie nicht in gleicher Weise für die kognitive Therapie gilt.

Bezüglich einer Pharmakotherapie der Borderline-Persönlichkeitsstörung werden zur Zeit die Antidepressiva von Typ der Serotonin-Reuptake-Hemmer wie z.b. Fluoxetin mit besonderem Interesse verfolgt. In einer Studie von Norden (1989) zeigten neun von zwölf Patienten klinisch relevante Besserungen in der Impulsivität, Ängstlichkeit oder Depressivität. Gleiche Ergebnisse werden von Markowitz et al. (1991) oder Cornelius et al. (1991) berichtet, wobei insbesondere auch selbstverletzendes Verhalten abnahm. Eine zweite pharmakologische Alternative sind MAO-Hemmer (Liebowitz & Klein 1981, Cowdry & Gardner 1988, Soloff et al. 1993), die sowohl zu klinischen Besserungen führen wie vor allem auch von den Patienten toleriert werden. Carbamazepin und Neuroleptika können ebenfalls therapeutisch nutzbringend wirken, werden offenbar von den Patienten subjektiv aber schlechter vertragen (Brinkley et al. 1979, Montgomery & Montgomery 1982, Gardner & Cowdry 1986, Goldberg et al. 1986, Soloff et al. 1986 a 1989, Cowdry & Gardner 1988). Deshalb ist auch im Vergleich zur Psychosetherapie mit deutlich niedrigeren Tagesdosen zu arbeiten, weshalb von Brinkeley et al. (1979) erstmals der Begriff der «neuroleptischen Niedrig-Dosis-Behandlung» eingeführt wurde. Schließlich werden auch noch positive Erfahrungen mit Lithium beschrieben, das affektstabilisierend und vor allem aggressionsmildernd wirken soll (Rifkin et al. 1972, Links et al. 1990). Trotz positiver therapeutischer Erfahrungen (Faltus 1984) scheint beim Einsatz von Sedativa bzw. Benzodiazepinen Vorsicht angebracht. Unabhängig von der Abhängigkeitsproblematik kann es offenbar unter diesen Medikamenten sogar zu paradoxen Wirkungen mit einer Verschlechterung der Affekt- und Selbstkontrolle kommen (Cowdry & Gardner 1988, Feldman 1988). Dies gilt möglicherweise auch für sedierende Neuroleptika (Steiner et al. 1979).

Bei ängstlich vermeidenden Persönlichkeitsstörungen ist nach der Literatur die Therapie der Wahl ein Selbstsicherheits- und Angstmanagementtraining. Stravinski et al. (1982, 1989) und Alden (1989) konnten zeigen, daß im Vergleich zu unbehandelten Kontrollen derart behandelte Patienten signifikante Besserungen in der Selbstbeurteilung wie auch hinsichtlich beobachtbaren Verhaltens zeigen und daß solche Verbesserungen auch noch nach achtmonatiger Katamnese erkennbar waren. Hinsichtlich einer Pharmakotherapie lassen sich nur im Analogieschluß Erfahrungen aus der Behandlung bei sozialer Phobie anführen. Vereinzelte Studien deuten darauf hin, daß die Gabe von klassischen wie auch neueren reversiblen MAO-Hemmern zu klinisch relevanten Verbesserungen führen kann (Gelenter et al. 1991, Liebowitz et al. 1991, Versani et al. 1992). Besonders interessant ist, daß die berichteten Änderungen auch noch zwei Monate nach Ende einer zwölfwöchigen Therapie stabil geblieben waren.

Bezüglich der Gruppe der paranoiden, schizoiden oder schizotypischen Persönlichkeitsstörungen werden vor allem Neuroleptika in niedriger Dosierung empfohlen (Serban et al. 1984, Goldberg et al. 1986, Markowitz et al. 1991). Die psychopathologische Nähe zu den schizophrenen Psychosen drückt sich auch in dieser Therapieempfehlung aus. Das krankheitstypische, paranoid gefärbte Mißtrauen gegen Therapeuten schränkt allerdings die Behandlungsmöglichkeiten wie auch die Durchführung entsprechender Studien erheblich ein. Von der Gabe von trizyklischen Antidepressiva wird abgeraten, da es zu Symptomprovokationen kommen kann (Soloff et al. 1989).

In der Behandlung von dissozialen und impulsiven Persönlichkeisstörungen wird unter Bezug auf Theorien zum Zusammenhang zwischen Serotoninstoffwechsel und Aggressivität (van Praag et al. 1990, Linnoila et al. 1993, Müller-Oerlinghausen 1992) vor allem der Einsatz von Lithium (Shepard 1971, 1976, Schou 1986) und Carbamazepin (Coons 1992) empfohlen. Auch für Benzodiazepine wurde über positive Erfahrungen berichtet (Kalina 1964), wenngleich auch hier mit paradoxen Effekten gerechnet werden muß (Dietrich & Jennings 1988).

4.2 Allgemeine therapeutische Richtlinien

Die soweit beschriebenen psychotherapeutischen Interventionen werden in aller Regel in der täglichen Praxis des niedergelassenen Fach- oder Allgemeinarztes nur ansatzweise umsetzbar sein. Die Hinzuziehung eines speziell in diesen Verfahren geschulten Psychotherapeuten ist sicher immer eine überlegenswerte Alternative. Letztlich zeigen aber die zitierten Untersuchungsbefunde auch, daß selbst durch sehr spezifische Behandlungsverfahren selten einmal eine Heilung im Vollsinn des Wortes bewirkt werden kann, sondern eher nur eine Linderung oder eine Sekundär- oder Tertiärprophylaxe (Stone 1993, Tyrer et al. 1991, QAP 1990, 1991 a, b). Damit sieht sich gerade der niedergelassene Arzt letztlich doch wieder in der Situation, diese Patienten langzeitig und unterstützend über die Jahre hin betreuen zu müssen. Leider ist zu den Wirkungen einer solchen supportiven Führung bei Patienten mit Persönlichkeitsstörungen in der Literatur ebenfalls nur wenig Verläßliches zu finden. Man muß statt dessen mit Paris (1993) feststellen, daß von wissenschaftlicher Seite die Untersuchung dieser sehr wichtigen und häufig einzig verbleibenden ärztlichen Therapieform vernachlässigt wird. Unter Bezug auf die Literatur zur Psychopathologie, der Psychodynamik, dem Interaktionsverhalten, dem Verlauf und der Therapie von Persönlichkeitsstörungen lassen sich dennoch einige allgemeine Prinzipien ableiten, die bei der stützenden Betreuung von Patienten mit Persönlichkeitsstörungen therapeutisch nützlich sind und nicht zuletzt auch den Therapeuten vor einem Überforderungs- oder sog. Burn-out-Syndrom schützen.

Wie oben dargelegt, sind Persönlichkeitsstörungen u. a. durch einen pathologischen Affektausdruck und eine pathologische Interaktion gekennzeichnet. Dies schließt auch die Beziehung vom Patienten zum Arzt bzw. Therapeuten ein. Patienten mit paranoiden Persönlichkeitsstörungen werden auch dem Arzt/Therapeuten gegenüber mißtrauisch sein, bei impulsiven Persönlichkeitsstörungen wird es auch dem Arzt gegenüber zu Affektausbrüchen kommen, bei abhängigen Persönlichkeitsstörungen wird ein Anklammern an den Behandler zu erwarten sein und bei emotional instabilen Persönlichkeitsstörungen wird der Arzt in ein Wechselbad von Gefühlen hineingezogen werden. Die «normale» psychologische Reaktion eines professionell nicht geschulten Menschen ist in einem solchen Fall Unverständnis, Irritiertheit, Ablehnung, direkte emotionale Gegenreaktion und Selbstbetroffenheit (Tab. 6). Es kommt von seiten des Interaktionspartners zur Selbstverteidigung, Vorwürflichkeit und Abwendung vom Patienten. Da im «normalen» psychologischen Selbstverständis Emotionen eher als Konsequenz denn als Ursache von situativen Gegebenheiten und Problemen angesehen werden, wird sich der ungeschulte Interaktionspartner auf die sekundären Anpassungsprobleme konzentrieren und versuchen, durch Ratschläge vordergründige Problemlösungen zu erreichen. Daß dies nicht gelingen kann und ein für beide Seiten frustrierendes Erlebnis wird, kann mit hoher Sicherheit vorhergesagt werden. Das Ende dieser normalen Entwicklung ist eine Enttäuschung auf beiden Seiten.

Ein professionell geschultes Vorgehen, das von einem Verständnis für die Art der Störung geleitet wird, wird sich in allen genannten Punkten deutlich von der spontanen und naiven psychologischen Reaktion unterscheiden. Die

Tabelle 6: Prinzipien supportiver Therapie bei Persönlichkeitsstörungen

Professionelles Vorgehen	«Normale» Reaktion
Empathie	Unverständnis und Irritiertheit
unkonditionales Akzeptieren	Ablehnung, Zurückweisung
Selbsteinbringung	Vorwürflichkeit
emotionale Wärme	direkte emotionale Reaktion, Verstimmtheit
Pat.-Therapeut-Interaktion von der Metaebene betrachten	Selbstbetroffenheit, Selbstverteidigung
Unterscheidung von Kern- und Folgeproblem	Fixiertheit auf Sekundärfolgen
Erarbeitung kompensatorischer interaktioneller Fertigkeiten	Aufforderung und Ratschläge zur Besserung
Geduld	Bedrängung, Ungeduld

Interaktion mit Patienten, die unter Persönlichkeitsstörungen leiden, folgt drei Oberregeln:

a) Die Psychopathologie der Störung äußert sich in der Interaktion des Patienten mit dem Arzt/Therapeut, so daß die Interaktion zwischen Arzt und Patient selbst zum diagnostischen und therapeutischen Arbeitsfeld wird.

b) Sekundäre Anpassungsstörungen, Lebensprobleme und dergleichen sind nicht oder nur am Rande Thema für die Therapie.

c) Da die unmittelbare Kommunikation aufgrund der Erkrankung gestört ist, müssen Behandler und Patient lernen, die «eigentliche Intentionalität» des Gegenübers zu erkennen und quasi an der Störung vorbei miteinander zu kommunizieren.

Im einzelnen bedeutet dies eine Betonung der folgenden therapeutischen Interventionen, die auf weite Strecken nichts anderes sind als eine konsequente Realisierung sog. «therapeutischer Basisvariablen», wie sie am explizitesten in der nicht-direktiven Gesprächspsychotherapie beschrieben werden (Rogers 1973, Tausch & Tausch 1979, Linden & Hautzinger 1981).

Ein therapeutisch fruchtbarer Umgang mit Persönlichkeitsstörungen verlangt ein hohes Maß an «Empathie». Dies bedeutet die Fähigkeit des Therapeuten, sich in die Erlebenswelt und Sicht- und Denkweise des Patienten hinein versetzen zu können und ihm dieses Verständnis auch noch mitteilen zu können. Da die Patienten ihrer eigenen emotionalen Lage weitgehend hilflos ausgeliefert sind, da diese emotionale Störung auch ihre Weltwahrnehmung einfärbt und da sie durchaus korrekt wahrnehmen, daß niemand sie versteht, bedeutet ein hohes Maß an Empathie bereits eine wichtige therapeutische Intervention. Die Patienten haben dann das seltene Erlebnis, einmal verstanden zu werden, was sie mit Dankbarkeit und auch Selbstöffnung beantworten.

Die zweite wichtige therapeutische Fähigkeit ist «unkonditionales Akzeptieren». In üblichen sozialen Interaktionen ist Zuwendung konditional, d. h. Zuwendung wird dann gewährt, wenn die Interaktion befriedigend ist, und abgebrochen, wenn es zu Spannungen kommt. Patienten mit Persönlichkeitsstörungen können aber nahezu nur spannungsgeladen interagieren, weshalb Zurückweisung durch Dritte für sie ein alltägliches Erleben ist. Das therapeutische Basisverhalten «unkonditionales Akzeptieren» verlangt im Gegensatz dazu, die Interaktion und die Stabilität der gegenseitigen Beziehung nicht von aktuellen Äußerungen oder Änderungen in der Psychopathologie abhängig zu machen. Mit einem reizbaren Patient wird also die therapeutische Beziehung nicht abgebrochen, wenn er auf Äußerungen des Arztes gereizt und vorwürflich reagiert. Dies ist Psychopathologie und damit der Grund, warum die therapeutische Beziehung überhaupt aufgebaut wird. Eine Beendigung der therapeutischen Beziehung stünde dann an, wenn der Patient nicht mehr gereizt reagiert, dich geheilt ist.

Wie bereits ausgeführt, werden Persönlichkeitsstörungen in der Interaktion zwischen Patient und Arzt diagnostiziert und therapiert. Dies bedeutet, daß die unmittelbaren Reaktionen des Arztes auf den Patienten selbst auch als Ausdruck der vorliegenden Psychopathologie wahrgenommen und interpretiert werden können. Diese Selbstwahrnehmung kann therapeutisch genutzt werden im Sinne einer «Selbsteinbringung», um dem Patienten eine Rückmeldung darüber zu geben, wie er auf andere wirkt. Diese Rückmeldung kann, insbesondere wenn sie mit emotionaler Zuwendung und «Wärme» vorgebracht wird, zu dem entscheidenden Vehikel werden, wie der Patient sich selbst besser verstehen und damit letztlich auch kontrollieren lernt.

Je mehr die Interaktion zwischen Patient und Arzt selbst zum Beobachtungs- und Therapiegegenstand wird, desto mehr verliert die Psychopathologie des Patienten ihre direkte interaktive Wirkung, was zu einer unmittelbaren Entspannung in der gegenseitigen Beziehung führt und eine Voraussetzung dafür ist, sich mit dem Patienten an der Psychopathologie vorbei von Mensch zu Mensch verständigen zu können.

Eine weitere therapeutische Konsequenz dieses Vorgehens ist, daß der Patient zunehmend mehr den Mechanismus seiner Störung verstehen lernt. Er kann lernen zwischen Ursache und Wirkung zu unterscheiden. Er muß nicht mehr bei anderen die Erklärung dafür suchen, warum er sich so schlecht fühlt, sondern lernt verstehen, daß der Kern der Störung in seinem eigenen Erleben ist. Dies leitet zum nächsten Schritt über, nämlich der Überlegung, wie ggf. kompensatorisch eine möglicherweise primär gar nicht beeinflußbare Störung eingegrenzt werden kann. Dies kann zum Teil ebenfalls wieder in der direkten Interaktion zwischen Patient und Arzt eingeübt werden. Beispiele hierfür sind etwa bei reizbarer Persönlichkeit die frühzeitige Wahrnehmung einer sich ankündigenden pathologischen Affektauslenkung. Man kann üben, beispielsweise in solchen Momenten sich bewußt zurückzuziehen. Wenn es zu unguten Affektausbrüchen gekommen ist, kann man auch lernen, wie so etwas gegebenenfalls wiedergutzumachen ist. Man kann insbesondere mit engen Sozialpartnern ein Verständnis und damit auch eine Nachsicht für bestimmte Symptomanteile erarbeiten (Linden 1992).

Als letzte psychotherapeutische Tugend ist bei der Behandlung von Persönlichkeitsstörungen noch auf die Geduld hinzuweisen. Per definitionem sind Persönlichkeitsstörungen chronische Störungen. Die Erwartung schneller Änderungen läßt sich beim derzeitigen Stand der therapeutischen Möglichkeiten nicht begründen. Von daher gilt es, sich von vornherein auf eine längerfristig angelegte Betreuung einzustellen, wobei die so erreichte Stabilität in der Beziehung ebenfalls als wichtiges therapeutisches Element verstanden werden kann.

Weiterführende Literatur

Beck, A. T., Freeman, A. (1993): Kognitive Therapie der Persönlichkeitsstörungen. Weinheim: Beltz PVU.
Herpertz, S. Saß, H. (Hrsg.) (2003): Persönlichkeitsstörungen. Stuttgart: Thieme.
Kernberg, O. F. (1996): Borderline-Störungen und pathologischer Narzißmus (6. Aufl.). Frankfurt am Main: Suhrkamp.
Linehan, M. M. (1993): Cognitive-behavioral treatment of borderline personality disorder. New York: Guilford.
PTT (1998): Persönlichkeitsstörungen, Theorie und Therapie. Band 1–4, München: Schattauer.

Wenn Sexualität zur Last wird

Psychisch bedingte Sexualstörungen: Formen, Ursachen und Behandlung

Michael Gänsicke

1. Einführung

Die Sexualität nimmt unter den menschlichen Motiven, Emotionen und Verhaltensweisen eine Sonderstellung ein. Der reguläre Ablauf sexueller Funktionen ist an ein subtiles Wechselspiel von physischen und psychischen Vorgängen gekoppelt, deren vollständige Herausbildung erst zu einem ontogenetisch späten Zeitpunkt und in enger Verflechtung mit der gesamten Persönlichkeitsentwicklung erfolgt (Überblick bei Haeberle 1983). Die Ausformung von individuellen Erlebens- und Verhaltensmustern erfolgt dabei teilweise umweltabhängig durch prägende Erfahrungen, die anschließend gedanklich fixiert werden, wodurch eine wachsende Tendenz zur individuellen Präferenz bestimmter Erlebnisse und Verhaltensformen determiniert wird («Sexuelles Skript» – Gagnon & Simon 1973, «Lovemap» – Money 1986). Einerseits oft von extrem hohem Anreizwert und beachtlicher verhaltenssteuernder Wirkung ist es andererseits prinzipiell möglich, auf sexuelle Erlebens- und Verhaltensweisen zu verzichten, ohne daß dadurch (im Unterschied etwa zu triebregulierter Nahrungs- und Flüssigkeitszufuhr) die Überlebensfähigkeit in Frage gestellt ist. Außerdem unterliegt kein anderer Erlebens- und Verhaltensbereich einem vergleichbaren Drang zu Verschleierung und Geheimhaltung, wie es bei der Sexualität der Fall ist, auch wenn in dieser Hinsicht derzeit rückläufige Tendenzen beobachtbar sind. Doch nur im Spannungsfeld von teilweiser gesellschaftlicher Ächtung von Sexualität sowie ihrem exklusiven Stellenwert im Rahmen einer engen Beziehung entstehen spezifische Gefühlsqualitäten wie Scham, Intimität oder Erotik, die wesentlich zum Anreizwert von Sexualität beitragen. Diese eingeschränkten Kommunikationsbedingungen bezüglich Sexualität begünstigen allerdings auch die Entstehung von Mythen und unrealistischen Vorstellungen.

Der besondere Stellenwert der Sexualität mag ihre hohe Variabilität im Hinblick auf Erscheinungsformen und Intensität erklären, ebenso das Vorkommen von Störungen ihres funktionalen Ablaufs. Diese hohe Variabilität erschwert andererseits auch die Definition, was «normale» Sexualität eigentlich ist und wo eine krankheitswertige Abweichung beginnt.

2. Definition und Abgrenzung

Zur Einführung sollen zwei Fallbeispiele geschildert werden.

Fallbeispiel 1

Der 25jährige Student Thomas W. wird an einem Hodentumor operiert. Nach Auskunft der Ärzte ist die Zeugungsfähigkeit weiterhin gewährleistet, auch der Geschlechtsverkehr sei ohne Einschränkungen möglich. In der Zeit nach der Tumorbehandlung verschärfen sich die Spannungen in Thomas W.s ohnehin konfliktreicher Beziehung zu seiner Freundin. Thomas W. leidet jetzt unter scheinbar grundlosen Stimmungsschwankungen und trinkt vermehrt Alkohol. Später berichtet er über diese Zeit, er habe sich «nur noch als halber Mann gefühlt». Zwei Versuche, in betrunkenem Zustand mit seiner Freundin zu schlafen, schlagen fehl. Diese lernt bald darauf einen anderen Mann kennen und beendet die Beziehung. Thomas W. fällt daraufhin in eine Depression. Er ist fest davon überzeugt, seine Freundin habe ihn wegen seiner «versehrten Männlichkeit verlassen», habe dies jedoch nicht offen zugeben wollen. Nur langsam erholt er sich von seiner Depression, die unter anderem dazu führt, daß er sein Examen verschieben muß.

Nach dem Studium zieht Thomas W. in eine andere Stadt, um dort zu arbeiten. Er ist meistens allein und knüpft kaum neue Kontakte, während alte Freundschaften langsam abbröckeln. Er verliebt sich in eine Arbeitskollegin, traut sich jedoch nicht, ihr seine Gefühle zu offenbaren. Auf einem Betriebsfest beobachtet er, wie diese Kollegin von einem Abteilungsleiter erfolgreich «erobert» wird, mit dem sie nachfolgend eine feste Beziehung eingeht.

Ein Jahr später wechselt Thomas W. seine Stelle und zieht abermals in eine andere Stadt. Hier wiederholt sich eine ähnliche Entwicklung. Mehrmals verliebt sich Thomas W. in Kolleginnen, wagt es aber nie, sie anzusprechen. Nach mehreren Jahren, Thomas W. ist inzwischen 35, lernt er über eine Annonce eine neun Jahre jüngere Frau kennen. Wochenlang versucht er, die Beziehung möglichst distanziert zu halten. Sexuelle Wünsche werden von der Freundin zunächst nicht geäußert, Thomas W. verhält sich in dieser Hinsicht völlig passiv. Nach einem gemeinsamen Abend versuchen sie auf Drängen der Freundin miteinander zu schlafen. Dabei ist Thomas W. nicht in der Lage, eine ausreichende Erektion aufrechtzuerhalten. Mit geduldiger Unterstützung durch die Freundin erfolgt schließlich ein mehr oder weniger beeinträchtigter Geschlechtsverkehr, den Thomas W. jedoch als ein Versagen erlebt. Nach zwei weiteren Fehlversuchen beendet er die Beziehung. Thomas W. läßt sich von einem Urologen untersuchen, dieser findet keine organische Ursache. Ein Freund, dem er sich anvertraut, rät ihm, eine Prostituierte aufzusuchen. Dort kann Thomas W. wieder keine Erektion aufbauen, die Prostituierte macht sich sogar über ihn lustig. Danach unternimmt er jahrelang keinen Versuch, eine Frau kennenzulernen. In der ersten Zeit betreibt er noch regelmäßig Selbstbefriedigung, doch im Laufe der Jahre läßt sein Interesse an allem, was mit Sex zu tun hat, deutlich nach. Als er mit 48 Jahren zufällig eine Partnerin findet, zeigt sich seine Erektionsschwäche erneut. «Wahrscheinlich bin ich längst zu alt dafür!» sagt er zu seinem Arzt.

Fallbeispiel 2

Lydia Z. konnte noch nie verstehen, was an dem Gerede über Sex dran sein sollte. Den Neigungen ihrer Mitschülerinnen, die in der Pubertät anfangen, sich für Jungen zu interessieren, kann sie nicht folgen. Sie beschäftigt sich lieber mit ihren Hobbys, engagiert sich in einem Verein und vermeidet es, auf Partys oder in Diskotheken zu gehen. Mit 18 lernt sie im Bekanntenkreis ihrer Eltern einen etwa gleichaltrigen jungen Mann kennen, den sie eigentlich ganz nett findet. Allerdings mag sie es nicht, von ihm geküßt zu werden. Nach mehrwöchiger Freundschaft äußert er den Wunsch, mit ihr zu schlafen. Aus Neugier willigt Lydia Z. ein, hat jedoch große Angst, als «es» soweit ist. Die Berührungen im Genitalbereich empfindet sie als unangenehm, der Anblick des männlichen Geschlechtsteils löst bei ihr Abneigung und Widerwillen aus. Dennoch führt der gleichfalls unerfahrene junge Mann den Geschlechtsverkehr herbei, den sie als ekelhaft und teilweise schmerzhaft erlebt. Lydia Z. traut sich nicht, ihrem Freund davon zu berichten, beendet jedoch die Beziehung kurz darauf unter einem Vorwand. Bei einer neuen Beziehung, zwei Jahre später, wiederholen sich die aversiven Erlebnisse. Der verständnisvolle und einfühlsame Partner ist sehr um Zärtlichkeit bemüht, dennoch empfindet Lydia Z. das sexuelle Zusammensein mit ihm als belastend. Nach einem knappen Jahr trennt sich das Paar im gegenseitigen Einvernehmen. In der Folgezeit vermeidet Lydia Z. jede nähere Bekanntschaft mit Männern.

Auf Wunsch ihrer Eltern heiratet sie mit 28 Jahren einen Arbeitskollegen, der ihr eigentlich auch sympathisch ist. Nur fürchtet sie sich davor, mit ihm schlafen zu müssen. Bis zur Ehe hat sie moralisch-religiöse Gründe vorgeschoben, um den Geschlechtsverkehr mit dem künftigen Ehemann zu vermeiden. Nach der Hochzeit willigt sie ein, «um die eheliche Pflicht zu erfüllen» und weil sie Kinder haben möchte. Lustgefühle verspürt sie dabei jedoch nicht. Kurz nacheinander bekommt sie zwei Töchter. Während Schwangerschaft und Stillzeit kommt es zu keiner intimen Annäherung zwischen den Eheleuten, auf Wunsch von Lydia Z. bezieht sie in dieser Zeit ein eigenes Schlafzimmer, das sie anschließend beibehält. Geschlechtsverkehr findet nur im Abstand von Wochen bis Monaten statt. Lydia Z. empfindet keine Lust dabei, sie tut es nur ihrem Mann zuliebe. Auch wenn sie allein ist, empfindet sie kein sexuelles Verlangen. Der sich bisher verständnisvoll und abwartend verhaltende Ehemann hat inzwischen bemerkt, daß Lydia Z. sexuelle Kontakte vermeidet bzw. als aversiv erlebt, was sie in entsprechenden Gesprächen auch bestätigt. Sie habe noch niemals sexuelles Verlangen verspürt, sie wisse auch nicht, was ein Orgasmus sei. Wenn ihr Mann in ihre Vagina eindringe, empfinde sie Schmerz und Widerwillen. Sie müsse dabei die Zähne zusammenbeißen. Eine Notwendigkeit zu medizinischer oder therapeutischer Behandlung sieht sie jedoch nicht. Bei einem vom Ehemann veranlaßten Termin bei einer Eheberatung kommt das Problem nicht zur Sprache.

Eine vorübergehende Scheinlösung ergibt sich, als der Ehemann eine mit intensiver Reisetätigkeit verbundene Arbeit annimmt und dabei ein außereheliches Verhältnis unterhält. Nachdem dieses von der Geliebten unter kränkenden Umständen beendet worden ist, führt der Ehemann den Geschlechtsverkehr gegen den Willen seiner Frau herbei. Lydia Z. erlebt dies als Vergewaltigung. Nach einer Phase konflikthafter Ambivalenz zieht sie mit ihren Töchtern in eine eigene Wohnung und reicht die Scheidung ein. «Jetzt habe ich endlich Ruhe vor den Männern!» vertraut sie einer Freundin an.

Diese beiden Fallbeispiele illustrieren in typischer Weise die Einbindung sexueller Funktionsstörungen in die Lebensgeschichte der Betroffenen. Zwischen dem ersten Auftreten entsprechender Symptome und der Konsultation eines Arztes oder Therapeuten liegen oft viele Jahre, nicht selten wird die Behandlungsnotwendigkeit auch negiert oder verschwiegen – aus Scham oder weil durch die hohe Persistenz der Symptomatik eine Adaptation stattgefunden hat, wie es die Kommentare am Ende der Fallbeispiele ausdrücken. Ein Krankheitssymptom wird ja oft nur dann als solches bemerkt und eingestuft, wenn ein Vergleich mit einer vorangegangenen symptomfreien Phase möglich ist. Letzteres ist bei den als primär zu bezeichnenden sexuellen Funktionsstörungen häufig nicht gegeben, wenn die Symptomatik zu einem frühen Zeitpunkt und in enger Verflechtung mit der gesamten psychosexuellen Entwicklung einsetzte, wie es im zweiten Fallbeispiel gegeben ist. Mit dem Begriff *primär* ist gemeint, daß die Störung nicht auf eine andere zeitlich vorauslaufende und evtl. kausal bedingende Krankheit, Störung oder Behandlung rückführbar ist. Zahlreiche somatische Krankheiten (z. B. Diabetes, Nervenläsionen), endokrine und Stoffwechselstörungen sowie körperliche Folgeschäden von Alkoholabhängigkeit können die sexuelle Funktionsfähigkeit in unterschiedlichem Maße beeinträchtigen, ebenso chirurgische Eingriffe. Viele psychische Störungen (vor allem Depressionen) gehen mit einer Minderung des sexuellen Verlangens einher, desgleichen tritt dies als häufige Nebenwirkung von psychotropen Medikamenten auf. Auch der

Ablauf der genitalen sexuellen Reaktionen kann dabei gestört sein. In all diesen Fällen wird von *sekundären* sexuellen Funktionsstörungen gesprochen, da sie als Folge einer Krankheit oder einer medizinischen Intervention auftreten. Der Beginn ist hierbei oft biographisch später und genauer abgrenzbar als bei den primären sexuellen Funktionsstörungen. Diese nehmen dagegen häufig einen mehr oder weniger chronischen Verlauf mit schleichendem Beginn über längere Zeit. Selbst wenn das erstmalige Auftreten plötzlich und situativ gebunden erlebt wird, ergibt eine sorgfältige Exploration nicht selten, daß bereits zu einem früheren Zeitpunkt einige Symptome vorlagen oder daß die gesamte psychosexuelle Entwicklung defizitär verlaufen ist. Krankheitswertig im Sinne einer psychiatrischen Störung sind jedoch nur primäre sexuelle Funktionsstörungen, sekundäre Störungen mit eindeutiger organischer Verursachung werden unter den entsprechenden urologischen bzw. gynäkologischen Krankheiten eingeordnet. Ansonsten haben sie den Stellenwert eines Symptoms im Rahmen einer anderen Krankheit (z. B. Depression, diabetische Polyneuropathie). **Tabelle 1** (auf S. 242) zeigt eine Gegenüberstellung der Unterscheidungsmerkmale von primären und sekundären sexuellen Funktionsstörungen. Die genannten Merkmale sind – wiewohl typisch – jedoch im Einzelfall nicht immer in dieser Deutlichkeit zu finden, Grenzfälle und Überschneidungen kommen vor.

Zusätzlich soll darauf hingewiesen werden, daß sexuelle Funktionsstörungen nosologisch abgegrenzt sind gegenüber den Störungen der Geschlechtsidentität (Transsexualismus, Transvestitismus) sowie den Störungen der Sexualpräferenz (Fetischismus, Exhibitionismus, Sadomasochismus, Voyeurismus, Pädophilie). Obwohl es im Einzelfall zu einem Zusammentreffen kommen kann, bestehen dennoch keine konsistenten Zusammenhänge zwischen diesen beiden Störungsgruppen und den sexuellen Funktionsstörungen.

Tabelle 1: Typische Unterscheidungsmerkmale von primären und sexuellen Funktionsstörungen

	primäre sexuelle Funktionsstörungen	sekundäre sexuelle Funktionsstörungen
Zeitpunkt des Beginns:	eher früh, interferiert mit der Entwicklung normaler sexueller Funktionen	später, nach Entwicklung normaler sexueller Funktionen
Einsetzen der Symptomatik:	schleichender Beginn	relativ klar abgrenzbarer Beginn
Verlauf:	zunächst schwankend, später chronisch progredient	eher konstant mit klarer Abgrenzung störungsfreier Intervalle
Ätiologie:	multikausal, komplexes Zusammenwirken psychologischer Faktoren	auf wenige objektivierbare Ursachen rückführbar
Beteiligung organischer Faktoren:	keine oder geringe Beteiligung	deutliche Beteiligung
Diagnostische Zuordnung:	Psychische Störung (F52.x nach ICD-10)	Urogenitale oder andere organische Krankheit
Therapeutischer Schwerpunkt:	Psychotherapeutische Bearbeitung der aufrechterhaltenden Bedingungen	Gezielte Beeinflussung der identifizierten Ursachen

3. Diagnostik und Klassifikation

In der aktuellen Auflage der Internationalen Klassifikation psychischer Störungen (ICD-10) der Weltgesundheitsorganisation (WHO) werden primäre sexuelle Funktionsstörungen im Kapitel F5 *Verhaltensauffälligkeiten in Verbindung mit körperlichen Störungen und Faktoren* rubriziert. Die diagnostischen Kategorien und ihre Merkmale sollen hier kurz referiert werden. Auf die Verschlüsselung entsprechender Störungsbilder bei den urogenitalen Krankheiten (Kapitel N der ICD-10) wird hier nicht eingegangen.

Allen Kategorien gemeinsam sind folgende allgemeine Merkmale:
1. Der/die Betroffene ist nicht imstande, eine sexuelle Beziehung nach eigenen Vorstellungen zu gestalten.

2. Trotz häufigem oder überwiegendem Auftreten der Funktionsstörung kann diese gelegentlich auch fehlen (muß es aber nicht).
3. Dauer von mindestens sechs Monaten oder länger.
4. Die Störung ist nicht auf eine psychische oder körperliche Störung oder eine medikamentöse Behandlung zurückzuführen.

Die Diagnosestellung einer sexuellen Funktionsstörungen erfolgt also nur dann, wenn der/die Betreffende

- eine häufige Beeinträchtigung der Fähigkeit oder Bereitschaft zur Führung sexueller Beziehungen wahrnimmt, wobei
- diese Beeinträchtigung seit mindestens einem halben Jahr besteht und
- diese nicht durch eine andere Krankheit, Störung oder Behandlung verursacht ist.
- Ein gelegentliches Ausbleiben der Beeinträchtigung ist möglich, dies stellt ein *typisches*, jedoch kein *notwendiges* Merkmal der Störung dar. So tritt eine Erektionsstörung häufig nur beim Geschlechtsverkehr auf, nicht jedoch bei masturbatorischer Aktivität. Demgegenüber zeigt sich sexuelle Aversion (siehe unten) oft gegenüber jeder Form sexueller Betätigung.

Das erste Kriterium erscheint erläuterungsbedürftig: Hiernach erfordert die Diagnosestellung irgendeine Form von subjektiver Beeinträchtigung oder erlebtem Leid. Dies setzt den Wunsch voraus, sexuelle Interaktionen in anderer Weise gestalten oder erleben zu können, als es dem oder der Betreffenden möglich erscheint. Diese Definition bildet einen gewissen Widerspruch zu jenen diagnostischen Kategorien, welche einen verminderten Anreizwert von Sexualität zum Inhalt haben (F52.0 und F52.1). Oder anders ausgedrückt: Man wird es nicht als Beeinträchtigung empfinden, nicht zu begehren, was nicht begehrenswert erscheint! Strenggenommen entfällt dieses Dilemma tatsächlich nur dann (und damit die Diagnosestellung!), wenn der oder die Betreffende jede sexuelle Aktivität meidet und darüber keine Unzufriedenheit empfindet. In der Praxis sieht sich jedoch fast jeder Mensch in unterschiedlichem Maße mit dem Thema Sexualität konfrontiert. Daraus erwächst prinzipiell die Möglichkeit, die eigene Haltung hierzu mit jener anderer Menschen zu vergleichen und Diskrepanzen etwa gegenüber den Vorstellungen und Wünschen eines Partners wahrzunehmen. Das nach den diagnostischen Kriterien geforderte Beeinträchtigungserleben resultiert in diesem Falle aus der Erfahrung, die sexuellen Vorstellungen des Partners nicht teilen zu können oder bei diesem mit den eigenen Wünschen nach reduzierter Sexualität (z. B. Verzicht auf Koitus) nicht akzeptiert zu werden.

Die Diagnose einer spezifischen sexuellen Funktionsstörung ist neben dem Vorhandensein der allgemeinen Merkmalen (siehe oben) an das Vorliegen bestimmter weiterer Merkmale gebunden.

F52.0 Mangel oder Verlust von sexuellem Verlangen (Libidoverlust)

Eine überdauernde Minderung des Interesses an Sexualität, das sich äußert in

- verminderter Suche nach entsprechenden Reizen sowie verringerter Phantasietätigkeit und
- einer reduzierten Bereitschaft, sexuelle Aktivitäten (allein oder mit Partner) aufzunehmen.

F52.1 Sexuelle Aversion und mangelnde sexuelle Befriedigung

Bei einer leichteren Form *(mangelnde sexuelle Befriedigung* – F52.11) ist zwar der normale Ablauf genitaler Funktionen (Lubrikation, Erektion, Ejakulation) erhalten, wird jedoch nicht von angenehmen, erregenden oder befriedigenden Erlebnissen begleitet.

Bei einer schwereren Form *(sexuelle Aversion* – F52.10) besteht eine ausgeprägte Abneigung gegenüber sexuellen Interaktionen mit Partnern bis hin zu Ekel oder manifester Angst. Die Durchführung des Geschlechtsverkehrs ist von heftigen negativen Gefühlen (aber nicht von Schmerzen!) begleitet. Sexuelle Befriedigung erfolgt nicht.

Bei diesen beiden Störungen stellt sich das oben genannte Problem des Vergleichs. Falls der/die Betreffende nicht von sich aus eine Veränderung gegenüber einem früheren Zeitpunkt bemerkt, besteht nur die Möglichkeit des Vergleichs mit einer Durchschnittsnorm, deren Definition nicht unproblematisch ist. Auf das Dilemma des eventuell fehlenden Beeinträchtigungserlebens wurde bereits hingewiesen.

F52.2 Versagen genitaler Reaktionen

Hierunter werden sexuelle Funktionsstörungen im engeren Sinne verstanden, also das teilweise oder vollständige Versagen jener körperlichen Abläufe, die zur Durchführung genitaler Funktionen erforderlich sind. Naturgemäß ist die Erscheinungsform geschlechtsabhängig:

- Bei *Männern*: Beim Versuch, Geschlechtsverkehr auszuüben, erfolgt keine ausreichende Erektion (sogenannte Impotenz). Dabei kann die Ausbildung der Erektion unvollständig sein, nur zu bestimmten Phasen auftreten, sich vorzeitig zurückbilden oder völlig fehlen.

- Bei *Frauen:* Beim Versuch, Geschlechtsverkehr auszuüben, tritt keine Lubrikation der Vagina auf, oder diese bleibt unzureichend oder zeitlich verkürzt.

In jedem Fall sind die körperlichen Voraussetzungen zur Durchführung des Geschlechtsverkehrs nicht in ausreichendem Maße erfüllt, so daß die Betroffenen ihre Absicht nicht verwirklichen können.

F52.3 Orgasmusstörung

Nach Häufigkeit und Intensität vermindertes Erleben des Orgasmus. Dabei gibt es alle möglichen Abstufungen von situations- und partnerspezifischen Einschränkungen des Orgasmuserlebens bis hin zu völligem Fehlen («Anorgasmie»).

F52.4 Ejaculatio praecox (nur bei Männern)

Vorzeitige und willkürlich nicht beeinflußbare Ejakulation:

- früherals als 15 Sekunden nach dem Eindringen in die Vagina oder
- vor Aufbau einer für den Geschlechtsverkehr ausreichenden Erektion

F52.5 Nichtorganischer Vaginismus (nur bei Frauen)

Anhaltender Spasmus der perivaginalen Muskulatur, gelegentlich übergreifend auf die Oberschenkeladduktoren. Ein Eindringen des Penis ist nicht oder nur unter Schmerzen möglich. Bereits die Antizipation löst den Spasmus aus, häufig von intensiver Angst begleitet.

F52.6 Nichtorganische Dyspareunie

- Bei *Männern:* Schmerzhafte Beschwerden im Verlaufe der sexuellen Reaktion, ohne daß hierfür lokale körperliche Faktoren (z.b. Entzündungen) zu finden sind.
- Bei *Frauen:* Schmerzen während des Geschlechtsverkehrs – nicht aufgrund Vaginismus, reduzierter Lubrikation oder lokaler körperlicher Faktoren.

Die Zuordnung der eingangs genannten Fallbeispiele zu den diagnostischen Kategorien dürfte nicht ganz einfach sein. Zu beachten ist jedoch, daß bei einer Person mehrere Kategorien erfüllt sein können. Moderne Klassifikationssysteme wie ICD-10 basieren auf der Idee, möglichst eng umgrenzte und klar beschriebene Störungskategorien zu definieren. Nach dem Prinzip der Komorbidität kann die bei einem Patienten vorliegende Symptomatik die Kriterein mehrerer Kategorien zugleich erfüllen. Die auf die Fallbeispiele zutreffenden Kategorien sind am Ende des Kapitels aufgeführt.

4. Häufigkeit und Verbreitung sexueller Funktionsstörungen

Systematische epidemiologische Studien zur Prävalenz sexueller Funktionsstörungen liegen nicht in vergleichbarer Güte und Menge vor wie für andere psychische Störungen. Ursächlich dafür sind eine Reihe von methodischen Faktoren:

- Repräsentativität der Untersuchungsstichproben. Selten oder gar nicht erfaßt werden Personen ohne Störung oder ohne aktives Sexualleben. Wenn der Umfang dieses Personenkreises nicht abgeschätzt werden kann, ist es kaum möglich, allein aus Häufigkeitsangaben bei Patienten auf die Gesamtprävalenz in der Bevölkerung zu schließen.
- Verläßlichkeit der Angaben. Aufgrund der Schambesetzung des Themas Sexualität ist davon auszugehen, daß vorhandene Schwierigkeiten bagatellisiert oder verschwiegen werden – vor allem bei Personen mit fehlender Behandlungsmotivation sowie bei Störungen ohne eindeutiges objektives Kriterium (z. B. sexuelle Aversion, vermindertes sexuelles Verlangen). Auch führen verschiedene Erhebungsinstrumente und -situationen zu unterschiedlichen Resultaten (z. B. Fragebogen versus Interview, offene versus strukturierte Befragung).
- Uneinheitlichkeit der Störungsdefinitionen. In den letzten 25 Jahren waren die einschlägigen diagnostischen Kriterien deutlichen Änderungen unterworfen. Unklarheit herrscht mitunter, ob das Vorkommen von Einzelsymptomen erhoben oder diagnostische Kriterien wie oben ausgeführt angewandt wurden. Nicht immer liegen auch eindeutige Angaben dazu vor, ob eine organische Verursachung ausgeschlossen wurde.

Nach dem aufsehenerregenden Hite-Report (Hite 1977) liegen bei rund 70 % der Frauen Orgasmusstörungen beim Koitus vor, jedoch nur zu 4 % bei Selbstbefriedigung. In einer Untersuchung von Rosen et al. (1993) gaben 58 % der befragten Frauen an, weniger häufig als gewünscht einen Orgasmus zu bekommen. In der gleichen Untersuchung berichteten 27% der Frauen über Schmerzen beim Koitus, 14% über Erregungsstörungen. Spector und Carey (1990) fanden bei Männern zu 4 bis 9% Erektionsstörungen sowie zu 36 bis 38% vorzeitige Ejakulationen. Frank et al. (1978) fanden bei 16% der Männer Erektionsstörungen und bei 36% Ejaculatio praecox. Bei sexuellen Funktionsstörungen des Mannes ist jedoch eine ausgeprägte Altersabhängigkeit zu beachten. So fanden Feldman et al. (1994) bei 1290 Männern zwischen 40 und 70 Jahren eine Prävalenz für Erektionsstörungen von 52%. Erhebungen in einer sexualmedizinischen Sprechstunde am Universitätsspital Zürich (Buddeberg et al. 1994) ergaben folgende Diagnosehäufigkeiten:

Frauen:

- mangelndes Verlangen – 41,3%
- sexuelle Aversion – 7,6%
- Dyspareunie – 11,9%
- Vaginismus – 9,8%
- Erregungsstörungen – 1,1%
- Orgasmusstörungen – 18,5%
- andere Diagnosen – 10,9%

Männer:

- Libidomangel – 9,7%
- sexuelle Aversion – 1,4%
- Dyspareunie – 2,8%
- Erektionsstörung – 41,7%
- Ejaculatio praecox – 30,6%
- andere Diagnosen – 12,5%

Ungeachtet der genannten methodischen Schwierigkeiten und der fehlenden statistischen Präzision belegen die vorhandenen Daten sexuelle Funktionsstörungen als substantielles Problem mit hoher Verbreitung. Dabei bestätigen die mit wissenschaftlichen Methoden erhobenen Ergebnisse das im Bewußtsein der Öffentlichkeit verankerte Bild, wonach Störungen der genitalen Reaktion (Erektionsstörungen – «Impotenz») ein verbreitetes Männerproblem darstellen, während für Frauen eher Störungen der sexuellen Erlebnisfähigkeit und Appetenz typisch zu sein scheinen. Ob und inwieweit dieses Phänomen mit geschlechtsspezifischen Rollen und Lebensverhältnissen zu tun hat, mag reichlichen Anlaß zu populären Spekulationen liefern – systematische Untersuchungen zu dieser Frage stehen noch aus.

5. Entstehungsbedingungen und Behandlungsmöglichkeiten

So wie nahezu alle Aspekte sexuellen Erlebens und Verhaltens multikausal bedingt sind, entstehen auch sexuelle Funktionsstörungen in einem individuellen Wirkungsgeflecht von somatischen, persönlichkeitspsychologischen und erlebnisreaktiven Faktoren. Anders als bei sekundären Funktionsstörungen ist die Annahme einer isolierten Ursache bei primären Sexualstörungen meist unzutreffend. Ein verkürztes, monokausales Denkmodell ist auch für die Therapie wenig hilfreich, weil andere relevante Bedingungen dabei unbeachtet bleiben. Vor der Entscheidung über eine anzuwendende Behandlungsform sollte aber in jedem Fall eine organmedizinische Diagnostik im Hinblick auf eine mögliche organische (Mit-)Verursachung durch einen Urologen, Gynäkologen oder Internisten erfolgen. In der konkreten Praxissituation ist die Unterscheidung zwischen primärer und sekundärer Sexualstörung häufig von nachrangiger Bedeutung. Auch bei einer identifizierbaren organischen Ursache (die dem Betreffenden oft lange verborgen bleibt) entwickeln sich im Umgang mit der wahrgenommenen Beeinträchtigung mehr oder weniger problematische Erlebens- und Verhaltensweisen, deren Modifikation zum Gegenstand einer zusätzlichen psychotherapeutischen Intervention werden kann.

In Anlehnung an allgemeine Strukturmerkmale der Verhaltenstherapie wird auch bei der Behandlung sexueller Störungen zwischen *prädisponierenden, auslösenden* und *aufrechterhaltenden* Bedingungen unterschieden (Hawton 1989). Unter *prädisponierenden* Bedingungen wird alles verstanden, was zu einer erhöhten Anfälligkeit für gestörtes Sexualerleben beitragen kann, z. B. erhöhte Ängstlichkeit, Gehemmtheit, Selbstunsicherheit, ausgeprägtes Schamerleben bezüglich körperlicher und sexueller Vorgänge, aber auch unrealistische Auffassungen von der eigenen Sexualität und der des Partners. Sexuelle Mythen wie «Ein Mann kann immer» oder «Eine Frau hat willig zu sein» erweisen sich als dysfunktional, wenn sie mit der Realität in Konflikt geraten. Ebenso bilden aversive Vorerfahrungen mit Sexualität (z. B. entsprechende Übergriffe, Vergewaltigungen, aber auch das elterliche Modell) eine typische Prädisposition für sexuelle Störungen. Häufiger Alkoholkonsum sowie organische Faktoren, auch wenn diese für sich genommen nicht hinreichend sind, können eine prädisponierende Bedingung darstellen. Diese reichen für sich allein nicht aus, um zwingend eine Störung herbeizuführen, erhöhen jedoch die Wahrscheinlichkeit für eine gestörte Reaktion im Falle ungünstiger Umstände, die als *auslösende* Bedingungen bezeichnet werden. Dies kann eine insgesamt problematische Partnerbeziehung sein, eine ungünstige situative Bedingung (z. B. Streit mit dem Partner, beruflicher Streß, unerwartete Störung etc.) oder eine vorübergehende Beeinträchtigung der Erlebnisfähigkeit etwa durch eine Depression oder eine körperliche Erkrankung. Typischerweise kommt es dann zu der Erfahrung einer beeinträchtigten sexuellen Funktionsfähigkeit, die als katastrophales Erlebnis in Erinnerung bleibt. Nachfolgend wird bereits bei der Annäherung an eine Situation mit potentieller sexueller Begegnung eine Erwartungsangst mobilisiert, die mit den physiologischen und psychologischen Erregungsmustern interferiert und ihren regulären Ablauf stört oder gar verhindert. *Aufrechterhaltend* wirkt nachfolgend ein sich selbst verstärkender Teufelskreis aus unvollständiger Vermeidung der sexuellen Situation und vereinzelten Erfahrungen einer unbefriedigenden Bewältigung dieser Situationen. Anstelle von sexueller Lust werden sexuelle Begegnungen oder Aktivitäten in zunehmendem Maße mit negativen Gefühlen assoziiert, typischerweise:

- körperliche Mißempfindungen oder Schmerzen
- Abneigung, Widerwillen, Ekel gegenüber dem Partner (bzw. seinem Körper)
- Unzufriedenheit mit dem eigenen Körper
- Angst, eigenen Erwartungen und denen des Partners nicht zu entsprechen
- Angst vor Ablehnung, Zurückweisung

Diese unangenehmen Gefühle werden überlagert von Vorstellungen und Erwartungen eines dysfunktionalen Ablaufs. Entsprechende Wiederholungen wirken dabei als Bestätigung. Durch die wiederholten unbefriedigenden Erfahrungen verfestigt sich in zunehmendem Maße ein kognitives Schema (Überzeugung), wonach sexuelle Betätigung – zumindest in der als problematisch erlebten Form – nicht möglich oder nicht befriedigend sei. Durch die Tendenz, sexuelle Aktivitäten zu vermeiden, verringert sich die Wahrscheinlichkeit einer positiven Erfahrung. Analog zum Vermeidungsverhalten bei Angststörungen entwickelt sich ein Schema negativer Verstärkung mit der Folge, daß eine adäquate Bewältigung nicht gelingt und die gemiedene Situation zu einem Angstreiz von wachsender Potenz wird. Eingeschränkte Kommunikationsbedingungen (Scham, Ängste und Hemmungen) sowie falsche Vorstellungen sind dabei von erheblicher Bedeutung für die Ausbildung der Störung.

Die ersten systematischen Ansätze zu einer symptomspezifischen Behandlung sexueller Funktionsstörungen basieren auf dem Modell des normalen Ablaufs sexueller Reaktionen (Masters & Johnson 1966). Hierauf aufbauend entwickelten die gleichen Autoren ein pragmatisch orientiertes Behandlungskonzept, dessen wesentliches Kennzeichen die Einbeziehung des Partners ist (Masters & Johnson 1970). Die Sexualtherapie fokussiert dabei auf das spezifische Milieu einer Paarbeziehung, in welcher ein Partner eine manifeste Störung ausbildet, der andere Partner jedoch möglicherweise unwissentlich zu ihrer Aufrechterhaltung beiträgt. Im deutschen Sprachraum haben vor allem Schmidt und Arentewicz (Arentewicz & Schmidt 1993) den Gedanken der paarorientierten Sexualtherapie aufgegriffen. Eine solide Einführung in verhaltenstherapeutische Behandlungskonzepte geben Hoyndorf et al. (1995). Ein guter Überblick über Entstehungs- und Behandlungsmöglichkeiten bei sekundären Sexualstörungen findet sich bei Zettl & Hartlapp (1997).

Im Jahre 1998 rückten Erektionsstörungen verstärkt ins Blickfeld der Öffentlichkeit, als erstmalig ein Medikament genau für diesen Indikationsbereich zugelassen wurde. Aus der sensationellen Reaktion in der Öffentlichkeit sowie der unvergleichbar hohen Nachfrage nach dem Präparat kann auf die nach wie vor hohe Relevanz des Themas Erektionsstörungen geschlossen werden. Die unter dem Handelsnamen *Viagra* populär gewordene Substanz Sildenafil wurde ursprünglich zur Behandlung von Herz- und Kreislaufstörungen entwickelt, zeigte jedoch in entsprechenden Testreihen eine unvermutete Wirkung auf die Erektionsfähigkeit männlicher Probanden. Diese Wirkung basiert auf der Inaktivierung des Enzyms Phosphodiesterase, welches für den Abbau von cyclischem Guanosinmonophosphat (cGMP) verantwortlich ist – ein Stoff, der für Aufbau und Aufrechterhaltung einer normalen Erektion erforderlich ist. Die Wirksamkeit von Sildenafil übertrifft jene des für diese Anwendung lange populären Yohimbins übrigens bei weitem. Dieses Präparat eröffnet zwar neue effektivere Behandlungsmöglichkeiten, eine Verordnung sollte jedoch nur bei strenger Indikationsstellung und unter Ausschluß bestehender Gesundheitsrisiken (v. a. Herzkrankheiten) erfolgen.

Bei anderen sexuellen Funktionsstörungen bestehen derzeit noch keine pharmakologischen Behandlungsmöglichkeiten von ähnlich hervorstechender Wirkung.

Weiterführende Literatur

Arentewicz, G., Schmidt, G, (1993): Sexuell gestörte Beziehungen. Konzept und Technik der Paartherapie. Stuttgart: Enke.

Der Weg in eine andere Welt

Ursachen, Formen und Behandlung von Psychosen

Antje Haufe und Detlef E. Krause

1. Eine Einführung – Was ist eine Psychose?

Fallbeispiele

Nachts um 2 Uhr trat er die Wohnungstür bei seinem Psychiater ein, weil ihn ein Thema nicht losließ: «Bist du mir über oder ich dir?» – «Einer von uns beiden ist zuviel.» – «Meine Gedanken laß ich mir nicht abziehen.»

Sie kommt hochgradig angstvoll erregt in die Sprechstunde, um einen Brief abzugeben, der ausdrückt, daß der behandelnde Psychiater in akuter Gefahr ist «durch die Weltjudenverschwörung». Heute nacht sei ihr das durch Telepathie mitgeteilt worden.

Er hatte die Polizei in seiner Angst angerufen. Seine Wohnung war voller Ratten mit grünen Schwänzen, und aus dem Fenster sah er Nilpferde im Oberbach schwimmen. In der Praxis wischte er das Wasser (das nur er sah!) mit dem Taschentuch vom Boden.

Sie war uns nachts zugeführt worden, weil eine Polizeiwache (wo sie wegen unbezahlter Hotelrechnungen und Erregung öffentlichen Ärgernisses hingekommen war) ihr ständiges Reden, Singen und Aktionen aller Art nicht aushielt. Hochbeglückt machte sie dann so auf der Station weiter.

Die Ehefrau mußte ihn ins Sprechzimmer führen, da sein automatenhaft wirkender Gang keine Selbständigkeit zuließ. Genauso, wie sie ihn plazierte, blieb er mimiklos und ausdrucksstarr sitzen. Ein ständiges «Da-da-da-da-da» war seine Anrede.

Sie saß fast regungslos, grau, unscheinbar und gebeugt auf der Stuhlkante. Zögernd drückte sie aus, daß sie jetzt bestraft werde, weil sie sich in ihrer

Jugend versündigt habe. Da gäbe es keinen anderen Ausweg mehr als Sterben. «Ich wollte mir schon das Leben nehmen», gestand sie.

Dies sind erlebte Beispiele aus dem Berufsleben eines Psychiaters. Sie zeigen die Vielfalt und Unterschiedlichkeit der Störungen, die unter dem Begriff Psychose zusammengefaßt werden. Um in weiterer Folge auf die Symptomatik eingehen zu können, erfolgt zunächst eine begriffliche Bestimmung und eine systematische Einteilung von Psychosen.

Der Begriff Psychose ist eine sehr ungenaue und allgemeine psychiatrische Bezeichnung für Formen psychischen Andersseins. Er beschreibt psychopathologische Veränderungen erheblichen Ausmaßes, die zu einer schweren Beeinträchtigung im Sinne von «Verrücktheit» führen. Der Mensch denkt, fühlt und handelt in diesem Zustand anders als zuvor. Die Wahrnehmung des Betroffenen bezogen auf sich und seine Umwelt verändert sich, und das zum Teil so stark, daß diese für die Mitmenschen nicht mehr einfühlbar erscheint. Das wiederum hat eine erheblichen Beeinträchtigung des Betroffenen in seiner Leistungsfähigkeit und in seinen sozialen Bezügen zur Folge. Er gerät zumeist unvermittelt in diese Situation, und über das «Warum» macht sich dann häufig die Umgebung mehr Gedanken als der «Kranke». Die Medizin brauchte Jahrhunderte, um diese Zustände als Krankheit anzuerkennen, und bis heute weiß man nur unzureichend, was eine Psychose verursacht.

2. Einteilung von Psychosen

Als Grundlage für eine Einteilung der Psychosen kann die auf Emil Kraepelin (1856–1929) zurückgehende Systematik psychischer Erkrankungen dienen. Kraepelin unterscheidet psychische Erkrankungen in

- endogene Psychosen,
- organische, körperlich begründbare, «exogene» Psychosen und Psychosyndrome,
- psychoreaktive oder «psychogene» Störungen und
- psychische Störungen bei angeborenen oder frühzeitig erworbenen Persönlichkeitsvarianten und Persönlichkeitsdefekten (wie z. B. Persönlichkeitsstörungen und Intelligenzminderungen) (Strunk 1994).

Diese Systematik reicht aber nicht aus, um die Komplexität psychischer Erkrankungen ausreichend zu erfassen, kann jedoch als Grundlage einer

Einteilung der Psychosen in endogene, exogene und psychogene Psychosen dienen. Der Begriff «endogen» heißt wörtlich übersetzt «von innen kommend». Die Ursache einer endogenen Erkrankung ist vorrangig im «Inneren des Organismus» zu suchen, ohne daß die Ursache bisher genau bekannt wäre (Bäuml 1994). Für die endogene Psychose ist bekannt, daß sie vorrangig genetisch determiniert ist und in keinem ursächlichen Zusammenhang mit einer organischen Krankheit steht. Sie hat einen eigengesetzlichen Verlauf mit prozeßhaften Charakter. Zu den endogenen Psychosen gehören die klassischen «Geistes- und Gemütskrankheiten», die Schizophrenie und die bipolare Depression (Manisch-depressive Erkrankung, Wechsel zwischen schweren Depressionen und Manien).

Der Begriff «exogen» heißt übersetzt «von außen kommend» und ist gleichzusetzen mit den Begriffen «symptomatisch» und «organisch». Die exogene Psychose ist körperlich begründbar, d. h. eigentlich nur Begleitsymptom einer körperlichen Erkrankung. Sie beruht auf einer direkten Schädigung des Gehirns (z. B. Entzündung, Tumor oder Hirnverletzung) oder einer indirekten Schädigung (z. B. bei Intoxikationen, Infektionskrankheiten oder Stoffwechselerkrankungen). Die exogenen Psychosen können unterschieden werden in:

- akute exogene Psychosen, die nur kurzzeitig anhalten und sich vollständig zurückbilden (z. B. eine Alkoholintoxikation oder ein Fieberdelir) und
- chronisch exogene Psychosen, die sogenannten hirnorganischen Psychosyndrome. Sie sind Folge einmaliger schwerer Hirnerkrankungen, chronischer toxischer Einwirkungen auf das Gehirn oder fortschreitender Hirnabbauprozesse und bilden sich nicht oder nur unvollständig zurück.

Mit dem Begriff «psychogen» bezeichnet man Psychosen, die als Reaktionen auf lebensgeschichtliche Ereignisse oder bei seelischer Fehlentwicklung auf Grund ungünstiger Lebensbedingungen auftreten. Zumeist handelt es sich dabei um vorübergehende psychotische Phasen im Rahmen von Anpassungs- oder Persönlichkeitsstörungen. Die Anwendung des Psychosebegriffs ist bei den psychogenen Psychosen am problematischsten und wird zumeist vermieden.

In diesem Zusammenhang ist darauf hinzuweisen, daß die Übergänge von den psychogenen Störungen zu den endogenen Psychosen zum Teil fließend sind, da auch bei endogenen Psychosen durchaus Beziehungen zum Lebensschicksal und zu spezifischen Problemen des einzelnen (und damit ein «psychogenes Moment») bestehen können. Ähnliche Übergänge finden sich zwischen allen zuvor genannten Gruppen. Im Einzelfall kommt es dar-

auf an, sowohl mögliche «exogene» als auch «endogene» und «psychogene» Momente, die für die Genese eines Zustandsbildes in Betracht kommen könnten, herauszufinden und nach ihrer Bedeutsamkeit zu gewichten (Strunk 1994).
Daher wendet man sich heute immer mehr dem sogenannten Konzept der multifaktoriellen Ätiologie zu. Danach steht im Einzelfall möglicherweise einer der genannten Faktoren im Vordergrund, den anderen mitursächlichen Faktoren wird aber gleichzeitig Rechnung getragen, da auch diese an der Krankheitsentstehung beteiligt sein könnten (Möller 1996).
Die psychiatrische Krankheitslehre ist in einem sich ständig erneuernden Prozeß und läßt unterschiedliche Sichtweisen zu. Das derzeit von der WHO (Weltgesundheitsorganisation) als international verbindlich eingeführte Klassifikationssystem ist die ICD-10 (Internationale Klassifikation von Krankheiten; WHO 1991). Neben den allgemeinen Krankheitsbeschreibungen enthält die ICD-10 genaue diagnostische Leitlinien. Dabei weicht die Charakterisierung der einzelnen Krankheiten zum Teil erheblich von der traditionellen psychiatrischen Krankheitslehre im deutschsprachigen Raum ab. Der Begriff «Psychose» wurde beispielsweise durch den Begriff «Störung» ersetzt. Das zuvor dargestellte triadische System der psychiatrischen Klassifikation ist inhaltlich noch erkennbar, die psychogenetischen Begriffe exogen, endogen und psychogen werden jedoch zur Klassifizierung nicht mehr verwendet. Sie erscheinen lediglich als beigeordnete Begriffe.
In dieser Umbruchsituation der psychiatrischen Krankheitslehre ist es schwierig, eine Verwirrung des Lesers zu vermeiden. Bei den nun folgenden Ausführungen zu den einzelnen Psychosen wird die traditionelle Klassifikation (endogen, exogen, psychogen) zum besseren Verständnis des Lesers beibehalten und nur begrifflich zum neuen Klassifikationssystem (ICD-10) Bezug genommen.

3. Psychosen: Häufigkeit, Symptome und Verlauf

3.1 Die endogenen Psychosen

Die endogenen Psychosen können in den schizophrenen und den affektiven (das Gemüt betreffenden, manisch-depressiven) Formenkreis unterschieden werden. Die Übergangsbereiche werden als Mischpsychosen oder nach neuerer Klassifikation als schizoaffektive Psychosen bezeichnet. Die folgende Darstellung beschränkt sich auf die Schizophrenien und die affektiven Psychosen (Manie und Depression) und damit auf die wesentlichen Pole der großen Gruppe der endogenen Psychosen.

3.1.1 Die Schizophrenien

Die Schizophrenien gehören zu den häufigsten und zu den sozial folgenschwersten psychiatrischen Erkrankungen. Aus Schätzungen geht hervor, daß etwa 1% der Bevölkerung im Laufe des Lebens an einer Schizophrenie erkrankt. Geschlechtsspezifische Unterschiede gibt es lediglich bezüglich des Ersterkrankungsalters. Männer erkranken früher, zumeist (65%) vor dem 25. Lebensjahr, Frauen im Durchschnitt 3 bis 4 Jahre später (Gaebel & Falkai 1996). Die Schizophrenie kann sich aber in jedem Lebensalter manifestieren, selten jedoch im ersten Lebensjahrzehnt.

Es gibt keine Ausdrucksform oder Haltung, die als typisch schizophren bezeichnet werden kann (Dörner & Plog 1996). Die Symptomatik umfaßt das gesamte Spektrum der Psychopathologie. Im Kraepelinschen Konzept (1896) der «Dementia praccox» (vorzeitige Demenz) wird der Verlauf der Schizophrenie als unaufhaltsamer Prozeß beschrieben, der zwangsläufig in der «Verblödung» endet. Bleuler (1911) revidierte dieses Konzept und stellte zusätzlich erstmals eine Systematisierung der Symptome auf. Auch führte er 1907 den Begriff «Schizophrenie» ein, der übersetzt «gespaltener Geist» heißt. Es wird damit das Vorhandensein von zwei nebeneinanderstehenden Wahrnehmungswelten beschrieben. Der schizophren Erkrankte erlebt neben der «realen Wirklichkeit» eine «zweite Wirklichkeit», in der er Dinge erfährt und Sinneseindrücke wahrnimmt, die andere Menschen nicht nachvollziehen können (Bäuml 1994). Bleuler verwendete auch den Begriff «Spaltungsirresein» für Schizophrenie und begründete ihn aus seiner Beobachtung, daß schizophrene Menschen in zunehmendem Ausmaß «zersplittern und zerfahren» können. Er unterschied zwischen Grundsymptomen, die vor allem das Denken, die Affektivität und den Antrieb betreffen (z.B. Zerfahrenheit, Ambivalenz und Antriebsstörungen) und zusätzlichen (akzessorischen) Symptomen (wie z.B. Wahn, Halluzinationen und psychomotorische Symptome). Darauf aufbauend unterschied später K. Schneider (1980) in Symptome 1. Ranges (Wahnwahrnehmung, Gedankenlautwerden, interpretierende Stimmen u.a.) und 2. Ranges (andere Sinnestäuschungen, Affektveränderungen u.a.).

In der ICD-10 wurde versucht, alle drei Basiskonzeptionen der Schizophrenie zu verbinden und auch neuere Forschungsergebnisse mit einzubeziehen (Marneros 1993). Die Symptome der Schizophrenie werden darin in 9 Symptomgruppen unterteilt:

- Gruppe 1: Gedankenlautwerden, Gedankeneingebung oder Gedankenentzug, Gedankenausbreitung
- Gruppe 2: Kontrollwahn, Beeinflussungswahn, Gefühl des Gemachten, deutlich bezogen auf Körper- oder Gliederbewegungen oder bestimmte Gedanken, Tätigkeiten oder Empfindungen, Wahnwahrnehmungen
- Gruppe 3: Kommentierende oder dialogische Stimmen, die über den Betroffenen oder sein Verhalten sprechen, oder andere Stimmen, die aus einem Körperteil kommen
- Gruppe 4: Anhaltender kulturell unangemessener und völlig unrealistischer (oft bizarrer) Wahn, wie der, eine religiöse oder politische Persönlichkeit zu sein, übermenschliche Kräfte und Möglichkeiten zu besitzen (wie z. B. das Wetter kontrollieren zu können oder im Kontakt mit Außerirdischen zu sein)
- Gruppe 5: Anhaltende Halluzinationen (Trugwahrnehmungen) jeder Sinnesmodalität, begleitet entweder von flüchtigen Wahngedanken oder überwertigen Ideen
- Gruppe 6: Gedankenabreißen oder Einschiebungen in den Gedankenfluß, was zu Zerfahrenheit des Denkens, Danebenreden und Neologismen (Wortneuschöpfungen) führt
- Gruppe 7: Katatone Symptome wie Erregung, Haltungsstereotypien mit wächserner Biegsamkeit, Negativismus, Mutismus (Sprachlosigkeit) und Stupor (Bewegungslosigkeit)
- Gruppe 8: «Negative» Symptome, wie auffällige Apathie, Sprachverarmung, verflachte oder inadäquate Affekte (dies hat zumeist sozialen Rückzug und ein Nachlassen der sozialen Leistungsfähigkeit zur Folge)
- Gruppe 9: Eine eindeutige und durchgängige Veränderung bestimmter umfassender Aspekte des Verhaltens der betroffenen Person, die sich in Ziellosigkeit, Trägheit, einer in sich selbst verlorenen Haltung und sozialen Rückzug manifestiert.

In den diagnostischen Leitlinien der ICD-10 wird festgelegt, daß mindestens ein eindeutiges Symptom der oben genannten Gruppen 1 bis 4 oder mindestens zwei Symptome der Gruppen 5 bis 8 vorliegen müssen, wenn eine Schizophrenie diagnostiziert werden soll. Diese Symptome müssen während mindestens eines Monats fast permanent deutlich vorhanden gewesen sein. Zustandsbilder, die kürzer andauern, werden zunächst als akute schizophreniforme psychotische Störung bezeichnet (Dilling, Mombour & Schmidt 1993).

Je nach Vorherrschen bestimmter Symptome werden verschiedene Subtypen der Schizophrenie unterschieden. Es sind dies lediglich besondere Ausprägungen ein und derselben Krankheit und können im Verlauf ineinander übergehen. An dieser Stelle sei jedoch darauf hingewiesen, daß jeder schizophrene Kranke seine eigene Schizophrenie hat. Die Namensgebung entspringt eher dem Wunsch der in Klinik und Forschung Tätigen nach besserer Verständigung untereinander (Dörner & Plog 1996).

Als *Subtypen* der Schizophrenie können unterschieden werden:

- die *paranoide Schizophrenie:* Hierbei handelt es sich um die am häufigsten auftretende Form. Sie ist gekennzeichnet durch dauerhafte Wahnvorstellungen (z. B. Verfolgungswahn, Beziehungswahn, Sendungswahn und Eifersuchtswahn) und wird meist von akustischen Halluzinationen (Stimmen, die den Betroffenen bedrohen oder ihm Befehle geben oder nichtverbale akustische Halluzinationen, wie Pfeifen, Brummen oder Lachen, die auch als Akoasmen bezeichnet werden), aber auch anderen Wahrnehmungsstörungen (z. B. Geruchs- oder Geschmackshalluzinationen, sexuelle oder andere Körperhalluzinationen) begleitet. Diese Form zeigt sich oft akut und tritt in Kombination mit großer Erregung und Zerfahrenheit auf. Dem Betroffenen ist es dabei unmöglich, zwischen Wirklichem und Unwirklichem, Gedachtem und Vorhandenem zu unterscheiden.
- die *hebephrene Schizophrenie:* Diese Form bezieht sich auf psychotische Zustände Jugendlicher, die sich vor allem in affektiven Störungen äußern. Die Stimmung ist flach und unangemessen, oft begleitet von Kichern oder selbstzufriedenem Lächeln, von Grimassieren, Manierismen und Faxen. Das Denken ist ungeordnet, die Sprache weitschweifig und zerfahren. Meist isoliert sich der Betroffene, sein Verhalten erscheint ziellos und ohne Empfindung.
- die *katatone Schizophrenie:* Hier stehen psychomotorische Störungen, die zwischen Extremen wie Erregung und Stupor wechseln können im Vordergrund. Der Betroffene behält unsinnige Zwangshaltungen über lange Zeit bei, kann zur Bewegungslosigkeit erstarren, zur Statue werden, oder er ist nicht zu bremsen und schlägt wild um sich. In beiden Fällen ist er äußerst angespannt, verkrampft und innerlich erregt. Dies kann sich steigern bis hin zu einem lebensbedrohlichen Zustand, der sogenannten perniziösen Katatonie. Hier kommt es neben einer Haltungsstarre zu hohen Körpertemperaturen und Kreislaufkrisen.
- das *schizophrene Residuum:* Dies ist ein chronisches Stadium im Verlauf einer Schizophrenie und ist durch lang andauernde sogenannte «negative» Symptome gekennzeichnet. Dazu gehören psychomotorische Verlang-

samung, verminderte Aktivität, Affektverflachung, Passivität und Initiativmangel, Ausdrucksverarmung, Vernachlässigung der körperlichen Pflege und Verminderung sozialer Leistungsfähigkeit.
- die *Schizophrenia simplex:* Sie ist ein seltenes symptomarmes und schwer zu erfassendes Zustandsbild. Schleichende Progredienz von merkwürdigem Verhalten, die Unmöglichkeit, soziale Anforderungen zu erfüllen und eine Verschlechterung der allgemeinen Leistungsfähigkeit kennzeichnen die Schizophrenia simplex. Die Diagnose kann häufig erst im nachhinein in einer Längsschnittbeobachtung gestellt werden.

Abschließend sollen noch einige Bemerkungen zum Verlauf schizophrener Erkrankungen hinzugefügt werden. Aus der Bewertung der inzwischen vorliegenden Verlaufsforschung (vor allem durch M. Bleuler, G. Huber, und L. Ciompi) geht hervor, daß es *den* Verlauf *der* Schizophrenie nicht gibt. Die Entwicklung eines einmal schizophren gewordenen Menschen ist eher als offener Lebenslauf anzusehen. Die schizophrenen Psychosen führen jedoch häufiger als die affektiven Psychosen zu andauernden Persönlichkeitsveränderungen. Diese können nur gering sein, können aber auch zu einer erheblichen dauerhaften Behinderung führen. Typische Verlaufsvarianten der Erkrankung sind einfache progrediente (fortschreitende) Verläufe, akut rezidivierende Verläufe (mit sich wiederholenden akuten Schüben), Kombinationen aus beiden Verläufen und die vollständige Remission. Zu einem hohen Prozentsatz der Fälle kommt es zu einem Krankheitsverlauf mit rezidivierenden Schüben. Die Rezidivgefahr liegt bei bis zu 80 % im ersten Jahr nach Erstmanifestation der Erkrankung. Diese Rezidive können jedoch durch eine konsequente Langzeitbehandlung mit Neuroleptika in niedriger Dosis weitgehend verhindert werden (Möller 1993).

3.1.2 Die affektiven Psychosen

Bei den affektiven (vom lat.: affectus = Gemütsverfassung) Psychosen stehen abnorme Veränderungen der Stimmung und des Antriebs im Vordergrund. Diese bestehen über Wochen und Monate mit jeweils abgesetztem Beginn und Ende und werden als Phasen bezeichnet. Nach Abklingen hinterlassen sie im allgemeinen keine wesentlichen Veränderungen der Persönlichkeit. Die affektiven Psychosen werden auch als manisch-depressive Psychosen bezeichnet. Sie treten zu einem großen Prozentsatz (66 %) monopolar (einphasisch) depressiv auf und entsprechen dann der klassischen endogenen Depression (depressive Episode, siehe Kapitel Depressionen in diesem Band). Nur in 8 % kommt es zu monopolaren manischen, in etwa 26 % zu bipolaren manisch-depressiven Verläufen. Die Häufigkeit (Lebenszeitprävalenz) affektiver Psychosen wird in Europa mit etwa 0,4 bis 1 Prozent angegeben. Geschlechtsspezifische Unterschiede gibt es bei den Depressionen, die überwiegend bei Frauen (rund zwei Drittel aller Fälle) auftreten. Die meisten Ersterkrankungen bei affektiven Psychosen betreffen junge Erwachsene bis zum 34. Lebensjahr. Bei den monopolaren depressiven Erkrankungen gibt es einen zweiten Altersgipfel im 5. bis 6. Lebensjahrzehnt (Faust, Hole & Wolfersdorf 1995).

Unter der *Depression* (lat. deprimere = herunterdrücken, unterdrücken) wird eine allgemeine seelisch-körperliche Herabgestimmtheit verstanden. Viele leiden unter Schuldgefühlen, Versündigungs- und Verarmungsideen, die sich zu depressiven Wahnideen verdichten können. Sie verharren in ihrem Gefühl absoluter Wertlosigkeit und Verlorenheit, ihre Ideen sind jeglichem Zuspruch unzugänglich. Es kommt zu einer erheblichen Beeinträchtigung des Schlafes, vor allem dem morgendlichen Früherwachen mit anschließendem Morgentief (ausführlich siehe Kapitel zu Depressionen in diesem Band). Der Tag scheint dem Betroffenen wie ein unüberwindbarer Berg vor sich zu liegen. Im Gegensatz dazu kommt es zu einer typischen abendlichen Erleichterung des Befindens. Schwere affektive Psychosen gehen häufig mit Suizidgedanken, Selbstverletzungen oder Suizidhandlungen einher (ausführlich zu Suizidalität siehe Kapitel: «Lebensmüde...?» in diesem Band).

Bei der *Manie* (griech. mania = Raserei, Wut, Wahnsinn, aber auch Begeisterung) geht es im Gegensatz zur Depression um einen Überschuß an Affektivität, einer krankhaften «Heraufgestimmtheit». Der manische Mensch verhält sich sehr auffällig. Er sprengt jeden Rahmen, setzt soziale Normen außer Kraft, hebt jede sonst übliche Distanz auf. Im Vordergrund steht eine gehobene Stimmungslage. Die Betroffenen sind grundlos und absurd heiter, witzig und mitreißend oder aber provozierend, gereizt, angriffslustig und zornig. Der Antrieb ist gesteigert und beschleunigt und äußert sich in einer Zunahme aller körperlichen, seelischen und sozialen Aktivitäten. Bei geringer Ausprägung kommt es lediglich zu einer sozial tolerierten Erhöhung der Produktivität des Handelns, die leicht mit Kreativität verwechselt wird. Bei extrem gesteigertem Antrieb jagt ein Handlungsimpuls den nächsten, jede Idee soll sofort umgesetzt werden, dauernd werden neue Beschäftigungen gesucht. Es kommt zu einer rastlosen Beweglichkeit, zu einer hohen Reagibilität, zu distanzlosen Äußerungen und impulsiven Handlungen. Der Gedankengang ist beschleunigt, der Betroffene springt von einem Gedankeninhalt zum nächsten bis hin zur Verworrenheit. Es besteht eine grenzenlose Selbstüberschätzung, alles scheint möglich und dazu noch sofort (Firmengründungen, Kredite, sinnlose Einkäufe, Liebesbeziehungen). Andere Menschen werden bloßgestellt, heruntergemacht und bedroht. Nur der Betroffene selbst steht über allen Dingen, hat keine Angst, schaltet alle Schuld- und Schamgefühle aus, ist in seinem Größenwahn völlig kritiklos und leichtsinnig und ruiniert oft innerhalb kürzester Zeit seine gesamte soziale Existenz und die anderer. Signale des Körpers werden nicht wahrgenommen oder negiert, so ißt der Betroffene zumeist gar nicht oder extrem viel. Auf das Schlafen wird zumeist völlig verzichtet, und es kann im Ergebnis zu einem extremen Anspannungs- und Erschöpfungszustand kommen. In der Manie kommt es häufig zu einem ungehemmten Ausleben von sexuellen Trieben, auch ist ein erhöhter Mißbrauch psychotroper Substanzen (Alkohol, Drogen) zu verzeichnen.

Besonders mildere Formen der Manie werden von der Umgebung oft nicht erkannt. Einige manische Symptome sind besonders in Künstler-, Unternehmer- und Politikerkreisen durchaus anerkannt und erwünscht. Die Übergänge von einer maniformen Persönlichkeitsstruktur zu einer krankhaften Manie sind fließend. Wichtiges diagnostisches Kriterium ist der phasenhafte Verlauf. Da manische Phasen in der Regel Teil einer manisch-depressiven Psychose (in der sich manische und depressive Phasen abwechseln) sind, ist die diagnostische Zuordnung zumeist eindeutig.

In der ICD-10 spricht man von einer manischen Episode und unterteilt 3 Schweregrade, die Hypomanie, die Manie ohne psychotische Symptome und die Manie mit psychotischen Symptomen.

Im Zusammenhang mit dem *Verlauf* affektiver Psychosen wurde bereits mehrfach auf den phasischen Charakter hingewiesen. Häufig kommt es zu Nachschwankungen, maniforme nach depressiven oder subdepressive nach manischen Phasen. Ein direkter und rascher Syndromumschwung ist selten. Die Dauer depressiver Phasen variiert stark. Die Extreme liegen zwischen wenigen Tagen und Jahren. Die durchschnittliche Phasenlänge beläuft sich auf 3 bis 12 Monate (Faust, Hole & Wolfersdorf 1995). Monopolare Depressionen haben seltenere, aber länger andauernde Phasen (durchschnittlich ca. 6 Monate) als bipolare Depressionen (Angst 1986). Manische Phasen dauern zwischen 2 Wochen und 4 bis 6 Monaten. Die lebenslange Phasenzahl ist doppelt so hoch wie bei monopolaren Depressionen und beträgt bis zum Alter von 65 Jahren durchschnittlich 10 Phasen. Die symptomfreien Intervalle zwischen den Phasen sind ebenfalls verschieden lang. Bei bipolaren Störungen sind es durchschnittlich 2 bis 3 Jahre, bei monopolaren Depressionen ca. 5 Jahre (Kröber, Faust & Kohler 1995).

Eine besondere Gruppe stellen die «*Rapid Cyclers*» (schnelle Phasenwechsler) dar. Sie weisen mindestens 4 Phasen (manisch oder depressiv) pro Jahr oder 2 bipolare Episoden pro Jahr auf. Die Zykluslänge liegt dann zwischen 3 Tagen und mehreren Wochen. Als Extremform gibt es noch das *Ultra-rapid-cycling* mit noch schnellerem Phasenwechsel innerhalb von 48

Stunden und entsprechend kurzer Phasendauer. Dieses Phänomen tritt vor allem im höheren Lebensalter auf und stellt ein großes therapeutisches Problem dar.

Untersuchungen haben ergeben, daß sich die Phasendauer im Vergleich zu früher trotz intensiver medikamentöser Behandlung nur unwesentlich verändert hat. Auch die Prognose affektiver Psychosen ist offenbar schlechter, als ursprünglich angenommen wurde. Eine vollständige Heilung in den symptomfreien Intervallen ist nicht immer zu erzielen, was für die affektiven Psychosen im Vergleich zu den schizophrenen Erkrankungen immer postuliert wurde (Fähndrich 1993). Einschlägige Untersuchungen zeigen eine Chronifizierungsrate von 20 bis 40 % (Angst 1986, Fähndrich & Wirtz 1987).

3.2 Die exogenen Psychosen

Bei den exogenen Psychosen ist die Psychose nur das Begleitsymptom einer körperlichen Erkrankung. Ursache der exogenen Psychose ist eine vorübergehende oder andauernde Funktionsstörung des Gehirns. Diese kann sowohl direkt durch Schädigung der Hirnstruktur oder Hirnfunktion als auch indirekt als Folge einer den gesamten Körper betreffenden Krankheit entstehen.

Die Art der jeweiligen Erkrankung hat keinen direkten Einfluß auf die psychopathologische Symptomatik. Allein Tempo und Ausmaß der Schädigung scheinen entscheidende Auswirkungen zu haben. Man unterteilt daher die organischen psychischen Erkrankungen in akute und chronische Formen. Akute Schädigungen führen zu den eigentlichen exogenen Psychosen. Schon 1912 hat Bonhoeffer dafür den *akuten exogenen Reaktionstypus* definiert, der noch heute Gültigkeit hat (Lempp 1994). Bei allmählich einsetzender und chronisch fortschreitender Hirnerkrankung entwickeln sich auch die psychischen Störungen langsamer. Hierfür verwendet man den Begriff des organischen Psychosyndroms oder nach neuerer Klassifikation den Begriff der Demenz.

Der Begriff der exogenen Psychose impliziert auch einen gewissen Schweregrad hirnorganischer Erkrankungen mit psychiatrischer Symptomatik. Es müssen tiefgreifende Veränderungen in der Erlebens- und Verhaltensweise mit erheblicher Beeinträchtigung der sozialen Beziehungen des Betroffenen vorhanden sein. Dabei kommt es zu einer Veränderung von Persönlichkeitsmerkmalen, zu einem Realitätsverlust mit Bewußtseinsstörungen, zum Auftreten einer Wahnsymptomatik und zu Halluzinationen.

Die Bewußtseinsstörung gilt als Leitsymptom der akuten exogenen Psychosen. Es treten sowohl verschiedene Grade der Bewußtseinsverminderung (von der Schläfrigkeit bis hin zum Koma) als auch der Klarheit des Bewußtseins (Bewußtseinseinengung) oder eine traumwandlerische Bewußtseinsverschiebung auf. Der Betroffene ist plötzlich verwirrt oder benommen, spricht unzusammenhängend, ist erregt oder apathisch (Kasper 1993). Regelmäßig ist die zeitliche und örtliche Orientierung gestört, wobei die Orientierung zur Person zumeist noch erhalten bleibt.

Das Merkmal der Bewußtseinsstörung dient auch zur Einteilung der exogenen Psychosen. So werden exogene Psychosen mit Bewußtseinsstörung von den exogenen Psychosen ohne Bewußtseinsstörung unterschieden.

Die *exogenen Psychosen mit Bewußtseinsstörung* unterteilt man wiederum je nach der im Vordergrund stehenden Symptomatik in verschiedene Syndrome, dem Verwirrtheitszustand, dem Delir und dem Dämmerzustand.

Der *Verwirrtheitszustand* wird auch amentielles Syndrom genannt. Störungen des Denkens im Sinne von unklarem, zusammenhanglosem und verworrenem Denken stehen hier im Vordergrund. Der Betroffene kann sich nicht konzentrieren, ist zumindest teilweise desorientiert, wirkt völlig ratlos, erfaßt die Situation nicht und findet sich nicht zurecht. Es entsteht eine mangelnde Klarheit über eigenes Erleben und damit eine qualitative Bewußtseinseinschränkung. Der Betroffene ist zumeist ängstlich, zum Teil aber auch euphorisch gestimmt, erregt oder motorisch unruhig. Nach Abklingen der Symptomatik besteht ein Gedächtnisverlust für das Erlebte. Der Verwirrtheitszustand tritt typischerweise bei akuten Erkrankungen des Gehirns auf, vor allem bei Durchblutungsstörungen und Hirntraumata.

Im *Delir* stehen Orientierungsstörungen im Vordergrund. Auch treten wieder Störungen des Gedankenganges, Auffassungs- und Konzentrationsstörungen auf. Die Betroffenen sind ängstlich, erregt und stark psychomotorisch unruhig mit den charakteristischen Nestelbewegungen. Hinzu kommen Zeichen einer vegetativen Übererregung (Schwitzen, Tremor, Pulsanstieg). Der Schlaf-Wach-Rhythmus ist deutlich gestört. Die Bewußtseinsstörung beim Delir ist wie beim Verwirrtheitszustand nur qualitativer Natur. Häufige Symptome sind vor allem optische Halluzinationen, die auf kleine bewegliche Objekte (weiße Mäuse u. ä.) und szenische Abläufe gerichtet sind. Typische Ursachen eines Delirs sind akute körperliche Störungen wie z. B. bei Alkoholentzug (Delirium tremens), bei Intoxikationen, als unerwünschte Wirkung delirogener Medikamente und bei entzündlichen Erkrankungen (Fieberdelir).

Charakteristisch für den *Dämmerzustand* ist eine sogenannte Bewußtseinsverschiebung. Der Betroffene ist nicht schläfrig, sondern wie in eine andere Welt entrückt. Er geht umher, findet sich auch einigermaßen zurecht, ist wie in einem traumwandlerischen Zustand, in dem er Ort, Zeit und Personen zumindest teilweise verkennt. Der Betroffene verhält sich ähnlich, als wenn er Scheuklappen vor den Augen hätte. Auch die Kommunikation mit der Umwelt ist eingeschränkt bis aufgehoben. Es treten Halluzinationen und illusionäre Verkennungen auf. Auf Grund der eingeschränkten Planungs- und Steuerungsfähigkeit des Verhaltens kann es zu unbesonnenen Handlungen kommen, die eine erhebliche Gefahr darstellen können. Dämmerzustände beginnen und enden abrupt, wobei die Dauer zwischen Stunden und Tagen variiert. Zumeist fehlt im nachhinein jegliche Erinnerung. Dämmerzustände kommen vor allem bei Anfallsleiden und bei pathologischen Rauschzuständen vor (siehe auch Kasper 1993 und Horn 1996).

Die *exogenen Psychosen ohne Bewußtseinsstörung* beschreibt man nach der im Vordergrund stehenden Symptomatik. Beispielhaft seien hier die organische Halluzinose (vorrangig halluzinatorische Erlebnisse), das organische amnestische Syndrom (mit extremen Gedächtnisstörungen und Konfabulationen), die organische wahnhafte Störung (mit anhaltenden Wahnideen) und die organische affektive Störung (Manie oder Depression) genannt. Die Symptomatik entspricht im wesentlichen der Symptomatik nichtorganischer Störungen gleicher Benennung. Sie sind im Gegensatz zu den endogenen Psychosen seltener familiär belastet und treten häufiger erstmals im höheren Lebensalter auf. Manchmal wirken sie atypisch im Verlauf, was ein Hinweis für hirnorganische Störungen darstellt. Letztlich können sich jedoch hinter jeder psychischen Veränderung organische Prozesse verbergen. Zur Differentialdiagnostik ist daher bei jeder Erstmanifestation einer Schizophrenie, Manie, Depression und anderer psychischer Erkrankungen eine sorgfältige organische Ausschlußdiagnostik erforderlich. Die exogenen Psychosen ohne Bewußtseinsstörung können im Verlauf von Hirnerkrankungen an Schwere zunehmen und in eine akute exogene Psychose mit Bewußtseinsstörung übergehen. Auf alle Fälle sind sie, wie alle exogenen Psychosen, vollständig rückbildungsfähig, wenn die zur Psychose führende Schädigung keine bleibenden Hirnveränderungen hinterläßt.

Typisch für den *Verlauf* exogener Psychosen sind Schwankungen in der Symptomatik. So klart beispielsweise ein Verwirrter immer wieder auf, besonders am Tage. Nachts hingegen nimmt die Symptomatik häufig zu. Diese Tagesschwankungen sieht man vor allem bei exogenen Psychosen, die infolge vaskulärer Erkrankungen entstehen, aber beispielsweise auch beim Alkoholentzugsdelir. Die Dauer akuter exogener Psychosen beträgt zumeist nur einige Tage, ist aber abhängig von der Art und der Behandelbarkeit der zugrundeliegenden Schädigung. Diese bestimmt sowohl den Verlauf als auch die Therapie.

Die Angaben über die Häufigkeit exogener Psychosen sind sehr unterschiedlich. Sie werden in nichtpsychiatrischen Abteilungen häufig verkannt und sind auf Grund ihrer Vielgestaltigkeit auch schwer zu erfassen. Als Psychiater erlebt man sie häufig im Konsildienst in anderen Kliniken, vor allem in der Inneren Medizin und auf Intensiv- und Wachstationen, wo bei ca. 30 % aller Patienten akute exogene Psychosen auftreten sollen (Horn 1996).

3.3 Psychogene Psychosen

Wie bereits erwähnt, ist diese Gruppe der Psychosen am wenigsten definiert und diagnostisch unklar umrissen. Das einzige wesentliche Kriterium ist eine vermutete psychogene, d. h. aus seelischen Abläufen oder aus psychischer Traumatisierung erklärbare Genese. Fast die gesamte Bandbreite der Psychopathologie kann auch psychogen entstehen. Der Ausschluß einer organischen Erkrankung, fehlende Hinweise auf eine Endogenität und ein eindeutiger Zusammenhang zu lebensgeschichtlichen Ereignissen und zugrundeliegenden seelischen Konflikten können als wichtige Voraussetzungen genannt werden.

Eine Form der psychogenen Psychosen sind die sogenannten «*psychotischen Reaktionen*». Sie sind im Vergleich zu den endogenen Psychosen in der Symptomatik geringer und inkonstanter ausgeprägt und im zeitlichen Verlauf wesentlich kürzer. Sie treten als psychische Dekompensation im Rahmen von Persönlichkeitsstörungen auf, wenn das seelische Gleichgewicht zwischen Abwehr und zugrundeliegender Persönlichkeitsstruktur so sehr gestört ist, daß die eigene Identität, das «Ich», stark ins Wanken gerät. Prädestiniert dafür sind die sogenannten «psychosenahen-frühen» Persönlichkeitsstörungen, wie die narzißtische und die Borderline-Persönlichkeitsstörung, da hier ohnehin eine ausgeprägte Ichstörung besteht (siehe auch Kapitel Persönlichkeitsstörungen in diesem Band). Diese psychotischen Reaktionen schwanken häufig bei demselben Menschen in ihrer Symptomatik. Einmal treten eher manische, dann wieder schizophreniforme oder depressive Symptome auf. Sie sind zumeist von kurzer Dauer, können aber auch über Wochen anhalten und sind dann schwer von endogenen Psychosen zu unterscheiden.

Außerdem kommen psychotische Reaktionen auch infolge akuter psychischer Traumata (z. B. Todesfall eines nahen Angehörigen, beruflicher Ruin, Scheidung) vor.

Eine weitere Form der psychogenen Psychosen sind die *dissoziativen Störungen*. Bei diesen Störungen kommt es zu einer teilweisen oder vollständigen Entkopplung von seelischen und körperlichen Funktionen (Deister 1996). Sie wurden früher als Konversionsneurose (besondere Form der neurotischen Entwicklung, bei der sich seelische Störungen in körperlichen Beschwerden äußern) oder Hysterie (psychogene Körperstörung) bezeichnet. In der ICD-10 wird unter anderem dazu ausgeführt:

«Das allgemeine Kennzeichen der dissoziativen Störungen ist der teilweise oder völlige Verlust der normalen Integration von Erinnerungen aus der Vergangenheit, des Identitätsbewußtseins, der unmittelbaren Empfindungen sowie der Kontrolle der Körperbewegungen […] Diese Störungen werden als psychogen angesehen. Das heißt, es besteht eine nahe zeitliche Verbindung zu traumatisierenden Ereignissen, unlösbaren oder unerträglichen Konflikten oder gestörten Beziehungen […] Es wird meistens von einem plötzlichen Beginn und Ende der dissoziativen Zustandsbilder berichtet.»

Zumeist kommt es zu einer vollständigen Rückbildung der Symptomatik. Die Betroffenen selbst sehen die – für andere offensichtlichen – Probleme und Schwierigkeiten nicht, sondern verschieben diese und die damit verbundenen zumeist unangenehmen Gefühle in ein Symptom. Diese Symptome können den Körper oder die Sinne betreffen (z. B. psychogene Beinlähmung, psychogene Taubheit, psychogene Aphonie) oder auch zu einer psychoseähnlichen Symptomatik führen (z. B. psychogene Dämmerzustände, psychogene Verwirrtheit, psychogener Stupor). Diese Formen kann man als psychogene Psychosen bezeichnen, wenngleich sie in der ICD-10 unter der Gruppe der neurotischen, Belastungs- und somatoformen Störungen aufgeführt sind.

4. Auf der Suche nach Erklärungen – Ursachen von Psychosen

Im Rahmen der Einteilung der Psychosen wurde die Ätiopathogenese (Ursachen und Entwicklungsbedingungen) von Psychosen bereits angesprochen. Die Einteilung erfolgte danach, ob exogene, psychogene oder endogene Faktoren ursächlich im Vordergrund stehen. Auch wurde dargelegt wie sich diese Faktoren auf die Symptomatik von Psychosen auswirken. Wie nun Psychosen genau entstehen, ist bis heute völlig unklar und bleibt Gegenstand ungebrochener Forschung. Aus der Vielzahl von Hypothesen sind einige mehr, andere weniger gut bewiesen. Jede für sich kann jedoch die Komplexität der Entstehung von Psychosen nicht erklären. Am ehesten geht man heute, wie bei allen psychischen Störungen, von einem multikonditionalen Bedingungsgefüge aus, d. h. mehrere ätiologisch relevante Bedingungen führen in ihrem Zusammentreffen zum Ausbruch einer Psychose. Die Gewichtung erfolgt dann nach der vermuteten Relevanz.

Bei den *exogenen Psychosen* werden die Entstehungsbedingungen am klarsten definiert. Hier wird das Vorliegen einer krankhaften Störung des Gehirns oder des gesamten Körpers als wesentliche Bedingung, die zum

Auftreten der Psychose führt, angesehen. Fast jede körperliche Erkrankung kann im Verlauf zu psychopathologischen Auffälligkeiten führen. Die gleiche Störung des Gehirns führt beim einen zu einer Psychose, beim anderen nicht, oder sie führt beim einen zu einem Verwirrtheitszustand, beim anderen hingegen zu einer schizophrenieartigen Symptomatik. Neben der zugrundeliegenden Störung scheinen also auch noch andere Faktoren eine Rolle zu spielen. Es gibt jedoch bestimmte krankhafte Störungen des Gehirns oder des Körpers, die eine exogene Psychose mit relativ spezifischer Symptomatik hervorrufen. Beispiele wurden bereits in den vorangegangenen Kapiteln aufgeführt.

Ähnlich stellt sich die Situation bei den *psychogenen Psychosen* dar. Hier wird als wichtigster ursächlicher Faktor die lebensgeschichtliche Bedingung und ein seelischer Konflikt angenommen. Auch hier kann man jedoch von multifaktoriellen Bedingungen ausgehen, da nicht jeder Mensch nach einem psychischen Trauma eine psychogene Psychose entwickelt.

Die wesentlichen ursächlichen Zusammenhänge liegen somit bei den exogenen und psychogenen Psychosen schon in der Begriffswahl. Schwieriger und zum Teil verwirrender stellen sich die Entstehungsbedingungen bei den *endogenen Psychosen* dar. Im folgenden sollen übersichtsartig die wichtigsten Hypothesen zu den Entstehungsbedingungen der Schizophrenien und der affektiven Psychosen dargestellt werden.

4.1 Ursachen und Entstehungsbedingungen der Schizophrenien

Die genetische Disposition (anlagebedingte Bereitschaft) der Erkrankung ist durch Zwillings- und Adoptivstudien gut belegt. So liegt die Erkrankungswahrscheinlichkeit bei Angehörigen ersten Grades bei etwa 10 %. Bei Erkrankung beider Elternteile steigt das Risiko für die Kinder, auch an Schizophrenie zu erkranken, auf 40 %. Die Übereinstimmungsrate eineiiger Zwillinge, an Schizophrenie zu erkranken, beträgt etwa 50 %. Die genetische Disposition scheint auf verschiedenen Genen lokalisiert. Ein bestimmter kausal relevanter Genort konnte jedoch bislang nicht identifiziert werden. Da die Vererbung nie 100 %ig erfolgt, muß man noch weitere Faktoren in Betracht ziehen. Hypothesen beziehen sich diesbezüglich auf angeborene kleinere Fehlfunktionen des Gehirns oder auf durchgemachte virale Infektionen.

Weiterhin werden auch psychosoziale Faktoren als Ursache und Auslöser beschrieben. Nach der sogenannten «Drift-Hypothese» finden sich Schizophrene vorrangig in sozialen Unterschichten, was aber nach neueren Erkenntnissen eher Folge als Ursache der Erkrankung ist. Auch der Typus der dominanten «schizophrenogenen» Mutter und typische Kommunikationsstile in der Familie Schizophrener wurden auf ihre ursächlichen Bedeutung hin untersucht, ohne daß ein eindeutiger Zusammenhang nachgewiesen werden konnte.

Die zum jetzigen Zeitpunkt am besten gesicherten Untersuchungsergebnisse weisen auf eine erhöhte Rückfallneigung hin, wenn Schizophrene in sogenannten «High expressed emotions»-Familien leben, in denen es zu einer psychosozialen Überstimulation kommt. Leben die Betroffenen hingegen in einem erlebnisarmen Milieu, also in Unterstimulation, bildet sich häufiger eine Negativsymptomatik (s. o.) aus.

Weiterhin wurde untersucht, inwiefern bestimmte Persönlichkeitsmerkmale auf einen späteren Ausbruch der Krankheit hinweisen können. So bestand lange die Hypothese, daß die schizoide Persönlichkeitsstörung mit der Schizophrenie assoziiert ist, was sich nicht bestätigt hat. In Längsschnittuntersuchungen wurde jedoch gefunden, daß Kinder, die später an Schizophrenie erkrankten, sich schon im Kleinkindalter passiv und unkonzentriert verhielten, und in der Schule durch unangepaßte und störende Verhaltensweisen auffielen. Häufig zeigten sich auch schwere Beziehungsstörungen in der Familie.

Einen wichtigen Platz nehmen auch biochemische Hypothesen ein. So wird für die Entstehung einer Schizophrenie ein Dopaminüberschuß verantwortlich gemacht. Auch hier fehlt der empirische Nachweis. Es gibt jedoch wichtige klinische Argumente für diese Hypothese. Zum einen kann die gute Wirksamkeit der Neuroleptika (als Dopaminantagonisten wirken sie gegen einen Dopaminüberschuß), zum anderen die Auslösbarkeit einer akuten Symptomatik bei Schizophrenen durch dopaminerge Substanzen (diese erhöhen den Dopaminspiegel, wie z. B. Amphetamine) als die wichtigsten Argumente für diese Hypothese angeführt werden.

Durch neuroanatomische Untersuchungen und neuere bildgebende Verfahren fand man zumindest bei einem Teil schizophren Erkrankter typische Veränderungen der Hirnstruktur (ausführlich siehe Möller 1996)

4.2 Ursachen und Entstehungsbedingungen der affektiven Psychosen

Eine genetische Disposition scheint auch bei den affektiven Psychosen als erwiesen, wobei sie bei der manisch-depressiven Erkrankung besonders hoch liegt. Leiden beispielsweise beide Elternteile an einer bipolaren Psychose, liegt die Erkrankungswahrscheinlichkeit bei den Kindern bei 50 bis

60 %. Die Übereinstimmungsrate für eineiige Zwillinge liegt bei monopolaren affektiven Psychosen bei 50 %, bei bipolaren Verläufen sogar bei 80 %.

Psychosozialen Faktoren wie das Auftreten kritischer Lebensereignisse («Life Events») können bei der Auslösung affektiver Psychosen eine Rolle spielen. Hier geht man jedoch nicht von einem kausalen Zusammenhang aus, sondern von einer unspezifischen Streßreaktion als eigentlichen Auslöser. Psychoanalytische Modellvorstellungen beziehen sich vorrangig auf frühkindliche Mangelerfahrungen, die unter bestimmten Stressoren zu affektiven Störungen führen können. Aus lerntheoretischer Sicht stehen Störungen der Eigenwahrnehmung und der Selbstbewertung im Vordergrund. Ein Beispiel ist die negative Wahrnehmung der eigenen Person, der Umwelt und der Zukunft, die in der Kindheit erlernt wird. Unter spezifischem und unspezifischem Streß kommt es dann zur Wiederbelebung dieser Denkmuster und damit, in diesem Fall, zur Ausbildung einer Depression (ausführlich siehe Kapitel zu Depressionen in diesem Band).

Auch bei den affektiven Psychosen wurde die Bedeutung von Persönlichkeitsmerkmalen untersucht. Schon Tellenbach charakterisierte seinen «Typus melancholicus», der pathognomisch für eine Depression sein soll. Er beschreibt ihn als sehr ordentlich, überkorrekt, genau und aufopferungsbereit.

Ein weiterer wichtiger ätiopathologischer Faktor sind neurobiologische Veränderungen. So wurden Hypothesen entwickelt, wonach Depressionen mit einer Verminderung der Neurotransmitter Noradrenalin und Serotonin zusammenhängen sollen. Heute geht man eher von einer Dysbalance verschiedener Neurotransmitter aus. Manien hingegen sollen mit einer Erhöhung von Noradrenalin und Dopamin einhergehen.

Auch tagesrhythmische und jahreszeitliche Faktoren scheinen eine Rolle zu spielen. So treten beispielsweise Depressionen gehäuft im Frühjahr oder Herbst auf. Weiterhin sind bei affektiven Psychosen verschiedene biologische Rhythmen wie z. B. der Schlaf-Wach-Rhythmus desynchronisiert. Somatische Erkrankungen und Pharmaka können Auslöser oder Co-Faktor bei affektiven Psychosen sein (siehe auch Laux 1996).

5. Behandlung und Ausblick – Therapiemöglichkeiten

Im vorhergehenden Kapitel wurde mehrfach auf die multifaktorielle Genese von Psychosen hingewiesen. Daraus ergibt sich auch die Notwendigkeit einer mehrdimensionalen Therapie (Fähndrich 1993). Die «drei großen Säulen» der Therapie von Psychosen sind die somatische Therapie (v. a. Pharmakotherapie), die Psychotherapie und die Soziotherapie. Es gilt dies grundsätzlich für alle Psychoseformen. Die ursächliche Zuordnung der Psychosen (endogen, exogen und psychogen) wirkt sich jedoch auf den Anteil der verwendeten therapeutischen Verfahren aus. So steht beispielsweise bei psychogenen Psychosen auch die Psychotherapie im Vordergrund. Auch ändert sich die Gewichtung der Therapieverfahren im zeitlichen Verlauf. In allen akuten Zuständen der Psychose steht die Pharmakotherapie an erster Stelle, im weiteren Verlauf gewinnen dann zunehmd psychotherapeutische und soziotherapeutische Verfahren an Bedeutung. Zur umfassenden Behandlung ist daher immer ein Gesamtbehandlungsplan zu erstellen, der alle drei Säulen der Therapie umfaßt.

Im folgenden werden die therapeutischen Möglichkeiten bei der Schizophrenie, den affektiven Psychosen und den exogenen Psychosen unter Bezugnahme auf die drei Therapieverfahren nur kurz vorgestellt. Ergänzend sei auf andere Kapitel in diesem Buch verwiesen (z. B. zur Depression, Psychotherapie, Psychopharmakotherapie). Auf die psychogenen Psychosen wird nicht gesondert eingegangen. Hier ist die Therapie in der akuten Phase symptomorientiert und unterscheidet sich somit nicht von der Therapie endogener Psychosen. Im weiteren Verlauf stehen dann jedoch psychotherapeutische Verfahren im Vordergrund.

5.1 Die Therapie der schizophrenen Psychosen

Die Behandlung akuter Schizophrener muß bei Erstmanifestation häufiger stationär erfolgen. Wenn eine starke Erregung und Realitätsverkennung bei den Betroffenen vorhanden ist, kann sogar eine Behandlung auf einer geschlossenen psychiatrischen Station, zum Teil auch gegen den Willen des Betroffenen, erforderlich sein. In der akuten Phase einer Schizophrenie, ob in ambulanter oder stationärer Behandlung, steht die Psychopharmakotherapie im Vordergrund. Seit vielen Jahren haben sich bei der Schizophrenie Neuroleptika bewährt. Durch deren Einführung hat sich die durchschnittliche stationäre Behandlungsdauer erheblich verkürzt, und es ist zunehmend möglich geworden, daß auch akute Krankheitsschübe ambulant behandelt werden können (Bäuml 1994). Die gute Wirksamkeit der Neuroleptika rechtfertigt deren Einsatz trotz einiger unerwünschter Nebenwirkungen. Nach Abklingen der akuten Symptomatik kann die Dosis zumeist reduziert werden. Die Weitergabe von Neuroleptika ist zur Verhinderung von Rückfällen auch schon nach Erstmanifestation erforderlich. Es kommen bei der Behandlung der Schizophrenie auch andere Psychopharmaka zum Einsatz mit eher sedierender oder antidepressiver Wirkung. Die individuelle psychopharmakologische Behandlung, insbesondere die Auswahl und Dosierung der Medikation, richtet sich vorrangig nach der Symptomatik und muß von einem erfahrenen Psychiater überwacht werden. Dabei gilt stets der Grundsatz: «Soviel Medikamente wie nötig, und sowenig wie möglich.»

Ein besonderes therapeutisches Problem stellt eine sich im Verlauf entwickelnde chronische Negativsymptomatik dar, die durch die klassischen Neuroleptika mitbedingt sein kann. Hier kommen vor allem neuere, sogenannte atypische Neuroleptika mit zunehmendem Erfolg zur Anwendung (siehe Kapitel Psychopharmakotherapie).

Bei schweren katatonen Zuständen muß, wenn die Pharmakotherapie in den ersten Tagen nicht anschlägt, eine Elektrokrampfbehandlung erfolgen, um eine akute Lebensgefährdung zu vermeiden.

In der Akutphase einer Schizophrenie wie auch im weiteren Verlauf ist ein allgemein stützendes psychotherapeutisches Basisverhalten durch den behandelnden Arzt erforderlich. Dabei geht es neben der seelischen Unterstützung durch Gespräche auch um eine umfassende Information über die Erkrankung und die erforderlichen Behandlungsmaßnahmen. Die Betroffenen sollen ihre Erkrankung verstehen, begreifen und akzeptieren lernen, um später dann die notwendigen Konsequenzen für die weitere Lebensplanung ziehen zu können. Diese Information muß auch für die betroffenen Angehörigen erfolgen. Sie haben eine wesentliche stützende und begleitende Funktion und dürfen krankheitsbedingte Symptome nicht auf sich beziehen, sondern müssen mit ihnen umgehen lernen. Als Beispiel sei hier der Wahn mit seiner ihm eigenen inneren Logik angeführt (z. B. Verfolgungswahn). Argumente dagegen sind sinnlos und führen eher zu einer Verstärkung der Symptomatik.

Spezielle psychotherapeutische Verfahren sind erst nach Abklingen der akuten Symptomatik sinnvoll und kommen zumeist nur in Spezialzentren zur Anwendung. Hier geht es vor allem um die Schulung sozialer Kompetenz, um die Streßbewältigung, die Verbesserung kognitiver Leistungen und Tagesstrukturierung.

Entsprechend der schon erwähnten Erkenntnisse über den Einfluß der Über- bzw. Unterstimulation bei Schizophrenen ist eine ausgewogene

Lebensführung im beruflichen und in anderen sozialen Bereichen wünschenswert. Häufig werden schon kleinste, sonst als geringfügig angesehene Änderungen der Lebensgewohnheiten von Schizophrenen als Streß empfunden. Hier zeigt sich bereits die dritte Säule in der Therapie der Schizophrenie, die Soziotherapie. Hierbei geht es um eine gezielte Beeinflussung der Alltagssituation und des sozialen Umfeldes des Betroffenen. Wichtige soziotherapeutische Maßnahmen sind die Arbeits- und Beschäftigungstherapie, die Milieutherapie, die Tagesstrukturierung und die berufliche Rehabilitation. Die Betroffenen sollen dabei wieder schrittweise befähigt werden, ihr Leben in Eigenverantwortung und ohne die ständige Unterstützung von anderen zu leben (siehe auch Bäuml 1994, Möller 1993).

5.2 Therapie der affektiven Psychosen

Zu den somatischen Therapiemethoden bei den affektiven Psychosen gehören die Psychopharmakotherapie (Antidepressiva), die Elektrokrampfbehandlung und bei den Depressionen noch die Schlafentzugsbehandlung und die Lichttherapie (ausführlich siehe Kapitel zu Depressionen und Psychopharmakotherapie in diesem Band).

Bei der Manie sind Neuroleptika anzuwenden. Bei milderen Formen lassen sich auch Lithium und Carbamazepin verwenden, die gleichzeitig zur Rezidivprophylaxe (Rückfallverhütung) eingesetzt werden.

Die Elektrokrampftherapie (EKT) ist immer noch die wirksamste Form der Akutbehandlung affektiver Psychosen (Fähndrich 1993). Trotz der erwiesenen Wirksamkeit kommt sie nur bei langen therapieresistenten Depressionen zur Anwendung, was eher an der öffentlichen Kritik als an nachweisbaren Gefahren der EKT liegt.

Schlafentzug wirkt unbestreitbar antidepressiv (Kuhs & Tölle 1986), als alleiniges Therapieverfahren ist es jedoch nicht ausreichend. Wegen des sofortigen Wirkungseintritts kann man den Schlafentzug bei akuter Suizidalität und zur Überbrückung der Wirklatenz der Antidepressiva anwenden. Man unterscheidet den totalen vom partiellen Schlafentzug, bei dem nur die zweite Nachthälfte gewacht wird.

Ein weiteres Verfahren ist die Lichttherapie, die vor allem bei jahreszeitlich abhängigen Depressionen gut wirksam ist und in 88 % dieser Fälle eine Besserung hervorrufen soll (Wirtz-Justice et al. 1986).

Psychotherapeutische Verfahren sind bei Manien erst nach Abklingen der Symptomatik anwendbar. Ähnlich verhält es sich bei schweren Depressionen, wo anfangs auch eine Pharmakotherapie im Vordergrund steht. Im weiteren Verlauf verspricht die Kombination beider Verfahren den größten

Erfolg (Linden 1987). Als spezielle Psychotherapieverfahren bei Depressionen gibt es die kognitive Verhaltenstherapie und die interpersonelle Therapie. Dabei geht es um die Korrektur negativer Kognitionen, den Aktivitätsaufbau und die Förderung von Selbstsicherheit und sozialer Kompetenz vor allem in der Beziehung zu nahen Bezugspersonen. Auch tiefenpsychologisch fundierte und analytische Verfahren können zur Anwendung kommen (siehe Kapitel zu Depressionen).

In soziotherapeutischen Maßnahmen, wie beispielsweise der Ergotherapie, geht es um die Tagesstrukturierung, die Wiederentwicklung eigener Kreativität und Freude und dem Training von Konzentration und Ausdauer.

5.3 Therapie der exogenen Psychosen

Bei der Therapie exogener Psychosen steht die Beseitigung der auslösenden Ursache der Psychose im Vordergrund. Häufig ist dies jedoch nicht sofort möglich, oder die Ursache ist nicht bekannt. Es muß dann eine auf die Symptomatik gerichtete psychopharmakologische Therapie erfolgen. Liegt eine Bewußtseinsstörung vor, ist bei der medikamentösen Therapie besondere Vorsicht geboten, da zugrundeliegende Erkrankungen verschleiert werden können. Ist im weiteren Verlauf die Ursache der Psychose bekannt, kann eine gezieltere Beeinflussung erfolgen. Es kommen spezielle Therapieschemata zur Anwendung, die hier im einzelnen nicht näher aufgeführt werden können. Neben der symptomorientierten psychopharmakologischen Behandlung ist häufig eine internistische Begleittherapie und eine Intensivüberwachung erforderlich. Weiterhin muß selbstverständlich sowohl in der Akutphase als auch in der Nachbehandlung auf eine fachgerechte psychische Führung der Betroffenen geachtet werden (siehe auch Kasper 1993).

6. Ausblick

Seit der bahnbrechenden Einführung der Neuroleptika in den fünfziger Jahren sind keine ähnlichen revolutionären Entdeckungen mehr gemacht worden. Sowohl die Neuroleptika als auch die Antidepressiva werden jedoch ständig weiterentwickelt. Dabei geht es um die Entwicklung neuer Medikamente mit geringeren oder keinen Nebenwirkungen. Aktuell sind es vor allem die neuen sogenannten atypischen Neuroleptika, die zunehmend zur Anwendung kommen und schon heute viele Betroffene von lästigen Nebenwirkungen befreit haben. Weiterhin haben diese neuen Medikamente einen wirksameren Einfluß auf die Negativsymptomatik der Schizophrenie. Hier geht es in den nächsten Jahren um die weitere praktische Erprobung hinsichtlich therapeutischer Wirksamkeit und dem Ausschluß von möglicherweise später auftretenden Nebenwirkungen. In der Gruppe der Antidepressiva ist ebenfalls eine neue Substanzklasse entwickelt worden, die Serotonin-Wiederaufnahmehemmer. Sie sind nebenwirkungsärmer und greifen auch an anderer Stelle im Transmitterstoffwechsel des Gehirns an als die klassischen Antidepressiva (Näheres im Kapitel zu Psychopharmaka in diesem Band).

Weiterhin ist eine zunehmende Beachtung von psychotherapeutischen und soziotherapeutischen Maßnahmen in der Behandlung von Psychosen zu verzeichnen. Immer wieder werden neue Therapieverfahren publiziert und zumeist in Spezialzentren auch klinisch erprobt.

Auch in der heutigen Zeit ist jedoch noch eine mangelnde öffentliche Akzeptanz für psychotisch Erkrankte zu verzeichnen. Wichtig erscheint deshalb eine effiziente und differenzierte Öffentlichkeitsarbeit, um das Wissen und Verständnis der Bevölkerung für psychotisch Erkrankte zu erhöhen (statt dessen werden in einschlägigen Programmen «Geistesgestörte» einseitig als Mörder und Sexualtäter abgebildet).

Es geht weiterhin darum, potentiell Betroffenen den Weg zu einer adäquaten Behandlung zu erleichtern, da oft eine unnötige Angst vor der Psychiatrie von Betroffenen und ihren Angehörigen eine kenntnisreiche Diagnostik und Therapie verhindern (sog. Wegschließpsychiatrie).

Hilfreiche Adressen

Allgemeine Informationen zu psychischen Störungen und Psychotherapie

Verhaltenstherapie und kognitive Verhaltenstherapie

Deutsche Gesellschaft für Verhaltenstherapie (DGVT)
Neckarhalde 55
72070 Tübingen
Tel.: 07071/ 412 11

Deutscher Fachverband für Verhaltenstherapie (DVT)
Stresemanstraße 4
68165 Mannheim
Tel.: 0621/ 41 70 01

Christoph-Dornier-Centrum
für Klinische Psychologie
Tibusstraße 7–11
48143 Münster
Tel.: 0251/ 48 100

Psychoanalytische Therapie

Deutsche Gesellschaft für Psychoanalyse, Psychotherapie, Psychosomatik und Tiefenpsychologie e. V. (DGPT)
Johannisbollwerk 20/ III
20459 Hamburg
Tel.: 040/ 319 26 19

Tiefenpsychologische Therapien

Deutscher Arbeitskreis für Gruppenpsychotherapie und Gruppendynamik (DAAG)
Landaustraße 18
34121 Kassel
Tel.: 0561/ 28 45 67

Familientherapie

Dachverband für Familientherapie und systemisches Arbeiten (DFS)
Rather Schulstraße 12
51107 Köln
Tel.: 0221/ 86 68 79

Allgemeine Informationen

Psychotherapie-Informations-Dienst (PID)
des Berufsverbandes Deutscher Psychologen und Psychologinnen e. V.
Heilsbachstraße 22–24
53123 Bonn
Fax: 0228/ 64 10 23

Hilfreiche Adressen

Der Beratungs- und Informationsservice ist Ihnen bei der Auffindung einer geeigneten Therapiemöglichkeit behilflich und berät auch zu Kostenfragen. Sie können ihn telefonisch erreichen unter: 0228/ 74 66 99. Folgende Sprechzeiten gelten:
Montag, Dienstag, Donnerstag, Freitag 9 bis 12 Uhr
Montag und Donnerstag 13 bis 16 Uhr

Krankenkassen

Lassen Sie sich von Ihrer Krankenkasse eine Liste der niedergelassenen Psychotherapeuten geben, spezifizieren sie gleich, welche Therapieform sie wünschen.

Hilfreiche Adressen in Österreich

ÖBVP (Österreichischerer Bundesverband für Psychotherapie) beantwortet alle Fragen zur Psychotherapie:
Rosenbursenstr. 8/3/7, 1010 Wien.
E-mail: oebvp@psychotherapie.at

ÖGWG Österreichische Gesellschaft für wiss. klientenzentrierte Psychotherapie und Gesprächsführung
4020 Linz, Altstadt 17
Telefon 0732/78 46 30
E-mail: oegwg@psychotherapie.at

SVGT Schweizerische Gesellschaft für Verhaltenstherapie
Geschäftsstelle SGVT
11, av. du Casino
CH-1820 Montreux
Telefon +41 (0) 21 963 29 27
E-mail: info@svgt-sstcc.ch

SVG (Schweizerischer Verein für Gestalttherapie und integrative Therapie
Postfach 265
8049 Zürich
Telefon 01 341 09 08 (Auskünfte)

Internet
Internet: http://www.beratungspool.ch/ dienstleistungen/dien pt.html
(Therapeuten in verschiedenen Regionen der Schweiz)

Schweizerischer Berufsverband für Angewandte Psychologie SBAP

SBAP (Vermittlung von Psychotherapeuten) Schweizerischer Berufsverband für Angewandte Psychologie SBAP
Sekretariat: Maja Hefti
Seefeldstr. 305
CH-8008 Zürich
Telefon 01 420 18 36
Telefax 01 420 18 37
E-mail: sbap@access.ch

Hilfreiche Adressen in der Schweiz

Psychologische Beratungs- und Forschungsstelle (Abtlg. klinische Psychologie)
Schmelzbergstr. 40
CH-8044 Zürich
Beratung: 01-634 44 59
(Mo–Fr 9–12 und 14–17 Uhr)

Spezielle Störungen

Zwangsstörungen

Nähere Informationen zur Zwangserkrankung, zu Behandlungsmöglichkeiten, Selbsthilfegruppen und zur Vernetzung von Betroffenen erhalten Sie bei der
Deutschen Gesellschaft für Zwangserkrankungen e.V.
Postfach 1545
49005 Osnabrück
Telefon: 0541/ 409 66 33 (Mo.-Fr. 10–12 Uhr; Mo., Mi. 14–16.30 Uhr)
Fax: 0541/ 409 66 35
http://www.zwang-forum.uni-osnabrueck.de.

Suizidalität

Deutsche Gesellschaft für Suizidprävention (DGS)
Psychiatrisches Landeskrankenhaus
Universität Ulm
88214 Ravensburg-Weissenau
Tel. 0751/ 7601 221 oder 394

Die Arche – Zentrale für Selbstmordverhütung und Lebenshilfe
Victoriastr. 9
80803 München
Tel. 089/ 33 40 41

Konfliktberatung –
Selbstmordverhütung
Jebenstr. 1
10623 Berlin
Tel. 030/ 3136 66 022

Eine ausführliche Aufschlüsselung hilfreicher Adressen und Telefonnummern findet sich in dem Buch «Alt und lebensmüde» von Dr. Martin Teising,
1992 in Reinhardt Gerontologischer Reihe erschienen.

In Krisensituationen steht in den meisten Orten rund um die Uhr eine Telefonseelsorgeeinrichtung unter den Nummern 11101 und 11102 zur Verfügung.

Somatoforme Störungen

Nähere Informationen zu Schmerzstörungen, zu Behandlungsmöglichkeiten und Selbsthilfegruppen erhalten Sie bei:
Deutsche Schmerzliga e. V.
Roßmarkt 23
60311 Frankfurt am Main
Telefon: 069/ 2998 80 75

Fach- und Fortbildungsinformationen sowie Adressen qualifizierter Ärzte und Therapeuten erhalten Sie bei:
Deutsche Gesellschaft zum Studium des Schmerzes
II. Physiologisches Institut
der Universität Heidelberg
Im Neuenheimer Feld 326
69120 Heidelberg
Fax: 06221/ 56 33 64

Depressionen

Telefonseelsorge

Hier können Sie in akuten Krisensituationen Rat und Informationen einholen. Die Nummer ist universal von jeder Stadt aus zu erreichen und die Beratung ist *kostenlos für die Anrufer*.

0800 – 111 0 111

Krisennotdienst

Jede Stadt verfügt über einen Krisennotdienst, deren Telefonnummern Sie bei Ihrem Arzt, in den Gelben Seiten oder den Wochenzeitungen finden können.

Selbsthilfegruppen

In den Gelben Seiten oder bei Ihrem Arzt finden Sie Hinweise auf Selbsthilfegruppen. Wenden Sie sich an eine, die sich speziell mit Ihrem Problembereich beschäftigt. Hier können Sie mit anderen über dieses Problem sprechen und auch weitere Informationen erlangen.

Selbsthilfekontakt- und Informationszentrum SEKIS
Friedrichstraße 28
35392 Gießen
Tel.: 0641/ 702 24 78

Psychosen

Ein wichtiger Anlaufpunkt für Betroffene und ihre Angehörigen sind Angehörigengruppen. Bei den entsprechenden Landesverbänden erhält man ausführliche Informationen.

Die Adressen dieser Landesverbände für psychisch Kranke finden sich in dem Buch «Psychosen aus dem schizophrenen Formenkreis» von Dr. med. Josef Bäuml, 1994 im Springer-Verlag erschienen. Hier befindet sich im Anhang auch eine Liste mit ausgewählten Büchern und Scripten zum Thema psychotische Erkrankungen, die allen interessierten Lesern zu empfehlen ist.

Eßstörungen

Weitere Anfragen können Sie an den Autor unter folgender Adresse richten

Dr. phil. Dipl. psych. S. Barnow
Poliklinik für Psychiatrie und
Psychotherapie der EMA-Universität
Ellernhollzstr. 1–2
17487 Greifswald

Angststörungen

Eine der bekanntesten Angst-Selbsthilfegruppen ist die Münchner MASH, die auch eine Zeitschrift herausgeben (MASH, Bayerstr. 77 a, 80335 München, Tel.: 089/ 543 80 80)
Im Internet:
http://www.psychologie.de,
http://www.psychotherapie.de

Literaturverzeichnis

Ahrens, B., Berghöfer, A., Wolf, T., Müller-Oerlinghausen, B. (1995). Suicide attempts, age and duration of illness in recurrent affective disorder. Journal of Affective Disorders, 36, 43–49.
Alden, L. (1989). Short-term structured treatment for avoidant personality disorder. Journal of Consulting Clinical Psychology, 57, 765–764.
Alnaes, R., Torgensen, S. (1989). Personality disorders among patients with major depression in combination with dysthymic or cyclothymic disorders. Acta Psychiatrica Scandinavica, 79, 363–369.
American Psychiatric Association (1994). Diagnostic and Statistical Manual of Mental Disorders (4th ed.). Washington, DC: Author (dt. 1996; Göttingen, Bern, Toronto, Seattle: Hogrefe).
Amery, J. (1976). Hand an sich legen. Diskurs über den Freitod. Stuttgart: Klett.
Andrews, G., Neilson, M., Hurt, C., Stewart, G., Kiloh, L. G. (1990). Diagnosis, personality and the long-term outcome of depression. British Journal of Psychiatry, 157, 13–18.
Angst, J. (1986). The course of major depression, atypical bipolar disorders, and bipolar disorders. In: H. Hippius, G. L. Klerman, N. Matussek (eds.), New results in depression research. Berlin, Heidelberg, New York: Springer, 26–35.
Angst, J. (1992). Epidemiology of depression. Psychopharmacology. Berlin: Springer.
Angst-Manual (1994). Expertenkreis zur Erarbeitung eines Stufenplans zur Diagnose und Therapie von Angsterkrankungen in Zusammenarbeit mit der DEGAM (Hrsg.).
Angst-Manual (1994). Expertenkreis zur Erarbeitung eines Stufenplans zur Diagnose und Therapie von Angsterkrankungen in Zusammenarbeit mit der DEGAM (Hrsg.), ISBN: 3-925667-24.
Apter, A., Bleich, A., King, R. (1993). Death withoutr warning? A clinical postmortem study of suicide in 43 Israeli adolescent males. Archives of General Psychiatry, 50, 138–142.
Arend, H. (1994). Alkoholismus. Ambulante Therapie und Rückfallprophylaxe. Weinheim: Psychologie Verlags Union.
Arentewicz, G., Schmidt, G. (1993). Sexuell gestörte Beziehungen. Konzept und Technik der Paartherapie. Stuttgart: Enke.
Baekeland, F., Lundwall, L., Kissin, B. (1975). Methods of the treatment of chronic alcoholism: a critical appraisal. In: R. J. Gibbins et al. (Hrsg.), Research Advances in Alcohol and Drug Problems. New York: Wiley.
Bandura, A. (1979). Sozial-kognitive Lerntheorie. Stuttgart: Klett-Cotta.
Barley, W. D., Buie, S. E., Peterson, E. W., Hollingsworth, A. S., Griva, M., Hickerson, S. C., Lawson, J. E., Bailey, B. J.(1993). Development of an inpatient cognitive-

behavioral treatment program for borderline personality disorder. Journal of Personality Disorders, 7, 232–240.
Barlow, D. H., Craske, M. G., Cerny, J. A., Klosko, J. S. (1989). Behavioral treatment of panic disorder. Behavioral Therapy, 20, 261–281.
Barnow, S. (1999). Epidemiologie, Psychiatrische Komorbidität und psychosoziale Risikoindikatoren von Alterssuizidalität oder: Ist der Wunsch alter Menschen zu sterben «normal»? Ergebnisse der Berliner Altersstudie (BASE). Dissertationsschrift, Universität Greifswald, unveröffentlicht.
Barnow, S., Bernheim, D., Schröder, C., Fusch, C., Lauffer, H., Freyberger, H.-J. (2003). Adipositas im Kindes- und Jugendalter – Erste Ergebnisse einer multimodalen Interventionsstudie in Mecklenburg-Vorpommern. Psychotherapie Psychosomatik Medizinische Psychologie, 53, 4–12.
Barnow, S., Linden, M. (2000). Epidemiology and psychiatric morbidity of suicidal ideation among the elderly. Crisis, 21, 171–180.
Barnow, S., Linden, M. (2001). Wollen alte Menschen sterben? Fortschritte der Medizin, 119, 33–36
Barnow, S., Linden, M. (2002). Risikofaktoren von Todeswünschen Hochbetagter: empirische Befunde aus der Berliner Altersstudie (BASE). Fortschritte der Neurologie und Psychiatrie, 70, 185–191.
Barnow, S., Linden, M., Freyberger, H.-J. (submitted). The importance of living conditions, social network and health status for death wishes in the elderly: results from the Berlin Aging Study (BASE). Psychological Medicine.
Barnow, S., Linden, M., Lucht, M., Freyberger, H. J. (2002). The importance of psychosocial factors, gender, and severity of depression in distinguishing between adjustment and depressive disorders. Journal of Affective Disorders,72, 71–76.
Barnow, S; Linden, M., Lucht, M., Bernheim, D., Freyberger, H.-J. (in press). Does the age of persons with death wishes influence the assessment of the need for treatment by doctors and medical nursing staff? American Journal of Geriatric Psychiatry.
Barnow, S., Linden, M. Schaub, R. T. (1997). The impact of psychosocial and clinical variables on duration of inpatient treatment for depression. Social Psychiatry and Psychiatric Epidemiology, 32, 312–316.
Barraclough, B., Bunch, J., Nelson, B., Sainsbury, P. (1974). A hundred cases of suicide: clinical aspects. British Journal of Psychiatry, 125, 355–373.
Barsky, A. J. (1992). Amplification, somatization, and somatoform disorders. Psychosomatics, 33, 28–34.
Barsky, A. J., Coeytaux, R. R., Sarnie, M. K., Cleary, P. D. (1993). Hypochondrical patient's beliefs about good health. American Journal of Psychiatry, 150, 1085–1089.
Bastine, R. (1992). Psychotherapie. In: R. Bastine (Hrsg.), Klinische Psychologie. Band 2, Heidelberg: Kohlhammer.
Bauer, M. (1998). Epidemiologie depressiver Erkrankungen. In: M. T. Gastpar (Hrsg.), Antidepressiva. Stuttgart, New York: Thieme.
Bäuml, J. (1994). Psychosen aus dem schizophrenen Formenkreis. Berlin, Heidelberg, New York: Springer.

Beck, A. T. (1970). Cognitive therapy. Nature and relation to behavior therapy. Behavior Therapy. Bd. I, 184–200.
Beck, A. T. (1974). The development of depression. In: R. J. Friedman, M. M. Katz (eds.), The psychology of depression. New York: Wiley.
Beck, A. T., Brown, G., Berchick, R., Stewart, B., Steer, R. (1990). Relationship between hopelessness and ultimate suicide: A replication with psychiatric outpatients. American Journal of Psychiatry, 147, 190–195.
Beck, A. T., Freeman, A. (1990). Cognitive therapy of personality disorders. New York: Guilford.
Beck, A. T., Sokol, L., Clark, D. A. et al. (1992). A crossover study of focused cognitive therapy for panic disorder. American Journal of Psychiatry, 149, 778–783.
Beck, A., Kovacs, M., Weissman, A. (1979). Assessment of suicide ideation, the scale for suicide ideation. Journal of Counsulting Clinical Psychology, 47, 343–351.
Beck, A., Schuyler, D., Hermann, I. (1974). Development of suicidal intent scales. In A. Beck, H. Pesnik, D. Lettien (Eds.), The prediction of suicide. Philadelphia: Charles Press.
Beck, A., Weissmann, A., Lester, D., Trexler, C. (1974). The measurement of depression: The Hopelessness Scale. Journal of Consulting Psychology, 42, 861–865.
Beck, A., Word, C., Mendelson, M., Mock, I., Erbaugh, I. (1961). An inventory for measuring depression. Archives of General Psychiatry, 4, 561–571.
Becker, E., Margraf, J. (2002). Generalisierte Angststörung. Ein Therapieprogramm. Weinheim: Beltz.
Benedetti, G. (1993). Psychodynamik der Zwangsneurose (3. Aufl.). Darmstadt: Wissenschaftliche Buchgesellschaft.
Benkert, O. (1997). Psychopharmaka: Medikamente, Wirkung, Risiken. 3. Auflage, München: Beck.
Benkert, O., Hippius, H. (1996): Psychiatrische Pharmakotherapie. 6. Auflage, Berlin, Heidelberg: Springer.
Benkert; O., Kepplinger, H. M., Sobota, K. (1995). Psychopharmaka im Widerstreit. Eine Studie zur Akzeptanz von Psychopharmaka und zur Darstellung in den Medien. Berlin, Heidelberg: Springer.
Berger, M. (Eds.) Psychiatrie und Psychotherapie. Urban & Schwarzenberg, München, 2. Auflage, 742–762.
Beskow, J. (1979). Suicide in mental disorder in Swedish men. Acta Psychiatrica Scandinavica, (Suppl.), 1–138.
Binder, J., Angst, J. (1981). Soziale Konsequenzen psychischer Störungen in der Bevölkerung. Eine Feldstudie an jungen Erwachsenen. Archiv für Psychiatrie und Nervenkrankheiten, 229 (4), 355–370.
Bleuler, E. (1911). Dementia praecox oder Gruppe der Schizophrenien. In G. Aschaffenburg (Hrsg.), Handbuch der Psychiatrie. Leipzig, Wien: Deuticke.
Bock, F., Webber, I. (1972). Suicide among the elderly: isolating widowhood and mitigating alternatives. Journal of Marriage and the Family, 21, 24–31.
Bohus, M., Berger, M. (1992). Der Beitrag biologisch-psychiatrischer Befunde zum Verständnis depressiver Erkrankungen. Zeitschrift für Klinische Psychologie, 21, 156–171.
Bongartz, W., Bongartz, B. (1998). Hypnosetherapie. Göttingen: Hogrefe.

Booth, D. A. (1988). Culturally coralled into food abuse: The eating disorders as physiologically reinforced appetites. In: K. M. Pirke, W. Vandereycken, D. Ploog (Ed.), The Psychobiology of Bulimia nervosa. Heidelberg: Springer, 18–32.
Borkovec, T. D., Roemer, L. (1994). Cognitive-behavioral treatment of generalized anxiety disorder. In: R. T. Ammermann, M. Hersen (Eds.), Handbook of prescriptive treatments for adults (pp. 261–281). New York: Plenum.
Bourne, L. E., Ekstrand, B. R. (1992). Einführung in die Psychologie. Eschborn: Verlag Dietmar Klotz.
Boyce, P., Parker, G., Barnett, B., Looney, M., Smith, F. (1991). Personality as a vulnerability factor to depression. British Journal of Psychiatry, 159, 106–114.
Breslau, N., Kessler, R. C., Chilcoat, H. D., Schultz, L. R., Davis, G. C., Andreski, P. (1998). Trauma and posttraumatic stress disorder in the community: the 1996 Detroit Area Survey of Trauma. Archives of General Psychiatry, 55, 626–632.
Brinkley J. R., Beitman, B. D., Friedel, R. O. (1979). Low dose neuroleptic regimes in the treatment of borderline patients. Archives of genaral Psychiatry, 36, 319–352.
Bron, B. (1990). Suizidalität bei endogenen, neurotischen und reaktiven Depressionen im höheren Lebensalter. Schweizer Archiv für Neurologie und Psychiatrie, 141, 229–253.
Brooks et al. (1997). Zum Stellenwert von Sport in der Behandlung psychischer Erkrankungen. Psychotherapie, Psychosomatik, Medizinische Psychologie 47, 379–393.
Brown, G. W., Harris, T. (1978). Social origin of depression. A study of psychiatric disorders in woman. London: Tavistock.
Bruch, H. (1970). Family background and eating disorders. In: E. J. Anthony, C. Koupernik (Ed.), The child in his family. New York: Wiley.
Buckley, P. F., Schulz, S. C. (1996). Clozapine and risperidone: Refining and extending their use. Havard Review of Psychiatry, 4, 184–199.
Buddeberg, C., Bass, B., Gnirss-Bormet, R. (1994). Die lustlose Frau, der impotente Mann. Familiendynamik, 19, 3, 266–280.
Bungard, W. (1977). Isolation, Einsamkeit und Selbstmordgedanken im Alter. Aktuelle Gerontologie, 7, 81–89.
Bürgin, D. (1993). Eßstörungen in der Adoleszenz. In: D. Bürgin (Hrsg.), Psychosomatik im Kindes- und Jugendalter. Stuttgart: Gustav Fischer.
Cannon, W. B. (1929). Bodily changes in pain, hunger, fear and rage: An account of recent research into the function of emotional excitement. 2. Auflage. New York: Appleton-Century-Crofts.
Carlier, I. V. E., Lamberts, R. D., van Uechelen, A. J., Gersons, B. P. R. (1998). Disaster-related post-traumatic stress in police officers: A field study of the impact of debriefing. Stress Medicine, 14, 143–148.
Carlsson, A., Lindquist, M. (1963). Effect of chlorpromazine or haloperidol on formation of 3-methoxytyramine and normetanephrine in mouse brain. Acta Pharmacologica of Toxicologica, 20, 140–144.
Chassin, L., Curran, P. J., Hussong, A. M., Colder, C. R. (1996). The relation of parent alcoholism to adolescent substance use: a longitudinal follow-up study. Journal of Abnormal Psychology, 105 (1), 70–80.

Clark, D. (1992). Rational Suicide and people with terminal conditions or disabilities. Issues in Law and Medicine, 8, 147–166.
Clark, D. M., Wells, A. (1995). A cognitive model of social phobia. In: R. G. Heimberg (Hrsg.), Social phobia. Diagnosis, assessment and treatment. New York: Guilford Press.
Clark, D., & Clark, S. (1993). A psychological autopsy study of elderly suicide. In: K. Böhme (Ed.), Suicide. The state of the art. Regensburg: Roderer.
Cloninger, C. R. (1987). A systematic method for clinical description and classification of personality variants. Archives of General Psychiatry, 44, 573–588.
Cloninger, C. R. (1987). Neurogenetic adaptive mechanisms in alcoholism. Science, 236, 412–420.
Cloninger, C. R., Bohman, M., Sigvardsson, S. (1981). Inheritance of alcohol abuse. Cross-fostering analysis of adopted men. Archives of General Psychiatry, 38, 861–868.
Cloninger, C. R., Martin, R. L., Guze, S. B., Clayton, P. J. (1986). A prospective follow-up and family study of somatization in men and women. American Journal of Psychiatry, 143, 873–878.
Clum, G. A., Clum, G. A., Surls, R. (1993). A meta-analysis of treatments for panic disorder. Journal of Consulting and Clinical Psychology, 61, 317–326.
Conwell, Y., Rotenberg, M., & Caine, E. D. (1990). Completed suicide at age 50 and over. Journal of American Geriatric Society, 38, 640–644.
Coons, P. M. (1992). The use of carbamazepine for episodic violence in multiple personality disorder and dissociative disorder not otherwise specified: Two additional cases. Biological Psychiatry, 32, 717–720.
Coppen, A. J., Gupta, R. K., Eccleston, E. G., Wood, K. M., Wakeling, A., de-Sousa, V. F. (1976). Letter: Plasma-tryptophan in anorexia nervosa. Lancet, 1 (7966), 961.
Cornelius, J. R., Soloff, P. H., Perel, J. M. et al. (1991). A preliminary trial of fluoxetine in refractory borderline patients. Journal of Clinical Psychopharmacotherapy, 11, 116–120.
Costello C. G. (1982). Social factors associated with depression. A retrospective community study. Psychological Medicine, 12, 329–339.
Cowdry, R. W., Gardner, D. L. (1989). Pharmacotherapy of borderline personality disorder: Alprazolam, Carbamazepine, trifluoperazine, and tranylcypromine. Archives of General Psychiatry, 45, 111–119.
Craig, T. K. J., Boardman, A. P., Mills, K., Daly-Jones, O. & Drake, H. (1993). The south London somatisation study I: Longitudinal course and the influence of early life experiences. British Journal of Psychiatry, 163, 579–588.
Davidson, S. (1991). Facilitating change in problem drinkers. In: S. Davidson, S. Rollnick, MacEwan (Hrsg.), Counselling problem drinkers. London: Tavistock-Routledge.
Davison, G. C., Neale, J. M. (1988). Klinische Psychologie. Weinheim: Psychologie Verlags Union.
de Jong, R. (1987). Neurotische Depression und psychologische Therapie. Frankfurt, Bern: P. Lang.
Degirolamo, G., Reich, J. H. (1993): Personality disorders. WHO, Geneva.

Deister, A. (1996). Dissoziative Störungen. In H. J. Möller, G. Laux, A. Deister (Hrsg.), Psychiatrie. Stuttgart: Hippokrates.
Die Depression verstehen und bei der Bewältigung helfen. (1997). Ein praktischer Ratgeber. Münster: Wyeth Lederle.
Diekstra, R. F. W. (1996). Erfahrungen in den Niederlanden: «Assisted Suicide». In F. Anschütz, H. L. Wedler (Hrsg.), Suizidprävention und Sterbehilfe (S. 77–90). Berlin, Wiesbaden: Ullstein.
Diekstra, R. F. W. (1996). Sterben in Würde: Über das Für und Wider der Beihilfe zum Suizid. In F. Anschütz, H. J. Wedler (Hrsg.), Suizidprävention und Sterbehilfe (S. 179–206). Wiesbaden: Ullstein.
Dietrich, J. T., Jennings, R. K. (1988). Aggressive dyscontrol a patients treated with benzodiazepines. Journal of Clinical Psychiatry, 49, 184–188.
Dilling, H., Mombour W., Schmidt M. H. (1993). ICD-10. Internationale Klassifikation psychischer Störungen. 2. Auflage. Huber: Bern.
Dilling, H., Mombour, W., Schmidt, M. H., Schulte-Markwort, E. (Eds.), (1994). Internationale Klassifikation psychischer Störungen, ICD-10 Kapitel V (F), Forschungskriterien. Bern: Huber.
Dilling, H., Mombour, W., Schmidt, M. H., Schulte-Markwort, E. (Hrsg), (1994). Internationale Klassifikation psychischer Störungen, ICD-10 Kapitel V (F), Forschungskriterien. Bern: Huber.
Dörner, K., Plog, U. (1996). Irren ist menschlich. Bonn: Psychiatrie-Verlag.
Douglas, J. (1970). The social meanings of suicide. Princeton N. J.
Duberstein, P. R., Conwell, Y., Caine, E. D. (1994). Age differences in the personality characteristics of suicide completers: Preliminary findings from a psychological autopsy study. Psychiatry, 57 (3), 213–224.
Durkheim, E. (1997). Der Selbstmord (Vol. 6). Frankfurt/M: Suhrkamp.
Edwards, G. (1997). Alkoholkonsum und Gemeinwohl. Stuttgart: Enke.
Ehlers, A., Margraf, J. (1989). The psychophysiological model of panic. In P. M. G. Emmelkamp, W. T. A. M. Everaerd, F. Kraaimaat, M. J. M. Van Son (Eds.), Fresh perspectives on anxiety disorders. Amsterdam: Swets & Zeitlinger.
Ehlers, A. (1996). Psychologische Grundlagen der Verhaltenstherapie. In: J. Margraf (Hrsg.), Lehrbuch der Verhaltenstherapie. Berlin: Springer.
Ehlers, A. (2000). Psychologische Grundlagen der Verhaltenstherapie. In J. Margraf (Hrsg.), Lehrbuch der Verhaltenstherapie. Berlin: Springer.
Erlemeier, N. (1988). Suizidalität im Alter. Zeitschrift für Gerontologie, 21, 267–276.
Erlemeier, N. (1992). Suizidalität im Alter. Bericht über den aktuellen Forschungsstand. Studie im Auftrag des Bundesministeriums fuer Familie und Senioren. Stuttgart: Kohlhammer.
Escobar, J. I., Cranio, G., Rubio-Stipec, M., Bravo, M. (1992). Somatic symptoms after natural disaster: A prospective study. American Journal of Psychiatry, 149, 965–967.
Eysenck, H. J. (1952). The effects of psychotherapy: An evaluation. Journal of Consulting Psychology, 16, 319–324.
Fähndrich, E. (1993). Behandlung affektiver Psychosen. In: H. J. Möller (Hrsg.), Therapie psychiatrischer Erkrankungen (S. 243–250). Stuttgart: Enke.

Fähndrich, E., Wirtz, W. (1987). Verlaufsprädiktoren affektiver Psychosen. Schweiz. Arch. Neurol. Psychiat. 138, 17–30.
Faltus, F. J. (1984). The use of alprazolam in the treatment of three patients with borderline personality disorder. American Journal of Psychiatry, 141, 802–803.
Faust, V., Hole G., Wolfersdorf, M. (1995). Depressionen. In: V.Faust (Hrsg.), Psychiatrie, ein Lehrbuch für Klinik, Praxis und Beratung (S. 111–142). Stuttgart, New York: Fischer.
Fawcett, J. (1994). Antidepressants: Partial Response in Chronic Depression. British Journal of Psychiatry, 165, Suppl. 26, 37–41.
Fehm-Wolfersdorf, G. (1994). Streß und Wahrnehmung. Psychobiologie der Glucocorticoide. Bern: Huber.
Feldman, H. A., Goldstein, I., Hatzichristou, D. G., Krane, R. J., McKinlay, J. B. (1994). Impotence and its medical and psychosocial correlates: Results of the Massachusetts male aging study. J Urol 151, 54–61.
Feldman, M. D. (1988): The challenge of self-mutilation: A review. Compr. Psychiat., 29, 252–269.
Ferguson, B. G. (1992): Personality disorder. Curr. Opin. Psychiat., 5, 219–223.
Feuerlein, W., Küfner, H., Soyka, M. (1998). Alkoholismus: Mißbrauch und Abhängigkeit. Stuttgart, New York: Thieme.
Fichter, M. M. (1985). Magersucht und Bulimia. Berlin: Springer.
Focken, A. (1981). Hirnorganische Faktoren in der Entwicklung von Neurosen. In: H. Mester, R. Tölle (Hrsg.), Neurosen. Berlin: Springer.
Frank, E., Anderson, C., Rubenstein, D. (1978). Frequency of sexual dysfunction in «normal» couples. New England Journal of Medicine, 299, (3), 111–115.
Franke, G. (1995). Die Symptom-Checkliste von Derogatis – Deutsche Version. Göttingen: Hogrefe.
Freeman, A., & Reinicke, M. A. (1995). Selbstmordgefahr? Bern, Göttingen, Toronto: Huber.
Freeman, C. P. L., Trimble, M. R., Deakin, J. F. W., Stokes, T. M., Ashford, J. J. (1994). Fluvoxamine Versus Clomipramine in the Treatment of Obsessive Compulsive Disorder: A Multicenter, Randomized, Double-Blind, Parallel Group Comparison. Journal of Clinical Psychiatry, 55, 301–305. [Online; 25.09.1996] URL: http://www.zwang-forum.uni-osnabrueck.de/forum/freeman.htm
Freyberger, H. J., Spitzer, C., Stieglitz, R. D. (1998). Fragebogen zu dissoziativen Symptomen (FDS). Ein Selbstbeurteilungsverfahren zur syndromalen Diagnostik dissoziativer Phänomene. Verlag Hans Huber, Bern.
Friedman, L. (1985). Systemorientierte Familientherapie. In: S. Sulz (Hrsg.), Verständnis und Therapie der Depression. München, Basel: Reinhardt.
Friedman, M. J. (1997): Drug treatment and PTSD. Answers and questions. In: Yehuda, R., McFarlane, A.C. (Eds.): Psychobiology of posttraumatic stress disorder. Annals of the New York Academy of Science, 821, 359–371.
Frommberger U, Nyberg E, Berger M (2000): Posttraumatische Belastungsstörungen. In: Berger M (Hrsg.): Psychiatrie und Psychotherapie. Urban & Schwarzenberg, München, 2. Auflage, 742–762.
Fydrich, T., Schowalter, M. (1998). Soziale Phobie: Interpersonelle Probleme als Prädiktoren für Therapieerfolg. Vortrag auf dem 16. Symposium der DGPs Fachgruppe Klinische Psychologie in Hamburg, 21.–23. 5. 1998.

Fydrich, T., Laireiter, A.-R., Saile, H., Engberding, M. (1996). Diagnostik und Evaluation in der Psychotherapie: Empfehlungen zur Standardisierung. Zeitschrift für Klinische Psychologie, 25 (2), 161–168.

Gaebel, W., Falkai, P. (1996). Schizophrenie. In: M. T. Gastpar, S. Kasper, M. Linden (Hrsg.), Psychiatrie (S. 88–100). Berlin, New York: De Gruyter.

Gagnon, J. H., Simon, W. (1973). Sexual conduct: The social sources of human sexuality. Chicago: Aldine.

Gardner, A. R., Cowdry, R. (1986): Positive effects of carbamazepine on behavioral dyscontrol in borderline personality disorder. Amer. J. Psychiat., 143, 519–522.

Garner, D. M., Garfinkel, P. E. (1980). Social-cultural factors in the developement of anorexia nervosa. Psychological Medicine, 9, 647–656.

Garner, D. M., Olmsted, M. P., Bohr, Y., Garfinkel, P. E. (1982). The eating attitudes test: Psychometric features and clinical correlates. Psychol. Med., 12 (4), 871–8.

Gelernter, C. S., Uhde, T. W., Cimbolic, P., Arnkoff, D. B., Vittone, B. J., Tancer, M. E., Bartko, J. I. (1991): Cognitive-behavioral and pharmacological treatments of social phobia. A controlled study. Arch. Gen. Psychiat., 48, 938–945.

Gerlach, J., Casey, D. E.(1988). Tardive dyskinesia. Acta Psychiatricia Scandinavica, 77, 369–378.

Gitlin, M. J. (1993): Pharmacotherapy of personality disorders: Conceptual framework and clinical strategies. J. Clin. Psychopharmacol., 13, 343–353.

Glynn, S. M., Eth, S., Randolph, E. T., Foy, D. W. (1999). A test of behavioural family therapy to augment exposure for combat-related posttraumatic stress disorder. Journal of Consulting Clinical Psychology, 67, 243–251.

Goa, K. L., Ward, A. (1986). Buspirone – a preliminary review of it's pharmacological properties and the efficacy as an anxiolytic. Drugs, 32, 114–129.

Goldberg, S. C., Schulz, C., Schult, P. M., Resnick, R. J., Hamer, R. M., Friedel, R. O. (1986). Borderline and schizotypical personality disorders treated with low-dose thiothixene vs. placebo. Archives of General Psychiatry, 43, 680–686.

Golding, J. M. (1994). Sexual assault history and physical health in randomly selected Los Angeles women. Health Psychology, 13, 130–138.

Goldstein, A. J., Chambless, D. L. (1978). A reanalysis of agoraphobia. Behavior Therapy, 9, 47–59.

Goodman, W. K. (1992). Pharmacotherapy of obsessive-compulsive disorder. In: I. Hand, W. K. Goodmann, U. Evers (Hrsg.), Zwangsstörungen – Neue Forschungsergebnisse. Duphar med communication, Bd. 5. Berlin, Heidelberg, New York: Springer.

Grawe, K. (1995). Psychotherapie und Statistik im Spannungsfeld zwischen Wissenschaft und Konfession. Zeitschrift für klinische Psychologie, 24, 216–228.

Grawe, K. (1998). Psychologische Therapie. Göttingen: Hogrefe.

Grawe, K., Donati, R., Bernauer, F. (1994). Psychotherapie im Wandel. Von der Konfession zur Profession. Göttingen: Hogrefe.

Greenson, R. R. (1973). Technik und Praxis der Psychoanalyse. Bd. 1, Stuttgart: Klett-Cotta.

Gunderson, J. G., Frank, A. F., Ronnigstam, E. F., Wachter, S., Lynch, V. J., Wolf, P. J. (1989). Early discontinuance of borderline patients from pschotherapy. J. Nerv. Ment. Dis., 177, 38–42.

Gunn, J. (1988). Personality disorder: A clinical suggestion. In: P. Tyrer (ed.), Personality disorders: Diagnosis, Management and Course. London: Wright.
Guze, S. B. (1993). Genetics of Briquet's syndrom and Somatization disorder. A review of family, adoption and twin studies. Annals of Clinical Psychiatry, 5, 225–230.
Haase, J. H. (1961). Das therapeutische Achsensyndrom neuroleptischer Medikamente und seine Beziehungen zu extrapyramidaler Symptomatik. Fortschritte Neurologie Psychiatrie, 29, 245–268.
Haeberle, E. J. (1983). Die Sexualität des Menschen: Handbuch und Atlas. Berlin: De Gruyter.
Haenel, H., Pöldinger, W. (1986). Erkennen und Beurteilen der Suizidalität. In K. P. Kisker, H. Lauter, J. E. Meyer, C. Müller, E. Strömgren (Eds.), Psychiatrie der Gegenwart (Vol. 2, pp. 107–132). Berlin: Springer.
Häfner, H. (1995). Der Ärger mit der Wahrheit: Ein Kapitel Suizidforschung und seine Aufnahme durch die Medien. ZI: Information, 1, 13–25.
Hagnell, O., Rorsmann, B. (1979). Suicide in the Lundby study: A comparative investigation of clinical aspects. Neuropsychobiology, 61, 3–11.
Hahlweg, K. (1993). Empirische Psychotherapieforschung. In: M. Berger, H. J. Möller, H. U. Wittchen (Hrsg.), Psychiatrie als empirische Wissenschaft. München: Zuckerschwerdt.
Hand, I. (1992). Verhaltenstherapie der Zwangsstörungen. In I. Hand, W. K. Goodmann, U. Ever (Hrsg.), Zwangsstörungen: Neue Forschungsergebnisse. duphar med communication, Band 5. Berlin, Heidelberg, New York: Springer.
Hand, I. (1993). Verhaltenstherapie für Zwangskranke und deren Angehörige. In: H. J. Möller (Hrsg.), Therapie psychiatrischer Erkrankungen (S. 508–528). Stuttgart: Enke.
Hand, I. (1995). Ambulante Verhaltenstherapie bei Zwangsstörungen. Fortschritte der Neurologie Psychiatrie, 63, Sonderheft 1, 12–18.
Haug, H.-J., Stieglitz, R.-D. (1997). Das AMDP-System in Anwendung und Forschung. Göttingen: Hogrefe.
Hautvast, J. G. A., Deurenberg, P. (1987). The risks associated with obesity: Epidemiological studies. In: A. E. Bender, L. J. Brookes (Ed.), Body weight control. Edinburgh: Churchill Livingstone.
Hautzinger, M., de Jong-Meyer, R. (1994). Depressionen. In: H. Reinecker (Hrsg.), Lehrbuch der Klinischen Psychologie. Modelle psychischer Störungen. 2. Aufl. Göttingen: Hogrefe.
Hautzinger, M. (1983). Determinanten depressiver Reaktionen im Alter. Akte der Gerontologie, 13, 191–194.
Hautzinger, M. (1984). Altersverteilung depressiver Episoden in zwei Gemeindestichproben. Psychiatrische Praxis, 11, 196–199.
Hautzinger, M. (1998). Depression. Göttingen: Hogrefe.
Hawton, K. (1989). Sexual dysfunctions In: K. Hawton, P. M. Salkovskis, J. Kirk, D. M. Clark (eds.), Cognitive behaviour therapy for psychiatric problems: A practical guide (pp 370–405). Oxford: Medical Publications.

Hegerl, U., Mavrogiorgou, P. (1998). Biologische Grundlagen von Zwangsstörungen. In: M. Zaudig, W. Hauke, U. Hegerl (Hrsg.), Die Zwangsstörung: Diagnostik und Therapie (S. 11–24). Stuttgart: Schattauer.
Heidrich, S., Ryff, C. D. (1993). Physical and mental health in later life. The self system as mediator. Psychological Aging, 8, 327–338.
Heinrich, K., Linden, M., Müller-Oerlinghausen, B. (1989). Werden zu viele Psychopharmaka verordnet? Methoden und Ergebnisse der Pharmakoepidemiologie und Phase-IV-Forschung. Stuttgart: Thieme.
Hell, D. (1992). Welchen Sinn macht Depression? Reinbek: Rowohlt.
Helmchen, H. (1982). Medikamentöse Behandlung psychischer Erkrankungen. Therapiewoche, 32, 1719–1724.
Hester, R. K., Miller, W. R. (1995). Alcoholism treatment approaches. Needham Heights: Simon und Schuster.
Higgitt, A., Fonagy, P. (1992). Psychotherapy in borderline and narcissistic personality disorder. Brit. J. Psychiat., 161, 23–43.
Hiller, W., Rief, W. (1997). Was sind somatoforme Störungen? Diagnosen, Modelle und Instrumente. Psychotherapie, 2, 61–70.
Hiller, W., Rief, W. (1998). Therapiestudien zur Behandlung von Patienten mit somatoformen Störungen: Ein Literaturüberblick. Verhaltenstherapie, 8, 124–136.
Hiller, W., Rief, W., Elefant, S., Margraf, J., Kroymann, R., Leibbrandt, R., Fichter, M. M. (1997). Dysfunktionale Kognitionen bei Patienten mit Somatisierungssyndrom. Zeitschrift für Klinische Psychologie, 26, 226–234.
Hirsch, R. D. (1992). Altern und Depressivität. Bern, Göttingen, Toronto: Huber.
Hirschfeld, R. M. A., Cross, C. K. (1982). Epidemiology of affective disorders. Psychosocial risk factors. Archives of General Psychiatry, 39, 39–46.
Hite, S. (1977). Hite Report. Eine ungekürzte, umfassende Studie über weibliche Sexualität. München: Bertelsmann.
Hoffmann S. O., Hochapfel, G. (1995). Neurosenlehre, psychotherapeutische und psychosomatische Medizin. Stuttgart: Schattauer.
Hoffmann, N. (1976). Depressives Verhalten. Psychologische Modelle der Ätiologie und der Therapie. Salzburg: Otto Müller Verlag.
Hoffmann, N. (1994). Kognitive Verhaltenstherapie bei Zwangsstörungen. In: M. Hautzinger (Hrsg.), Kognitive Verhaltenstherapie bei psychischen Erkrankungen. Berlin, München: Quintessenz.
Hohagen, F. (1992). Neurobiologische Grundlagen der Zwangsstörung. In I. Hand, W. K. Goodmann, U. Ever (Hrsg.), Zwangsstörungen: Neue Forschungsergebnisse. duphar med communication, Band 5. Berlin, Heidelberg, New York: Springer.
Horn, R. (1996). Organische psychische Störungen. In: H.J. Möller, G. Laux, A. Deister (Hrsg.), Psychiatrie (S. 161–168). Stuttgart: Hippokrates.
Hoyer, J., Margraf, J. (2002). Angstdiagnostik. Berlin: Springer.
Hoyndorf, S., Reinhold, M., Christmann, F. (1995). Behandlung sexueller Störungen. Ätiologie, Diagnostik, Therapie: Sexuelle Dysfunktionen, Mißbrauch, Delinquenz. Weinheim: Beltz.
Hsu, L. K. G. (1990). Eating Disorders. New York: Guilford Press.

Hyer, L. A., Albrecht, J. W., Boudewyns, P. A., Woods, M. G., Brandsma, J. (1993). Dissociative experience of Vietnam veterans with chronic postraumatic stress disorder. Psychological Reports, 73, 519–530.

Jablensky, A., Hugler, H. (1982). Möglichkeiten und Grenzen psychiatrischer und epidemiologischer Surveys für geographisch definierte Populationen in Europa. Fortschritte für Neurologie, Psychiatrie, 50, 215–239.

Jacobi, F., Gebel, U., Margraf, J. (1998). Die Kosteneffektivität ambulanter Psychotherapie. Kongreßbeitrag auf dem 16. Symposium für Klinisch-Psychologische Forschung (DGPs) in Hamburg, 21. 5. 98.

Jacobi F, Wittchen H. U., Hölting C., Sommer S., Lieb R., Höfler M., Pfister H. (2002). Estimating the prevalence of mental and somatic disorders in the community: aims and methods of the German National Health Interview and Examination Survey. International Journal of Methods in Psychiatric Research, 11,1: 1–18.

Jacobi, F., Margraf, J. (2001). Kosten-Studien zu psychologischer Angstbehandlung. In W. Michaelis (Hrsg.), Der Preis der Gesundheit: wissenschaftliche Analysen, politische Konzepte; Perspektiven der Gesundheitspolitik, 114–131. Landsberg: ecomed.

Jaeggi, E. (1995). Zu heilen die zerstoss'nen Herzen. Die Hauptrichtungen der Psychotherapie und ihre Menschenbilder. Reinbek: Rohwohlt.

Jaeggi, E., Rohner, R., Wiedenmann, P. M. (1990). Gibt es auch Wahnsinn, hat es doch Methoden. Eine Einführung in die Klinische Psychologie aus sozialwissenschaftlicher Sicht. München: Piper.

Jardine, A., Spohler, H. (1998, 29. April). Sind sie wirklich sauber? ZEITmagazin, 19, 12–21. Hamburg: Zeitverlag.

Jellinek, E. M. (1960). Alcoholism, a genus and some of its species. Canad. med. Ass. J., 83, 1341.

John, U., Hapke, U., Rumpf, H. J., Hill, A., Dilling, H. (1996). Prävalenz und Sekundärprävention von Alkoholmißbrauch und -abhängigkeit in der medizinischen Versorgung. In: Bundesministerium für Gesundheit (Hrsg.), Schriftenreihe des Bundesministeriums für Gesundheit, Bd. 71. Baden-Baden: Nomos.

Johnson, C. L., Wonderlich, S. (1992). Personality characteristics as a risk factor in the development of eating disorders. In: J. H. Crowther, D. L. Tennebaum, S. E. Hobfoll, M. A. P. Stephen (Eds.), The etiology of bulimia nervosa: the individual and familiar context. Washington D. C.: Hemisphere Publishing Corporation.

Johnson, E. O., van-den-Bree, M. B., Pickens, R. W. (1996). Indicators of genetic and environmental influence in alcohol-dependent individuals. Alcohol. Clin. Exp. Res., 20 (1), 67–74.

Johnson, E. O., van-den-Bree, M. B., Uhl, G. R., Pickens, R. W. (1996). Indicators of genetic and environmental influences in drug abusing individuals. Drug. Alcohol. Depend., 41 (1), 17–23.

Juster, H. R., Brown, E. J., Heimberg, R. G. (1996). Sozialphobie. In: J. Margraf (Hrsg.), Lehrbuch der Verhaltenstherapie. Berlin: Springer.

Juster, H. R., Brown, E. J., Heimberg, R. G. (2000). Sozialphobie. In J. Margraf (Hrsg.), Lehrbuch der Verhaltenstherapie. Berlin: Springer.

Kalina, R. A. (1964). Diazepam: it's role in a prison setting. Dis. of the Nerv. System, 25, 101–107.

Kanfer, F. H., Reinecker, H., Schmelzer, D. (2000). Selbstmanagement-Therapie. Berlin: Springer. klinische Psychologie, 24, 216–228.

Kanowski, S. (1994). Age-dependent epidemiology of depression. Gerontology, 40, 1, 1–4.

Kasper, S. (1993). Akute exogene Psychosen. In H.J.Möller (Hrsg.) Therapie psychiatrischer Erkrankungen. Stuttgart: Enke, 363–366.

Katona, C. E. (1995). Detecting and managing depression in older people. Human Psychopharmacology Clinical and Experimental, 10, 229–234.

Kendler, K. S., Mcguire, M., Gruenberg, A. M., O'Hare, A., Spellman, M., Walsh, D.: (1993). The Rosecommon family study. III: Schizophrenia-related personality disorders in relatives. The General Psychiatry, 50: 181–788.

Kernberg, O. (1991). Die Psychopathologie des Hasses. Forum der Psychoanalyse, 4, 251–270.

Kernberg, O. F. (1975). Borderline conditions and pathological narcissism. New York: Jason Aronson.

Klages, U., Hippius, H., Müller-Spahn, F. (1993). Atypische Neuroleptika, Pharmakologie und klinische Bedeutung. Fortschritte Neurologie Psychiatrie, 61, 390–398.

Klepsch, R. Wlazlo, Z., Hand. I. (1991). Zwänge. In: R. Meermann, W. Vandereycken (Hrsg.), Verhaltenstherapeutische Psychosomatik in Klinik und Praxis. Stuttgart: Schattauer.

Koch, J. L. (1891). Die psychopathischen Minderwertigkeiten. Dorn, Ravensburg.

Kocsis, J. H., Frances, A. J. (1987). A critical discussion of DSM-III dysthymic disorder. Am. J. Psychiat., 144, 1534–1542.

Kraepelin, E. (1896). Psychiatrie. Ein Lehrbuch für Studierende und Ärzte. 5. Aufl.. Barth, Leipzig.

Krausz, M., Dittmann V. (1996). Störungen durch psychotrope Substanzen. In: H. J. Freyberger, R. D. Stieglitz (Hrsg.), Kompendium der Psychiatrie und Psychotherapie. Basel: Karger.

Kritz, J. (1994). Grundkonzepte der Psychotherapie. Eine Einführung. Weinheim: Beltz Psychologie Verlags Union.

Kröber, H. L., Faust, V., Kohler, T. (1995). Manie. In: V. Faust (Hrsg.), Psychiatrie. Ein Lehrbuch für Klinik, Praxis und Beratung (S. 143–160). Stuttgart, New York: Fischer.

Kuhs, H., Tölle, R. (1986). Schlafentzug als Antidepressivum. Fortschr. Neurol. Psychiat. 54, 341–355.

Kuhs, H., Färber, D., Borgstädt, S., Mrosek, S., R.Tölle (1996). Amitriptyline in combination with repeated late sleep deprivation versus amitriptyline alone in major depression. A randomised study. Journal of Affective Disorders, 37, 31–41.

Kunkel, E. (1987). Kontrolliertes Trinken und Abstinenz – Therapieziele bei Alkoholikern. Suchtgefahren, 33, 435–463.

Kurtz, G., Müller-Spahn, F., Schmauss, M., Hippius, H. (1996). Therapie schizophrener Patienten mit Minussymptomatik. Psychopharmakotherapie, 3, 57–65.

Lader, M. (1997). Zopiclone: is there any dependence and abuse potential? Journal of Neurology, 244 (4 Suppl 1), 18–22.

Lakatos, A. (1994). Kognitiv-behaviorale Therapie von Zwangsstörungen. Praxis der Klinischen Verhaltensmedizin und Rehabilitation, 26, 99–106.

Lamprecht, F., Lempa, W., Sack, M. (2000): Die Behandlung posttraumatischer Belastungsstörungen mit EMDR. Psychotherapie im Dialog 1: 45–51.
Lane, R., Baldwin, D., Preskorn, S. (1995). Die Serotonin-Wiederaufnahmehemmer: Vorteile, Nachteile und Unterschiede. Journal of Psychopharmacology, 9 (Suppl. 2), 163–178.
Laux, G. (1996). Affektive Störungen. In: H. J. Möller, G. Laux, A. Deister (Hrsg.), Psychiatrie (S. 58–90). Stuttgart: Hippokrates.
Lee, M. A., Nelson, H. D., Tilden, V. P., Ganzini, L., Schmidt, T. A., Tolle, S. W. (1996). Legalizing assisted suicide. Views of physicians in Oregon. The New England Journal of Medicine, 334, 310–315.
Lemere, J. (1953). What happens to alcoholics? Am J Psychiatry, 109, 674.
Lempp, R. (1994). Organische Psychosyndrome. In: C. Eggers, R. Lempp, G. Nissen, P. Strunk (Hrsg.), Kinder- und Jugendpsychiatrie (S. 409–412). Berlin, Heidelberg, New York: Springer,.
Leon, A. C., Portera, L., Weissmann, M. M. (1995). The social costs of anxiety disorders. British Journal of Psychiatry, 166 (suppl. 27), 19–22.
Leonhard, K. (1979). Die Aufteilung der endogenen Psychosen. Berlin: Akademie Verlag.
Lesch, K.-P. (1991). Psychobiologie der Zwangskrankheit. Fortschritte der Neurologie. Psychiatrie, 59, 404–412.
Lesch, O. M., Walter, H. (1995). Subtypes od alcoholism and their role in therapy. Alcohol and Alcoholism, 30, 1–5.
Lewinsohn, P., Garrison, C., Langhinrichsen, J., Marsteller, F. (1989). The assessment of suicidal behavior in adolescents: A review of scales suitable for epidemiological clinical research. Rockville/ MD: National Institut of Mental Health.
Lewinsohn, P. M. (1974). A behavioral approach to depression. In: R. J. Friedman, M. M. Katz (Eds.), The psychology of depression. New York: Wiley.
Liebowitz, M. R., Klein, D. G. (1981). Inter-relationship of hysteroid dysphoria and borlerline personality disorder. Psychiat. Clin. North Am., 4, 67–87.
Liebowitz, M. R., Schneier, F. R., Hollander, E., Welkowitz, L. A., Saoud, J. B., Feerick, J., Campeas, R., Fallon, B. A., Street, L., Gitow, A. (1991). Treatment of social phobia with drugs other than benzodiazepines. J. Clin. Psychiatry, 52 (Suppl. 11), 10–15.
Linden, M. (1987). Psychotherapie bei depressiven Erkrankungen, speziell endogenen Psychosen. In: K. P. Kisker, H. Lauter, J.-E. Meyer, C. Müller, E. Strömgren (Hrsg.), Psychiatrie der Gegenwart (Bd. 5, S. 387–402). Berlin, Heidelberg, New York: Springer.
Linden, M., Barnow, S. (1997). The wish to die in very old persons near the end of life: A psychiatric problem? Results from the Berlin Aging Study (BASE). International Psychogeriatrics, 9, 291–307.
Linden, M., Hautzinger, M. (1981). Psychotherapie-Manual. Springer, Berlin.
Linden, M., Helmchen, H., Müller-Oerlinghausen, B. (1988). Early phase-II semi double-blind study of the alkaline propanolamine derivative enciprazine. Drug Research, 38, 814–816.

Linden, M., Wilms, H. U. (1989). Pathopsychologie neurotischer Erkrankungen bei minimaler cerebraler Dysfunktion. In: R. Wahl, M. Hautzinger (Hrsg.), Verhaltensmedizin. Köln: Deutscher Ärzteverlag.
Linden, M. (1992). Verhaltenstherapeutische Ansätze zur Ärger- und Aggressionskontrolle. In: H. Möller, H. M. van Praag (Hrsg.), Aggressionen und Autoaggression. Berlin: Springer.
Lindner-Braun, C. (1990). Soziologie des Selbstmordes. Opladen: Westdeutscher Verlag.
Linehan, M. M., Armstrong, H. E., Suarez, A., Allmon, D., Heard, L. (1991). Cognitive-behavioral treatment of chronically parasuicidal borderline patients. Arch. Gen. Psychiat., 48, 1060–1064.
Linehan, M. M., Heard, H. L., Armstrong, H. E. (1994). Naturalistic follow-up of a behavioral treatment for chronically parasuicidal borderline patients. Arch. Gen Psychiatry, 50, 971–974.
Linehan, M. M., Kehrer, C. A. (1993). Borderline personality disorder. In: D. H. Barlow (Ed.), Clinical Handbook Of Psychological Disorders. New York: Guilford.
Linehan, M. M. (1993 a). Cognitive-behavioral treatment of borderline personality disorder. New York: Guilford.
Linehan, M. M. (1993 b). Skills training manual for treating borderline personality disorder. New York: Guilford.
Links, P. S., Steiner, M., Boiago, I., Irwin, D. (1990). Lithium therapy for borderline patients: Preliminary Findings. J. Pers. Dis., 4, 173–181.
Linnoila, M., Virkkunen, M., George, T., Higley, D. (1993). Impulse control disorders. Intern. Clin. Psychopharm., 8 (Suppl. 1), 53–56.
Livesley, W. J., Schroeder, M. L. (1990). Dimensions of personality disorder. The Dsm-Iii-R cluster A diagnoses. J. Nerv. Ment. Dis., 178, 627–635.
Livesley, W. J. (1985a). The classification of personality disorder: I. The choice of category concept. Can. J. Psychiat., 30, 353–358.
Livesley, W. J. (1985b). The classification of personality disorder: Ii. The problem of diagnostic crtiteria. Can. J. Psychiat., 30, 359–362.
Loranger, A. W., Sartorius, N., Andreoli, A., Berger, P., Buchheim, P., Channabasavanna, S. M., Coid, B., Dahl, A., Diekstra, R. F. W., Ferguson, B., Jacobsberg, L. B., Mombour, W., Pull, C., Ono, Y., Regier, D. A. (1994). The international personality disorder examination. Arch. Gen. Psychiat., 51, 215–224.
Lueckert, H. R., Lueckert, I. (1994). Einführung in die kognitive Verhaltenstherapie. München: Reinhardt.
Luscomb, R. L., Clum, G. A., Patsiokas, A. T. (1980). Mediating factors in the relationship between life stress and suicide attempting. Journal of Nervous and Mental Disorders, 168, 644–650.
Maercker, A. (1999). Posttraumatische Belastungsstörung: Stand und Perspektiven des Wissens über effektive Therapien. Verhaltenstherapie, 9, 182–185.
Margo, K. L., Margo, G. M. (1994). The problem of somatization in family practice. American Family Physician, 49, 1873–1879.
Margraf, J. (2000). Grundprinzipien und historische Entwicklung. In J. Margraf (Hrsg.), Lehrbuch der Verhaltenstherapie. Berlin: Springer.

Margraf, J., Barlow, D. H., Clark, D. M., telch, M. J. (1993). Psychological treatment of panic: Work in progress on outcome, acute ingredients, and follow- up. Behavioural Research Therapy, 31, 1–8.
Margraf, J., Jacobi, F. (1997). Marburger Angst- und Aktivitätstagebuch. In: G. Wilz, E. Braehler (Hrsg.), Tagebuecher in Therapie und Forschung. Ein anwendungsorientierter Leitfaden. Göttingen: Hogrefe.
Margraf, J., Lieb, R. (1995). Was ist Verhaltenstherapie? Versuch einer zukunftsoffenen Neucharakterisierung (Editorial). Zeitschrift für Klinische Psychologie, 24, 1–7.
Margraf, J., Schneider, S. (1990). Panik. Angstanfälle und ihre Behandlung (2. Aufl.). Berlin: Springer.
Margraf, J., Schneider, S. (1996). Paniksyndrom und Agoraphobie. In: J. Margraf (Hrsg.), Lehrbuch der Verhaltenstherapie. Berlin: Springer.
Margraf, J., Schneider, S. (2000). Paniksyndrom und Agoraphobie. In J. Margraf (Hrsg.), Lehrbuch der Verhaltenstherapie. Berlin: Springer.
Margraf, J., Schneider, S., Ehlers, A. (1994) Diagnostisches Interview bei psychischen Störungen (DIPS). Berlin: Springer.
Margraf, J. (1993). Hyperventilation and panic disorder: A psychophysiological connection. Advances in Behavior Research and Therapy, 15, 49–74.
Margraf, J. (1996). Grundprinzipien und historische Entwicklung. In: J. Margraf (Hrsg.), Lehrbuch der Verhaltenstherapie. Berlin: Springer.
Margraf, J., Schneider, S., Ehlers, A. (1994). Diagnostisches Interview bei psychischen Störungen (DIPS). Berlin: Springer.
Markowitz, P. J, Calabrese, J. R., Schulz, S. C., Meltzer, H. Y. (1991). Fluoxetine in borderline and schizotypical personality disorder. Amer. J. Psychiat., 148, 1064–1067.
Marks, I. (1987). Fears, Phobias, and Rituals. Panic, Anxiety, and their Disorders. New York: Oxford University Press.
Marlatt, G. A., Gordon, J. R. (1985). Relapse prevention. New York: Guilford.
Marneros, A. (1993). Behandlung schizophrener Erkrankungen. In: H. J. Möller (Hrsg.), Therapie psychiatrischer Erkrankungen (S. 116–120). Stuttgart: Enke.
Martinot, J., Alliare, J., Mazoyer, B., Hantouche, E., Huret, J., Legaut-Demare, F., Deslauriers, A., Hardy, P., Pappata, S., Baron, J., Syrota, A. (1990). Obsessive-compulsive disorder: A clinical neuropsychological and positron emission study. Acta Psychiatrica Scandinavica, 82, 233–243.
Masters, W. H., Johnson, V. E. (1966). Human sexual response. Boston: Little & Brown. (Deutsch: Die sexuelle Reaktion [1970]. Rowohlt, Reinbek.)
Masters, W. H., Johnson, V. E. (1970). Human sexual inadequacy. Boston: Little & Brown. (Deutsch: Impotenz und Anorgasmie [1973]. Goverts, Krüger, Stahlberg, Frankfurt/Main.)
Mayefield, D., McLeod, G., Hall, P. (1974). The CAGE questionnaire: Validation of a new alcoholism screening instrument. Am J Psychiatry, 131, 1121–1123.
Mayer, U. M., Baltes, P. B. (1996). Die Berliner Altersstudie. Berlin: Akademie Verlag.
McCrady, B. S., Delaney, S. I. (1995). Self-help groups. In: R. K. Hester, W. R. Miller (Hrsg.), Alcoholism treatment approaches. Needham Heights: Simon und Schuster.

Mellick, E., Buckwalter, K. C., Stolley, J. M. (1992). Suicide among elderly white men: Development of a profile. Journal of Psychosocial Nurse Mental Health Service, 30 (2), 29–34.
Metzger, R., Wolfersdorf, M. (1987). Suizide stationär behandelter depressiver Patienten. Ein Vergleich mit depressiven Patienten ohne Suizid. In: M. Wolfersdorf, R. Vogel (Hrsg.), Suizidalität bei stationären psychiatrischen Patienten (S. 175–192). Stuttgart: Weissenhof.
Minuchin, S., Baker, L., Rosman, B. L., Liebman, R., Milman, L., Todd, T. C. (1975). A conceptual model of psychosomatic illness in children. Family organization and family therapy. Arch. Gen. Psychiatry, 32 (8), 1031–8.
Mitchell, J. (1983). When disaster strikes. The critical incidence stress debriefing process. Journal of Emergency Medical Services, 8, 36–39.
Mitchell, J. E., Hatsukami, D., Eckert, E. D., Pyle, R. L. (1985). Characteristics of 275 patients with bulimia. Am. J. Psychiatry, 142 (4), 482–5.
Möller, H. J. (1993). Behandlung schizophrener Erkrankungen. In: H. J. Möller (Hrsg.), Therapie psychiatrischer Erkrankungen (S. 121–126, 200–201). Stuttgart: Enke.
Möller, H. J. (1996). Schizophrenie. In: H. J. Möller, G. Laux, A. Deister (Hrsg.), Psychiatrie (S. 144–152). Stuttgart: Hippokrates.
Money, J. (1986). Lovemaps: Clinical aspects of sexual/erotic health and pathologiy, paraphilia, and gender transposition in childhood, adolescence, and maturity. New York: Irvington Publishers.
Montgomery, S., Montgomery, D. (1982). Pharmacological prevention of suicidal behaviour. J. Affect. Dis., 4, 291–298.
Mowrer, O. H. (1960). Learning theory and behavior. New York: Wiley.
Mowrer, O. H. (1947). On the dual nature of learning – A re-interpretation of «conditioning» and «problem solving». Harvard Educational Review, 17, 102–48.
Müller-Oerlinghausen, B. (1992). Pharmakotherapeutische Ansätze bei Aggression. In: H. J. Möller, H. M. van Praag (Hrsg.), Aggression und Autoaggression. Berlin: Springer.
Münchau. N., Schaible, R., Hand, I., Weiss, A., Lotz, C. (1995). Aufbau von verhaltenstherapeutisch orientierten Selbsthilfegruppen für Zwangskranke. Ein Leitfaden für Experten. Verhaltenstherapie, Sonderbeilage 5 (Heft 3).
Myers, J. K., Weissman, M. M., Tischler, G. L., Holzer, C. E., Leaf, P. J., Orvaschel, H., Anthony, J. C., Boyd, J. H., Burke, J. D., Kramer, M., Stoltzmann, R. (1984). Six-month prevalence of psychiatric disorders in three communities. Archives of General Psychiatry, 41, 959–967.
Niedermeier, N., Bossert-Zaudig, S. (1998). Psychologische Modelle zur Erklärung der Entstehung und Aufrechterhaltung von Zwangsstörungen. In M. Zaudig, W. Hauke, U. Hegerl (Hrsg.), Die Zwangsstörung: Diagnostik und Therapie (S. 45–50). Stuttgart: Schattauer.
Norden, M. J. (1989). Fluoxetine in borerline personality disorder. Propr. Neuro-Psychopharm. Biol. Psychiat., 13, 885–893.
Nüchterlein, K. H. (1987). Vulnerability models for schizophrenia: State of the art. In: H. Häfner, W. F. Gattaz, W. Janzarik (Eds.), Search for the causes of schizophrenia (pp. 297–316). Springer: Berlin.

Olivier, B., Hartog, J., Rasmussen, D. (1990). Serenics. Dn&P, 3, 261–271.
Öst, L. G. (1996). Spezifische Phobien. In: J. Margraf (Hrsg.), Lehrbuch der Verhaltenstherapie. Berlin: Springer.
Öst, L. G. (2000). Spezifische Phobien. In J. Margraf (Hrsg.), Lehrbuch der Verhaltenstherapie. Berlin: Springer.
Otto, M. W. (1992). Normal and abnormal information processing: A neuropsychological perspective on obsessive compulsive disorder. Psychiatric Clinics of North America, 15, 825–848.
Paris, J. P. (1993). The treatment of borderline personality disorder in light of the research on its long term outcome. Can. J. Psychiat., 38 (Suppl. 1) 28–34.
Park, P., Whitehead, P. C. (1973). Developmental sequence and dimension of alcoholism. Quart. J. Stud. Alcohol., 34, 887.
Perry, J. C. (1992). Problems and consideration in the valid assessment of personality disorders. Amer. J. Psychiat., 149, 1645–1653.
Perry, P. J. (1996). Parmacotherapy for major depression with melancholic features: Relative efficacy of trycyclic versus selective serotonin reuptake inhibitor antidepressants. Journal of Affective Disorders, 39, 1–6.
Petry, J. (1996). Alkoholismustherapie. Weinheim: Beltz Psychologie Verlags Union.
Pöldinger, W. (1988). Erkennung und Beurteilung der Suizidalität. In: H. Hippius, M. Schmauss (Hrsg.), Aktuelle Aspekte der Psychiatrie in Klinik und Praxis (S. 57–64). München: Zuckschwerdt.
Prochaska, J. O., DiClemente, C. C. (1983). Stages and processes of self-change of smoking: Toward an integrative model of change. J Consult Clin Psychol, 51, 390–395.
Project MATCH Research Group (1997). Project MATCH secondary a priori hypotheses. Addiction, 92, 1671–1698.
Propping, P. (1989). Psychiatrische Genetik – Befunde und Konzepte. Berlin: Springer.
Qap, Quality Assurance Project of the Royal Australian and New Zealand College of Psychiatrists (1990). Treatment outlines for paranoid, schizotypical, and schizoid personality disorders. Austr. New Zeal. J. Psychiat., 24, 229–350.
Qap, Quality Assurance Project of the Royal Australian and New Zealand College of Psychiatrists (1991a). Treatment Outlines for borderline, narcissistic and histrionic personality disorders. Austr. New Zeal. J. Psychiat., 25, 392–403.
Qap, Quality Assurance Project of the Royal Australian and New Zealand College of Psychiatrists (1991b). Treatment Outlines for avoidant, dependent and passive-aggressive personality disorders. Austr. New Zeal. J. Psychiat., 25, 404–411.
Quint, H. (1974). Einige Probleme der Zwangssyndrome und des Zwangscharakters in der Sicht der Psychoanalyse. In: P. Hahn, H. Stolze, (Hrsg.), Zwangssyndrome und Zwangskrankheit (S. 72–83). München: Lehmanns.
Quint, H. (1993). Psychoanalytische Therapie von zwangsneurotischen Patienten. In: H. J. Möller (Hrsg.), Therapie psychiatrischer Erkrankungen (S. 528–534). Stuttgart: Enke.
Rachman, S. J., Hodgson, R. J. (1980). Obsessions and Compulsions. Englewood Cliffs / NJ: Prentice Hall.

Rado, S. (1953). Dynamics and classification of disordered behaviour. Amer. J. of Psychiat., 111, 406–416.
Rasche-Räuchle, H., Hohagen, F. (1996). Therapie der Zwangsstörungen. Extracta Psychiatrica, 6, 21–32. [Online 24.09.1996] URL: http://www.zwang-forum.uni-osnabrueck.de/forum/rasche_2.htm
Rasche-Räuchle, H. Winkelmann, G., Hohagen, F. (1995). Zwangsstörungen. Diagnose und Grundlagen. Extracta Psychiatrica, 5, 22–32. [Online; 24.09.1996] URL: http://www.zwang-forum.uni-snabrueck.de/forum/rasche_1.htm
Rasmussen, S. A., Eisen, J. L. (1992). The epidemiology and differential diagnosis of obsessive-compulsive disorder. In: I. Hand, W. K. Goodmann, U. Ever, (Hrsg.), Zwangstörungen: Neue Forschungsergebnisse. duphar med communication, Band 5. Berlin, Heidelberg, New York: Springer.
Regier, D. A., Narrow, W. E., Rae, D. S., Manderscheid, R. W., Goodwin, F. K. (1993). Epidemiological catchment area prospective 1-year prevalence rates of disorders and services. Archives of General Psychiatry, 50, 85–90.
Reimer, C., Arentewisz, G. (1993). Kurzpsychotherapie nach Suizidversuch. Berlin, Heidelberg, New York: Springer.
Reinecker, H. (1990). Zwangshandlungen und Zwangsgedanken. In: H. Reinecker (Hrsg.), Lehrbuch der klinischen Psychologie (S. 107–125). Göttingen: Hogrefe.
Reinecker, H. (1991). Zwänge: Diagnose, Theorien und Behandlung. Bern, Göttingen, Toronto: Huber.
Reinecker, H. (1994). Lehrbuch der Klinische Psychologie. Göttingen: Hogrefe.
Reinecker, H. (1994). Zwänge: Diagnose, Theorien und Behandlung (2. Aufl.). Bern: Huber.
Reinecker, H. (1995). Wie krank sind Zwangspatienten? Oder: Was ist gesund am Zwang? In: R. Lutz, N. Mark (Hrsg), Wie gesund sind Kranke? Zur seelischen Gesundheit psychisch Kranker. Göttingen, Bern, Toronto, Seattle: Hogrefe.
Reinecker, H. (1996). Erfolg und Mißerfolg bei der Behandlung von Zwangsstörungen. In: H. Bents, R. Frank (Hrsg.), Erfolg und Mißerfolg in der Psychotherapie (S. 80–96). Regensburg: Roederer.
Reinecker, S. (1996). Verhaltenstherapie, Selbstregulation, Selbstmanagement. Göttingen: Hogrefe.
Reiss, S., McNally, R. J. (1985). Expectancy model of fear. In: R. Reiss, R. Bootzin (Eds.), Theoretical Issues in Behavior Therapy (S. 107–121). New York: Academic Press.
Reynolds, C. F. (1995). Recognition and differentiation of elderly depression in the clinical setting. Geriatrics, 50 Suppl. 1, 6–15.
Rich, C. L., Runeson, B. (1992). Similarities in diagnostic comorbidity between suicide young people in Sweden and the United States. Acta Psychiatrica Skandinavica, 86, 335–339.
Rich, C. L., Young, D., Fowler, R. C. (1986). San Diego Suicide Study: young vs. old subjects. Archives of General Psychiatry, 43, 577–582.
Richelson, E. (1996). Preclinical pharmacology of neuroleptics: focus on new generation compounds. Journal of Clinical Psychiatry, 57 (Suppl. 11), 4–11.
Rief, W., Hiller, W. (1998). Somatisierungsstörung und Hypochondrie. Göttingen: Hogrefe.

Rief, W., Hiller, W., Heuser, J. (1997). SOMS. Das Sreening für somatoforme Störungen. Bern: Huber-Verlag.
Rief, W., Hiller, W., Geissner, E., Fichter, M. M. (1995). A two-year follow-up study of patients with somatoform disorders. Psychosomatics, 36, 376–386.
Rifkin, A., Quitkin, F., Carrillo, C., Blumberg, A. G., Klein, D. F. (1972). Lithium carbonate in emotionally unstable character disorder. Arch. Gen. Psychiatr., 27, 519–523.
Ringel, E. (1953). Der Selbstmord. Wien: Verlag für medizinische Wissenschaften W. Maudrich.
Robins, L. N., Helzer, J. E., Weissmann, M. M., Orvaschel, H., Gruenberg, E., Burke, J. D., Regier, D. A. (1984). Lifetime prevalence of specific psychiatric disorders in three sites. Archives of General Psychiatry, 4, 949–958.
Rogers, C. R. (1973). Die klientbezogene Psychotherapie. München: Kindler.
Rommelspacher, H. (1997). Neurobiologische Grundlagen der Alkoholabhängigkeit. In: M. Soyka, H. J. Möller (Hrsg.), Alkoholismus als psychische Störung, Bayer-ZNS-Symposium, Bd. XII. Berlin, Heidelberg: Springer.
Rosen, R. C., Taylor, J. F., Leiblum, S. R., Bachmann, G. A. (1993). Prevalence of sexual dysfunction in women: Results of a survey study of 329 women in an outpatient gynecological clinic. J. Sex. Marital. Ther., 19, 171–188.
Roy, A. (1992). Genetics, biology and suicide in the family. In: R. Maris, A. Berman, I. Maltesberger, R. Yufet (Eds.), Assessment and prediction of suicide. New York: Guilford.
Rüther, E., Benkert, O., Eckmann, F., Eckmann, J., Grohmann, R., Helmchen, H., Hippius, H., Müller-Oerlinghausen, B., Poser, W., Schmidt, L., Stille, G., Strauss, A., Überla, K. (1980). Drug monitoring in psychiatrischen Kliniken. Drug Research, 30, 1181–1183.
Safran, J. D., McMain, S. (1992). Cognitive-interpersonal approach to the treatment of personality disorders. J. Cognit. Psychother., 6, 59–68.
Salkovskis, P. M., Kirk, J. (1996). Zwangssyndrome. In: Margraf, J. (Hrsg.), Lehrbuch der Verhaltenstherapie (Bd. 2, S. 61–85). Berlin, Heidelberg, New York: Springer.
Sass, H., Herpertz, S., Steinmeyer, E. M. (1993). Subaffective personality disorders. Intern. Clin. Psychopharmacol., 8 (Suppl. 1), 39–46.
Sass, H., Wittchen, H. U., Zaudig, M. (1996). Diagnostisches und statistisches Manual psychischer Störungen DSM-IV. Göttingen: Hogrefe.
Sato, T., Sakado, K., Sato, S. (1993). Is there any specific personality disorder or personality disorder cluster that worsens the short-term outcome of major depression? Acta Psychiat. Scand., 88, 342–349.
Schmidt, N. B., Woolaway-Bickel, K. (2000). The effects of treatment compliance on outcome in cognitive-behavioral therapy for panic disorder: quality versus quantity. Journal of Consulting Clinical Psychology, 58, 77–84.
Schmidtke, A., Fricke, S., Weinacker, B. (1994). The epidemiology of attempted suicide in the Würzburg area, Germany 1989–1992. In: J. F. M. Kerkhof, A. Schmidtke, U. Bille-Brahe, D. de Leo & J. Lönnqvist (Eds.), Attempted suicide in Europe (pp. 159–174). Leiden: DSWO.

Schmidtke, A., Weinacker, B., Fricke, S., Pototzky, W. (1994). Suizidalität in der Bundesrepublik und den einzelnen Bundesländern: Situation und Trends. Suizidprophylaxe, 1, 4–15.
Schneider, K. (1980). Klinische Psychopathologie (12th ed.). Stuttgart, New York: Thieme.
Schneider, K. (1923). Die Psychopathischen Persönlichkeiten. Wien: Deuticke.
Schneider, S. (1995). Psychologische Transmission des Paniksyndroms. Donauwörth: L. Auer Verlag.
Schneier, F. R., Johnson, J., Hornig, C. D., Liebowitz, M. R., Weissmann, M. W. (1992). Social phobia: Comorbidity and morbidity in an epidemiologic sample. Archives of General Psychiatry, 49, 282–288.
Schneider, S., Margraf, J. (1998). Agoraphobie und Panikstörung. In: Fortschritte der Psychotherapie (Bd. 3). Göttingen: Hogrefe.
Schotte, D., Clum, G. (1987). Problem-solving skills in suicidal psychiatric patients. Journal of Consulting and Clinical Psychology, 55, 49–54.
Schou, M. (1986). Indikationen für die Lithiumtherapie außerhalb der Manisch-Depressiven Erkrankung. In: B. Müller-Oerlinghausen, W. Greil (Hrsg.), Die Lithiumtherapie. Springer, Berlin.
Schröder, G. (1977). Verhaltenstherapie bei Kindern und Jugendlichen. Erfahrungen und Hinweise aus der Praxis. München: Pfeiffer.
Schuckit, M. A. (1995). Drug and Alcohol Abuse. New York, London: Plenum Medical Book.
Sedvall, G. (1989). Approaches for finding new types of antipsychotic compounds. Acta Psychiatrica Scandinavica, 81 (Suppl. 35), 16–23.
Seligman, M. E. P. (1971). Phobias and preparedness. Behavior Therapy, 2, 307–320.
Seligmann, M. E. P. (1974). Depression and learned helplessnes. In: R. J. Friedman, M. M. Katz (Eds.), The psychology of depression. Contemporary theory and research. Washington: Winston.
Serban, G., Siegel, S. (1984). Response of borderline and schizotypical patients to small doses of Thiothizene and Haloperidol. Am. J. Psychiatr., 141, 1455–1458.
Shapiro, F. (1995). Eye Movement Desensitization and Reprocessing. Basic Principles, Protocols and Procedures. Guilford Press, New York.
Sheard, M. D., Marini, J. L., Bridges, C. I. (1976). The effect of lithium on unipolar aggressive behaviour. Man. Am. J. of Psychiat., 133, 1409–1413.
Sheard, M. H. (1971). Effect of lithium on human aggression. Nature, 230, 113–114.
Shearin, E. N., Linehan, M. M. (1992). Patient-therapist ratings and relationship to progress. Dialectical behavior therapy for borderline personality disorder. Beh. Therapy, 23, 730–741.
Shneidman, E. S. (1986). Some essentials for suicide and some implications for response. In: A. Roy (Ed.), Suicide (pp. 1–16). Baltimore: Williams & Wilkins.
Sibley, D. R., Monsma, F. J. (1992). Molecular biology of dopamin receptors. Trends in Pharmacological Sciences, 13, 61–69.
Siever, C. J., Davis, K. L. (1991). A psychobiological perspective on the personality disorders. Am. J. Psychiat., 148, 1647–1658.
Smith, K., Conroy, M., Ehler, P. (1984). Lethality of suicide attempt rating scale. Suicide and Life-Threatening Behavior, 14, 215–242.

Soloff, P. H., Cornelius, J., George, A., Nathan, S., Perel, J. M., Ulrich, R. F. (1993). Efficacy of phenelzine and Haloperidol in borderline personality disorders. Arch. Gen. Psychiat., 50, 377–385.
Soloff, P. H., George, A., Nathan, R. W., Schulz, P. M., Cornelius, J. R., Hering, J., Perel, J. M. (1989). Amitriptyline versus Haloperidol in borderlines: Final outcomes and predictors of response. J. Clin. Psychopharmacol., 9, 238–246.
Soloff, P. H., George, A., Nathan, S., Schulz, P. M., Ulrich, R. F., Perel, J. M. (1986 a). Progress in pharmacotherapy of borderline disorders. Arch. Gen. Psychiat., 43, 691–697.
Speckens, A. E. M., van Hemert, A. M., Bolk, J. H., Hawton, K. E. & Rooijmans, H. G. M. (1995). The acceptability of psychological treatment in patients with medically unexplained symptoms. Journal of Psychosomatic Research, 39, 855–863.
Spector, J. P., Carey, M. P. (1990). Incidence and prevalence of the sexual dysfunctions: A critical review of the empirical literature. Arch Sex Behavior, 19, 389–408.
Spitzer, C., Abraham, G., Siebel, U., Freyberger, H. J. (1999). Wie häufig sind komorbide posttraumatische Belastungsstörungen in der stationären Psychotherapie und welche Bedeutung haben sie? In: Kröger, F., Petzold, E. R. (Eds.): Selbstorganisation und Ordnungswandel in der Psychosomatik. Verlag für Akademische Schriften (VAS), Frankfurt am Main, 344–353.
Spitzer, C., Freyberger, H.J., Kessler, Ch. (1996). Hysterie, Dissoziation, Konversion – eine Übersicht zu Konzepten, Klassifikation und diagnostischen Erhebungsinstrumenten. Psychiatrische Praxis, 23, 63–68.
Squires-Wheeler, E., Skodol, A. E., Friedman, D., Erlenmeyer-Kimling, L. (1988). The specificity of DSM-III-R schizotypal personality traits. Psychol. Med., 18, 757–765.
Statistisches Bundesamt. (1994). Fachserie 12, Reihe 4, Todesursachen 1992.
Stein, G. (1992). Drug treatment of the personality disorders. Brit. J. Psychiat., 161, 167–184.
Stein, G. (1994). Physical treatments of the personality disorders. Curr. Opin. Psychiat., 7, 129–136.
Steiner, M., Elizur, A., Davidson, S. (1979). Behavioural toxicity: neuroleptic induced paradoxical behavioural toxicity in young borderline schizophrenics. Confinia Psychiatrica, 2, 226–233.
Stone, M. H. (1993). Long-term outcome in personality disorders. Brit. J. Psychiat., 162, 299–313.
Stravynsky, A., Lesage, A., Marcouiller, M., Elie, R. (1989). Test of the therapeutic mechanisms in social skills training with avoidant personality disorder. J. Nerv. Ment. Dis., 177, 739–744.
Stravynsky, A., Marks, I., Yule, W. (1982). Social skills problems in neurotic patients: Social skills training with and without cognitive modification. Arch. Gen. Psychiat., 39, 1378–1385.
Strober, M. (1991). Family-genetic studies of eating disorders. J. Clin. Psychiatry., 52 Suppl, 9–12.

Strunk, P. (1994). Formenkreis der endogenen Psychosen. In: C. Eggers, R. Lempp, G. Nissen, P. Strunk (Hrsg.), Kinder- und Jugendpsychiatrie (567–568). Berlin, Heidelberg, New York: Springer.
Stuss, D. T., Benson, D. F. (1986). The frontal Lobes. New York: Raven Press.
Tausch, R., Tausch, A. M. (1979). Gesprächspsychotherapie. Göttingen: Hogrefe.
Terr, L. C. (1991). Childhood traumas. An outline and overview. American Journal of Psychiatry, 148, 10–20.
Teusch, L. (2000). Psychopharmaka für seelische Wunden? Die Interaktion von Psycho- und Pharmakotherapie. Psychotherapie im Dialog, 1, 52–54.
The Rosecommon Family Study (1993). III Schizophrenia-related personality disorders in relatives. The Gen. Psychiat., 50, 181–788.
Theander, S. (1985). Outcome and prognosis in Anorexia nervosa and Bulimia: Some results of previous investigations, compared with those of a Swedish long-term study. Journal of Psychiatric Research, 493–508.
Tillmanns, A., Tillmanns, I. (1995). Überlegungen und Ansätze zum Aufbau von gesundem Verhalten in der Einzeltherapie von Zwangskranken. In R. Lutz, N. Mark, (Hrsg.), Wie gesund sind Kranke? Zur seelischen Gesundheit psychisch Kranker. Göttingen, Bern, Toronto, Seattle: Hogrefe.
Tölle, R. (1994). Psychiatrie. 10. Aufl. Berlin: Springer.
Treasure, J., Holland, A. (1990). Genetic vulnerability to eating disorders: Evidence from twin and family studies. In H. Remschmidt, M. H. Schmidt (Ed.), Anorexia nervosa. Stuttgart: Hogrefe & Huber.
Turowsky, J., Barlow, D. H. (1996). Generalisiertes Angstsyndrom. In: J. Margraf (Hrsg.), Lehrbuch der Verhaltenstherapie. Berlin: Springer.
Turowsky, J., Barlow, D. H. (2000). Generalisiertes Angstsyndrom. In J. Margraf (Hrsg.), Lehrbuch der Verhaltenstherapie. Berlin: Springer.
Tuschen, B., Fiegenbaum, W. (1996). Kognitive Verfahren. In: J. Margraf (Hrsg.), Lehrbuch der Verhaltenstherapie. Berlin: Springer.
Tuschen, B., Fiegenbaum, W. (2000). Kognitive Verfahren. In J. Margraf (Hrsg.), Lehrbuch der Verhaltenstherapie. Berlin: Springer.
Tyrer, P., Casey, P., Ferguson, B. (1991). Personality disorder in perspective. Brit. J. Psychiat., 159, 463–471.
Tyrer, P., Ferguson, B. (1988). Development of the concept of abnormal personality. In: P. Tyrer (Ed.): Personality disorders: Diagnosis, management and course. London: Wright.
Tyrer, P., Seivewright, N., Ferguson, B., Murphy, S., Johnson, A. L. (1993). The Nottingham study of neurotic disorder. Effect of personality status on response to drug treatment, cognitive therapy and self-help over two years. Brit. J. Psychiat., 162, 219–226.
Van Etten, M., Taylor, S. (1998). Comparative efficacy of treatments for posttraumatic stress disorder: A meta analysis. Clinical Psychology and Psychotherapy, 5, 126–145.
Van Praag, H. M., Plutchik, R., Apter, A. (1990), Violence and suicidality. New York: Brunner & Mazel.

Vandereycken, W., Norre, J., Meermann, R. (1991). Bulimia nervosa. In: R. Meermann, W. Vandereycken (Hrsg.), Verhaltenstherapeutische Psychosomatik in Klinik und Praxis (S. 203–236). Stuttgart, New York: Schattauer.
Veltrup, C. (1995). Abstinenzgefährdung und Abstinenzbeendigung bei Alkoholabhängigen nach einer umfassenden stationären Entzugsbehandlung. Münster: Waxmann.
Versiani, M., Nardi, E., Mundim, F. D., Alves, A. B, Liebowitz, M. R., Amrein, R. (1992), Pharmacotherapy of social phobia. A controlled study with moclobemide and phenelzine. Brit. J. Psychiat., 161, 353–360.
Vize, C., Tyrer, P. (1994). The relationship between personality and other psychiatric disorders. Curr. Opin. Psychiat., 7, 123–128.
Volk, S. (1995). Medikamentöse Behandlung von Zwangsstörungen – eine vergleichende Betrachtung der Wirksamkeit von Clomipramin und Fluoxetin. Fortschritte der Neurologie Psychiatrie, 63, Sonderheft 1, 28–32.
Volk, S. (1998). Die Zwangsstörung und ihre Behandlungsmöglichkeiten. In: H. T. Gosciniak, M. Osterheider, S. Volk (Hrsg.), Angst – Zwang – Depression (S. 71–93). Stuttgart: Thieme.
Volk, S. A. (1996). Aktuelle Aspekte der Behandlung von Zwangsstörungen. Nervenheilkunde, 15, 308–314. [Online; 02.10.1996] URL: http:/www.zwang-forum. uni-osnabrueck.de/ forum/ volk.htm.
Wade, W. A., Treat, T. A. Stuart, G. L. (1998). Transporting an empirically supported treatment for panic disorder to a service clinic setting: A benchmarking strategy. Journal of Consulting Clinical Psychology, 66, 231–239.
Waldinger, R., Gunderson, J. (1987). Successful psychotherapy with borderline patients. New York: MacMillan.
Walker, E. A., Kanton, W. J., Hansom, J., Harrop-Griffiths, J., Holm, L., Jones, M. L., Hikok, L., Jemelka, R. P. (1992). Medical and psychiatric symptoms in women with childhood sexual abuse. Psychosomatic Medicine, 54, 658–664.
Wanke, K. (1978). Selbstaggressivität und verändertes Lustempfinden im Rahmen süchtigen Verhaltens. In: W. Kenp (Hrsg.), Sucht als Symptom (S. 44–49). Stuttgart: Thieme.
Watson, D., Clark, L. A. (1994). Introduction to the special issue on personality and psychopathology. J. Abn. Psychol., 103, 3–5.
Weiner, H. (1977). Psychobiology and human disease. New York: Elsvier.
Weiss, R. S. (1974). The provisions of social relationships. In: Z. Rubin (Ed.), Doing unto others (pp. 17–26). Englewood Cliffs/NJ: Prentice-Hall.
Weltgesundheitsorganisation (WHO) (1994). Internationale Klassifikation psychischer Störungen ICD-10 Kapitel V (F) Forschungskriterien. Bern, Göttingen, Toronto, Seattle: Huber.
Wessler, R. (1993). Cognitive psychotherapy approaches to personality disorders. Psicologia Conductal, 1, 35–48.
Wetterling, T., Veltrup, C. (1997). Diagnostik und Therapie von Alkoholproblemen. Berlin: Springer.
WHO (1991). Internationale Klassifikation Psychischer Störungen, ICD-10. Bern: Huber.

Widiger, T. A., Frances, A. J. (1989). Epidemiology, diagnosis, and comorbidity of borderline personality disorder. In: A. Tasman, E. Hales, A. J. Frances (Eds.), American Psychiatric Press Review of Psychiatry, Vol. 8. Washington: American Psychiatric Press.
Wiegand, M. H. (1995). Schlaf, Schlafentzug und Depression. Berlin: Springer.
Winkelmann, G., Hohagen, F. (1995). Zwangsstörungen – stationäre Verhaltenstherapie. Fortschritte der Neurologie Psychiatrie, 63, Sonderheft 1, 19–22.
Winkelmann, G., Rasche, H., Hohagen, F. (1994). Zwangsstörungen: Komorbidität und Implikationen für die Behandlung. Praxis der Klinischen Verhaltensmedizin und Rehabilitation, 7, 32–40.
Winkleman, N. W. (1955). Chlorpromazine in the treatment of neuropsychiatric disorders. J. Am. Med. Ass., 155, 18–21.
Winkleman, N. W. (1975). The use of neuroleptic drugs in the treatment of non-psychotic patients. In: F. Ayd (Ed.), Rational psychopharmacotherapy and the right to treatment (p. 161). Baltimore: Ayd Medical Communications.
Wirtz-Justice, A. et al. (1986). Neue Resultate der Behandlung saisonaler Depressionen mit Licht. Schweiz. Ärzteztg., 57, 1994–1996.
Wittchen, H. U. (1991). Der Langzeitverlauf unbehandelter Angststörungen: Wie häufig sind Spontanremissionen? Verhaltenstherapie, 1, 273–282.
Wittchen, H. U., Hand, I., Hecht, H. (1989). Prävalenz, Komorbidität und Schweregrad von Angststörungen – Ergebnisse der Münchner-Follow-up-Studie (MFS). Zeitschrift für Klinische Psychologie, 18 (2), 117–133.
Wittchen H. U., Pfister H. DIA-X-Interviews: Manual für Screening-Verfahren und Interview; Interviewheft Längsschnittuntersuchung (DIA-X-Lifetime); Ergänzungsheft (DIA-X-Lifetime); Interviewheft Querschnittuntersuchung (DIA-X-12 Monate); Ergänzungsheft (DIA-X-12Monate); PC-Programm zur Durchführung des Interviews (Längs- und Querschnittuntersuchung); Auswertungsprogramm. Frankfurt: Swets & Zeitlinger, 1997.
Wittchen, H. U., Zhao, S., Kessler, R. C., Eaton, W. W. (1994). DSM-III-R generalized anxiety disorder in the national comorbidity surgery. Archives of Genereal Psychiatry, 51, 355–364.
Wittchen, H. U., Vossen, A. (2000). Komorbiditätsstrukturen bei Angststörungen – Häufigkeit und mögliche Implikationen. In J. Margraf (Hrsg.), Lehrbuch der Verhaltenstherapie (Bd. 1) (2. Aufl.) (S. 329–346). Berlin: Springer-Verlag.
Wolfersdorf, M., Witznick, G. (1985). Therapie mit Antidepressiva. Ein Leitfaden für die Praxis. Stuttgart: Gustav Fischer Verlag.
Wolfersdorf, M. (1994). Depression verstehen und bewältigen. Berlin: Springer.
Wölk, C. & Ciupka, B. (12. 03. 1998). Meinungen zum Film «Besser geht's nicht» mit Jack Nicholson. [Online] URL: http://www.zwang-forum.uni-osnabrueck.de/aktuell/film/film.htm
World Health Organisation (1991). Statistical annuals. Genf: WHO.
Young, J. E. (1990). Cognitive therapy for personality disorders: A schema-focused approach. Sarasota: Professional Resource Exchange.
Zaudig, M., Niedermeier, N. (1998). Diagnose und Differentialdiagnose der Zwangsstörungen. In: M. Zaudig, W. Hauke, U. Hegerl (Hrsg.), Die Zwangsstörung: Diagnostik und Therapie (S. 11–24). Stuttgart: Schattauer.

Zetin, M., Kramer, M. A. (1992). Obsessive-compulsive disorder. Hospital and Community Psychiatry, 43, 689–699.

Zettl, S., Hartlapp, J. (1997). Sexualstörungen durch Krankheit und Therapie. Ein Kompendium für die ärztliche Praxis. Berlin, Heidelberg, New York: Springer.

Zielke, M. (1993). Wirksamkeit stationärer Verhaltenstherapie. Weinheim: Beltz.

Zimbroff, D. L., Kane, J. M., Tamminga, C. A., Daniel, D. G., Mack, R. J., Wozniak, P. J., Sebree, T. B., Wallin, B. A., Kashkin, K. B. (1997). Controlled, dose-response study of sertindole and haloperidol in the treatment of schizophrenia. American Journal of Psychiatry, 154, 782–791.

Zimmermann, M., Pfohl, B., Coryell, W., Stangl, D., Corenthal, C. (1988). Diagnosing personality disorder in depressed patients. Arch. Gen. Psychiat., 45, 733–737.

Zimmermann, M. (1994). Diagnosing personality disorders. A review of issues and research methods. Arch. Gen. Psychiat., 51, 225–245.

Zitterl, W., Lenz, G., Mairhofer, A., Zapotoczky, H. G. (1990). Obsessive-compulsive disorder: Course and interaction with depression. Psychopathology, 23, 73–80.

Zweig, R. A., Hinrichsen, G. A. (1993). Factors associated with suicide attempts by depressed older adults: A prospective study. American Journal of Psychiatry, 150 (11), 1687–92.

Autorenverzeichnis

Dr. phil. Dipl.-Psych. S. Barnow
Psychologischer Psychotherapeut
Leitender Psychologe
Klinik und Poliklinik
für Psychiatrie und Psychotherapie
der EMA-Universität
Rostocker Chaussee 70
18437 Stralsund

Dr. med. Kerstin Birke
Oberärztin und stellv. Direktorin
der Klinik für Psychosomatik
und Psychotherapeutische Medizin
der Universität Rostock
Gehlsheimer Str. 20
18147 Rostock

Prof. Dr. med. W. Fischer
Leiter Fachbereich Psychiatrie und
Psychotherapie der EMA-Universität
Greifswald
Elernholzstr. 1–2
17487 Greifswald

Prof. Dr. med. H. J. Freyberger
Klinik und Poliklinik für Psychiatrie
und Psychotherapie der Universität
Greifswald im Klinikum Stralsund
Rostocker Chaussee 70
18435 Stralsund

Dr. rer. nat. Dipl.-Psych. M. Gänsicke
Klinik und Poliklinik für Psychiatrie
und Psychotherapie der Universität
Greifswald im Klinikum der Hansestadt
Stralsund GmbH
PF 2341
18410 Stralsund

Dr. med. A. Haufe
Fachärztin für Psychiatrie
und Psychotherapie
Winsstr. 63
10405 Berlin

Dipl.-Psych. K. Hoffmann
Ebelstr. 7
35392 Gießen

Dr. Frank Jacobi
Klinische Psychologie und
Psychotherapie
Chemnitzerstrasse 46
01187 Dresden

Dr. med. D.-E. Krause
Facharzt für Psychiatrie
und Psychotherapie
Juri Gagari Ring 41
17033 Neubrandenburg

Prof. Dr. med. Dipl.-Psych.
Michael Linden
Leitender Arzt
Abt. Verhaltenstherapie
und Psychosomatik
BfA Klinik Seehof
Lichterfelder Allee 55
14513 Teltow

Dr. med. M. Lucht
Klinik und Poliklinik für Psychiatrie
und Psychotherapie der Universität
Greifswald im Klinikum der Hansestadt
Stralsund GmbH
PF 2341
18410 Stralsund

Dipl.-Psych. B. Oleszak
Krossener Str. 11
10245 Berlin

Prof. Dr. phil. Dipl.-Psych. W. Rief
Klinik Roseneck
Am Roseneck 6
83209 Prien/ Chiemsee

Dr. phil. Dipl.- Psych. Silvia Schneider
Public-Health-Projekt: Familienstudie
Hohe Str. 53
01187 Dresden

Dr. med. Carsten Spitzer
Klinik und Poliklinik für Psychiatrie
und Psychotherapie der Universität
Greifswald im Klinikum Stralsund
Rostocker Chaussee 70
18435 Stralsund

Dipl.-Psych. K. Wambach
Klinik Roseneck
Am Roseneck 6
83209 Prien/Chiemsee